이스라엘과 교회에 대한 관점

네 가지 견해

© 2015 by Chad Brand
Originally published in English as
Perspectives on Israel and the Church: 4 Views
by B&H Publishing Group, Nashville, Tennessee, U.S.A.
All right reserved.

This Korean translation edition © 2016 by Bible Baptist Theological Seminary Press, I-cheon, Republic of Korea

This Korean edition is published by arrangement of B&H Publishing Group through rMaeng2, Seoul, Republic of Korea.

이 한국어판의 저작권은 알맹2 에이전시를 통하여 B&H Publishing Group와 독점 계약한 성서침례대학원대학교출판부에 있습니다.

신 저작권법에 의하여 한국 내에서 보호받는 저작물이므로 무단 전재와 무단 복제를 금합니다.

이스라엘과 교회에 대한 관점

네 가지 견해

채드 O. 브랜드 편

곽철호 감수 · 정규영 역

성서침례대학원대학교출판부
Bible Baptist Theological Seminary Press

이스라엘과 교회에 대한 관점: 네 가지 견해

초판발행 2016년 10월 17일
2쇄(수정) 2018년 7월 1일
엮 은 이 채드 O. 브랜드
살 핀 이 곽철호
옮 긴 이 정규영

펴 낸 이 김남주
펴 낸 곳 성서침례대학원대학교출판부
등록번호 제2015-4호
등 록 지 경기도 이천시 대월면 대평로 548-123
전화번호 031) 634-1258
누 리 집 bbts.ac.kr

ISBN 979-11-957552-4-0
판권 성서침례대학원대학교출판부, 2016

※ 파본은 교환해 드립니다.
※ 저작권법에 따라 보호받는 저작물이므로 무단 전재와 무단 복제를 금합니다.

목차

추천사	권혁승, 김진섭	7
기고자 소개		13
감수자 서문	곽철호	15

들어가는 말 19

1장 전통적 언약신학 견해 39
　　　　로버트 L. 레이몬드　Robert L. Reymond

　논평 /1/　로버트 L. 토머스　　　　　　　　107
　논평 /2/　로버트 L. 소시　　　　　　　　　117
　논평 /3/　채드 O. 브랜드 & 톰 프랫 2세　　127

2장 전통적 세대주의 견해 133
　　　　로버트 L. 토머스　Robert L. Thomas

　논평 /1/　로버트 L. 레이몬드　　　　　　　201
　논평 /2/　로버트 L. 소시　　　　　　　　　209
　논평 /3/　채드 O. 브랜드 & 톰 프랫 2세　　217

3장 점진적 세대주의 견해 ·················· 225
로버트 L. 소시　Robert L. Saucy

논평 /1/　로버트 L. 레이몬드　　　　　　　297
논평 /2/　로버트 L. 토머스　　　　　　　　309
논평 /3/　채드 O. 브랜드 & 톰 프랫 2세　319

4장 점진적 언약신학 견해 ·················· 327
채드 O. 브랜드　Chad O. Brand
톰 프랫 2세　Tom Pratt Jr.

논평 /1/　로버트 L. 레이몬드　　　　　　　397
논평 /2/　로버트 L. 토머스　　　　　　　　405
논평 /3/　로버트 L. 소시　　　　　　　　　415

색인 ·· 425
인명 색인　　　　　　　　　　　　　　425
주제 색인　　　　　　　　　　　　　　433
성구 색인　　　　　　　　　　　　　　435

추천사

권혁승 교수 (구약학)
서울신학대학교 부총장

이스라엘과 교회의 관계는 지난 2,000년 교회 역사에서 뜨거운 논쟁의 주제였다. 그런 상황은 지금도 진행 중이다. 이들 관계가 논란의 중심을 차지하게 된 이유는 구원론과 교회론, 그리고 종말론 논의에서 이스라엘을 어떻게 보느냐에 따라 전체 흐름이 달라지기 때문이다. 지난 시대 교회에서 신학적 주도권은 교회가 이스라엘을 대체했다고 주장하는 언약신학이었다. 그 사상의 출발점은 주후 70년과 135년 두 차례에 걸친 로마의 예루살렘 파괴에서 찾을 수 있다. 이른바 징벌적 대체주의가 그런 역사적 상황에서 대두됐다. 거기에 구조적 대체주의와 경륜적 대체주의 관점이 더해지면서 교회가 이스라엘을 대체했다는 주장은 견고한 신학적 틀을 마련했다.

그러나 한 가지 놓치지 말아야 하는 것은 성경의 기본적 구조가 회복의 관점으로 구성되어 있다는 점이다. 그것은 성경 전체를 이끌어가는 중요한 신학적 틀이기도 하다. 비록 이스라엘이 하나님의 심판을 받아 나라를 잃어버린 채 전 세계로 흩어지는 비극적 운명을 맞았지만, 그렇다고 언젠가 하나님께서 그들을 다시 회복하실 것이라는 미래 기대와 소망이 없어진 것은 아니었다. 유대 민족 자체가 그런 기대를 자신들의 신앙과 삶에서 끊임없이 유지해왔다. 그런 회복주의 신앙은 유대민족이 아닌 기독교인들 가운데에서도 지속적으로 이어져 왔다. 그에 대한 대표적인 예는 영국의 청교도 운동에서 찾아 볼 수 있다. 특정 교파주의가 아닌 순수한 영성 신앙 운동으로 진행된 청교도운동은 신대륙에 세워진 미국의 초기 국가 건설에 크게 그 영향력을 끼치기도 했다. 청교도들이 추구한 신앙운동 중 하나가 유대인들에 대한 회복주의 관점이다. 크롬웰 정부가 이전에 추방했던 유대인들을 다시 받아들인 것도 청교도들의 그런 신앙적 영향력 때문이었다. 그런 회복주의의 결실 중 하나가 언약신학과는 전혀 다른 관점으로 이스라엘을 보는 19세기 전통적 세대주의의 등장이다.

이스라엘과 교회의 관계성 논의에 극적인 전환점이 마련된 것은 1948년에 있었던 이스라엘의 독립이다. 그것은 하나님께서 일으키신 섭리의 기적임이 분명하다. 이스라엘의 독립을 직접 목격하고 있는 오늘의 우리들에게 이스라엘의 실체는 당연한 것으로 받아들여지고 있지만, 독립 이전 시대에는 그것이 거의 불가능하게 보였었다. 주후 70년 이후 전 세계의 100여개 나라에 흩어져 살고 있었던 유대인들이 옛 고토로 돌아와 독립된 나라를 세운 것은 기존의 영적 사고에 큰 충격을 안겨주었다. 그에 따라 이스라엘과 교회의 관계성 논의도 새로운 전환점을 맞았다. 본서가 소개하는 점진적 언약주의와 점진적 세대주의는 이스라엘의 독립으로 생긴 변화에 대한 새로운 반응이라 할 수 있다. 곧, 이스라엘 독립 이전에 서로의 입장을 강하게 내세웠던 전통적 언약주의와 전통적 세대주의가 기존의 입장을 어느 정도 고수하면서도 공통의 접점을 찾아가는 긍정적인 발전을 보여주고 있는 것이다.

이스라엘과 관련된 신학적 관점은 이스라엘의 독립을 직접 목격하고 있는 우리들 모두에게 중요한 연구 과제임이 분명하다. 그것은 이스라엘이 하나님께서 이끌어 가시는 역사의 한 중심축을 이루고 있기 때문이다. 그런 점에서 이스라엘과 교회의 관계성에 관한 최근 연구 경향을 자세하게 소개하고 있는 본서는 모두들에게 유익한 참고도서이다. 본서를 통하여 이스라엘과 교회의 관계성에 관한 대표적인 두 관점인 전통적 언약주의와 전통적 세대주의를 명확하게 탐구할 수 있는 것은 물론이고 이스라엘의 독립 이후 이 두 관점이 어떻게 새로운 역사적 환경에 적응하며 공통점을 찾는지 그 진지한 연구 방향을 파악할 수 있을 것이다. 본서의 출간으로 이스라엘과 교회 관계성에 대한 바른 이해가 한국교회 안에 정립되기를 바라는 마음 간절하다.

추천사

김진섭 교수 (구약학)
백석대학교 서울캠퍼스 학장 겸 부총장

한국교회에 이스라엘 국가와 유대인에 대한 관심이 점점 고조되는 시점에서, 최근(2015년 3월)에 출간된 영문판을 『이스라엘과 교회에 대한 관점: 네 가지 견해』라는 책명으로 번역한 것은 참으로 시의적절하다.

이 책은 "구약의 이스라엘과 신약의 교회"는 정확히 어떤 관계인가(교회론, 종말론의 입장에서 구약과 신약의 연속성과 불연속성 논의)에 대하여 교회사적으로 제시되어 온 네 가지 관점을 각각의 대표적 학자의 견해와 이에 따른 다른 세 사람의 논평과 함께 심도 있게 다루고 있다. 즉, (1) 레이몬드(Robert Reymond)의 전통적 언약신학, (2) 토머스(Robert Thomas)의 전통적 세대주의, (3) 소시(Robert Saucy)의 점진적 세대주의, (4) 프랫(Tom Pratt)와 브랜드(Chad Brand)의 점진적 언약신학과 그에 따른 다른 세 사람의 논평이 바로 그것이다.

이 책을 읽는 독자는 구약의 이스라엘이 가졌던 민족과 영토가 신약에 와서도 문자 그대로의 의미를 가지는지(전통적 세대주의), 아니면 구약의 이스라엘은 신약의 교회에 대한 모형(type)의 의미인지(전통적 언약신학)의 양극단적 스펙트럼을 수정 보완하려는(점진적 세대주의, 점진적 언약신학) 성경해석학적 다양성을 맛볼 수 있으며, 또한 종말론적인 주 예수님의 재림과 천년왕국의 일정표에 대한 다양한 논의에 매료될 것이다.

여기서 우리는 유대인 현대사에 나타난 하나님의 오묘하신 경륜과 섭리로 진행되어 온 "7대 불가사의"에 주목해야 하며, "구약의 이스라엘과 신약의 교회" 논의에 어떤 영향을 끼치게 되는가를 반드시 씨름해야 하는 것이다. 연대순으로 살펴본다면, (1) 벤 에후다(ben Yehuda, 1858~1922)에 의한 현대히브리어의 재탄생(1922), (2) 나치 정권(1933~1945) 아래 600만 유대인 대학살로 '하나님의 선민'이라는 유대인 이해, (3) 구약의 이스라엘 회복 예언에 기초한 시온주의와 이스라엘 독립(1948. 5. 14.), (4) 6일 전쟁(1967. 6. 5~10.) 제3일에 예루살렘 탈환, (5) 러시아에서 '팔레스타인 개척자들'(Biluim)을 시작으로(1882년) 최근까지 90개국 이상에서 300만 명의 디아스포라가 돌아온 알리야(Aliyah, '[예루살렘으로] 올라감') 운동으로, 2013년에 초대교회 이래로 처음으로 이스라엘에 사는 유대인 수(현 675만 명)가 디아스포라 유대인 수(현 625만 명)를 능가함, (6) 1960년대 이후 메시아닉 유대인의 증대(이스라엘 3만 5천 명, 미국 25만 명), (7) 에레즈 쪼레프(Erez Soref) 총장이 운영하는 Israel College of the Bible이 유대인과 아랍인 신학생과 목회자 사역으로 보여주는 유대인과 이방인 그리스도인의 '원뉴맨'(사 19:23~25; 엡 2:15) 운동 등이 바로 그 실례이다.

한국교회가 세계선교의 주역으로서 유대인과 무슬림을 비롯한 이방인 선교의 사명을 감당하는 데 요청되는 "구약의 이스라엘과 신약의 교회 관계"에 대한 보다 더 명확한 이해와 적용을 위하여, 이 책은 활발한 논의와 연구의 촉매제로서 소중한 공헌을 하리라 기대하며 적극적으로 추천하는 바이다.

기고자 소개

채드 O. 브랜드
Chad O. Brand
목사로서 목회했고, 세 곳의 침례교신학교와 신학대학원에서 20년 이상 신학과 교회사를 가르쳤다.

톰 프랫 2세
Tom Pratt Jr.
Eagle Rock Ministries 대표이며, 성경 교사, 설교자, 자유 기고가이다.

로버트 L. 레이몬드
Robert L. Reymond
(1932~2013)
녹스신학대학원의 명예 신학 교수였다.

로버트 L. 소시
Robert L. Saucy
바이올라대학교 탈봇신학교의 조직신학 특임교수이다.

로버트 L. 토머스
Robert L. Thomas
마스터스신학대학원의 신약학 명예교수이다.

감수자 서문

　이스라엘과 교회의 관계는 매우 중요한 주제입니다. 왜냐하면 이 주제는 구약이라는 무대의 주된 등장인물과 신약의 카운터파트 사이에 존재하는 연속성과 불연속성의 문제를 다루고 있을 뿐 아니라, 구원론, 교회론, 종말론과도 연관되는 포괄적인 주제이기 때문입니다.

　또한 이 주제는 교회 역사에서 가장 격렬한 논쟁을 일으켜 왔던 주제 중 하나이기도 합니다. 그만큼 성경 해석과 신학 연구에 중요한 위치를 차지하고 있는 논제라고 볼 수 있습니다.

　본서에서는, 이러한 주제를 위해서 다섯 명의 학자가 모여 네 가지 입장을 대변하면서 자신의 주장을 개진하고 또한 다른 사람의 주장에 비평적 논평을 가하고 있습니다. 전통적 언약신학 입장을 대변하는 로버트 L. 레이몬드는 강한 어조로 전통적 언약신학에 입각한 자신의 논지를 주장합니다. 전통적 세대주의 입장을 대변하는 로버트 L. 토마스는 문자적 해석과 한 본문의 단일 의미라는 해석 전통에 충실한 학자의 꼼꼼한 모습을 보여주고 있습니다. 점진적 세대주의 견해를 대변하는 로버트 L. 소시는 가장 차분하고 논리적인 논지 전개를 통해 가장 최근의 세대주의 입장을 설명하려고 노력합니다. (무려 세 명의 학자가 로버트라는 이름과 L. 이라는 중간 첫 글자를 공통으로 쓰고 있음이 놀랍지 않습니까!) 점진적 언약신학 입장을 대변하는 채드 브랜드와 톰 프랫 2세는 점진적 언약주의라는 새로운 입장을 소개하려고 애쓰는 모습을 볼 수 있습니다 (그러나 사실 그들의 입장은 역사적 전천년주의자인 조지 래드의 입장과 상당히 비슷한 것 같습니다.) '점진적'이라는 명칭이 붙은 소시, 그리고 브랜드와 프랫의 견해가 (다른 견해들과 비교해서) 서로 좀 더 가깝고 좀 더 상대방을 인정하면서 대화적으로 나아가려 하는 태도를 느낄 수 있습니다.

특히나 요즘에는 모슬렘들이 세계 각지, 특히 한국에까지 많이 진출하고 있으며, 이스라엘이라는 유대인의 나라가 기적처럼 중동의 성지에 건국된 형국입니다. 오랜 역사에서, 많은 환난과 시련 에서도, 이스라엘 민족은 기적처럼 생존해 왔습니다. 앞으로 이 유대 민족이 어떻게 될 것인지, 과연 우리는 세계 선교의 사명 가운데 그들을 어떻게 대해야 하는지, 그들을 통해 하나님이 어떤 섭리적 일을 이루실 것인지, 과연 우리는 그들을 도와야 할 것인지 말아야 할 것인지, 이 모든 답이 본서에 대한 독서와 성서 연구로부터 독자 모두에게 얻어질 수 있기를 희망합니다.

앞에서도 잠깐 언급했지만, 이스라엘과 교회의 관계는 휴거, 대환란, 천년왕국, 의와 구원, 하나님의 나라, 교회의 성격과 역할 등 신학에 중요한 많은 주제 영역들을 고찰하게 합니다.

성경 말씀을 사랑하고 말씀의 해석과 전파에 열정을 가진 모든 거듭난 분이 본서를 펴서 읽고 성경을 펴서 열심히 연구할 수 있기를 바랍니다. 모두가 같은 견해를 갖지 않겠지만, 각자 이 중요한 이슈에 대해 자신의 확신을 가질 수 있을 것입니다. 무엇보다 본서가 추가적인 연구와 학문적 토론의 촉매 역할을 감당할 수 있을 것으로 기대합니다.

본서의 번역 출간을 위해 여러분이 수고를 해주셨습니다. 먼저 전체 책을 성실하게 번역한 정규영 전도사에게 감사드립니다. 또한 3장을 감수해 준 김석근 교수님, 4장을 감수해 준 최정기 교수님에게도 감사드립니다. 전체 내용을 감수자가 최종적으로 감수했습니다. 늘 꼼꼼하고 탁월하게 편집의 은사를 발휘하는 김광모 교수님과 책표지를 창의적이고 탁월하게 디자인한 김효경 자매님에게도 감사드립니다.

출판부를 위해 기도와 성금으로 후원해 주시는 목사님들과 회원님들에게 마음으로부터 감사를 드립니다. 늘 학문적 출판을 위해 묵묵히 후원해 주시는 조성택 대표(원주백두산약국)에게도 심심한 감사를 표합니다.

아무쪼록 본서를 읽는 모든 분이 교회와 이스라엘의 관계만이 아니라 종말론, 구원론, 교회론, 언약의 성격, 하나님의 나라 등 여러 영역에서 성경을 보고 해석하는 눈이 좀 더 깊어지고 넓어지며, 하나님의 말씀을 좀 더 온전히 전파할 수 있을 뿐 아니라, 하나님의 섭리 가운데 좀 더 귀하게 쓰임 받길 소망합니다.

2016년 10월

대명선지동산에서

감수자 **곽철호** 교수

들어가는 말

채드 O. 브랜드 (Chad O. Brand)

    기독교 역사 초기부터 교회가 이스라엘과 맺고 있는 관계에 대한 질문은 중요한 주제였다. 그것은 신약 성경의 페이지들을 장식하는 주제인 동시에, 비록 논란의 여지가 있지만, 구약 성경에서도 그 전조(前兆)의 형태로 나타나는 이슈이기도 하다. 초대 교회 교부들은, 시대가 흐르면서 교회가 그래왔던 것처럼, 이 관계에 대하여 논쟁을 벌였다. 이 논쟁은 오늘날도 계속되어 19세기 후반에 뜨거워졌으며, 언약주의(개혁 칼뱅주의, 츠빙글리주의 등) 전통의 신학자들과 더 새롭게 등장한 세대주의 전통의 신학자들 사이에서 특히 그러했다. 필자는 이 도입부에서 이 대화의 간략한 역사를 먼저 서술한 후, 이 책의 저자들에게 다뤄달라고 부탁한 중요한 질문들을 제시하겠다.

역사적 개관

    가장 초기 그리스도인들은 유대인이었다. 사도행전을 보면 이것이 분명한 사실이지만, 이방인 기독교도 얼마 지나지 않아 나타났다(사도행전 8장의 사마리아인의 회심과 10장의 이방 선교에 대한 기록들을 보라). 핵심적인 위치에 있는 유대계 지도자들 다수는, 특히 헤롯과 빌라도의 치하 때 유대 지역에서, 이 초기의 기독교 운동을 억압하려고 했는데, 적어도 부분적으로는 이것이 자신들의 정치적이고 경제적인 지위에 위협이 된다고 여겼기 때문이었다. 심지어 사도들이 복음을 들고 이방인들을 향하여 갈라디아와 아시아, 마케도니아, 아카이아, 그리고 다른 "이방" 지역들로 갔을 때, 유대인들의 반대가 그 뒤를 따랐다. 초기부터 유대인들과 그리스도인들(유대계와 이방인 모두) 사이에는 서로를 향한 적대감이 형성되었다.

이러한 적대는 속사도(postapostolic) 시대에도 계속 되었다. 다수의 기독교 사상가들이 그 시대의 철학 학교에서 훈련을 받았으며, 그들의 헬라적 성향이 종종 히브리 성경과 마찰을 빚었던 것이 이러한 적대감을 키웠던 하나의 원인이었다.[1] 이것의 초기적 예가 소위 **「바나바 서신」**이다. 아마도 130년경에 알렉산드리아(헬라적 철학 사상에 강하게 영향을 받았던 도시)에서 그리스도인들이 저술했을 이 서신은 구약성경을 알레고리적으로 해석하고, 그래서 히브리적 사상을 헬라적 사상으로 변환시킴으로써 히브리적 사고와 헬라적 사고 사이에 있는 갈등을 해결하려고 했다. 게다가 이 짧은 저작은 모세가 시내 산 아래에서 십계명 돌 판을 집어 던진 것이 언젠가 유대인들이 언약을 저버릴 것을, 그래서 그 언약이 교회로 이전될 것을 의미하는 것이라고 주장했다.[2] "그리스도를 통하여 상속자들이 된 우리가 주 예수의 증거를 받을 수 있도록, 그리고 이스라엘 민족은 그들의 죄악을 완성하도록" 그리스도가 나타나셨다고 이 서신은 또한 말하고 있다.[3] 사실상 교회는 언약적 지위에서 이스라엘

---

[1] 우리는 대표적인 것만 연구하지 모든 것을 다 연구하지 않는다.

[2] *Epistle of Barnabas*, 4.7~9, Ante-Nicene Fathers, vol. 1, ed. Philip Schaff (New York: Christian Literature Co., 1885). 다른 표시가 없다면, 325년 이전 기간의 자료들은 *The Ante-Nicene Fathers* (10 vols., series ed. A. Cleveland Coxe, Alexander Roberts, James Donaldson, Philip Schaff, Henry Wace [New York: Christian Literature Co., 1885])에서 온 것이다. 첫판은 T&T Clark in Edinburgh에서 출판되었으며, 1865~1873년에 각 권으로 출간되었다.

을 "대체"했으며, 여전히 이스라엘이 하나님께서 보시기에 소중하다는 아무런 근거도 없다.

다른 2세기 교부들도 이와 유사한 견해를 가지고 있었다. 순교자 유스티누스(저스틴, Justin Martyr)은 헬라적 사상, 특히 중기 플라톤주의(middle Platonism)로 훈련 받은 사람들의 한 명이었다. 그의 저작 『트리포와의 대화』에서, 유스티누스는 예수님께서 이스라엘의 진정한 상속자이며, 예수님을 따르는 우리가 "참다운 이스라엘 민족"이 될 수 있도록 유대인들은 버림을 받았다고 주장했다.4 모범이 되는 구약의 인물들은 그리스도인들로서 다루어졌고, 할례는 언약의 표시라기보다는 오히려 이스라엘이 언약을 깨뜨릴 전조(harbinger)이다.5 이레나이우스(이레니우스, Irenaeus)는 동시대의 다른 사람들만큼 유대교에 적대적이지는 않았다. 그는 영지주의에 대한 자신의 비판에 필수적인 것으로서 매우 문자적인 방식으로 구약성경을 해석했는데, 그러나 그 조차도 이스라엘 민족의 미래에 대해서는 거의 소망이 없다고 생각했다. 그는 구약에 있는 영광스러운 미래에 대한 기대는 오직 교회의 미래에 있을 영광으로 성취될 것으로 이해하기를 선호했다.6

3세기의 테르툴리아누스(터툴리안, Tertullian)은 유대인들은 "반항적인 사람들"이고 또한 언약을 잃었기 때문에, 유대교는 이제 교회를 섬기게 되었다고 주장했다.7 오리게네스(오리겐)은 『바나바 서신』(그리고 유대인 철학자 필로)에 따라, 모든 부분은 아니나 구약 해석은 알레고리적 해석학을 사용했다. 이것은 부분적으로는 오리게네스가 알렉산드리아에 있는 셀수스(Celsus)와 같은 반대자들에 대

---

3 *Epistle of Barnabas*, 14.5, Ante-Nicene Fathers, vol. 1.
4 Justin Martyr, *Dialogue with Trypho, A Jew*, 135.
5 Justin Martyr, *Dialogue with Trypho, A Jew*, 16.2.
6 Irenaeus, *Against Heresies*, 5.34.
7 Tertullian, *An Answer to the Jews*, 2~3.

항하여 그리스도교적 믿음에 대한 『변증서』(Apologia)를 만들어내는 일에 깊이 연루되어 있었기 때문이다. 그들은 늘 그에게 구약성경에 있는 '비도덕적인' 텍스트들-예를 들면 롯이 그의 딸들과 동침한 것이나 다윗의 불륜-을 언급했다. 알레고리적인 해석학은 그에게 이러한 텍스트들을 잘 다듬어서, "진정한 의미"는 스토리 그 자체에 있는 것이 아니라 그 이면에 놓여 있다고 만족스럽게 설명할 수 있게 했다.8 그는 영지주의에 적대적이었기 때문에 (또한 다른 이유들 때문에), 구약 성경의 문자적인 의미를 경시하지는 않았다. 그는 단지 그러한 의미를 가장 중요한 것으로 취급하지는 않았을 뿐이다. 그의 가장 중요한 저작에서, 오리게네스는 "육체적인" 이스라엘과 "영적인" 이스라엘(교회)을 구분했는데, 이것은 이스라엘에 대한 하나님의 약속을 교회에 비문자적으로 적용하기 위하여 "영해"를 했던 그의 후기 해석학에서 나타나는 경향에 영향을 주었다.9 오리게네스에게 있어서, 이스라엘은 더 이상 하나님의 민족이 아니었고, 반면에 교회는 새로운 신부였다.10 이것은 일종의 본격적인 "대체 신학"이었으며, 이러한 영해적 접근은 어거스틴과 특히 나중에는 무천년주의적 해석 학파에서 채택되었다.11

그의 초기 저작에서 아우구스티누스(/어거스틴, Augustine, 4세기와 5세기 초기)는, 순교자 유스티누스와 다른 사람들에 의하여 만들어진, 천년왕국설(Chiliasm) 혹은 전천년주의(premillennialism)라고 알려진 종말론에 대한 기본적인 접근법을 따랐다.12 그는 여섯 세대로

---

8 Everett Ferguson, *Church History, Volume One: From Christ to Pre-Reformation* (Grand Rapids: Zondervan, 2005), 132~36.

9 Origen, *On First Principles*, 2.4.22.

10 Origen, *Commentary on Matthew*, 14.22.

11 무천년주의자들 가운데 존재했던 이러한 종류의 "영해"에 대한 경향성에 있어서 한 가지 주요한 예외는 바로 안토니 A. 후크마, 『개혁주의 종말론』, 유호준 역 (서울: 기독교문서선교회, 2002)이다.

12 Brian E. Daley, *The Hope of the Early Church: A Handbook of*

구성되는 역사를 생각했으며, 평화와 우주적 갱신이 있을 "황금시대"가 그 뒤를 이을 것이라고 보았다.13 일곱 번째 세대가—일반적으로 문자적인 방식으로 해석되는—천년왕국이었는데, 그러나 이것은 끝이 없을 것이기 때문에 실제로 천년동안 지속되는 것은 아니라고 여겨졌다. 여기서 교회는 그의 모든 더러운 것이 정화될 것이고, 안식이 마침내 완성되어질 것이다. 다소 이상하게 들리겠지만, 아우구스티누스는 이것이 영원한 상태라고는 생각하지 않았는데, 왜냐하면 이것은 역사에서 일어날 것이기 때문이며 영원한 축복의 때에 대한 전조일 것이기 때문이다.14 그러나 그는 말년에 그의 최고 걸작 『하나님의 도성』에서 다른 관점을 채택한다. 여기서 그는 계시록 20장의 천년왕국이 "모든 기독교 시대"에 대한 상징적인 것이라고 논한다.15 계시록 20:4의 "첫 번째 부활"은 침례(baptism) 때 일어나는 그리스도인의 회심이며, "두 번째 부활"(계 20:5)은 그리스도의 재림 때 있을 몸의 부활이다.16 그러므로 이 책은 나중에 무천년주의라고 알려질 것에 대한 최초의 틀을 제공했다.

이스라엘에 대한 그의 태도는 무엇이었는가? 이 아프리카 교부는 동일한 저작에서 다음 내용을 말한다. 이스라엘 민족은 이집트에서 여호와께 신실했었는데, 즉 그들은 홍해를 통과하여 구출 받을 때 넵튠을 경배하지 않았으며, 광야에서 하나님의 자비로 음식을 공급 받을 때 여신 "마니아(Mannia)"를 위해 제단을 쌓지도 않았다. 그러나 결국 그들은 "불경스러운 신들에게 유혹을 받았

Patristic Eschatology (Cambridge: Cambridge University Press, 1991), 133.

13 Augustine, *On Genesis: A Refutation of the Manichees, Unfinished Literal Commentary on Genesis* (New York: New City, 2004), 1.35~41.

14 Daley, *Hope of the Early Church*, 133.

15 Augustine, *The City of God against the Pagans*, trans. R. W. Dyson (Cambridge: Cambridge University Press, 1998), 20.7.

16 Augustine, *The City of God against the Pagans*, 20.5, 20.9.

고,""마침내 그리스도를 죽음으로 내몰았다." 만약 그들이 그러지 않았더라면, "비록 정도에서는 달랐을지라도, 행복하게 이루어졌을 그 왕국에 남아 있었을 것이다."17 그러나 그들은 그러지 않았고, 그래서 지금 "참되신 하나님의 섭리로" 흩어졌다.18 그러나 아우구스티누스에게 이것은 끝이 아니었다. 비록 날짜를 확정하거나 이러한 것들이 일어나게 될 실제적인 방식에 대해서 지나치게 구체적이지 않으려고 신중을 기하고 있지만, 마지막 때에 일어나게 될 일련의 것들에 대하여 그는 분명하게 표현했다. 반드시 순서대로일 필요는 없지만, 엘리야의 돌아옴, 유대인들의 그리스도께로 회심, 성도들을 향한 적그리스도의 핍박, 예수님의 재림, 죽은 자들의 부활, 완고한 자들에게서 의로운 자들을 분리, 이 세상의 새롭게 됨, 그리고 최후의 심판 등이다.19 그는 유대인들의 회심에 대한 소망을 가지고 있었기 때문에, 우리가 알고 있는 그의 선배들, 그 중에서 특히 여러 사람들이 "그의 영적 아버지"라고 알고 있고, 실제로 밀라노에서 유대인들에 대한 박해를 독려했던 암브로스(Ambrose)와 같은 사람들이 이스라엘 민족에게 가지고 있었던 부정론을 완화시켰다. 여전히 아우구스티누스는 『바나바 서신』과 오리게네스에 의하여 초기에 지지되었던, 교회가 이제 하나님의 백성으로서 이스라엘을 대체했다는 견해를 더욱 고수했다.

16세기와 17세기에 충분히 발전된 언약주의 (혹은 성약[federal]) 신학이 종교개혁의 칼뱅 진영(루터 진영에 반대 진영)과 밀접하게 연관되어 개혁주의자들의 업적으로부터 형성되었다. 이 언약 신학은 그 기원을 『바나바 서신』 그리고 순교자 유스티누스와 아우구스티누스의 저작들로까지 추적할 수 있으며, 이러한 의미에서 언약주의 신학자들은 성경이 말하고 있는 새 언약이 국가적 이스라엘이 아

---

17 Augustine, *The City of God against the Pagans*, 4.34.
18 Augustine, *The City of God against the Pagans*, 4.34.
19 Augustine, *The City of God against the Pagans*, 20.30.

니라, 그리스도 안에서 실행되었고, 그리고 그 다음에는 오순절에 교회에게 전수되었다는 사실에 동의한다.20 칼뱅은 종종 성경 안에 있는 언약들에 관해 썼지만, 삼위일체적이고 성서적/석의적 개형(contour)을 따르는 그의 신학 자체는 다음 세기에 있을 그의 추종자들의 만개한 언약주의를 반영하지는 않았다. 취리히 종교개혁자들인 츠빙글리(Zwingli)와 불링거(Bullinger)는 조직적이고 성경적인 신학에 대한 이러한 접근법을 더욱 확립했다.21 1650년부터 그가 죽을 때인 1669년까지 라이덴(Leyden) 대학의 교수였던 요하네스 코세이우스(Johannes Cocceius)는, 성경이 세 가지 언약에 나타나는 구원의 구속적-역사적인 이해를 제시한다고 주장했다. 곧, 아담과 맺은 행위의 언약, 모세와 맺은 은혜의 언약, 그리고 그리스도를 통하여 시행된 새 언약 등이다.22 그러나 언약신학이 성숙한 형태로서 확립된 것은 영국 칼뱅주의자들, 특히 제임스 어셔(James Ussher)와 그 다음에는 웨스트민스터 회의(Westminster Assembly, 1644~48)에서였다.23

발전된 형태로서 언약신학은 인간과 하나님의 관계를 세 가지 언약과 연관 지어 이해할 수 있다고 확언하기에 이르렀다. "창조 이전의(pre-temporal) 삼위 하나님의 인격들 사이에서 '구속의 언

---

20 새 언약과 연관된 역사적 이슈들 중 일부에 대한 유용한 논의를 위해서는, Bruce A. Ware, "The New Covenant and the People(s) of God," in *Dispensationalism, Israel and the Church: The Search for Definition*, ed. Craig A. Blaising and Darrell L. Bock (Grand Rapids: Zondervan, 1992), 68~97을 보라.

21 Robert Reymond, *A New Systematic Theology of the Christian Faith* (Nashville: Thomas Nelson, 1998), 503~4.

22 Peter Golding, *Covenant Theology: The Key of Theology in the Reformed Thought and Tradition* (Ross-shire, UK: Christian Focus, 2004), 48.

23 Reymond, *New Systematic Theology*, 504~5; Golding, *Covenant Theology*, 47~54.

약'(pactum salutis); 타락 이전 모든 인류를 대신하여 아담과 맺은 '행위의 언약'(foederus naturae); 그리고 그리스도를 통하여 모든 믿는 자, 즉 선택된 자들과 맺은 '은혜의 언약'(foederus gratiae)."24 웨스트민스터 신조(Westminster Confession)는 다음과 같이 은혜의 언약을 설명한다.

> 인간이 자신의 타락 때문에 [행위의 언약에 의하여] 생명을 스스로 얻을 수 없기 때문에, 주님께서는 두 번째의 언약 – 일반적으로 은혜의 언약이라고 불리는 – 맺기를 기뻐하셨고, 그는 그 언약에서 예수 그리스도에 의한 생명과 구원을 죄인들에게 값없이 주셨다. 그들이 구원 받을 수 있도록 그들에게 그리스도를 믿는 믿음을 요구하면서, 그리고 영생을 받기로 정해진 모든 사람에게 그들이 기꺼이 믿을 수 있도록 자신의 성령을 주기로 약속하시면서.

이 믿음의 고백은 "은혜의 언약의 통일성(unity)과 모든 세대에 있어서 하나님 백성의 단일성(oneness)"을 선포한다.25 은혜의 언약은 그 자체 안에 타락 이후 상태의 인간성 안에서 명령 받은 성경 안에 나타나있는 모든 언약—노아 언약, 아브라함 언약, 다윗 언약, 그리고 새 언약—을 포함한다. 아브라함 언약 안에 명시되어 있고, 남자 아이들에게 할례를 베풀라는 명령(창 17:9~14) 안에 담겨진 "계보적 원칙"(genealogical principle)이, 비록 할례가 이제는 모든 아이에 대한 침례(세례)로 대체되었지만, 새 언약에서 계속된다는 확신이 언약신학에 핵심으로 자리 잡고 있다.26 게다가, 비록 일부의

---

24 Peter J. Gentry and Stephen J. Wellum, *Kingdom through Covenant: A Biblical-Theological Understanding of the Covenants* (Wheaton: Crossway, 2012), 57.

25 Reymond, *New Systematic Theology*, 506.

26 Reymond, *New Systematic Theology*, 935~50; Gentry and

언약신학자들이 여전히 미래에 유대인들이 교회 안으로 모아질 소 망을 붙잡고 있지만, 교회는 이제 명시적으로 구원의 경륜에 있어 서 이스라엘을 대체했다.27 사실상, 언약신학에서 새 언약은 본질적 으로 "새로운" 어떤 것이라기보다는 아브라함 언약의 "갱신"이다.28 언약신학은 특히 장로교와 개혁주의 진영에서 매우 영향력이 있는 반면, 다른 전통의 칼뱅주의자들 사이에서는 약간의 영향력만 있을 뿐이다.29

신자들의 교회(believers' church)를 옹호하는 사람들(침례교도와 그 외)은 계보적 원칙이 오도된 것이라고 주장한다. 유아 세례를 명백 하게 지지하는 신약 텍스트는 없다고 그들은 주장하며, 또한 신약 에서 침례가 구약에서 할례와 필연적인 관계를 가진다는 생각은 근거 없는 가정일 뿐이라고 주장한다. 일부 침례교인들이 언약신학 의 특정 요소들 - 특히 칼뱅주의적인 구원론 - 을 받아들이는 반면, 대부분의 침례교인들은 언약신학을 함께 묶어주는 기본적인 해석학 적 강조점들을 역사적으로 인정하지 않았다. 그 결과 그들 중 어떤 이들은 (위에서 제시된) 삼중적인 언약에 대한 견해는 받아들인 반 면에, 계보적(혈통적) 원칙은 인정하지 않게 되었던 것이다.

비록 이전의 신학자들의 통찰력에서 자라났지만 그 자체로서 본 질적으로 새로운 하나의 신학적인 체계가 19세기 초에 인기를 얻 게 되었다. 초대 교회의 전천년주의를 발전시키고, 복음과 율법을 대조시킨 루터의 견해를 발전시켜서, 다비(J. N. Darby) 외에 다른

Wellum, *Kingdom through Covenant*, 63.

27 예를 들어, John Murray, "The Last Things," in *Collected Writings of John Murray, Volume 2: Systematic Theology*, ed. Iain Murray (Carlisle, PA: Banner of Truth, 1977), 409~10을 보라.

28 Gentry and Wellum, *Kingdom through Covenant*, 63, 223~300.

29 로버트 레이몬드는 이 책의 다른 장에서 언약신학 입장을 개진할 것 이다.

여러 사람들은 처음에는 영국에서, 그리고 이후 미국에서 나중에 세대주의 신학이라고 알려지게 될 신학 체계를 발전시켰다.30 세대주의는 다비 시대 이래로 계속 발전을 거듭했고, 그래서 블레이징(Blaising)과 박(Bock)은 "고전적", "개정적" 그리고 "점진적" 세대주의라는 구분된 명칭을 사용할 수 있었다.31 1965년에 라이리(Charles Ryrie)는 "개정적" 입장에서 세대주의에 기준 지침이 될 것들을 출판했다.32 이 책에서 그는 세대주의를 특징짓는 세 가지 기본 주제, 곧 일관된 문자주의적 해석학, 하나님의 영광에 대한 강조, 그리고 가장 유명하게는, 이 체계의 필수 조건(sine qua non) 정의 등을 제시했다. "그렇다면 무엇이 세대주의의 필수 조건인가?... 세대주의자는 이스라엘과 교회 사이의 구분을 유지한다."33 이 확신은 "고전적" 세대주의로 거슬러 올라갈 수 있고, 좀 더 약화되어서 "점진적" 세대주의적 저자들에게서도 발견되기도 한다.34 세대주의 신학자들에게, 구약에서 이스라엘과 맺은 약속들은, 어떠한 방식으로든, 교회가 아니라 이스라엘과 연관해서 성취되어야만 한

---

30 세대주의의 역사에 대해서는, 특별히 Timothy P. Weber, *Living in the Shadow of the Second Coming: American Premillennialism 1875~1982*, enlarged ed. (Chicago: University of Chicago Press, 1987), 13~127; Richard R. Reiter, "A History of the Development of the Rapture Positions," in *Three Views on the Rapture: Pre-, Mid-, or Post-Tribulational?* (Grand Rapids: Zondervan, 1984), 9~44; 크레이그 블레이징 · 대럴 박 편, 『점진적 세대주의: 하나님 나라와 언약』, 곽철호 역 (서울: 기독교문서선교회, 2005), 17~79를 보라.

31 블레이징과 박 편, 『점진적 세대주의: 하나님 나라와 언약』, 33~79.

32 라이리가 그 용어를 사용한 것은 아니었지만, 그는 다비와 스코필드 등의 이전 저자들 의견에 "개선책들"을 제공했을 뿐임을 주지하라.

33 Charles Ryrie, *Dispensationalism Today* (Chicago: Moody, 1965), 44~45.

34 이 책에서는, "개정적" 세대주의자—블레이징과 박이 사용했으나, 토머스가 반드시 동의하지는 않는 용어—로서 로버트 토머스가 쓴 장을, 그리고 "점진적" 세대주의자를 지지하는 로버트 소시가 쓴 장을 보라.

다. 그래서 전통적인 세대주의 저자들에게 (그리고 어느 정도는 "점진적 세대주의자들"에게도) "영원한 약속"(예. 창 15:17~21)으로서의 땅에 대한 약속들은 문자적으로 이스라엘이 미래에 다시 한 번, 그것이 이 세대에서든지, 천년왕국에서든지, 또는 새 하늘과 새 땅에서든지 상관없이, 자신들의 고대의 고향에서 살게 됨으로써 성취되어야만 한다.35 벨럼(Wellum)과 젠트리(Gentry)는 이것을 "땅 원칙"(land principle)이라고 언급하면서, 언약적 해석학자들이 세대를 뛰어넘어 계속되는 것으로서 계보적 원칙을 이해하는 반면, 세대주의적 해석학자들은, 적어도 그것의 미래적 적용에 있어서, 한편으로는 아브라함 언약과 모세 언약, 그리고 다른 한편에는 새 언약, 이 둘 사이의 연속 지점으로서 땅 원칙을 이해한다고 말했다.36 좀 더 전통적인 세대주의적 진영(블레이징과 박이 "고전적인" 그리고 "개정적인"이라고 부르는)에서는 교회가 이스라엘을 위한 하나님의 계획에서 "괄호" 혹은 더 낫게는 "삽입"을 구성한다는 믿음이 이 관점을 지지해준다.37 이 운동에서 "점진적" 세대주의자들과 전통주의자들 사이의 차이점 한 가지는 "점진주의자들"이 구약에서 이스라엘에게 한 약속의 **어떤** 적용을 교회에 적용되는 것으로 본다는 것이다.38 복음서에서 예수/메시아에 대한 이스라엘의 거절은 하나님으로 하여금 누구든지, 유대인이든 이방인이든 상관없이, 왕국을 받아들이는 자에게 그것을 주도록 하는 결과를 낳았다. 그러나 환난39의 미

---

35 세대주의자들은 그 약속이 천년왕국에서 성취될 것인지 혹은 영원한 상태에서 성취될 것인지에 관하여 서로 다르다. 예를 들어, 이 책에서 토머스와 소시의 논증들을 비교해 보라.

36 Gentry & Wellum, *Kingdom through Covenant*, 42~44.

37 Lewis Sperry Chafer, *Systematic Theology*, 8 vols. (Dallas: Dallas Seminary Press, 1948), 4:40.

38 Ware, "The New Covenant and the People(s) of God," in Blaising and Bock, *Dispensationalism, Israel and the Church*, 84~91.

39 모든 "점진적" 세대주의자가 환난 전 휴거를 지지하는 것은 아니다. T. Van McLain, "The Pretribulation Rapture: A Doubtful Doctrine,"

래 세대와 특별히 천년왕국은 어떤 식으로든지 이스라엘과 맺은 언약으로의 되돌아감을 구성할 것이다.40

라이리가 세대주의의 독특한 특성들로 언급했던 다른 원칙들— 그것의 "문자적인 해석학"과 그것의 목표인 하나님의 영광—에 관해서, 두세 가지 것은 언급할 필요가 있다. 첫째로, 세대주의자들이 항상 문자주의적 해석을 주장하는 것은 아니다. 예를 들어, 월부어드(John Walvoord)는 계시록 2~3장에 있는 일곱 교회를 교회 역사에서 대표적이고 점진적인 세대들로 보는데, 이것은 텍스트의 실제적인 단어들과 연관해서는 거의 혹은 전혀 근거가 없는 것이다.41 세대주의자들이 문자적 해석에 대해서 일반적으로 주장하는 것은 **이스라엘은 이스라엘이고 교회는 교회**라는 것이다. 다시 말해, 문자적 해석학의 사고는 땅 원칙을 위한 지지대가 된다는 것이다. 또 다른 원칙인 하나님의 영광에 관해서는, 세대주의가 그렇듯이, 언

---

in *Looking into the Future: Evangelical Studies in Eschatology*, ed. David W. Baker, ETS Studies (Grand Rapids: Baker, 2001), 233~45를 보라.

40 세대주의자들은 이것이 어떻게 이루어질 것인가에 대하여 서로 다른 견해를 말한다. 라이리가 왕이신 예수님의 다스림 아래서 살아가는 유대인들 – 이들은 무한히 살지는 않는다 – 로 구성된 천년왕국을 주장하는 반면, 블레이징과 박은 천년왕국의 "성도들"을 대환란에서 생존한 자들과 그들의 후손들로 구성된 이방 나라들을 그리스도와 함께 다스릴, 영광스러운 몸을 입고 부활한 유대인들(이스라엘 민족)로 이해한다. Ryrie, *Dispensationalism Today*, 132~36; 블레이징·박 편, 『점진적 세대주의: 하나님 나라와 언약』, 366~73을 보라. 일부 "점진적" 세대주의자들은 천년왕국을 그리스도의 다스림 아래서 함께 거주하는 영화롭게 된 이스라엘 민족과 그리스도인들로서 이해한다. David L. Turner, "The New Jerusalem in Revelation 21:1~2:5: Consummation of a Biblical Continuum," in *Dispensationalism, Israel and the Church*, 264~92를 보라.

41 John Walvoord, *The Revelation of Jesus Christ* (Chicago: Moody, 1966), 50~100. 이 견해는 월부어드에게 신학적 목적으로서 기능하는데, 왜냐하면 일곱 교회 중 마지막인 라오디게아 교회는 실질적으로 "배교"(apostate) 교회이기 때문이다. 그리고 월부어드 버전의 세대주의는 대다수의 기독교가 배교할 때 휴거가 일어날 것이라는 생각을 지지한다.

약신학의 표준적인 결과물들이 명백하게 이미 보여주는 것처럼, 언약신학도 이 원칙에 모든 부분이 헌신되어 있다.

또한 "세대들"이라는 이슈가 있다. 세대주의자들은 얼마나 많은 세대가 존재하는지, 그리고 각 세대들 사이의 분리가 얼마나 견고한지에 대해서 불일치해왔다. 『스코필드 관주 성경』(Scofield Reference Bible)은 널리 알려진 것처럼 일곱 세대에 대해 논한다(이 책의 다른 장들에서 이에 대한 논쟁을 보라). 그러나 모두가 그에 동의하는 것은 아니다. 세대들 사이에 존재하는 실제적인 차이들에 대해서는 추가적인 불일치가 존재한다. 스코필드는 몇몇 다른 세대들에서 다른 구원의 방법을 주장하는 **것처럼 보인다**. 그러나 "개정적" 그리고 "점진적" 세대주의자들은 일반적으로 이 생각에서 멀리 떠났다.42 게다가, 비록 언약신학자들이 성경에 나와 있는 언약들을 **획일화시키는** 경향이 있지만, 심지어 그들도, 우리가 위에서 지적했던 것처럼 새 언약을 아브라함 언약에 대한 실제적인 갱신으로 보면서, 구속사에서 서로 다른 시대들―최소한 두 시대, 곧 행위의 언약과 은혜의 언약을 주장해 왔다.43

과거 60년 혹은 그 즈음에, "중재적인" 입장, 혹은 어쩌면 그저 **다른** 입장이 조금씩 변경되면서 전면에 등장해 왔다.44 몇몇의 독

---

42 스코필드는 옛 언약 아래에서 구원은 율법을 준수함으로써 얻을 수 있다고 썼다. 『스코필드 관주 성경』의 창세기 12:1에 대한 주석을 보라. 라이리와 다른 사람들은 스코필드가 이 이슈에 대하여 잘못 말한 것이며, 만약 그가 부수적인 것을 예견했더라면 다르게 썼을 것이라고 주장했다. Ryrie, *Dispensationalism Today*, 110~11을 보라. 다른 이들은 다르게 주장하기도 한다. Daniel P. Fuller, "The Hermeneutics of Dispensationalism," PhD diss., Northern Baptist Theological Seminary, 1957, 164를 보라.

43 Gentry and Wellum, *Kingdom through Covenant*, 63과 그들의 논의 전체를 보라.

44 필자는 이러한 "중재적인" 입장이 꽤 오랜 시간 동안 존재해왔다고 주장하고 싶다. 그러나 발전된 세대주의와 대조를 통해 비로소 스스로

일 학자들, 특히 베르너 큄멜(Werner Kummel)과 오스카 쿨만(Oscar Cullmann)의 성과에 기초하여, 그러나 래드(G. Eldon Ladd)의 책들을 통하여 일찍이 미국 학계에 들어온,45 이 관점은 교회론과 종말론에 있어서 다른 입장들 양쪽 모두와 구별된다. 래드는 세대주의의 전천년주의에 동의한다. 그러나 교회의 환난 전 휴거의 관점에는 동의하지 않는다.46 또한 세대주의와는 대조적으로, 래드는 이스라엘과 교회의 일치에 관해 "감람나무는 단 하나의 하나님의 백성이다."라고 논한다.47 우리가 세대주의와 연관해서 다루지는 않았지만 래드에게는 큰 관심사였던 한 가지 이슈는 세대주의의 분리주의적 교회론이다. 부분적으로는 자유주의에 대항한 그들의 반대에 기인하여, 세대주의의 지도자들은 교단적인 삶에서 분리되어 나왔고, 다비와 같은 어떤 이들은 실제로 새로운 교회론적 구조들을 만들어냈다. 래드는 이러한 분리주의를 반대했으며, 이 분리주의에 수반된 것으로 보았던 피상적인 윤리적 입장 또한 반대했다.48 이와 마찬가지로, 점진적 세대주의도 이러한 교회론적이고 윤리적인 관행을 계속하지 않았다.

의 정체성을 가지게 되었다.

45 Werner Kummel, *Promise and Fulfillment: The Eschatological Message of Jesus*, Studies in Biblical Theology (London: SCM, 1957); Oscar Cullmann, *Christ and Time: The Primitive Christian Conception of Time and History*, rev. ed., trans. F. Filson (Philadelphia: Westminster, 1964); G. Eldon Ladd, *The Presence of the Future: The Eschatology of Biblical Realism*, rev. ed. (Grand Rapids: Eerdmans, 1974); Ladd, *The Blessed Hope: A Biblical Study of the Second Advent and the Rapture* (Grand Rapids: Eerdmans, 1956); Ladd, *A Theology of the New Testament* (Grand Rapids: Eerdmans, 1974).

46 Ladd, *Blessed Hope*, 61~136.

47 Ladd, *Theology of the New Testament*, 538.

48 이에 대하여는 특별히 John A. D'Elia, *A Place at the Table: George Eldon Ladd and the Rehabilitation of Evangelical Scholarship in America* (Oxford: Oxford University Press, 2008), 175~78을 보라.

래드는 언약신학에 대항하여, 침례와 주의 만찬이라는 두 가지 성례전 모두에 대한 "성도들의" 관계성에 대하여 논한다. 침례는 교회 안으로 "들어가는 의식"이며, "그것은 성도들이 그리스도와 연합하는 것을 상징하는데, 그 안에서 그는 옛 삶에 대하여 죽고 새 생명 안에 행하기 위하여 일으킴을 받는다."49 그는 더 나아가 침례와 할례에 대하여 논하면서, "바울이 침례를 할례에 대한 기독교적 대응으로 인식했다는 것은 결코 분명하지 않다."라고 했다.50 래드는 비록 환난 전 휴거를 지지하지는 않았지만 전천년주의자이었기 때문에, 그가 언약신학의 일반적인 교회론―적어도 그것의 계보적 원칙에 관해서―과 언약신학의 종말론에 대해서 모두 반대했던 것은 명백하다. 래드는 언약주의도 아니고 세대주의도 아닌 입장을 대변한다.

과거 수십 년 동안, 다른 여러 사람이 언약주의도 아니고 세대주의도 아닌 입장을 개척하려는 노력에 동참해 왔다. 때때로 "신 언약신학" 혹은 "점진적 언약주의"로 불리는 이 접근은 땅 원칙과 계보적 원칙 모두를 거부하고, 그리스도 스스로가 구약의 기대들의 성취라고 주장한다.51 대표자로서 젠트리(Gentry)와 벨럼은 언약주의와 세대주의 신학의 중간 길(a via media)을 개척했다. 그들은 성

---

49 Ladd, *Theology of the New Testament*, 547~48. 래드는 "성례"(sacrament)보다 "의식"(rite)이라는 용어를 선호했다.

50 Ladd, *Theology of the New Testament*, 548.

51 다음은 대표 저작이다. Tom Wells and Fred Zaspel, *New Covenant Theology* (Frederick, MD: New Covenant Media, 2002); Jason C. Meyer, *The End of the Law: Mosaic Covenant in Pauline Theology*, NAC Studies in Bible & Theology, ed. E. Ray Clendenen (Nashville: B&H Academic, 2009); John G. Reisinger, *Abraham's Four Seeds* (Frederick, MD: New Covenant Media, 1998); Gentry and Wellum, *Kingdom through Covenant*. 이러한 저작들은 비슷한 해석학적 접근을 따르고 있지만, 신학적이고 목회적인 적용에 있어서는 서로 다르다.

경의 점진적인 언약들을 통과하는 구속적이고 역사적인 줄기를 추적함으로써 성경의 통일성을 강조했다. 그들은 각각의 언약들(아담, 노아, 아브라함, 모세, 다윗, 그리고 새 언약)을 이전의 언약들 위에 점진적으로 쌓아올리는 것으로 본다. 그러나 또한 그들은 각각의 언약을, 점진적 계시에서 지금 **새로운** 것을 다루는 특정한 방식들로 (필자의 용어로 하자면) 이전 언약들을 정교하게 하는 것으로 이해한다.52 이러한 접근법은 "예수님과 새 언약이, 우리가 구약의 모형들의 성취를 해석하는 해석학적 렌즈가 되어야 한다."는 생각에 기초하고 있다.53 세대주의에게 있어서 주요 용어가 예수님과 이스라엘이고, 언약주의에게 있어서 주요 용어가 예수님과 교회인 것처럼 보이는 반면에, "점진적 언약주의"에 있어서 주요 용어는 오직 **예수님**만인 것 같다. "모든 시대의 소망과 두려움"은 그 안에서, 오직 그의 안에서만 부응되어진다.54

이스라엘과 교회에 관한 네 가지 관점

이 책의 네 명의 저자들은 이스라엘과 교회의 관계에 대한 몇 가지 이슈들을 다룰 것을 요청 받았다. 각각은 이스라엘과 하나님의 관계에 대한 석의적 이슈들을 다뤘다. 그들은 또한 주 예수 그리스도의 교회의 도래에 있어서 특징적으로 새로운 것이 무엇인지를 살펴보았다. 그들은 이러한 주제들을 다룸에 있어서, 이스라엘과 교회라는 주제에 대하여 조직신학에서 가장 큰 영향을 미치는 두 영역인 교회론과 종말론에 특별히 연관 지어 분석했다. 그들은

---

52 특히 Gentry and Wellum, *Kingdom through Covenant*, 591~716을 보라.

53 Gentry and Wellum, *Kingdom through Covenant*, 608.

54 우리가 이 책에서 우리가 맡은 장을 쓰는 동안 젠트리와 벨럼의 책을 읽지는 않았지만, 프랫과 필자가 4장에서 취한 기본적인 입장은 이것이다.

또한 이스라엘의 현재 상태에 대한 이슈에 대하여, 그리고 이 민족이 세상을 향한 하나님의 구원 계획을 성취해나감에 있어서 어떠한 역할을 가지고 있는 것인지 아닌지에 대하여 논했다.

이 도입부에서 이미 나타났던 것과 같이, 이 글들은 그 다양한 입장들이 발생했던 역사적 순거를 따라 제시되었다. 이 입장들 사이에 존재하는 차이들을 관찰할 수 있는 한 가지 방법은, 린츠(Richard Lints)의 문맥에 대한 세 가지 "지평"의 용어로 표현해 볼 때, 본문적(textual), 시대적(epochal), 그리고 정경적(canonical) 문맥을 따라 이해하는 것이다.[55] **본문적 지평**은 직접적인 문맥이다. 그 누구도 "성경 전체를 단번에 읽을 수 없으며,"[56] 그러므로 독자는 문법, 장르, 구문, 수사학, 그리고 여러 석의적으로 타당한 세부적인 것들로서 이러한 것들을 살펴보아야만 한다. 두 번째 문맥은 **시대적 지평**인데, 본문은 그것이 속해있는 구속사(redemption history)에서 읽혀진다. 린츠가 관찰한 것과 같이, "구속은 시간에 걸쳐 펼쳐진 하나님의 행위이다. 성경 본문에서 전개되는 이러한 운동은 그 목적들의 성취에 매우 중요하다."[57] 초기에 이루어진 계시는 나중에 나타난 성경과는 다소 다른 방식으로 구속을 다룬다. 할례, 희생 제의, 음식 규례, 그리고 다른 여러 관련 사항들은 그리스도 안에서 이루어진 성취에 자리를 내어 주었다. 또한 구약 성경에서, 그리고 심지어 신약의 짧은 기간 내에서도 변화가 발생했다. 세 번째는 린츠가 **정경적 지평**이라고 부른 것이다. 성경은 처음부터 끝까지 통일된 계시로서 읽혀야만 한다. 교회와 이스라엘에 대한 질문에 접근하는 네 가지 방식들은 각각 이러한 세 가지 지평들을 서로 다른 독특한 방식으로 활용하고 있다고 이해될 수 있다. 그러

---

[55] Richard Lints, *The Fabric of Theology: A Prolegomenon to Evangelical Theology* (Grand Rapids: Eerdmans, 1993), 259~311.

[56] Gentry and Wellum, *Kingdom through Covenant*, 93.

[57] Lints, *Fabric of Theology*, 262.

나 그 차이들을 이해하는 핵심은 린츠의 두 번째 지평인 **시대적인** 것에 주로 놓여 있다.

우리의 책에서 이스라엘과 교회에 대한 첫 번째 접근은 전통적인 언약주의적 관점이다. 레이몬드(Robert Reymond)는 언약주의적 관점을 논증하면서, 세대주의의 특징보다 더 많이 옛 언약과 새 언약 사이의 **연속성**을 주장한다고 설명한다. 교회/이스라엘 논쟁과 관련하여, 이 연속성은 할례와 침례(세례) 사이의 상호관계에서 – 이미 필자가 이 도입부에서 "계보적인 원칙"(generational principle)이라고 명명했던 – 나타날 수 있다. 이는 또한 교회가 "새로운 이스라엘"이라는 주장에서 나타나며, 레이몬드의 표현대로라면, 교회가 하나님의 백성으로서 이제 이스라엘을 **대체했다**고 생각한다(79쪽을 보라). 이러한 "구분 없음"이 심지어 장차 올 시대에서도 지속될 것이라고 계속하여 주장하는 로버트슨(O. Palmer Robertson)은 "하나님께서 이방인과 이방인 모두를 (한 백성으로) 자신에게로 부르고 계시기 때문에 오늘날 유대인과 이방인 사이에는 구별이 없다."고 말한다.[58] 레이몬드에게 있어서, 무엇보다도 이스라엘이 교회로 대체되고 모든 믿는 자에게 성령의 영구적인 은사가 주어지기 때문에, 구약에서 신약으로 이동하는 시대적인 지평은 불연속적이지 않다. 비록 레이몬드와 언약주의 전통에 있는 다른 이들이 미래에 유대인들이 교회로 편입될 것이라고 믿을지라도, 이스라엘 그 자체로서의 미래는 그들에게 존재하지 않는다.

이 책의 두 번째 글은 전통적인 세대주의 입장을 전개하고 있다. 세대주의자들은 교회와 이스라엘의 관계에 대하여 매우 다른 관점을 가지고 있을 뿐만 아니라, 구약과 신약 사이의 더 큰 정도의 **불연속성**을 강력하게 주장한다. 토머스(Robert Thomas)는 이스라엘

---

58 O. 팔머 로버트슨, "연속성의 해석학," 존 S. 파인버그 편집, 『연속성과 불연속성: 신구약성서의 관계』, 번역위원회 역 (이천: 성서침례대학원대학교출판부, 2016), 196.

과 맺은 언약과 연관된 하나님의 전체적인 계획 내에서 교회를 괄호(혹은 삽입, a parenthesis)로 이해한다. 교회의 휴거 이후에, 이스라엘과 맺은 언약은 대환란 기간에 144,000명의 유대인들과 함께 재개될 것이며, 이것은 천년의 기간 동안 그리스도와 함께 다스리는 이스라엘과 함께 천년왕국으로 이어질 것이다. 그는 더 나아가서 "계 21:12, 14는 이스라엘이 심지어 새 예루살렘에서, 즉 영원한 상태에서도 교회와 구별되는 역할을 하게 될 것임을 보여준다. 하나님께서 선택하신 특별한 대상으로서 이스라엘은 영원히 구별될 것이다."라고 주장한다(198쪽). 토머스에게 구약에서 신약으로의 시대적인 지평은 매우 큰 전환인데, 왜냐하면 하나님의 관심이 이스라엘로부터 또 다른 회중 즉, 교회로 이동했기 때문이다. 그러나 이 이동은 **종말**(eschaton)의 때에, 비록 완전하지는 않지만, 역전될 것인데, 왜냐하면 새로운 회중(역주. 이스라엘) 또한 종말론적 기쁨의 축복들을 누릴 것이기 때문이다. 토머스는 또한 땅 원칙(land principle)을 확증하는데, 구약과 신약 사이에 존재하는 연속성이 이스라엘에 대한 땅의 약속 안에 자리 잡고 있기 때문이다. 그리고 이는 사실상 영원한 약속으로서 확증된다.[59]

연대기적 순서로 보았을 때 세 번째는 점진적 세대주의적 관점으로서, 소시(Robert Saucy)에 의하여 상세히 설명되었으며, 전통적 세대주의의 땅 원칙을 고수하면서도 그것을 단지 천년왕국까지만 지속되는 것으로 수정하여, 이스라엘과 교회 사이의 영원한 구분이 되는 것은 아니라고 본다. 그러므로 시대적 지평은 새 언약 안에서 이스라엘에서 교회로 이동으로 이해되는데, 그러나 이후 대환란과 천년왕국 기간 동안에 이스라엘에게로 다시 돌아와서, 영원한 상태에서 단일한 백성이 된다. 구약에서 이스라엘을 향한 약속들은 어떠한 의미에서는 그리스도 안에서 성취되었으나, 또 다른 의미에서는 여전히 천년왕국 때 문자적인 방식으로 성취될 것이다.[60]

---

[59] Gentry and Wellum, *Kingdom through Covenant*, 86.

마지막으로, 프랫(Tom Pratt)과 필자가 쓴 이 책의 네 번째 글은 점진적 언약주의(개시된 종말론) 혹은 새 언약주의적 입장을 취하는데, 래드가 체계화시켰으며 지금은 재스펠(Zaspel)과 벨럼 같은 사람들이 수정된 형태를 만들었다. 우리는 전통적인 언약주의와 동일하게 하나님의 백성에 관하여는 구약과 신약 사이에 연속성이 존재한다고 확증한다. 그러나 우리는 "대체"의 부분에 대해서는 거부하는데, 왜냐하면 이스라엘은 여전히 하나님의 눈동자이며 종말론적 구원의 주체가 될 것이기 때문이다. 또한 새 언약의 지위는 계보적 원칙-할례와 유비적인 관계를 가지고 있는 침례(세례)에 대한-을 거부하는데, 왜냐하면 신약성경에 유아 세례에 대한 묘사나 지침이 전혀 없으며 침례와 관련이 있는 모든 구절은 침례를 받는 사람들이 주님의 제자였음을 가정하고 있기 때문이다. 이 입장은 또한 천년왕국과 영원한 상태에서 하나님의 두 백성 사이에 구별이 있을 것이라는 부분을 거부한다. 에베소서 2장과 다른 부분들에서 바울이 주장한 것과 같이, 하나님께서는 자신의 백성을 나누는 벽을 허물어버리셨다.[61] 그러므로 비록 하나님께서 여전히 자신의 옛 언약 백성에 대하여 관심을 가지고 계실지라도, 시대적인 지평은 오순절에 성령께서 오심으로써 영구적으로 교회로 전환되었다. 이 관점은 또한 새 언약의 "새로움"이 성령의 영구적인 내주하심과 그리스도께서 구약의 약속들에 대한 성취라는 점을 포함한다는 사실을 확증한다.

필자는 이제 독자 여러분들께 이 글들을 추천한다. 필자는 여러분이 많은 것을 배울 것이라고 믿는다. 그러나 무엇보다 더욱, 필자가 기도하는 바는 지적 훈련을 통하여 여러분이 더 깊은 예배에, 그리고 우리 주님이시요 구원자이신 예수 그리스도의 복음을 선포하는 데에 더욱 열정적으로 헌신할 수 있게 되는 것이다.

---

[60] 점진적 세대주의자들 가운데서도 논쟁되는 주제들에 대하여 상당한 범위의 견해 차이가 있으나, 소시가 이 그룹에서 가장 존중 받는 견해를 주장하는 한 사람임을 지적해 둘 필요가 있다.

[61] Ladd, *A Theology of the New Testament*, 480~87.

1장
전통적 언약신학 견해
The Traditional Covenantal View

로버트 L. 레이몬드

역사적 언약신학이란 무엇인가

역사적 언약신학은 세 가지 주요 특징을 가지고 있다. (1) 구속사에 있어서 비통일성과 불연속성을 강조하는 전통적이고 달라스적인 세대주의(Dallas dispensationalism)에 반대하여, 역사적 언약신학은 창세기 3:15부터 미래의 마지막 도착점까지 구속사의 통일성과 연속성을 강조한다. (2) 역사적 언약신학은 모든 세대에 걸쳐 은혜의 언약과 하나님 백성의 단일성을 주장한다. 이것은 둘로 구분되는 하나님의 백성 – 이스라엘과 교회 – 이 있다고 주장하는 전통적이고 달라스적인 세대주의와 대조된다. 이들은 이스라엘과 교회가 서로 다른 결말을 갖고 있다고 주장하는데, 전자는 영광스럽게 된 땅이, 그리고 후자는 영광스럽게 된 천국이 바로 그것이라고 말한다 (감수자주. 오늘날의 세대주의, 즉 점진적 세대주의는 그렇지 않음). (3) 역사적 언약신학은 구약의 성도들 또한 신약의 성도들이 구원받고 있는 것과 정확하게 동일한 방식으로 구원 받았다고 주장한다. 이들은 그들을 대신하여 약속된 메시아가 이루실 (예견된) 대속적 사역에 대한 자각 있는 믿음을 통하여 구원을 받았던 것이다. 이 대속 사역은 구약에 있는 약속들, 예언들, 희생 제사들, 할례, 유월절 어린양, 그리고 유대 민족들에게 전수되었던 여러 모형들(types)과 규정들(ordinances)에 의하여 미리 표상되었다(foresignified). 이것은 여러 시대에 걸쳐서 하나님을 믿는 구원의 믿음이 각 세대마다 "다른 방식들"로 드러났었다고 가르치는 전통적이고 달라스적인 세대주의와 대조되는 것이다(감수자 주. 이 또한 오해의 소지가 있는 말임).1

역사적 언약신학에 대한 간략한 역사

보스(Geerhardus Vos)는 "언약들에 대한 교리는 독특하게 개혁주의적인 교리이다."2라고 썼다. 왜냐하면 일반적으로 중세시대에 소홀했던 성경 연구로 이 진지한 복귀가 종교개혁 때 나타났기 때문이다. 해석학의 문법적이고 역사적인 기준들을 사용해서 스위스 종교개혁자들인 츠빙글리(Ulrich Zwingli, 1484~1531)와 불링거(Johann Heirich Bullinger, 1504~75), 그리고 칼뱅(John Calvin, 1509~64)은 창조와 특히 구원 둘 모두에 있어서 하나님의 영광이라는 성경의 근본적인 사상으로 되돌아갔다. 그들이 연속적이며 역사적인 수단으로서 성경적인 언약들을 발전시켰던 것은 매우 자연스러운 것이었다. 이 수단에 의해서 하나님께서는 그의 아들의 중보적인 사역과 그의 성령의 역사 그리고 그의 말씀하시고 기록하신 성경을 통하여서 선택받은 자들을 구원하심으로써 스스로 영광 받기로 정하셨다. 언약신학은 스위스, 특히 독일어권이었던 취리히의 토양3 위에

---

1 필자의 책 *Behold the Conquering Lamb* (Ross-shire, Scotland: Christian Focus, 2006)을 보라.

2 Geerhardus Vos, "The Doctrine of the Covenant in Reformed Theology," in *Redemptive History and Biblical Interpretation: The Shorter Writings of Geerhardus Vos*, ed. Richard B. Gaffin Jr. (Phillipsburg, NJ: P&R, 1980), 234.

서 나타났는데, 츠빙글리의 글들이 그러했다. 그는 재침례교도들과 벌였던 논쟁에서 유아 세례에 대한 개혁주의적인 이해에 대한 주요한 논증으로 언약의 개념을 사용했다. 그리고 불링거는 언약적 사상에 의해 구성되었던 열편의 설교를 담은 다섯 권의 책 『열 편(Decades)』를 저술했다. 또한 교회 역사에서 언약에 대한 최초의 논문인 「하나의 영원한 약속/언약에 대한 간략한 주해(A Brief Exposition of the One and Eternal Testament or Covenant of God)」 (1534)에서, 하나님께서 은혜롭게 자신을 인간에게 주시고 그 후에 인간에게 그의 앞에서 행하여 완전하라(창 17:1)고 명령하셨던 아브라함 언약의 빛 아래에서 성경의 전체성을 보아야 한다고 논증했다.4 프랑스어권이었던 제네바의 칼뱅은 그의 책 『기독교 강요

---

3 언약신학이 단순히 "인간이 만든" 것이라든지 교회 역사에서 종교개혁 기간 동안에 처음으로 등장했다는 의미로 이해되어서는 안 된다. 스위스 종교개혁자들은 초기 교부들의 작품을 잘 알고 있었으며, 이들, 특히 아우구스티누스를 광범위하게 인용했다. 또한 그들은 자신들 내에서 언약신학의 여러 미묘한 차이들을 발견했다. 그러나 아우구스티누스 이후로 성경 신학이 시들해지고 그 결과로서 교회 교부들이 점차적으로 사제 신학(a sacerdotal theology)을 선호하여 언약신학을 발전시키지 못했다는 것은 안타까운 사실이다. 보스는 자신의 책 『언약신학(The Doctrine of the Covenant)』에서, 일단 개혁자들이 교회를 다시 성경 연구로 되돌리고 하나님께서 모든 것 가운데서 – 특별히 인간이 하나님과 맺는 관계에서 높임을 받으셔야 한다고 주장하자,

[이 원칙은] 즉각적으로 세 부분으로 나뉘어졌다. 1. 인간의 모든 업적은 하나님의 선행하시는 공로에 의존해야만 한다. 2. 자신의 모든 작업에서 인간은 하나님의 형상을 전면에 드러내야 하며 하나님의 덕이 드러나실 수 있도록 하는 수단이 되어야 한다. 3. 후자는 무의식적 혹은 수동적으로 일어나서는 안 되며, 하나님의 덕의 드러나심은 반드시 지각과 의식의 방식으로, 그리고 의식적인 삶의 방식으로 이루어져야 한다. 또한 이는 적극적으로 외부적 표현을 동반해야 한다(242).

그 다음으로 보스는 이 삼중적인 요구가 어떻게 언약신학에서 해결되는지를 보여주는데, 영원한 **구속의 언약**은 세 가지 조건 모두에 있어서 안식처가 된다. 그리고 **행위의 언약**과 **은혜의 언약**은 이 세 가지 요구를 성취하는 방식으로 구속의 언약으로부터 흘러나온다(242~67).

(Institutes of the Christian Religion)』에서 언약적 사상을 설명했다. 그가 기독교 강요를 삼위일체적 흐름을 따라 썼기 때문에, 비록 여기에서 언약의 개념이 책을 구성하는 요소이거나 핵심 원칙은 아니지만, 모든 세대에 걸쳐 언약의 통일성과 하나님 백성의 단일성을 위해 언약의 개념을 필요할 때마다 사용했다.5

---

4 영어 번역에 대해서는, Charles S. McCoy and J. Wayne Baker, eds., Fountainhead of Federalism: Heinrich Bullinger and the Covenant Tradition (Louisville: WJK, 1991), 101~38을 보라.
"프로테스탄트의 모든 것"이 루터와 함께 시작되었다는 일반적인 견해는 잘못된 것이다. 커닝햄(William Cunningham)은 자신의 논문 "Zwingle, and the Doctrine of the Sacraments," in *The Reformers and the Theology of the Reformation* (1862; repr., London: Banner of Truth, 1967), 213~14에서 올바르게 관찰했다.

> 츠빙글리가 창시자이며 수장이라고 말할 수 있는 중요한 움직임은 전적으로 루터와 별개였다. 다시 말해서, 자신이 널리 퍼뜨렸던 관점을 츠빙글리가 받아들이고 자신이 추구하던 길을 수용했던 사건에 대하여 루터 자신은 직접적이든 간접적이든 원인이 될 수 없었다. 츠빙글리는 프로테스탄트적 진리의 주도적인 원리들을 받아들이도록, 그리고 그것들을 1516년에 설교하도록 이끌림 받았는데, 이때는 루터의 반박문이 출간되기 전이었다. 그리고 그가 자신의 판단과 책임에 대하여 계속해서 스스로 생각하고 행동했던 것은 하나님의 말씀을 개인적이고 독자적으로 연구한 것에서 나온 것이었다는 사실은 매우 확실하다. 이 사실은, 마치 모든 개혁자가 루터에게 영향을 받았던 것처럼 [물론, 2세대 개혁자로서 칼뱅은 자신의 경력을 초기에 루터교의 구원론의 영향을 받았다.], 종교개혁을 루터와 동일시하는 것과 로마 교회를 버리고 그것과의 교제를 떠나 교회를 조직했던 루터의 본을 그저 다른 이들이 따르기만 했다고 생각하는 것이 얼마나 부정확한지를 보여준다. 유럽의 여러 지역에서 그 시대를 살았던 많은 이들은 성경을 연구했으며 이를 통하여 본질적으로 동일한 신적 진리에 대한 관점들을 얻었으며 로마 교회에서 일반적으로 가르침을 받았던 사람들에 대하여 반대하기로 결단했다.

독일어권 스위스인 취리히 종교개혁자들과 프랑스어권 스위스인 제네바 종교개혁자들의 영향력이 널리 퍼졌으며 지속되었다. 그들은 하이델베르크의 신학자들인 올레비아누스(Casper Olevianus, 1538~87)와 우르시누스(Zacharias Ursinus, 1534~83)에게 영향을 미쳤는데, 이 두 사람은 취리히에서 시간을 보냈으며, 제네바에서 칼뱅과 함께 공부했었다. 올레비아누스는 『하나님과 선택받은 자들 사이의 은혜의 언약의 본질(The Substance of the Covenant of Grace Between God and the Elect)』(1585)을 저술했고, 우르시누스는 언약의 개념을 그의 책 『대요리문답(Larger Catechism)』(1612)에 적용했다. 인간의 구원을 위하여 창조 전에 성부 하나님과 성자 하나님 사이에 맺으셨던 언약에 대한 것과 타락 이전에 하나님과 아담 사이에 맺었던, 순종하면 생명을 약속하고, 불순종하면 죽음으로 위협했던, 율법의 언약에 대한 두 사람의 사상은 네덜란드 개혁주의 신학자인 코세이우스(Johannes Coceius, 1603~69)로 하여금 발전된 언약신학을 낳게 했다. 그는 『하나님의 언약과 계약들에 대한 교리(Doctrine of the Covenant and Testaments of God)』(1648)'을 썼으며, 윗시우스(Herman Witsius, 1636~1708)는 『하나님과 인간 사이에 맺은 언약들의 경륜(The Economy of the Covenants Between God and Man)』(1685)을 저술했다.

스위스 개혁자들은 또한 영국의 언약신학의 발전에 영향을 주었다. 많은 설교자들과 학자들이 메리 여왕 통치 기간 동안 취리히와 제네바로 피신했고, 그들이 다시 영국으로 돌아간 뒤에도 불링거와 칼뱅은 그들과 계속해서 왕래했다. 그 결과 스코틀랜드에서 롤락

---

5 헬름(Paul Helm)은 자신의 논문, "Calvin and the Covenant: Unity and Continuity," in *Evangelical Quarterly* 55 (1981): 65~81에서 언약신학의 모든 핵심적 특징—성부와 성자 사이의 영원한 구속의 언약, 하나님과 아담 사이의 (기초적인 형태로) 행위의 언약, 하나님과 구속 받은 자들 사이의 은혜의 언약—이 칼뱅의 신학적 사고에 분명하게 뿌리를 내리고 있음을 보여주는 증거들을 열거하고 있다.

(Robert Rollock)과 호위(Robert Howie)가, 잉글랜드에서 카트라이트 (Thomas Cartwright), 프레스톤(John Preston), 블레이크(Thomas Blake), 그리고 볼(John Ball)이, 아일랜드에서 어셔(James Ussher)가 언약주의적 노선에 따라 그들의 신학을 발전시키고 저술 활동했다. 또한 불링거의 『열편』이 1577년에 영어로 번역이 되었으며, 석사 학위를 취득하지 않았던 성직자들을 위한 공식적인 지침서가 되었다. 그들이 그러했던 것처럼, 이러한 사람들의 노고에 영향을 받아서 웨스트민스터 신앙고백(1646)의 입안자들은 언약의 개념을 이 고백 진술의 가장 서두에 두었으며, 행위의 언약과 은혜의 언약에 신조적인 지위를 주었다.

전자에 대해서는, 이 신앙고백은 이렇게 진술했다. "인간과 맺은 첫 언약은 행위의 언약이었는데, 여기서는 아담에게 생명과 번영이 약속되었는데, 이것은 그의 완전하고 개인적인 순종에 달려 있었다"(VII.ii). 후자에 대해서는 이렇다. "인간이 타락으로 인하여 [첫 언약에 의하여] 스스로 생명을 얻을 수 없게 되었으므로, 주님은 일반적으로 은혜의 언약6이라고 불리는 두 번째 언약을 만들기를 기뻐하셨다. 거기서 그는 예수 그리스도에 의하여 죄인들에게 생명과 구원을 주셨고; 그들에게 자신을 믿는 믿음을 요구하셨다. 그래서 그들은 구원 받을 수 있게 되었으며, 영생을 얻기로 되어있는 모든 자에게 그들이 기꺼이 믿을 수 있게 하려고 그분의 성령을 주기로 약속하셨다"(VII.iii).

매우 많은 단어들 중에 그 표현을 사용하지는 않았지만, 웨스트

---

6 "은혜의 언약"이라고 불리는 이 두 번째 언약은, 현재에는 그 은혜의 수령자가 된 택하심을 받은 죄인을 위한 것이지만, 원래는 이 원래 언약의 중재자이자 수장이신 그리스도를 위한 것이었다. 원래의 "행위의 언약"은 아담에게 요구되었던 것과 동일한 완전하고 개인적인 순종을 그분께 요구했다. "마지막 아담"이자 "하늘로부터 오신 두 번째 인간"(고전 15:45, 47)으로서, 예수님께서는 아담이 충족시키지 못했던 행위의 언약의 의무들을 완벽하게 충족시키셨다.

민스터 신앙고백은 모든 시대에 언약의 통일성과 하나님 백성의 단일성을 명백하게 주장했다.

> VII.v: 복음의 시대에 이 [두번째] 언약은 율법의 때와는 다르게 시행되었다: 율법 아래에서, 그것은 약속들과 예언들, 희생제사들, 할례, 유월절 어린양, 그리고 유대인들에게 주어졌던 여러 모형들(types)과 규정들(ordinances)에 의해 시행되었다. 이것들은 모두 오실 그리스도에 대한 표상이었다; 성령의 역사를 통하여 이것들은 모든 시대에 선택받은 자들을 약속된 메시아를 믿는 믿음을 가르치고 세울 수 있도록 하기에 충분하고 효과적이었다. 오실 메시아에 의해서 그들은 죄의 완전한 용서와 영원한 구원을 얻었으며; 이것이 구약이라고 불린다.

> VII.vi: 복음 아래에서, 본질인 그리스도가 나타나셨을 때, 이 언약이 시행되어지는 규정들은 말씀의 선포와 침례(세례)와 주의 만찬이라는 성례의 집행이다: 비록 [구약과 비교했을 때] 그 수에 있어서는 얼마 안 되며, 보다 더 간단하고 밖으로 드러나는 영광은 덜 하게 집행되지만, 그러나 이것들 안에서 더 큰 충만함과 증거 그리고 영적 효력이 유대인과 이방인들 모두에게, 그리고 모든 나라에 공표된다. 그리고 [그것은] 신약이라고 불린다. **그러므로 본질상 다른 두 가지의 은혜의 언약이 존재하는 것이 아니라, 다양한 세대들 하에서도 단일하고 동일한 것이 존재할 뿐이다.**

웨스트민스터 신앙고백은 그 후에 좀 더 직접적인 구원의 배경에서, 다른 단어들을 통하여 동일한 요점들을 이렇게 선포한다.

> VIII.vi: 비록 구속의 행위가 그리스도의 성육신 이후까지는 실질적으로 작동하지 않았었지만, 태초부터 계속적으로 모든 시대

에 있어서 그것의 덕과 효력과 유익들이, [그리스도께서] 뱀의 머리를 짓밟을 여자의 후손으로서 드러나고 상징화되었던 약속들과 모형들 그리고 희생들에서 그리고 그것들을 통해서, 선택 받은 자들에게 전해졌었다. 태초부터 어제나 오늘이나 영원토록 동일하신 죽임 당하신 어린양...

...

XIX.iii: ... 하나님께서는 이스라엘 백성에게 몇몇의 모형적인 규정들을 포함한 의식에 관한 율법들을 주시기를 기뻐하셨는데, ... 이것들은 그리스도와 그분의 은혜와 활동, 고난과 유익들을 예시하고 있다.

영국의 회중주의적인 정책에 맞게 이 신앙고백을 수정한 1658년 새보이 선언(the Savoy Declaration)이 한 가지 예외가 되었지만, 1660년에 찰스 2세가 영국 왕권을 다시 잡으면서 억압을 했기 때문에 웨스트민스터 회의의 결과가 가지는 영향력이 영국 자체에서는 단명했다. 그러나 이 신앙고백과 대요리문답, 소요리문답이 스코틀랜드 교회와 아메리카 식민지에서 장로교회들에 의해 채택되었다. 이러한 교회들을 통하여서 종교개혁자들의 언약신학과 웨스트민스터 회의는 일반적으로는 전 세계에 있는 개신교 신학에 대해 점차 증가하는 영향력을 미쳤으며, 심지어 이전에는 스스로 단 한 번도 웨스트민스터 신앙고백과 요리문답의 언약신학을 받아들인 적이 없는 교회들에 까지 점차적으로 영향을 미치게 되었다.

역사적 언약신학 대 전통적이고 달라스적인 세대주의

역사적 언약신학의 주장은 이것이다. 모든 시대에 오직 하나뿐인 존재로서의 은혜의 언약의 성취를 통해서 모든 시대의 선택 받은 자들로 구성된, 하나님의 유일한 백성인 교회가 창조되었다는 것이다. 이 주장에 대항하여 세대주의적 학파의 구속사 해석이 나타났다. 세대주의 학자들이 얼마나 많은 세대들 혹은 성경에서 찾을 수 있는 연속적인 "삶의 법칙들"이 있는지에 대해서 서로 다른 견해를 갖고 있는 반면, 그들 모두는 전 세계에서는 아니더라도 미국에서 가장 큰 세대주의 신학교인 달라스신학대학원(Dallas Theological Seminary, DTS)의 신조에 동의할 것이다.

이 세대들 혹은 삶의 법칙들 중 세 가지는 성경의 확장된 계시의 주제이다. 구체적으로 말하자면, 모세 율법의 세대, 현재 은혜의 세대, 그리고 미래의 천년왕국의 세대.[7]

DTS 신조는 이 세 가지 세대에 대해 연이어서 확언한다. "우리는 이것들이 구별되며 섞이거나 혼동되지 않는다고 믿는데 왜냐하면 이것들이 연대기적으로 순차적이기 때문이다." 게다가 DTS 신조가 "하나님의 계획에서 구원은 항상 '믿음을 통해서 은혜로(by grace through faith)'이며, 구원은 그리스도의 흘려진 피 위에 놓여 있다"라고 주장하는 반면에, 이 주장에 이러한 단서가 붙어 있다.

[구약의 성도들이][8] 그들 신앙의 의식적인 대상으로서 성육신하시고 십자가에 달리신 하나님의 어린 양(요 1:29)을 가진다는 것은 역사적으로 불가능하다. 그들은 우리처럼 희생 제사들이 그리스도의 존재와 행위를 묘사해준다고 이해하지는 못했다. 그리고 그들은 우리만큼 그리스도의 고난에 관한 예언들과 모형들(types)의 구속적인 중요성을 이해하지는 못했다(벧전 1:10~12). 그러므로 우리는 그들의 하나님을 향한 믿음이 다른 방식으로 확실하게 드러났다고 믿는다. 마치 이것은 [믿음을 드러내는] 히

---

7 "DTS 신조," http://www.dts.edu/about/doctrinalstatement.
8 이것은 심지어 모세와 다윗, 이사야와 같은 사람들도 포함할 것이다.

11:1~40에 길게 묘사된 기록에서 보이는 것처럼, 그들에게 있어서 이런 것들이 [그들의 믿음을 보이고] 그들에게 의로움을 주었다.

DTS 신조는 어떤 이유로 이런 것들이 구약의 성도들에게 역사적으로 불가능한 것인지를 분명하게 설명하지 않는다. 그러나 『스코필드 관주성경』(1967)은 예수님께서 마태복음 4:17에서 "회개하라, 천국이 가까이 왔느니라."라고 하셨던 선포에 대하여 우리에게 전통적인 세대주의적 설명을 제공하고 있다.

"가까이"라는 성경 표현은 결코 어떤 사람이나 어떠한 것이 즉각적으로 나타날 정도로 가까이에 있다는 사실을 긍정적으로 확증하는 것이 아니다. 오히려 그것은 **어떠한 정체 모를 것이나 예상되지 않은 사건이 끼어들어서는 안 된다**는 것을 의미하는 것이다. 그리스도가 유대인들에게 나타났을 때, 그 당시에 존재했던 계시의 순서대로라면, 그 다음에 일어날 일은 바로 다윗 왕국의 건립이 되었어야만 했다. **그러나 아직 드러나지 않았던** 하나님의 계획에서 보자면, 그 왕국과 그 왕(the King)에 대한 거부는 오랜 기간 동안의 그 왕국의 비밀스러운 형태와 십자가의 전 세계적인 선포, 그리고 교회의 부르심을 낳았다. 그러나 이것은 아직까지 하나님의 비밀스러운 경륜에 감추어져 있다(마 13:11, 17; 엡 3:3~12). (강조 추가)

DTS 신조는 약간 다른 표현을 사용하여 이러한 점들을 본질적으로 반향하고 있다.

... 예언의 성취에 있어서[9] [하나님의 영원한 아들이] 이스라

---

[9] 스코필드의 "이제 이루어진 것과 같은 계시의 순서로"라는 구절을 보라.

엘에게 메시아-왕으로서 먼저 오셨다. 그리고 ... 이스라엘에 의해 거절당하시고, **하나님의 영원한 경륜에 따라**[10], 그분은 자신의 생명을 모든 이를 위한 대속물로 주셨다. (강조 추가)

물론, 예수님의 공생애 전에 살았던 그 누구도 메시아의 거절당하심과, 지금 현재 시대, 전세계적인 십자가에 대한 선포, 그리고 교회를 부르심에 대하여 몰랐다면, 구약 성도들의 믿음 또한 구원 받는 믿음의 대상으로서 **고난당하신** 그리스도의 인격과 사역에 대해 직접적으로 알 수 없었을 것이다. 그러나 그것이 다음과 같은 노래 부르기를 주저하지 않았던 것은 교회의 역사적인 고백이 아니었음을 알아야만 한다.

그리스도의 십자가를 내가 기뻐합니다.
시간의 파멸 위에 우뚝 솟았네;
모든 거룩한 이야기의 빛이
그 숭고한 머리 둘레에 모여 들었네[11]

구약의 믿음에 대해 두 복음주의 진영의 관점이 이토록 근본적으로 다를 수 있다는 것은 상상하기 어려운 일이다. 둘은 서로 이렇게 배타적이다. (1) 언약주의적 관점은 구속사의 연속성을 강조하고, 세대주의적 관점은 구속사의 불연속성을 강조한다. (2) 언약주의적 관점은 구약의 성도들이 약속된 메시아의 예견된 희생적 사역에 대한 의식적인(자각하는) 믿음을 통하여 구원 받았다고 주장하고, 세대주의적 관점은 하나님께서 구약의 성도들에게 계시해주지 않으셨기 때문에 그들이 메시아의 미래적 희생 사역을 알지 못

---

10 스코필드의 "하나님의 비밀스러운 경륜 안에 간직되어 있던"이라는 구절을 보라.

11 보우링(John Bowring, 1792~1872)의 "그리스도의 십자가를 내가 자랑하노라."

했었기 때문에, 그들은 일반적인 "다른 방식으로 표현된 하나님을 향한 믿음"을 통하여 구원을 받았다고 주장한다. 그런데 이것은 "[메시아의] 피흘림이 없은즉 사함이 없느니라"(히 9:22)는 말씀에 대한 의식적인 자각이 **결여된** 것일 뿐 아니라, 심지어 이것은 구원받는 믿음의 대상으로서 메시아의 죽음에 대한 믿음을 **배제**시키고 있음을 표현하는 것이다. 자신들이 살고 있는 세대에 따른 구약의 성도들의 "믿음의 [다양한] 방식들의 내용과, 신약의 성도들의 믿음의 내용은 전적으로 다르다는 것이 세대주의적 주장이 의미하는 것이다. 비록 전통적 세대주의자들은 이것을 부정하고 싶겠지만, 이것은 구약의 성도들이 살았던 세대에 따라서 다른 "구원의 계획들"을 성경이 승인한다는 것을 의미한다. 분명히, 만약 웨스트민스터 신앙고백이 옳다면, 세대주의적 관점은 틀린 것이다; 만약 세대주의적 관점이 옳다면, 웨스트민스터 신앙고백은 틀린 것이다. 둘 다 동시에 옳을 수는 없다. 필자는 다음에 나오는 다섯 가지 논증을 통하여 웨스트민스터의 입장이 모든 이성적인 의심보다 우월함을 논증할 것이다.

1. 일단 창세기 3:15에서 시작되었던 은혜의 언약이 아브라함 언약의 영적인 약속들 안에 표현되었다면, 이 언약은 앞으로 올 모든 시대에 구원적으로 결정적인 것이 되었다(뒤에 좀 더 설명하겠다).

2. 신약의 구속에 대한 구약의 **가장 뛰어난** 모형인 출애굽 사건은 하나님의 계획에 의해서 신약의 그리스도의 사역과 대속에 적용되는 위대한 구원의 원칙들을 성취와 적용의 측면에서 동일하게 미리 보여줌으로써 메시아가 유월절 어린양의 중보자로서 하신 대속 사역에 대한 믿음을 통하여 은혜로 받는 구원을 이스라엘 중 선택 받은 자들에게 가르쳐주었다(고전 5:7). 목적과 성취에 있어서 출애굽적인 구속은 하나님의 주권적이고 사랑하시고 선택하시는 은혜에서 기인했다(신

7:6~8). 이것은 인간의 힘이 아닌 하나님의 능력으로 성취되었다(출 3:19~20; 15:1~18). 그리고 이것은 유월절 어린양의 피를 바름으로써 속죄를 적용한 사람들에게만 이루어졌다(출 12:12~13, 21~27).

3. 신약 저자들에 따르면, 모세와 선지자들은 신약 시대의 사건들에 대하여 예언했었는데 그것은 예수 그리스도의 죽으심과 부활하심을 포함하는 것이었다(눅 22:37; 24:25~27; 요 1:29; 5:39, 46; 13:18; 19:24, 28, 36~37; 20:9; 행 3:17~18; 10:43; 13:27~30; 17:2~3; 26:22~23; 28:22~23; 고전 15:3~4). 이러한 본문들을 훑어보기만 하여도 구약의 선지자들이 고난 받으시는 메시아에 대해서 썼음을 확실하게 알 수 있다. 그리고 필자는 그들이 썼던 것들을 그들이 이스라엘의 광장에서 선포했을지도 모른다고 생각한다.

4. 예수 그리스도의 교회는 그 뿌리가 아브라함까지 거슬러 올라갈 수 있는 하나님의 단일한 백성의 현재적인 표현이다(행 15:16~17; 롬 11:16~24; 갈 6:16; 엡 2:11~13; 빌 3:3).

5. 구약이나 신약이나 구원을 위해 필요한 조건은 정확히 동일하다. 곧, 하나님의 선택 받은 자들은 과거와 현재, 그리고 미래에 동일하게 오직 믿음을 통하여 은혜로 구원 받는다. 다만 믿음의 대상인 메시아의 사역이 예견되었는지(구약) 혹은 성취되었는지(신약)만 다를 뿐이다(창 3:21; 4:3~5; 15:6). 흠 없는 희생 제사의 대속적인 죽음을 통해서 죄 용서의 대원칙을 이스라엘에게 가르쳤던 레위기적 제사 시스템의 정교한 의식에 대해서는 시 16:9~11; 22:16; 32:1~2; 사 7:14; 9:6; 52:13~53:13; 요 1:29; 8:56; 딤후 3:15; 히 11:26~27를 보라.

역사적 언약주의적 유아세례자들이 자신들의 유아세례의 시행의 근거를 모든 시대에 있어서 언약의 통일성과 하나님 백성의 단일성에 두고 있었음을 지적해야만 한다. 신약 뿐 아니라 구약 시대 전체에 걸쳐서 은혜의 언약 안에 있는 부모의 자녀들이 신실한 공동체 안에서 언약적 지위를 소유하고 있음을 분명하게 나타내고 있기 때문에, 유아와 어린이들에게 세례를 베푸는 것을 뒤이어 제시되는 세 가지의 **부정할 수 없는** 성경적 진리로부터 타당하게 추론할 수 있다.

1. 남자 유아들은 구약적 원칙의 아래에 있었을 때 은혜의 언약의 표와 인(sign and seal)을 받았다.

2. 우리가 방금 논증했던 것처럼, 은혜의 언약은 성경 전반에 걸쳐 연속성과 유기적 통일성을 가진다. 하나님의 백성은 모든 시대에 있어서 본질적으로 하나이다.

3. 언약 안에 있는 자녀들에게 은혜의 언약의 표시를 해주는 **거의 2,000년 동안** 이어져 오던 구약의 시행을 신약에서 철회했음을 찾을 수 없다. 베르카우어(G. C. Berkouwer)는 이렇게 말했다: "유아 세례를 하나님께서 명령하시는 직접적인 성경 구절을 요구하는 자들에 대항하여, 종교개혁자들은 … 이 질문의 불공정함을 지적했다. 이에 대한 응답으로서, 그들은 자신들의 비판자들에게 새 언약 때문에 이 근본적인 언약의 관계가 깨어졌음을 가르치는 성경구절을 요구했다."12 머레이(John Murray)는 이와 유사하게 물었다.

"유아들이 언약 안에 포함되는 것과 그들이 언약적 표와 인을 받는 것에 대하여 신약성경이 분명하게 원칙을 승인할 정도로 철회하거나 철회의 어떠한 암시라도 하고 있는가? … [이 시행

---

12 G. C. Berkouwer, *The Sacraments*, trans. Hugo Bekker (Grand Rapids: Eerdmans, 1969), 175.

이] 그동안 불연속적이었는가? 이 질문에 대한 우리의 대답은 분명해야만 한다. 우리는 그 어떤 철회의 근거도 찾아볼 수 없다. 새 언약이 아브라함 언약에 근거하고 있고 그것의 성취라는 사실을 생각한다면, 그리고 할례와 침례(세례)에 담긴 의미가 기본적으로 동일하다는 것을 생각한다면, 또한 두 세대 모두에 있어서 적용되는 언약과 은혜의 통일성과 연속성을 생각한다면, 만약 이 시행이나 원칙이 신약에서 불연속적이라면 철회의 증거나 폐지가 반드시 있어야 함을 우리는 확신 있게 주장할 수 있다."[13]

그리고 존스(David C. Jones)는 이렇게 말했다. "새 언약은, 덜 한 것이 아니라, 더 큰 특권과 축복을 특징으로 가지고 있기 때문에, 만약 이미 시행되었던 관습(1,900년 동안이나)이 중단되기로 했었다면, 그 누구라도 분명한 표현을 찾기를 기대할 것이다. 우리가 폐지 대신에 발견하게 되는 사실은 하나님께서 언약적 관계 안에 있는 가족의 결속 내에서 계속해서 일하고 계신다는 것이다(눅 18:15~17; 행 2:39; 16:15; 16:31~34; 고전 1:16; 7:14을 보라)."[14]

필자는 위에 언급했던 모든 시대에 있어서의 언약과 하나님 백성의 통일성에 대한 다섯 가지 이유들을 가지고서 신약이 그리스도에 대하여 말하고 있는 그분의 성품과 사역에 대한 모든 정보를 구약에 있는 성도들이 가지고 있었다고 주장하려는 것은 아니다. 또한 구약의 선택 받은 모든 사람이 오늘날의 그리스도인들이 그리스도에 대해 이해하고 있는 것만큼 이해를 했었다고 주장하는 것도 아니다. 물론 오늘날 많은—대다수는 아니겠지만—그리스도인들이 그리스도와 그의 구원에 대해 놀랄 만큼 적은 지식을 가지고 있다는 것을 생각해 본다면, 의심할 여지없이 구약의 성도들은 오

---

[13] John Murray, *Christian Baptism* (Philadelphia: P&R, 1962), 52~53.

[14] David C. Jones, 그가 Covenant Theological Seminary(St. Louis, Missouri)에서 전한 세례에 관한 미발행 강의안.

늘날의 이러한 그리스도인들보다 그리스도에 대한 것들에 대하여 더 깊은 이해를 가지고 있었다고 말해야만 한다. 예를 들어, 다윗은 시편 2, 16, 22편에서 메시아의 죽음과 부활에 대하여 명백하게 말했으며, 이사야는 이사야 53장에서 메시아의 죽음에 대하여 분명하게 말했다. 보스가 "이 사안들에 대하여 오늘날 우리의 발전된 교리적 이해를 구약의 사고 속으로 가지고 가는 것은 비역사적인 것이다."15라고 올바르게 관찰했던 반면에, 구약 성도들의 구속에 대한 이해 문제를 너무 성경-신학적 관점으로만 일방적으로 접근한 나머지, 이러한 해석학이 조직신학의 "신앙의 유비" 원칙을 무력화시킬 수도 있다. 결과적으로, 구약의 성도들이 고난 받는 메시아와 그의 죽음으로부터의 육체적인 부활에 대해서 알고 있었는지에 대해서 구약 그 자체의 가르침이나 신약 저자들이 명백하게 보고 혹은 암시한 것 모두 다 그에 합당한 평가를 받지 못했다. 다시 말하자면, 만약 이 다섯 가지 이유들 안에 모아져 있는 모든 정보를 잘 살펴본다면, 그리고 특별히 만약 예수님께서 아브라함이 "나의 때 볼 것을 즐거워하다가 보고 기뻐하였느니라"(요 8:56)라고 하신 선언과 구약 성경이 "메시아가 죽었다가 죽은 자들 가운데서 살아날 것"을 증거한다는 신약 저자들의 반복된 언급을 생각해본다면, 그 누구라도 구약의 성도들이 일반적으로 생각하는 것보다 훨씬 더 많이, 그리고 DTS 신조가 주장하는 것보다는 더욱 더 많이 메시아의 고난에 대해 알고 있었다고 결론 내려야 한다. 왜냐하면 DTS 신조는 구약의 성도들이 그리스도의 고난에 대해 아무 것도 몰랐다고 주장하기 때문이다.

전통적인 세대주의자들은 마태복음 13장에 있는 예수님의 "하나님 나라의 비밀" 비유들과 에베소서 3:3~12를 구약의 성도들이 (위에서 언급한 스코필드의 언급에서 발췌한 바) "하나님 나라와 왕을

---

15 Geerhardus Vos, *Biblical Theology* (Grand Rapids: Eerdmans, 1948), 64.

거절, 그 나라가 오랜 기간 동안 비밀스러운 형태로 있을 것, 전 세계적인 십자가에 대한 선포, 그리고 교회를 부르심"에 대해서 알지 못했을 것이라는 주장을 위한 증거로서 사용한다. 그러므로 이 구절들에 대해서 약간의 설명이 필요할 것이다.

우선, 여기에서 발견되는 성경적인 단어인 "비밀"과 함께 놓고 볼 때, 마태복음 13장의 비유들은 예수님의 가르침이 있기 전에는 분명하게 드러나지 않았었던 하나님 나라에 대한 어떤 진리들을 드러내었다고 인정할 수 있다. 그러나 이 진리들 중에서 메시아의 거절이 여기서 처음으로 드러났다고 믿지는 않는다. 오히려, 하나님의 나라가 언젠가 다니엘서 2장이 예언했던 것처럼 큰 능력과 영광으로 확실히 나타날 것이지만, 그것은 이미 예수님의 초림과 함께 은혜 가운데 처음으로 나타났으며, 그 은혜의 양상 안에서 그것은 점점 성장할 것이고, 주로 영적 삶의 내부적이고 비가시적인 영역에서 그 주체들의 불완전성과 세계 시스템으로부터의 저항을 견뎌낼 것이라고 예수님께서는 하나님 나라에 대한 전체적인 가르침과 함께 이 비유들을 통하여 그들에게 가르치셨다. 래드는 이 "비밀" 형태에 대하여 이렇게 설명한다.

이 나라는 사람들 가운데 도래했으나, 모든 무릎이 그 영광 앞에 엎드리도록 하는 능력으로 임한 것은 아니었다. 그것은 오히려 어떻게 받아들이느냐에 따라서 열매를 맺거나 혹은 맺지 않는 땅에 뿌려진 씨와 같다(마 13:3~8). 그 나라는 도래했으나, 현재적 질서는 붕괴되지 않았다; 그 나라의 자녀들과 악한 자의 자녀들이 추수 때까지 이 세상에 함께 자라고 있다(마 13:24~30, 36~43). 하나님 나라는 정말로 인간들에게 도래했다. 그러나 새롭고 영광스러운 상태로서가 아니라, 비유에 나오는 겨자씨처럼 온 것이다. 바로 이 나라가 언젠가 큰 나무가 될 것이다(마 13:31~32). 세상을 변혁하는 힘 대신에, 이 나라는 반죽 안에 있는 적은 누룩과 같이 거의 알아볼 수 없는 형태로 현존한다. 그러나 이 나라는 부풀은 반죽이 그릇을 채우는 것처럼 이 땅을 채울 것이다(마 13:33)...

영광보다는 겸양 가운데 도래한 하나님 나라는 전적으로 새롭고 놀라운 계시였다. 그러나 예수님께서는 사람이 속아서는 안 된다고 말씀하셨다. 비록 이 나라의 현재 상태가 겸양 가운데 있지만 - 진실로 이 나라를 가지고 오신 분은 정죄 받은 범죄자처럼 죽임을 당하셨다 - 그럼에도 불구하고 이것은 하나님의 나라이며, 그래서 마치 밭에 감춰진 보화나 매우 값진 진주처럼 어떠한 대가나 희생을 치르고서라도 그것을 얻어야만 한다(마 13:44~46). 하나님 나라의 현재적 활동이 선한 자들 뿐 아니라 악한 자들도 포함하는 운동을 시작할 것이라는 사실이 그것의 참 본질을 오해하는 것이 되어서는 안 된다. 이것은 하나님의 나라이다; 이것은 언젠가 종말론적인 구원과 심판의 때에 선한 자들을 악한 자들로부터 나눌 것이다(마 13:47~50).[16]

요약하면, 예수님께서는 그의 "하나님 나라의 비밀" 비유들을 통해서 자신이 사람들에게 권력 있는 하나님의 나라가 아니라 그들의 마음속에 "성령 안에서 의와 평화와 기쁨"(롬 14:17)을 가져다주는 하나님의 영적 통치를 주고 있는 것이라고 가르쳤다. 이 통치를 사람들은 거절할 수 있었고, 실제로 유대인들 대다수가 불신 때문에 거절했다.

둘째로, 본질적으로 같은 것을 말하는 에베소서 3:2~12와 골로새서 1:25~27과 관련하여, 전통적인 세대주의자들은 이 본문들을 인용하는 이유는 공통적으로 "비밀을 ... 이제 그의 거룩한 사도들과 선지자들에게 성령으로 나타내신 것 같이 다른 세대에서는 사

---

[16] George E. Ladd, "Kingdom of Christ, God, Heaven," in *Evangelical Dictionary of Theology*, ed. Walter A. Elwell (Grand Rapids: Baker, 1984), 609~10.

람의 아들들에게 알리지 아니하셨으니"와 "이 비밀은 만세와 만대로부터 감추어졌던 것인데 이제는 그의 성도들에게 나타났고"라고 말하고 있기 때문이다. 그러나 사람들에게 감추어졌었던 "비밀"(물론, 절대적인 의미가 아니다; 바울의 "이제 나타내신 것 같이"라는 표현에 주목하라.)이 왕과 그분의 고난을 거절한 것을 가르치고 있다고 볼 수는 없다. 오히려, 에베소서 3:2~12에 따르면, 지금 분명하게 드러난 것과는 달리 과거에 분명하게 드러나지 않았었던 것은 **은혜의 나라에서 이방인들이 유대인들과 함께 공동 상속자이자, 몸의 공동 구성원이며, 그리스도 안에 있는 약속의 공동 참여자라는 사실**이다. 요약하면, 이 본문은 이방인들이 그리스도의 몸인 교회에서 유대인들과 완벽하게 동등한 입장에 있을 것이라는 사실을 가르치고 있다. 골로새서 1장에서, 바울은 그리스도의 몸에서 이방인들이 함께 포함됨에 대하여 다시 말하고 있다. 그러나 그는 세대주의자들이 도출한 것과 같은, 다시 말하자면 구약의 성도들이 메시아가 거절당하고 고통 받을 것에 대해 몰랐다거나 율법 아래에 있는 구약의 이스라엘과 은혜 아래에 있는 신약의 교회 사이에 구별을 두어야 한다는 것과 같은 급진적인 결론을 가르치지는 않았다.

필자는 위에 언급했던 더 이전의 전통적인 세대주의자들이 이 본문들을 해석할 때 범했던 실수를 DTS 신조 또한 석의적으로 범했음을 발견하지는 못했다. 그러나 베드로전서 1:10~12에 대하여 "구약의 성도들이 그리스도의 고난과 관련된 계시들과 모형들의 구속적 중요성을 이해하지 못했었다."라고 주장하는 것은 잘못된 것이다. 필자는 단호하게 베드로가 이 본문에서 이것을 가르치고 있지 않다고 단언할 수 있다. 오히려 베드로는, 예언자들이 부지런히 그리고 주의 깊게 살피고 있는 것은 메시아의 고난 그 자체나 메시아가 "누구냐"17가 **아니라** 이 고난을 둘러싸고 있는 "시간과 상

---

17 NASB와 ETV는 여기에서 "어떤 사람이나 시간"이라는 끔찍하게 잘못된 번역을 제공한다. 베드로의 '또는'이라는 표현은 마치 두 가지의 대조적인 질문을 제시하는 것처럼 이접이 아니라, 순접이다. 다시 말해서,

황"(tina epoion kairon, 문자적으로 "어떤 종류의 때")과 뒤따를 영광이라고 말하고 있다. 그리고 베드로는 구약의 선지자들이 메시아의 고난에 대하여 또한 무지했었다고 말하지 않는다. 이 사실은 하나님의 계시에 대한 베드로의 묘사를 통하여 지지되는데, 구약의 선지자들이 이미 가지고 있었던 메시아에 대한 계시를 열심히 연구한 것에 대한 응답으로 하나님의 계시가 왔던 것이다. 하나님께서는 그들이 말하고 있는 고난이 **누구의** 고난인지에 대해서가 아니라—이에 대해서는 그들도 이미 알고 있었기 때문에—**언제** 메시아의 고난이 일어날 것인지에 대하여 그들에게 계시해 주셨다. 하나님께서 알려주신 메시아의 고난은 그들의 때인 선지자들의 시대가 아니라, 그 다음 시대인 성취의 때, 즉 하늘로부터 보내심을 받은 성령에 의해 사람들이 복음을 선포하게 될 현 시대에 일어날 것이었다.

게다가, 필자는 위대한 믿음의 장인 히브리서 11장에서 언급된 영웅들의 믿음이 고난 받는 메시아에 대한 믿음 외에 다른 어떤 방식의 믿음이라고 주장하는 DTS 신조가 이 본문을 정확하게 다루고 있다고 생각하지 않는다. 믿음의 영웅들이 올바른 행동을 하도록 만든 하나님을 믿는 살아있는 믿음이 바로 그들의 것이었다고 히브리서의 저자는 우리에게 가르쳐주고 있다. 그러므로 히브리서 저자가 영웅들이 가지고 있었던 믿음의 모습으로서 고난 받는 메시아에 대한 믿음을 각각의 예에서 언급하지 않았다고 해서, 그들이 그런 믿음을 가지고 있지 않았을 것이라고 결론내리는 것은 **합당하지 않은 추론**이다. 게다가, 믿음으로 아벨은 그리스도의 모형이 되는 양의 첫 새끼(창 4:4)를 가지고서 가인보다 더 나은 제사를 하나님께 드렸으며, 믿음으로 아브라함은 그리스도의 날 볼 것을

그것들과 관계된 질문은 오직 한 가지로, 서로 다른 방식으로 시간에 대하여 질문하는 것이다. "어떤 종류의 시대에 그의 고난이 일어나는가?" 양쪽 모두 관련되어 있는 사안은 메시아의 고난이 일어날 **시간**에 대한 것이지, 그가 고난을 받을 **것인지 아닌지**에 대한 것이 아니다. 그들도 이미 이에 대하여 알고 있었다.

즐거워하였으며 실제로 그는 보았고 기뻐하였으며(요 8:56), 믿음으로 모세는 **그리스도를 위하여 받는 수모**[18]를 이집트의 보화보다 더 큰 부로 여겼으며(11:26) 믿음으로 유월절을 지켰고 피를 뿌려서 멸하는 자로 하여금 그들을 건드리지 못하게 했다(11:28)고 성경이 우리에게 분명하게 말해주고 있다. 이 구약의 성도들은 대리적 속죄의 개념을 이해하고 있었으며, 그러므로 웨스트민스터 신앙고백이 이렇게 결론을 내리는 것은 논리적 비약이라고 할 수 없다.

> 유대인들에게 전해졌던 약속들, 예언들, 희생 제사들, 할례, 유월절 어린양, 그리고 여러 모형들과 규례들은, **모두 오실 그리스도를 예표하며... 성령의 역사를 통하여** 완전한 죄 사함과 영원한 구원을 이루실 약속된 메시아를 믿는 믿음을 선택 받은 자들에게 가르치고 세우기에 충분하고 또한 효과적이다. (VII.v, 강조 추가)

지면 한계로, 필자는 매우 논란이 많은 세대주의의 환란 전 휴거나 전천년주의의 독특한 형태에 대하여 본격적으로 논의할 수는 없을 것 같다. 그들의 전천년주의는 유대적 신정 통치(theocracy)의 재건과 미래적 신정 통치의 할례에 대한 요구(겔 44:9), 그리고 에스겔 40~48장에 나오는 의심스러운 천년왕국 성전 안에서 동물 희생 제사의 레위적 의식(겔 43~44장)을 포함하고 있다. 그러나 첫째로, 부적절한 아론적 제사장 제도(히 7:11; 8:6~7; 9:9, 13~14; 10:1~2, 12~14)가 멜기세덱의 반차를 따른 제사장 제도로 대체되었다는 것과, 또한 둘째로 멜기세덱의 반차를 따른 영원한 제사장으로서의 그리스도가 "단번에" 자기를 드려 죄를 없이 하셨다는 것에 대한(히 7:27; 9:12, 25~26, 28; 10:10~14) 히브리서 저자의 가르침은, 에스겔의 성전에 대한 환상에 대하여 문자적인 해석을 하는 세대주의자들에 대하여 의문을 가지도록 하는 충분한 이유를 제공한

---

[18] 이 "수모"라는 단어는 시편 2편과 이사야 53장이 보여주는 메시아의 사역에 있어서 비극적인 차원에 대한 암시이다.

다는 것을 우리는 생각해 볼 수 있다.

세대주의가 스스로 만들어 놓은 모든 어려운 문제를 풀 수 있는 해결책은, 웨스트민스터 신앙고백이 분명하게 선언하고 있는 은혜의 언약의 통일성과 모든 시대에 있어서 하나님 백성의 단일성에 대한 영광스러운 교리이다. 모든 세대에 걸쳐 인간에게 구원론적으로 규범인 유일한 은혜의 언약에 대한 표현에 있어서, 웨스트민스터 신앙고백은 세대주의적 체계의 구원론적 불연속성을 피하고, 신약성경이 가르치고 있는 구약 성도들의 믿음에 관한 가르침을 신중하게 받아들이며, 모든 시대에 구원의 필수적이고 의식적인 근간으로서 메시아의 구속 사역에 대한 믿음—처음에는 구약의 **예견된** 모습으로, 그 다음에 신약에서는 **성취된** 모습으로—을 유지한다.

역사적 언약신학의 이스라엘의 미래에 대한 이해와 연관된 주제를 다루기 전에, 최근에 세대주의 진영 내에서 나타난, 그 주창자들에 의하여 "점진적 세대주의"라고 명명된 운동에 대하여 다루어야 할 것 같다.19 세대주의의 이 "점진적인" 관점은 전통적인 세대주의의 "하나님 나라의 제공, 거절, 지연, 그리고 오직 **미래적 성취**" 모티프를 부정하고, 구약의 이스라엘과 맺었던 영적 약속들을 교회가 지금 성취하고 있다고 인정한다. 간략히 말해서, 이 세대주의자들은 과거의 전통적 세대주의자들이 했던 것보다 세대들 사이의 연속성을 더 많이 강조한다.20 전통적 세대주의의 "핵심" 교리인 이스라엘과 교회의 견고한 분리에 대하여 암시적으로 거부를 표하는 이 "점진적 세대주의"가 앞으로 계속해서 세대주의로서 남아 있을 것인지, 아니면 언약적 전천년주의가 되지는 않을 것인지, 물론 아무도 알지 못한다. 정말로 엘웰(Walter A. Elwell)은 이렇게

---

19 이 입장은 이 책에서 소시가 쓴 부분에서 주장되고 변호되고 있다.

20 Robert L. Saucy, *The Case for Progressive Dispensationalism* (Grand Rapids: Zondervan, 1993), 그리고 크레이그 블레이징과 대럴 박, 공저, 『점진적 세대주의: 하나님 나라와 언약』, 곽철호 역 (서울: CLC, 2005)을 보라.

까지 말했다. "이 새로운 [점진적] 세대주의는 비세대주의적 전천년주의(nondispensational premillennialism)와 너무나도 유사해서 실제적 차이를 찾기가 힘들 정도이다."21 그러나 현재로서는 "점진적 세대주의"는 여전히 그 헌신과 선언에 있어서 분명하게 세대주의 진영 안에 존재하며, 역사적 언약신학과는 상당히 멀리 떨어져 있다. 모힌니(Al Mawhinney)는 복음주의 신학 협회(the Evangelical Theological Society) 연례 모임에 참석한 신학자들에게 "[점진적 세대주의의] 저자들은 양의 탈을 쓴 언약신학자들이 아니다... 그들은 자신들의 전통에서 중요한 변화들을 추구하고 있다."고 말했었는데, 이것은 옳게 본 것이다. 필자는 이 책에 포함된 소시의 글에 대한 평가에서 이 관점에 대하여 더 다루도록 하겠다. 이제 구약의 이스라엘과 그들의 미래에 관한 역사적 언약신학의 논의를 할 차례이다.

이스라엘의 미래와 역사적 언약신학이 직면한 최근의 도전

하나님께서 구약에서 아브라함과 그의 후손들에게 주셨기 때문에, 이스라엘 정부가 지중해의 동쪽 끝인 소위 거룩한 땅22을 **영구적으로** 소유하는 것이 합당한 것임을 미국 내의 복음주의자들에게

---

21 Walter A. Elwell, "Dispensationalists of the Third Kind," *Christianity Today* 38, no. 10 (September 12, 1994): 28.

22 필자가 "소위"라고 말한 것은 "거룩한 땅"이 성경에 단 두 번만 나오기 때문이다(시 78:54; 슥 2:12). 그리고 심지어 여기서 "땅"은 두 경우 모두에 있어서 추가될 필요가 있기 때문이다. 첫 번째 구절은 "그의 거룩함의 지경"에 대해 말하고 있는데, "지경"에 대한 히브리 단어는 지경 안에 있는 것들에 대한 환유이다. 두 번째 구절(마 2:16)은 "거룩함의 땅", 즉 "거룩한 땅"이라고 읽는다. 그 안에 나타난 거룩하신 하나님의 현존이 아니라면, "거룩한 땅"에 있어서는 거룩한 것이 전혀 없다. 그러나 하나님께서 그의 현존을 나타내시는 곳마다 그 장소는 거룩해지는데, 이는 하나님께서 시내산의 불타는 가시떨기 나무에서 모세에게 가르쳐주셨던 것이다(출 3:1~6).

설득시키려는 노력이 현재 진행 중이다. 오늘날의 이러한 노력은 이스라엘 정부의 세속적 지도자만큼이나 인기 있는 세대주의 설교자들이나 TV 전도자들에 의해서도 이루어지고 있는데, 예를 들어 텍사스 샌안토니오에 있는 코너스톤교회(Cornerstone Church)23의 설립자이자 목사인 해기(John Hagee)와 같은 사람들이 있다.24

명백하게 이러한 거대한 선전에 설득되어, 클린턴 전 대통령은 매우 문제 많은 침례교 목사가 그에게 했던 말인 "만약 당신이 이스라엘을 버린다면, 하나님께서는 결코 당신을 용서하지 않으실 것입니다."를 인용한 후에, 1994년 10월 27일에 예루살렘에 있는 이스라엘 국회 앞에서 "... 이스라엘 백성의 성경적 고향인 이스라엘이 영

---

23 Julia Duin, "San Antonio Fundamentalist Battles Anti-Semitism," in *The Houston Chronicle* (April 30, 1988): 1에 의하면, 해기는 유대인들이 천국에 가기 위하여 그리스도를 신뢰해야 한다고 믿지 않는다. "유대인들은 모세를 통하여 주어진 율법을 통하여 하나님과 관계를 가진다. 나는 토라의 빛 아래에서 살아가는 모든 유대 사람이 ... 하나님과 관계를 맺고 있으며 구속에 이르게 될 것이라고 믿는다." 이러한 **급진적인** 세대주의적 발언은 그리스도를 믿는 믿음이 구원에 있어서 **보편적으로** 필수적이라는 사실을 부정하는 부분에 있어서 이단적이다. 해기는 모든 사람에 대한 구원이 인종이 **아니라**, 은혜와 관련된 사안이라는 것을 이해하고 있는 것처럼 보이지 않는다.

24 다른 사람들로는 TV 전도자인 코플랜드(Kenneth Copeland), TBN(Trinity Broadcasting Network)의 Paul and Matt Crouch, Church on Way(Van Nuys, CA)의 설립자이자 목사이며 Foursquare Gospel Church의 회장인 잭 헤이포드(Jack Hayford), World Healing Center Church(Dallas, Tx)의 목사인 베니 힌(Benny Hinn), World Harvest Church(Columbus, OH)의 목사인 퍼슬리(Rod Parsley), CBN(Christian Broadcasting Network)의 설립자이자 최고 경영자이며 700 Club의 성경교사인 팻 로버트슨(Pat Robertson)이 있다. 팻 로버트슨은 2006년 1월 5일에 공개적인 TV에서, 이스라엘의 아리엘 샤론(Ariel Sharon) 총리가 하나님의 팔의 크게 치심으로 인하여 고통 받고 있는데, 그 이유는 그가 이스라엘 땅의 일부를 팔레스타인 사람들에 줌으로써 평화를 맞바꾸려고 하기 때문이라고 말했다. 나중에 그는 이 언급에 대하여 사과했다.

원 영원히 계속되는 것이 하나님의 뜻입니다."라고 선언했는데,25 이 진술은 성경적 종말론에 관한 것이 아니라(그의 "영원 영원히"에 주목하라), 교회와 하나님 나라의 본질에 관한 성경적 해석학에 깊이 연루되어 있다. 클린턴 대통령은 "여러분의 여정이 바로 우리의 여정입니다("우리의 여정이 바로 여러분의 여정입니다."가 아님에 주목하라.)"라고 말하면서 그의 연설을 결론지었다. 이 진술은 일반적으로는 이 나라가 중동 정치에 깊이 연루되어 있음을, 그리고 구체적으로는 이스라엘과 팔레스타인 사이의 분쟁에서 이스라엘에게 분명하게 정치적으로 힘을 실어주고 있음을 묘사해주는데, 이는 세계 정치의 방향에 어떤 식으로든 영향을 미치지 않을 수 없는 것이다.

클린턴 대통령의 진술은 나쁜 정치인데, 이는 동일하게 나쁜 신학에 근거하고 있다. 필자가 이렇게 말하는 이유는, 이제 논증할 텐데, 구약에서 하나님께서 이스라엘에게 하신 땅에 대한 모든 약속은 그림자, 모형 그리고 예언이라는 관점으로 보아야 하기 때문인데, 이것은 신약이 말하는 실재, 본질 그리고 성취와 대조되는 것이다. 결과적으로, "이스라엘은 땅에 대한 성경적 약속(명령)을 가지고 있다. 즉 이스라엘의 땅에 대한 하나님의 언약을 영원히 가지고 있다 ... [그리고] 그리스도인들은 이스라엘을 지원해야 한다는 성경적 명령을 가지고 있다."26고 주장하는 해기와 대조적으로, 성경의 땅에 대한 약속의 진정한 상속자는, 단 **성취된** 천국의 상태로서, 바로 그리스도의 메시아적 왕국의 시민인 우리 그리스도인이라고 필자는 주장한다.27 해기는 이 관점을 "대체 신학"이라고 부

---

25 *Vital Speeches* 61, no. 3 (November 15, 1994): 3, 70을 보라.

26 David Horovitz, "Most evangelicals are seeing the error of 'replacement theology,'" http://davidhorovitz.com/articles/most-evangelicals-are-seeing- the-error-of-replacement-theology (March 21, 2006). 해기는 언약주의 전통 진영에 있는 목사들에게 자신들의 "대체주의적 설교"를 버려버리라고 주장했다.

27 이 섹션에 나타나는 사고의 많은 부분에 대해서 필자는 O. Palmer

르는데, 그 이유는 이것이 하나님의 경륜에 있어서, 그가 말하기를, "하나님의 핵심 작품"이자 "그의 눈동자"(슥 2:8)인 유대인들을 예수 그리스도의 교회로 "대체"했기 때문이다. 물론, 민족적 이스라엘에 대한 해기의 생각은 잘못되었는데, 이는 **민족적** 이스라엘 그 자체는 하나님의 언약 계획의 핵심 작품이 **전혀 아니기** 때문이며, 사도 바울에 의하면, 하나님의 약속들은 **항상** 민족적 이스라엘 내에서 오직 참된 영적 이스라엘(즉, 선택 받은 이스라엘)만을 포함했으며(롬 9:6~13), 구약의 땅에 대한 약속들도, 우리가 곧 보게 될 것과 같이, **항상** 장차 올 더 영광스러운 것들의 **모형으로서** 보아야 하기 때문이다.

그럼에도 불구하고, 해기는 세대주의적 도전을 해오고 있으며, 지금이야말로 언약신학이 이에 맞서 성경적으로 그에게 답변할 적기이다. 이것이 바로 필자가 지금 제시하려고 하는 것이다. 그러나 이 책과 이 장을 읽는 그리스도인들에게 경고의 말을 한마디 하고 싶다. 이제부터 필자가 쓸 것들을 받아들이거나 거부하기 전에 읽었던 것들에 대하여 진지하게 숙고하길 바란다. 단지 여러분이 이제까지 이에 대해 한 번도 못 읽어봤다고 해서 여기서 필자가 쓰는 것들을 거부하지는 말기를 바란다. 그것을 철저하게 읽고서, 베뢰아 사람들이 그러했던 것처럼, "이것이 그러한가하여 날마다 성경을 상고"하라(행 17:11). 그리고 또한 이 장을 읽을지도 모르는 비-그리스도인 유대인들에게 이것을 회피하지 말고 필자가 쓴 글을 신중하게 읽어보기를 강권하고 싶다. 필자는 그들에게, 사도 바울의 표현을 빌려 "내가 너희에게 참된 말을 하므로 원수가 되었느냐"(갈 4:16)고 물어보고 싶다. 이제, 이러한 경고들과 함께 필자는 아브라함 언약에 대한 논의를 시작할 것이다.

Robertson, *The Israel of God: Yesterday, Today, and Tomorrow* (Phillipsburg, NJ: P&R, 2000), 3~31에 큰 빚을 지고 있음을 기쁘게 밝히는 바이다.

세대주의에 대한 해기의 주요한 오류에 대한 교정으로서 아브라함 언약

창세기 12장의 아브라함에 대한 부르심과 함께, 창세기 3:15에서 시작된 은혜의 언약은 주목할 만한 진보를 겪었다. 이 진보의 방법은, 하나님께서 "땅의 모든 족속"(창 12:3)을 위한 구원의 축복을 보증하고 확실하게 하려고 아브라함과 맺으신 언약이다. 창세기 12:1~3; 13:14~16; 15:18~21; 17:1~16 그리고 22:16~18에서 발견되는 아브라함 언약 안에 있는 은혜의 약속들은 매우 중요해서, 언약주의적 관점에서 보면, 이 구절들이 성경에서 가장 중요한 구절들이라고 말하는 것도 과언이 아니다. 성경이 인간의 창조와 창세기 12장에서 아브라함을 부르시기 전까지의 수천 년을 단 열한 장으로 빠르게 지나갔다는 사실은 하나님께서 창세기 1~11장에서 제시된 정보들을 아브라함 언약의 계시에 대한 예비적 "배경"으로 의도하셨음을 제시해준다. 아브라함 언약의 계시 이래로 **하나님께서 은혜로 구원을 위하여 하셨던 모든 것**이 아브라함 언약의 결과요 생산물임을 그 뒤에 나오는 계시가 드러내준다. 다시 말해서, 일단 아브라함 언약—하나님께서 아브라함과 그의 영적 후손들의 하나님이 되어주시겠다고 하신(창 17:7), 그리고 아브라함 안에서 땅의 모든 족속이 축복을 받을 것이라고 하신—의 구속적 약속에서 은혜의 언약이 분명하게 나타난 후에, **하나님께서 지금까지 해오셨던 모든 것은 아브라함에게 하셨던 언약적 약속(과 함께 구속의 영원한 계획)을 성취하기 위함인 것이다.**

만약 아브라함 언약의 구원론적 중요성에 대한 이 표현이 지나친 것처럼 보인다면, 그 후의 계시에 나타난 이러한 선포들을 통하여 이 주장을 충분히 정당화할 수 있을 것이다.

1. 하나님께서 그 이후에 이삭(창 17:19; 26:3~4)과 야곱(창 28:13~15; 35:12)에게 확증하신 것은 다름 아닌 바로 아브라함 언약이었다.

2. 성경은 하나님께서 야곱의 후손들을 이집트에서 구원하신 이유가 선조들에게 하셨던 언약적 약속을 지키기 위함이었다고 말한다. "하나님이 그들의 고통 소리를 들으시고 하나님이 아브라함과 이삭과 야곱에게 세운 그의 언약을 기억하사(출 2:24; 그리고 4:5를 보라)."

3. 이스라엘 역사 전체를 통하여 반복적으로, 영감을 받은 성경의 저자들은 이스라엘을 향한 하나님의 계속적인 은혜와 자비의 확장을 아브라함에게 하신 언약적 약속에 대한 신실함에 직접적으로 연결짓는다(출 32:12~14; 33:1; 레 26:42; 신 1:8; 4:31; 7:8; 9:27; 29:12~13; 수 21:44; 24:3~4; 왕하 13:23; 대상 16:15~17; 시 105:8~10, 42~43; 미 7:20; 느 9:7~8).

4. 신약으로 와도 이것은 변하지 않는다. 마리아와 스가랴 두 사람 다 성육신을 포함한 예수 그리스도의 초림을 아브라함에게 하신 은혜로운 언약적 약속에 대한 성취의 핵심적인 구성요소라고 선포한다. 누가복음 1:54~55에서 마리아는 "그 종 이스라엘을 도우사 긍휼히 여기시고 기억하시되 우리 조상에게 말씀하신 것과 같이 아브라함과 그 자손에게 영원히 하시리로다 하니라."라고 말했다. 스가랴는 누가복음 1:68, 72~73에서 "찬송하리로다 주 이스라엘의 하나님이여 … 그 거룩한 언약을 기억하셨으니 곧 우리 조상 아브라함에게 하신 맹세라"고 했다.

오늘날 그리스도인들이 하나님 아들의 성육신 사건을 오직 크리스마스 시즌에만 주로 경축하는 반면, 마리아와 스가랴는 이 사건을 성경의 언약적 거대 서사구조 안에 위치시킴으로써, 하나님께서 그의 백성에게 **언약적으로 신실하시다**는 더 큰 진리를 경축하기 위하여 그리스도의 오심에 담겨 있는 이유를 보았음을 지적하고 싶다. 그들이 이 사건의 더 확장된 중요성을 인지했고 이 인식이 그들로 하여금 찬양을 하도록 만들었으므로, 우리는 여기에서 성경적 신학이 가장 잘 작동하고 표현되고 있음을 본다.

5. 그 자신이 아브라함의 후손이셨던(마 1:1; 갈 3:16) 예수님은 "너희 조상 아브라함은 나의 때 볼 것을 즐거워하다가 보고 기뻐하였느니라"고 선포하셨다(요 8:56).

6. 베드로는 하나님께서 아브라함에게 창세기 12:3에서 주셨던 약속대로 유대 민족을 축복하기 위하여, 그리고 그들이 자신들의 악함을 버리고 돌이키도록 예수님을 보내셨다고 선포했다(행 3:25~26).

7. 바울은 하나님께서 아브라함에게 "땅에 있는 모든 족속이 너를 통하여 복을 받을 것이다"(창 12:3)라고 약속하셨을 때, 이방인들이 믿음으로 의롭다함을 받도록 하실 것을 미리 선포하신 것이며, 미리 아브라함에게 복음을 선언하신 것(갈 3:8)이라고 주장했다. 따라서 바울은 그리스도 안에서 모든 믿는 자가 "아브라함을 따라서 [믿음을 통한 칭의로] 축복을 받을 것"이라고 말했다(갈 3:9).

8. 바울은 또한 "그리스도는 할례의 종이 되셨는데 ... 이는 이방인들이 그의 자비하심으로 말미암아 하나님께 영광을 돌리도록 조상들에게 하셨던 약속을 확증하기 위함이었다"(롬 15:8~9, 필자의 번역)고 선언했다.

9. 바울은 더 나아가서, 그리스도가 십자가 위에서 죽으심으로 율법의 저주를 받은 바 되신 것은 "그리스도 예수 안에서 아브라함의 복이 이방인에게 미치게 하고 또 우리[유대인과 이방인 모두]로 하여금 믿음으로 말미암아 성령의 약속을 받게 하려 함이라(갈 3:14, 필자의 번역)고 선포했다.

10. 하나님께서 아브라함과 그의 씨(그리스도)에게 주신 언약적 약속보다 수백 년 후에 받은 모세 율법이 "하나님께서 미리 정하신 언약을 폐기하지 못하고 그 약속을 헛되게 하지 못하리라"(갈 3:17)고 바울은 분명하게 선언했다.

11. 바울은 또한 (1) 아브라함은 유대인과 이방인 중 "믿는 모든 자의 조상"이며 (2) 그리스도께 속한 모든 자는 "아브라함의 씨이며, 하나님께서 아브라함에게 주신 약속대로 상속자"라고 선언했다(갈 3:29).

12. 마지막으로, 그리스도는 "동서로부터 많은 사람이 이르러 아브라함과 이삭과 야곱과 함께 천국에 앉을"(마 8:11) 것에 관한 영광의 미래적 상태를 묘사했다.

이러한 사실들이 의미하는 것은 무엇인가? 그것은 바로, 하나님께서 언약적으로 아브라함에게 하신 약속—하나님께서는 영원토록 아브라함과 그 후에 있을 그의 영적 자손들의 하나님이 되어주시겠다고 하셨다(창 17:7~8)—이 시간적으로는 미래의 가장 멀리까지 확장되며, 구속받은 공동체 전체와 갱신된 우주를 포함한다는 사실이다. 하나님의 모든 교회의 구원을 공표하는 구체적인 소망 가운데에서, 아브라함 언약이 은혜의 언약의 구속적 계획과 동일하다고 말하는 것은 정당한 것이다. 또한 이것은 신약의 재가 하에서 그리스도 안에 있는 성도들이 지금 누리고 있는 은혜의 언약의 축복들은 하나님께서 아브라함과 맺으신 언약 위에 세워진 것을 의미한다. 다르게 표현하면, 예수 그리스도께서 중재자이신 "새 언약"은 구속사에서 "아브라함 언약의 확장과 전개"가 시행된 것일 뿐이다.[28] 민족적 이스라엘이 **아니라**, 예수 그리스도의 교회는 이제 아브라함으로 그 기원을 거슬러 올라갈 수 있는 하나님의 단일한 백

---

[28] Murray, *Christian Baptism*, 46.

성에 대한 현재적 표현이다.

이러한 사실들은 또한 오늘날 "거룩한 땅"에 대한 이스라엘의 "영원한 신적 권리"와 연관하여 지지되는 모든 나쁜 "땅 신학"의 기저에 놓여있는 세대주의적인 오류로 인하여 구속사에 들어오게 된 불연속성에 대항하여, 모든 시대에 있어서 은혜의 언약의 통일성과 하나님 백성의 단일성을 강조해 준다.29 다시 말하면, 창 3:15에서 처음으로 드러났으며, 아브라함 언약에서 분명하게 표현된 하나님의 구속적 목적은 그 이후로 시내산에서, 그리고 모압 평지에서 이스라엘과 맺으신 일련의 언약에 의하여, 그리고 다윗 언약, 그리고 마침내 새 언약에 의하여 **계속적으로** 발전되어 왔다.

따라서 갈라디아에 있는 이방인 교회에 쓴 편지에서, 바울은 유대적 율법주의를 거부하고, "우리 주 예수 그리스도의 십자가 외에는 결코 자랑하지 않는" 사람들을 "하나님의 이스라엘"이라고 묘사했다(갈 6:12~16).30 에베소서에서, 바울은 이방인 성도들에게 그리스도 안에서 하나님께서 그들을 이스라엘의 시민들로, 약속의 언약들의 수령자들로 만드셨음을 선언했다(엡 2:11~13). 빌립보서에서, 바울은 "하나님의 성령으로 봉사하며 그리스도 예수로 자랑하고 육체를 신뢰하지 아니하는" 그들이 곧 "[진정한] 할례파"라고 선언했다(빌 3:3). 그러므로 예수 그리스도의 교회는 오늘날 하나님의 참된 이스라엘임은 분명한 사실이다.

필자는 이제 이스라엘의 땅에 대한 소유권과 관련하여 해기가 제기한 이슈들을 직접적으로 다룰 것이다.

---

29 이러한 나쁜 "땅 신학"이 가지고 있는 구속적인 함의에 대해서는 Knox Theological Seminary의 "An Open Letter to Evangelicals and Other Interested Parties: The People of God, the Land of Israel, and the Impartiality of the Gospel"을 보라. 이것은 동명의 학교의 웹사이트에 게시되어 있다(http://www.knoxseminary.edu, under "Wittenberg Door").

30 갈 6:16의 "하나님의 이스라엘"에 대한 강해를 위해 Robertson, *The Israel of God*, 40~41을 보라.

에덴동산, 하나님의 천국의 원형

로버트슨(O. Palmer Robertson)은 신학적 사상으로서 땅의 중요성에 대한 그의 논문을 이렇게 시작한다.

> 하나님의 백성에게 속한 땅에 대한 개념은 낙원(Paradise)에서 비롯되었다. 이 단순한 사실은, 종종 간과되곤 하는데, 구속사와 그것의 완전한 성취 전반에 걸쳐서 땅의 중요성을 평가하는데 핵심적인 역할을 한다. 신학적으로 땅은 아브라함에게 주어진 약속과 함께 중요해지기 시작한 것이 아니었다. 대신, 땅을 소유하려는 족장들의 소망은 인간이 타락했었던 원래 상태에 대한 회복의 개념으로부터 발생한 것이었다. 낙원으로서의 땅에 대한 원래의 개념은 구속과 연관하여 매우 중요한 기대를 형성했다. 하나님과 깨어지지 않은 교제와 연합으로부터 발생하는 축복의 장소로서, 낙원의 땅은 구원받은 인간성이 되돌아가야 할 목표가 되었다.[31]

창세기 2장의 에덴적 낙원에서, 하나님의 동산(겔 28:13; 31:8)은 구속사에서 원형적 이상(prototypical ideal, 창 13:10)이 되었으며, 대우주적이며 대형적인(macrocosmic antitypical) 하나님의 낙원(사 51:3; 계 2:7)에 대한 소우주적 전형(microcosmic type)이 되었다. 거기서 하나님께서는 창세기 3:15에서 성경의 땅 약속들을 끌어내어 구속사의 지평 안에 두셨다. 우리는 아담과 하와를 그 안에 두시고서 함께 교제를 즐기시며 그것을 계속 유지하려고 하시는 하나님을 본다(창 2:8). 그러나 에덴의 낙원적 성격은 아담의 타락 안에서, 그리고 아담의 타락으로 인하여 잃어버려졌고, 우리의 첫 조상은 그 축복의 땅에서 추방되었다. 그러나 낙원에 대한 개념은 다시

---

[31] Robertson, *The Israel of God*, 4.

갱신되었는데, 우선적으로는 하나님께서 죄를 지은 부부와 함께 두 번째 언약을 시작하셨기 때문이며(창 3:15의 은혜의 언약), 그 다음으로는 창세기 12:1~3에서 아브라함과 맺으신 언약 때문이다. 이 모든 것은 타락한 인류의 상태로부터 그들을 구원하기 위함이었으며, 또한 우주를 변화시키기 위한 것이었다. 아담과 하와가 에덴에서 하나님의 축복을 알았던 것과 동일하게, 하나님께서는 자신의 축복을 받은 사람들에게 젖과 꿀이 흐르는 땅이며, 미래에 그들보다 앞서서 미리 어딘가에 준비되어질 또 다른 에덴에서 축복하길 원하신다.

땅 약속들의 유형론적 성격

의심할 여지없이, 땅에 대한 지상적 약속들은 아브라함 언약에서 아브라함과 그의 후손들에게 주어졌다(창 12:7; 13:15, 17; 15:18; 17:8). 그러나 이 땅 약속들은 결코 언약적 의도에 있어서 우선적이거나 중심적이지 않았다. 그리고 하나님께서는 구약의 상황에서 결코 이 약속들을 근본적인 것으로서 문자적으로 성취할 것을 계획하지 않으셨다. 오히려, 우리가 이미 살펴보았던 것처럼, 이 땅 약속들의 성취는 보다 더 기본적이고 본질적인 구속의 약속들로부터 기인하는 것으로 보아야 마땅하다. 성취를 위해서 이 약속들은 종말의 때에 있을 하나님의 선택 받은 자들의 최종적이고 완벽한 구원과 우주의 새로운 창조를 기다리고 있다(롬 8:19~23). 성경에서 아브라함이 "이방의 땅에 있는" 것 같이 거류했으며(히 11:9), 그가 결코 생애 동안에 그 어떤 땅도 유업으로 받지 않았던 것(행 7:5)은 그가 하나님의 땅에 대한 약속의 성취가 **종말론적** 미래에 대형론적으로(antitypically) 놓여있음을 믿었기 때문이라고 말하고 싶다.

이것이 정말로 아브라함이 하나님께서 주신 땅에 대한 약속을 이해하는 방식이었는가? 혹은, 하나님의 약속이 지중해 옆에 있는 서쪽과 동쪽을 경계로 가지고 있는 작은 지역과 요단 골짜기와, 일반적으로 갈릴리 바다와 사해 남쪽 끝 사이에 있는 북쪽과 남쪽 지역을 포함하는 것으로 아브라함이 생각하고 있었는가? 아마 그렇지는 않을 것이다. 그의 후손들이 언젠가 "애굽 강[나일 강이 아니라, Wadi el Arish이다.]에서부터 그 큰 강 유브라데까지"(창 15:18) 땅을 유업으로 받을 것을 알고 기뻐했던 것이 그의 믿음이었는가?32 다시 말하지만, 그렇지는 않았을 것이다. 보이는 것이 아니라 믿음으로 살았던 그의 전 생애의 경험(히 11:8~9, 11에서 반복되는 "믿음으로"라는 구절을 보라)을 통하여 그는 그가 살았던 일시적인 상황 너머를 보는 법을 배웠다. 하나님께서 아브라함에게 주셨던 땅 약속에 대하여 그가 가지고 있었던 생각을 이해하기 위해서, 우리는 신약 저자들의 통찰력에 특별한 주의를 기울여야 한다. 바울은 이스라엘의 구속사의 사건들이 이 시대를 살아가는 믿는 자들을 위한 "유형들"이었다고 선언했던 것(고전 10:6)처럼, 그리고 또 바울이 구약의 종교적 축제들은 "장차 올 것들의 그림자"(골 2:17)라고 했던 것처럼, 히브리서의 저자 또한 옛 언약 아래에서 구속의 실행은 "장차 올 좋은 것들의 그림자"(히 10:1)였다고 말했다. 또한 아브라함이 하나님의 땅 약속들이 성취에 있어서 단지 유형일 뿐인 이스라엘의 땅 그 자체보다 훨씬 더 영광스러운 어떤 것들—하나님께서 설계하시고 지으신 더 낫고 천상적인 본향—을 그 성취 안에 포함할 것을 알고 있었다고 히브리서의 저자는 가르치고 있다.

> 믿음으로 아브라함은... 저가 **외방에 있는 것** 같이 약속하신 땅에 우거하여 동일한 약속을 유업으로 함께 받은 이삭과 야곱으로 더불어 장막에 거하였으니 이는 하나님의 경영하시고 지으실 터가 있는 성을 바랐음이니라 ... 이 사람들은 다 믿음을 따라

---

32 이 특별한 신적 약속들은 여호수아의 지도하에 땅을 정복함으로써, 그리고 솔로몬이 통치 하에서 이미 성취되었다(수 21:43~45; 23:14; 왕상 4:24). 이것들은 미래의 유대적 천년왕국에서 그리고 그것에 의한 성취를 필요로 하지 않는다.

죽었으며 **약속을 받지 못하였으되**33 그것들을 멀리서 보고 환영하며 또 **땅에서는 외국인과 나그네로라** 증거하였으니 이같이 말하는 자들은 본향 찾는 것을 나타냄이라 ... **더 나은** 본향을 사모하니 곧 **하늘에 있는** 것이라 그러므로 하나님이 저희 하나님이라 일컬음 받으심을 부끄러워 아니하시고 저희를 위하여 한 성을 예비하셨느니라(히 11:8~16, 강조는 추가).34

매우 명백하게, 아브라함은 실제적으로 그에게 주신 땅 약속이 **최초 형태(origin)**와 그것의 대형인 천상에서 **성취**—미래에 있을 영원한 실재—두 가지를 가지고 있음을 이해하고 있었다. 고대에 땅의 특정 범위를 소유하는 것은 이 세상에서 일하시는 하나님의 구속사역과 연관해서 볼 때 여러 다양한 관점에서 중요성을 가진다. 그러나 명백하게, 아브라함 언약 아래에서 땅 약속은, 그 자신이 부활/승천 이후 우주를 다스리면서, 그리고 그의 모든 대적을 발밑에 두기까지 다스리시면서, 천상에서 다윗의 보좌를 맡으실 메시아35와 메시아적 왕국의 도래의 미래적 실재를 예기하는 유형으로서만 기능할 뿐이다.

어떻게 아브라함이 히브리서 저자가 말한 땅 약속에 대한 관점

---

33 아브라함은 그 땅의 단지 작은 부분인 막벨라 평지만을 소유했을 뿐이었다. 이것은 헷 족속이 살고 있던 땅을 구입한 것으로, 그의 아내 사라를 매장하기 위한 것이었다(창 23장).

34 다른 표시가 없다면, 인용된 성경 구절은 English Standard Version의 것을 사용한다.

35 다윗의 메시아적 후손(마 9:27; 20:30~31; 21:9; 22:41~46)으로서 그가 앉을 모든 보좌가 "다윗의 보좌"가 될 것이기 때문에, 하나님의 우편에 계신 예수 그리스도의 현재적 기간은 하늘에 있는 하나님의 보좌에 메시아적 성격을 부여하고 있다. 다시 말하자면, 하나님의 보좌가 "다윗의 보좌"이다. 그리고 이 다윗의 보좌는 오늘날 "위에 있는 예루살렘", 즉 예수 그리스도의 영화롭게 된 교회와 연관해서만 "예루살렘"의 보좌이다(갈 4:26; 히 12:22; 계 21:9~26을 보라).

을 가지고 있을 수 있었을까? 무엇이 그로 하여금 미래의 천상적인 왕국의 실재를 포함하여 이루어질 약속을 "영해"하도록 했을까? 그가 하나님께서 그에게 주신 약속 즉, "[그] 안에서 **땅에 있는 모든 족속**이 복을 얻을 것"(창 12:3)을 심각하게 받아들였다는 사실 속에 그 해답이 들어있다.36 그러므로 그는 그와 그의 후손(궁극적으로는 그리스도; 갈 3:16을 보라)에게 주신 약속이 그리스도 안에서 "그가 [땅의 작은 부분이 아니라] [영광스러운] 세상[kosmou]의 상속자(롬 4:13)가 될 것임을 알고 있었다. 분명하게, 아브라함은 하나님의 땅 약속이 언젠가 하나님께서 전 우주를 이전의 낙원적인 영광으로 회복시킬 것을 의미한다고 이해했다. 그리고 그는 그의 소망을 거기에 두고서 인내하며 이를 기다렸다. 그의 믿음과 이해는 다른 어떤 것으로도 만족되지 않을 것 같다.

기원전 두 번째 천년기간의 중간에, 하나님께서는 아브라함의 후손들을 구별해서 그들에게 시내 산에서 나라를 만들어 주셨다. 비록 그들의 건국 문서인 "언약의 책"이 영광스러웠지만(고후 3:7, 9, 11), 모세의 얼굴의 광채가 사라지는 것을 통해서, 그리스도의 더 위대한 영광이 올 때에 그들의 것 또한 사라지게 될 일시적이고 지나가는 영광일 뿐임을, 하나님께서는 이스라엘의 국가적 수립 때에 이미 분명하게 가르쳐 주셨다. 그래서 모세와 그의 동시대인들은 시내 광야에서 방황하다가 믿음으로 죽었으며, 약속의 성취는 받지 못했었다(히 11:39).

여호수아의 지도 아래서, 이스라엘 민족은 땅을 정복했으며, 하나님께서 약속하셨던 낙원을 제한적으로나마 받게 되었다. 그러나 이 영토가 낙원이 될 수 없음이 금세 분명해졌다. 정복당하지 않았던 가나안 족속들이 그 땅에 남아있었다. 그리고 통일 왕국과 분열

---

36 바울은 갈라디아서 3:8에서 하나님께서 이 약속을 아브라함에게 하셨을 때 사실상 "아브라함에게 미리 복음을 전하신 것"이라고 우리에게 말하고 있다. 다시 말해서, 하나님은 율법을 준수하는 것과 상관없이 오직 믿음만으로 이방인들을 의롭게 하실 것을 선포하고 계신 것이다.

왕국 시기 전체에 걸쳐서 이스라엘의 죄로 인하여 마침내 땅은 앗수르인들과 신(新) 바벨론인들에 의하여 황폐화되었다. 솔로몬 성전 안에 거하던 영광이 떠나갔으며(겔 9:3; 10:1~22), 그 다음에 성전은 무너졌다. 그리고 사람들은 추방당했으며, **로암미**, 즉 "내 백성이 아니다"라고 불려지게 되었다(호 1:9). 풍성하던 땅이 사막과 같이 되어버리고 나니, 그곳은 자칼과 올빼미, 그리고 전갈의 서식처가 되었다. 옛 언약에서 그림자의 형태로나마 있었던 낙원을 그들은 빼앗기게 되었다.

현대의 성경학자들이 제2성전기라고 명명한 에스라, 느헤미야 시대에 바벨론 포로에서 회복되었던 것조차 낙원이 될 수는 없었다. 그러나 땅으로의 귀환과 성전의 재건은 그곳으로 가는 길을 보여주었다. 학개 선지자가 예언했던 작은 성전의 영광은 언젠가 솔로몬 성전의 영광보다 더욱 위대해질 것이었다. 이 명백한 과장법의 언어가 의미했던 것은 무엇인가? 그것은 하나님께서 일시적인 땅과 물질적인 성전보다 더 나은 어떤 것을 그들을 위하여 여전히 가지고 계심을 의미했다. 땅에 대한 약속은 **우주적 범위에서 회복된 낙원**으로서만 성취될 수 있었다. 이사야가 예언했던 것처럼, 언젠가 늑대가 어린양 곁에, 표범이 염소 옆에 눕고, 낙타와 사자가 평화롭게 지내며, 어린 아이가 그들을 이끌 것이다. 젖먹이가 독사의 굴 위에서 놀며, 젖을 뗀 아이가 독사의 굴에 손을 넣게 될, 물이 바다를 덮음같이 여호와를 아는 지식이 땅에 충만할 것이다(사 11:6~9). 더 이상 죄와 슬픔이 이 땅을 다스리거나 괴롭히지 못할 것이다. 바울이 로마서 9:25~26에서 말하듯이 말이다.

> 내가 [하나님의] 백성이 아닌 자[유대인들로부터 뿐만 아니라, 이방인들로부터도 또한, 롬 9:24]를 [하나님께서] "내 백성"이라, 사랑하지 아니한 자를 [하나님께서] "사랑한 자"라 부르리라. "너희는 내 백성이 아니라."라고 한 그 곳에서 그들이 "살아 계신 하나님의 아들"이라 일컬음을 받으리라 함과 같으니라.

땅과 민족적 이스라엘에 대한 예수님의 가르침

그렇다면, 예수님은 어떠셨을까? 그분은 땅과 민족적인 이스라엘의 미래에 대하여 무언가를 가르치셨던가? 그렇다, 그러하셨다! 그분의 가르침은 이 장에서 필자가 주장했던 것에 대하여 가지고 있을지도 모르는 약간의 의심조차도 날려버릴 것이다.

첫째로, 땅에 대한 예수님의 가르침은 무엇인가? 그리스도가 이천년 전에 오셨을 때, 땅에 대한 성경적 관점은 급진적인 진보를 경험하고 있었다. 대중적인 무역로("바다 길")를 따라 이방인의 갈릴리에서 그의 공적 사역을 시작하심으로써, 이사야 9:1의 예언대로(마 4:12~16을 보라), 예수님께서는 선포하셨다. 그 땅이 모든 민족을 향한 도약대가 될 것이라고. 또한 그가 육체적으로 부활하신 이후, 예수님께서 제자들에게 예루살렘을 떠나 갈릴리에서 그를 만나게 될 것이라고 가르치시고, 그 곳에서 지상사명을 주신 것은 매우 흥미롭다(마 28:7, 10, 16). 분명히, 이는 예수님의 가르침의 중심 주제였던 하나님의 나라가 고대 이스라엘의 경계를 훌쩍 뛰어넘어 확장된 지역을 포함할 것이라고 암시였다. 바울이 정확하게 지적하여 가리켰던 것처럼, 새 언약의 관점에서 보면, 하나님께서 아브라함에게 하신 약속은 그가 온 세상의 상속자가 될 것을 의미했다(롬 4:13). 가나안 땅에 제한되기보다는 전 세계를 향하고 있는 예수님의 사역은 "옛 언약의 모형(type)"을 "새 언약의 대형(antitype)"으로 대체시키는 길을 닦아주었다. 하나님의 나라가 그의 초림과 함께 은혜의 방식으로 나타났음과 그의 재림 때는 권능의 방식으로 나타날 것임을 가르치면서, 예수님께서는 젖과 꿀이 흐르는 땅으로의 귀환이라는 이미지를 사용하셔서 하나님께서 창조하신 질서 **전체**를 포함하는 회복에 집중하셨다. 메시아적 왕국 건립에서 수익자는 가나안 그 자체가 아니었다. 전 우주가 메시아적 왕국에 있을 생명의 이 새로움이 가져올 갱신으로 즐거워할 것이다.37

두 번째로, 예수님의 가르침에서 민족적 이스라엘의 미래는 어떠한가? 마태복음 21:33~45; 마가복음 12:1~12; 그리고 누가복음 20:9~19에 나오는 악한 농부들에 대한 그의 비유에서, 예수님께서는 그의 포도원을 농부들에게 빌려주고 다른 나라로 여행을 떠난 땅 주인에 대한 이야기를 들려주신다. 포도원의 소출로 그 임대료를 받을 때가 가까이 와서, 그 주인은 소작농들에게 하인들을 계속해서 보냈으나, 하인들은 매질을 당하거나 돌에 맞거나 죽임을 당했다. **마지막으로** 그는 그의 아들—누가복음은 그의 "사랑하는 아들"이리고 하고, 마가복음은 **한 사람이 남았으니 그의 사랑하는 아들**이라고 함—을 보내며 말하기를 "그들이 내 아들은 존경할 것이다."라고 했다. 그러나 소작농들은 그 주인의 아들이 오는 것을 보고 말하기를 "이는 그의 상속자니, 자, 그를 죽이자. 그러면 유산이 우리의 것이 될 것이다."라고 했다. 그들은 그대로 했고, 시체를 포도밭 밖에 버렸다. 주인이 왔을 때, 그는 소작농들을 죽이고 그 포도밭을 다른 이들에게 빌려주었다. 카슨(D. A. Carson)이 언급한 것처럼,38 이 비유의 해석적 의도는 그 곁에 분명하게 드러나 있다: 땅 주인은 성부 하나님이시고, 포도밭은 이스라엘 나라이며(사 5:7), 농부들은 이스라엘의 지도자들이고, 종들은 신정의 선지자들이며(마 23:37a), 아들은 예수님 그 자신이다.

이 비유의 중심 사상은, 그 원 청중들에게 그러했던 것처럼(마 21:45), 분명하다: 그의 종들인 선지자들을 구약 시대에 반복적으로 보내어, 이스라엘 국가와 지도자들이 그들의 죄와 불신에서 회개하고 돌이키기를 요청했으나, 선지자들이 오히려 거절당하고 박해 당하고 죽임을 당한 이후에, 또 다른 종을 보내는 것을 넘어서, 이스

---

37 마지막 네 단락에서 전개한 사상들은 필자가 O. Palmer Robertson, *Understanding the Land of the Bible* (Phillipsburg, NJ: P&R, 1966), 7~13을 변형한 것이다.

38 D. A. Carson, *Matthew*, in The Expositor's Bible Commentary (Grand Rapids: Zondervan, 1984), 451.

라엘의 주인이신 하나님께서는 삼위일체의 제2격이신 예수님을 보내셨다. 이 연결 부분에서 매우 적절한 이 구절을 다시 한 번 들어 보아라. "그 후에 **마지막으로** 자기 아들을 보내며"(마 21:37) "이제 **한 사람**이 남았으니 그의 사랑하는 아들이라. **최후로** 이를 보내며"(마 12:6).

마태복음의 "마지막으로"와 마가복음의 "최후로"에서, 예수님께서 그 자신을 하나님의 **최후의**, 그의 **최종적인** 대사로서 보았음이 분명하다. 그 이후로는 그 어떤 더 높은 사람도 올 수 없으며, 다른 어떤 일도 이루어질 수 없다.39 포도원의 주인은 더 이상의 자원이 필요 없다. 성자로서, 하나님의 아들은 하나님께서 보내실 수 있는 **최고의** 메신저이다. 요약하자면, 하나님은 예수님 안에서 **최종적으로**(마태복음 21:37에서는 hysteron, 마가복음 12:6에서는 eschaton) 그의 사랑하시는 아들을 보내주셨다. 그분이 바로 지금 비유를 통하여 가르쳐주고 계시는 예수님이셨는데, 이스라엘은 이 분을 거절할 것이었다. 그러나 예수님 전에 있었던 다른 종들에 대한 거절과 달리, 예수님에 대한 거절은 **하나님이 이 완고한 나라를 계속해서 다루시는 것이나 정치적-종교적 집행의 단순한 변화를 수반하는 것이 되지는 않을 것이다.** 오히려, 예수님께서 가르치시기를, 그분에 대한 거절은 결국 "신정의 완전한 전복과, 예수님께서 완전한 신원과 최고의 영광을 받으실 새로운 건물[그리스도의 교회]의 설립"이 될 것이다.40 그는 이렇게 말씀하셨다. "그러므로 내가

---

39 이 비유는 또한 자신이 하나님의 선지자들 중 최후이며 가장 위대하며, 심지어는 예수님보다 훨씬 더 위대하다고 한 무함마드(Muhannad)의 주장에 대해서도 함의를 가지고 있다. 이것은 그가 거짓 선지자였음을 보여준다. 필자의 논문 "What's Wrong with Islam," in *Contending for the Faith: Lines in the Sand that Strengthen the Church* (Ross-shire, Scotland: Mentor, 2005), 401~22를 보라.

40 Geerhardus Vos, *The Self-Disclosure of Jesus* (repr. of 1926 ed.; Phillipsburg, NJ: P&R, 1978), 162.

너희에게 이르노니 하나님의 나라를 너희는 **빼앗기고** 그 나라의 열매 맺는 백성이 받으리라"(마 21:43). 그리고 "포도원 주인이 어떻게 하겠느냐 와서 그 농부들을 진멸하고 포도원을 다른 사람들에게 주리라"(막 12:9; 또한 눅 20:16을 보라).

바로 여기에 성경적인 "대체 신학"이 있다. 그리고 이렇게 확실하게 말씀하신 분은 바로 예수님 그 자신이시다. 즉, 선택 받은 남은 자를 제외한 **국가적** 이스라엘은 심판을 받을 것이고, 옛 세대 동안에 누렸던 특별한 지위는 이미 존재하고 있고 성장하고 있는 **전 세계적인** 예수 그리스도의 교회(그 기원은 아브라함으로, 그리고 진실로 창세기 3:15의 신적 약속에 까지 거슬러 올라가는)로 옮겨 갈 것이다. 이 교회는 선택 받은 유대인의 남은 자들과 선택 받은 이방인들 둘 모두로 구성될 것이다. 그래서 예수님께서 예언하신 것처럼, 바로 그 때에 이스라엘의 지도자들은 그 분을 거절했고, 그분을 반란 분자와 거짓 메시아로서 처형해달라고 로마를 선동했다. 또한 예수님께서는 성전이 곧 다시 무너질 것이고(마 24:1~35를 보라), 사람들이 흩어질 것이며, 모세가 신명기 28:15~68(또한 신 31:24~29을 보라)에서 예언한 것처럼 이스라엘은 정치적 집단으로서 존재하지 않게 될 것이라고 예언하셨다.

민족적 이스라엘의 미래에 대한 바울의 가르침

민족적 이스라엘의 미래와 연관하여 우리 주님의 "대체 신학"과 조화롭게, 바울은 데살로니가전서 2:15~16에서 유대인들에 관해 말한다.

> 주 예수와 선지자들을 죽이고… 하나님을 기쁘시게 하지 아니하고 모든 사람에게 대적이 되어 우리가 이방인에게 말하여 구원받게 함을 그들이 금하여 자기 죄를 항상 채우매 노하심이 **끝까지**(eis telos)[41] 그들에게 임하였느니라!

바울이 기원후 50년 또는 51년에 데살로니가전서를 썼을 때, 그가 "하나님의 노하심이 그들에게 임하였느니라."라는 말로 20년 후 정도인 70년에 있을 예루살렘의 멸망을 의도한 것 같지는 않다. 분명히 그는 예수님께서 악한 농부들의 비유와 다른 곳들(마 23:38; 24:15~28)에서 언급하셨던 국가적 이스라엘에 대한 하나님의 거절을 말했을 것이다. 바울이 로마서 11장에서 선언한 이 거절은 선택 받은 유대인의 남은 자들을 제외하고 이스라엘의 **다수**를 하나님이 우둔하게(마음을 딱딱하게) 하셨다는 말로 표현되었다. 만약 이것이 바울이 의미했던 것이라면, 오늘날 집단으로서(en masse) 민족적 이스라엘은 그리스도 바깥에 있는 다른 나라들과 동일하게 "그리스도 밖에 있었고 [참된] [하나님의] 이스라엘 나라 밖의 사람이라 약속의 언약들에 대하여는 외인이요 세상에서 소망이 없고 하나님도 없는" 자들이다(엡 2:12). 그래서 국가적 집단으로서의 이스라엘은 다시 한 번 '로암미', 즉 "내 백성이 아닌" 자들로서 나타나고, **이제 이스라엘에 대한 최종 국면은 오직**42 선택 받은 남은 자들에 대한 구원뿐이다(롬 9:27~29).43

---

41 BDAG, "*eis*," 2.b(998)는 이 전치사 구를 부사적 표현으로서 적절하게 이해하고 있으며, 이것이 "모든 영원 가운데서 영원한"이라고 번역해야 한다고 제안한다. W. Bauer, F. W. Danker, W. F. Arndt, and F. W. Gingrich, *Greek-English Lexicon of the New Testament and Other Early Christian Literature*, 3rd ed. (Chicago: University of Chicago Press, 2000). 뒤에 나오는 참조들은 BDAG를 사용할 것이다.

42 바라바를 풀어주고 예수님을 십자가에 못 박으라는 대제사장들과 장로들에게 설득당한 유대 군중들은 빌라도의 "나는 이 사람의 피에 대하여 무죄하노라."라는 선언에 대하여 "그의 피를 우리와 우리 자손에게로 돌릴 것이다!"라고 반응했다(마 27:20, 25). 그들은 예수 그리스도의 죽으심에 있어서 집단적인 죄를 확언했으며, 그분에 대한 처형에 있어서 모든 책임을 받아들였다. William Hendriksen, *Exposition of the Gospel According to Matthew* (Grand Rapids: Baker, 1973), 957은 기록하고 있다.

> 비록 그들이 그것을 깨닫지는 못했지만, [여기서 유대인들은] 사실상 스스로에게, 그리고 심지어 자신들의 후손들에게까지 연관되는 저주를 선언하고 있다. 메시아를 공개적으로 거부함으로써, [그들은]

이 지점에서 누군가는 국가로서 이스라엘에게 하신 하나님의 약속은 어떻게 되는 것인지 궁금해 할지도 모르겠다. 그 약속들은 헛된 것이 되어버린 것인가? 그 다음에는 이런 질문이 따라올 것이다. 만약 이스라엘에게 하신 하나님의 약속들이 헛된 것으로 판명되었다면, 로마서 3~8장에서 그리스도인에게 해주신 하나님의 약속들 또한 결국 헛된 것이 되지 않을 확신이 무엇인가? 따라서, 바울은 이스라엘의 불신앙에 대한 문제를 정면으로 다룬다. 이에 대한 그의 설명은 한 문장으로 나타난다. "그러나 하나님의 말씀이 폐하여진 것 같지 않도다. 이스라엘에게서 난 그들이 다 이스라엘이 아니요"(롬 9:6). 즉, 하나님께서 모든 이스라엘 민족과 약속을 하신 것이 아니라, 오히려 그분은 이스라엘 국가 안에 있는 선택된 (참다운) "이스라엘"을 구원하시기로 약속하셨다. 바울은 이 사실을 강조함으로써 그의 주장을 입증한다. 하나님께서 아브라함과 그의 후손을 다루실 때, 아브라함의 모든 자연적 후손을 "아브라함의 후손"이라고 하신 것이 아닌데, 예를 들어, 아브라함의 첫 아들인 이스마엘은 하나님의 주권적 유기(reprovative)에 의하여 "약속의 아들"에서 제외되었다(롬 9:7~9).

어떠한 특별한 의미에서 하나님의 백성이 되기를 그만둔 것이다.

그러므로 그들은 자신들이 깨닫고 있는 그 이상의 일을 하고 있는 것이다. 그들은 마태복음 21장의 악한 농부들에 대한 비유에서 예수님의 가르침을 성취하고 있으며, 예루살렘의 멸망과 하나님의 백성으로서의 유대 국가의 종료, 그리고 선택된 남은 자들의 구원에 대한 마태복음 23~24장의 예언을 성취하고 있다.

43 Robertson, *The Israel of God*, 174의 각주 3은 "남은 자"(remnant)라는 단어가 어원학적으로 반드시 수적으로 적으며 하찮을 것을 의미하는 것은 아니며, 단지 "남아 있음"을 의도하는 것이라고 올바르게 주장한다. 그러나 이사야가 "이스라엘이여 네 백성이 바다의 모래 같을지라도 남은 자만 돌아오리니"라고 선언했을 때, 이것은 하나님께서 민족적 이스라엘의 **다수**(mass)를 완고하게 만드셨음을 여전히 암시한다.

바울 시대에 대다수 유대인들은 이스마엘이 하나님의 은혜의 언약에서 배제된 것에 대하여 그 어떤 어려움도 느끼지 않았다. 그러나 어떤 이들은 이렇게 논박할지도 모른다. 아브라함의 "자손"으로서 이스마엘이 배제된 것은, 첫째로, 그가 생물학적으로 아브라함의 씨가 맞지만, 동시에 그는 사라의 아들이 아닌 여종 하갈의 아들이었으며, 둘째로, 하나님께서는 이스마엘이 "성령을 따라 난 자"(갈 4:29; 창 21:9; 시 83:5~6을 보라)를 박해할 것임을 미리 보셨기 때문이라고 말이다. 다시 말해서, 하나님께서 이삭과 이스마엘 사이에 구분을 지으신 것은, 하나님께서 이삭만을 주권적으로 선택하셨기 때문이 아니라, 이들이 서로 다른 어머니들을 가지고 있었으며 결과적으로 이스마엘이 이삭에게 적대적일 것을 미리 아셨기 때문이라고 주장할 수도 있는 것이다. 두 어머니에 대한 사실은 충분히 타당하며, 바울 그 자신이 갈라디아서 4:21~31에서 논한 것과 같이 이 사실은 **비유적인** 중요성을 가지고 있다. 그러나 바울은 이스마엘에 대한 이삭의 선택에 있어서 적용되는 원리가 주권적이고 무조건적인 구별이지, 어떠한 식으로든 인간적인 상황에 근거를 둔 것이 아니었음을 명백하게 인지하고 있었다. 독자들이 이삭(과 모든 구원 받은 자)을 선택한 것에 적용되었던 원칙을 인정한다는 가정 하에, 이제 바울은 이삭과 이스마엘을 지나 야곱과 에서를 다룬다. 여기에서는 두 명의 다른 어머니가 존재하지 않는다. 그들의 경우에는, 한 명의 아버지(이삭)와 한 명의 어머니(리브가)가 있을 뿐이다. 게다가, 이들은 쌍둥이였는데, 앞서 이스마엘처럼 에서는 장자이었으므로 일반적으로는 그가 우선적으로 선호되는 것이 마땅했다. 그러나 바울은 그의 독자들에게 신적 차별은 **그들의 출생보다 앞서 일어났으며, 무슨 선이나 악을 행하지 아니한 때에** 된 것이라고 상기시킨다. 바울은 로마서 9:11~13에서 분명하게 이를 주장한다.

... 그 자식들이 아직 나지도 아니하고 무슨 선이나 악을 행하지 아니한 때에 택하심을 따라 되는 하나님의 뜻이 행위로 말미

암지 않고 오직 부르시는 이로 말미암아 서게 하려 하사 리브가에게 이르시되 큰 자가 어린 자를 섬기리라 하셨나니 기록된 바44 내가 야곱은 사랑하고 에서는 미워하였다 하심과 같으니라.

---

44 로마서 9:13이 구약 정경 역사의 마지막에 저술되었던 말라기 1:2~3을 인용하고 있기 때문에, 알미니안 신학자들은 하나님께서 야곱을 선택하시고 에서를 버리신 것의 이유를 에돔의 죄악된 존재와 이스라엘에 대하여 역사적으로 나타난 비열한 대우(겔 35:5)를 하나님께서 미리 아셨기(prescience) 때문이라고 주장한다. 그러나 다음의 이유들로 인하여, 이러한 해석은 "행위"의 요소를 로마서 9장에 억지로 집어넣는 것인데, 이는 바울의 전체적인 논증과 무관하며 그의 논점을 전적으로 왜곡하는 것이다.

(a) 말라기의 문맥은 이와 대조된다. 말라기 선지자가 핵심으로 관심을 두었던 것은 에서가 아닌 야곱의 선택 이후에 하나님께서 에서의 자손들(에돔)의 역사와 유사했던 이스라엘 자손들(이스라엘)의 역사에도 **불구하고** 언약적 신실함과 관련되는 한에 있어서는, 그를 계속 사랑하셨으며 에서는 그의 사악함 **때문에** 계속 거절했다는 사실이다.

(b) 이 쌍둥이에 대한 하나님의 처우의 기초로서 아무리 작은 정도라도 여기에서 인간의 공로나 죄과(demerit) 요소를 바울의 사상 속에 집어넣는 것은 바울의 분명한 주장을 무시하는 것이다. "... 그 **자식들이 아직 나지도 아니하고 무슨 선이나 악을 행하지 아니한 때에** 택하심을 따라 되는 하나님의 뜻이 **행위로 말미암지 않고** 오직 부르시는 이로 말미암아 서게 하려 하사 리브가에게 이르시되 ..."

(c) 이 쌍둥이에 대한 하나님의 처우의 기초로서 여기에서 인간의 공로나 죄과 요소를 바울의 사상에 집어넣는 것은 또한 뒤이어 나오는 바울의 입장에 대한 예상되는 거부—"하나님께 불의가 있느냐?"라는 질문—를 불필요하고 적절하지 않은 것(superfluous and irrelevant)으로 만든다. 만약 하나님께서 인간의 공로나 죄과에 기초하여 야곱과 에서과 관계를 맺으셨더라면, 그 누구도 하나님을 불의하다는 이유로 비난할 생각조차 하지 않았을 것이다. 그러나 하나님께서 인간의 공로의 기초해서 이 쌍둥이들과 관계를 맺으신 것이 아니라, 오직 그분 자신의 택하시는 목적을 따라 하신 것이었다고 바울이 선언했기 때문에 그는 이 질문을 예상할 수 있었다. "왜

분명히, 바울에게 있어서 선택("내가 야곱은 사랑하고")과 유기("에서는 미워하였다")는 그들 사이에 있는 하나님의 주권적 차별로 소급되어지는 것이었다.

우리는 또한 로마서 9:11~13로부터 하나님의 영원한 목적에서, 선택의 원칙은 모든 참다운 구원을 지배하는 은혜의 원칙과 함께 조화하여 역사하는 것임을 배운다. 바울은 **"택하심을 따라 되는 하나님의 뜻이 행위로 말미암지 않고 오직 부르시는 이로 말미암아** 서게 하려 하사"라고 다시 언급한다. 여기서 우리는 야곱과 에서 사이에 있는 차별에서 드러나는 하나님의 은혜와 선택적 목적 사이에 있는 연결 관계를 극적으로 보게 된다. 이 관계는 "그 자식들이 **아직 나지도 아니하고**(before, mepo) 무슨 선이나 악을 행하지 아니한 때에"(롬 9:11) 일어났다고 바울은 지적했다. 바울은 신적 차별의 뒤에 존재하면서 이를 지배하는 **원칙**(ratio)을 생생하기 표현하기 위하여 이 구절을 통하여 독특하게 나타내었다. "'택하심을 따라[kata] 되는 하나님의 뜻'이... 서게 하려 하사[다시 말해서, 불변하도록 하기 위해서]" 그 뒤에 오는 구절은 "행위로 말미암지[ek] 않고 오직 [구원으로] 부르시는 이로 말미암아[ek]"이다.45 이것은 이

> 이 사실이 하나님을 자의적인 독재주의자나 불공정한 분으로 만들지 않는 것인가?" 선택에 대한 알미니안의 교리가 사람들의 믿음이나 선한 행위에 대한 하나님의 미리 아심에 근거를 두기 때문에, 바울이 여기에서 예상했던 질문을 그들이 직면하게 될 것인지는 매우 의심스럽다. 하나님께서 자신을 택하심을 입은 자들과 관계를 맺으시는 이유가, "믿음이나 선한 행위에 대한 미리 아심이나 그 둘 중 어떤 것의 견인(perseverance)이나 그 분을 그 분의 선택으로 이끄는 어떤 원인이나 조건 혹은 피조물 중 어떤 것이 아니라, 오직 그분 자신의 값없는 은혜와 사랑으로 되며 모든 것이 그 분의 영광스러운 은혜에 대한 찬양이 된다"(웨스트민스터 신앙 고백, III.v)고 주장하는 칼뱅주의자만이 하나님께서 불공정하시다는 이 특정한 비난을 만나게 될 것이다.

렇게 말하는 것과 다름없다. "행위를 따라서가 아니라 은혜를 따라서." 바울은 여기서 하나님의 선택적 은혜가 "은혜의 **값없는** 성격을 동반하는" 이해할 수 있는 목적을 위해서 기여하는 하나님의 선택적 목적이라고 주장하는데, 이것은 "심지어 신들보다 더 위에 존재하는 비인격적인 신비"와 같은 "맹목적이고 알 수 없는 운명"이라고 생각하는 이방 종교들과는 전혀 다른 것이다.46 사실상, 바울은 나중에 "은혜의 선택[eklogen charitos]"를 언급하는데(롬 11:5), 이것은 곧 **은혜에 의하여 이루어지는 선택**을 의미한다. 이 모든 것의 결론은 바로 이것이다. "무조건적인 선택이라면, 그것은 은혜이다. 만약 조건적인 선택이라면, 그것은 은혜가 아니다!" "주권적 은혜"는 진실로 중복적으로 말하는 것이다. 왜냐하면 은혜를 받을만한 자격이 없는 피조물에게 전적으로 은혜롭다는 것은 그것을 나눠서 주시는 하나님께서 주권적이어야 함을 **요구하기** 때문이다.

그래서 바울은 국가로서의 이스라엘이라는 나라에게 하신 약속을 하나님께서는 깨지 않으셨다고 매우 단호하게 로마서 9:6~8에서 말했다.

> 그러나 하나님의 말씀이 폐하여진 것 같지 않도다 이스라엘에게서 난 그들이 다 이스라엘이 아니요 또한 아브라함의 씨가 다 그의 자녀가 아니라 오직 이삭으로부터 난 자라야 네 씨라 불리리라 하셨으니 곧 **육신의 자녀가 하나님의 자녀가 아니요** 오직 약속의 자녀가 씨로 여기심을 받느니라.

따라서 로마서 11:7~10에서 바울은 이렇게 썼다.

---

45 이러한 전치사의 해석을 지지하기 위해서, BDAG, "*ek*," 3.i(297)를 보라.

46 Geerhardus Vos, *Biblical Theology* (Grand Rapids: Eerdmans, 1954), 108, 110 (강조는 원문).

이스라엘이 구하는 그것[즉, 하나님 앞에서 의(롬 9:31)]을 얻지 못하고 오직 택하심을 입은 [남은] 자가 얻었고 그 남은 자들은 우둔하여졌느니라 기록된 바 하나님이 오늘까지 그들에게 혼미한 심령과 보지 못할 눈과 듣지 못할 귀를 주셨다 함과 같으니라 또 다윗이 이르되 그들의 밥상이 올무와 덫과 거치는 것과 보응이 되게 하시옵고 그들의 눈은 흐려 보지 못하고 그들의 등은 **항상**(forever)[dia pantos]47 굽게 하옵소서 하였느니라.

그러나 필자가 이미 언급한 것처럼, 하나님께서는 결코 모든 유대인을 거절하지는 않으셨고, 은혜 가운데 유대인 남은 자들을 선택하셨다(롬 11:5). 이 때문에 모든 시대에 걸쳐서 선택된 유대인들이 구원받은 다수의 이방인들로 인하여 "시기"(롬 11:11, 14)가 나서 계속적으로 구원을 받고 있는데, 이는 그들의 메시아이신 예수 그리스도를 믿는 믿음을 통하여 그 백성들이 자신들의 "감람나무"(롬 11:23~24)에 다시 접붙임을 받아, 그들에게 원래 의도하셨던 영적 축복들을 누리도록 하신 것이다. 그러므로 이방인들의 칭의는 선택 받은 유대인들의 칭의를 위한 주요 통로이다. 진실로, **이 길에서**(houtos) "모든 이스라엘"이 구원을 얻을 것이라고 바울은 선언했다(롬 11:26).48

---

47 이 구는 또한 "계속적으로"로 번역되겠으나, "계속적으로"는 이 문맥에서 "영원히"(forever)와 같은 의미를 전달한다.

48 로마서 11장에 대한 필자의 석의에 대해서는, *A New Systematic Theology of the Christian Faith*, 2nd ed. (Nashville: Thomas Nelson, 2002), 1025~30을 보라. 거기서 필자는 하나님께서 이 시대에 걸쳐서 그리스를 믿는 믿음에 이른 택함을 받은 이방인들에 대하여 신적으로 작정된 충만한 수(롬 11:25)에 이르게 되는 것처럼, 이 시대에 걸쳐서 그분은 그리스도를 믿는 믿음에 이른 택함을 받은 유대인들("남은 자들") 또한 신적으로 작정된 충만한 수에 이르게(롬 11:12) 될 것임을, 그래서 양 쪽 모두 "충만한 수"가 **이 시대에** 이르게 된다는 사실을 석의적으로 보여주었다. **국가로서** 이스라엘이 하나님의 진노하심 아래에 있기 때문에 이 시대

민족적 이스라엘의 미래에 대한 베드로의 가르침

민족적 이스라엘의 미래와 관련하여, 우리 주님의 "대체 신학"과 조화롭게, 베드로 또한 출애굽기 19:5~6에 있는 이스라엘에 대한 하나님의 묘사를 베드로전서 2:9에서 예수 그리스도의 교회에 적용했다. "너희는 모든 민족 중에서 내 소유가 되겠고 ... 너희가 내게 대하여 제사장 나라가 되며 거룩한 백성이 되리라." "너희는 택하신 족속이요 왕 같은 제사장들이요 거룩한 나라요 그의 소유가 된 백성이니 이는 너희를 어두운 데서 불러 내어 그의 기이한 빛에 들어가게 하신 이의 아름다운 덕을 선포하게 하려 하심이라." 그리고 그는 호세아 1:6, 9~10에 있는 이스라엘에 대한 호세아의 묘사를 또한 베드로전서 2:10에서 예수 그리스도의 교회에 적용했다. "내가 다시는 이스라엘 족속을 긍휼히 여겨서 용서하지 않을 것임이니라... 너희는 내 백성이 아니요 나는 너희 하나님이 되지 아니할 것임이니라 그러나 ... 전에 그들에게 이르기를 너희는 내 백성이 아니라 한 그 곳에서 그들에게 이르기를 너희는 "살아 계신 하나님의 아들들"이라 할 것이라." "너희가 전에는 백성이 아니더니 이제는 하나님의 백성이요 전에는 긍휼을 얻지 못하였더니 이제는 긍휼을 얻은 자니라."

여섯 가지 명제

이러한 성경적 자료들을 근거로, 우리는 이제 다음의 여섯 가지 명제들을 성경적이라고 주장할 수 있는 위치에 섰다.[49]

에 하나님과 어떠한 구원의 언약을 맺을 수 없는 반면에, 택하심을 받은 유대인의 남은 자들은 구원을 받기 때문에 그리스도를 믿는 믿음에 의하여 "재배된 감람나무"(롬 11:17~24), 즉 참된 교회에 접붙임을 받는다. **거기서 그들은 "이스마엘"이기를 그치고, 참된 "하나님의 이스라엘"이 된다.**

[49] 필자는 Robertson, *The Israel of God*, 194의 것에 약간 추가를 하

1. 현대 유대인들의 국가는 예수 그리스도의 메시아적 왕국의 부분이 아니다. 비록 하나님의 일반적인 섭리로 1948년 5월 14일에 "팔레스타인에 대한 영국의 위임통치(British Mandate over Palestine)"가 종료되었을 때 이 독특한 정치적 상황이 나타났지만, 현대 이스라엘이 메시아적 왕국의 일부라고 주장하는 것은 예수님께서 자신의 나라가 "이 세상에 속한 것이 아니라"(요 18:36)고 하셨던 선언을 부정하려는 것이다. 거칠게 말하자면, 이스라엘의 현재적 상태는 결코 진정한 "이스라엘"이 아니고(롬 9:6~8), 오히려 "하갈의 영적 자녀"(갈 4:24~25)이자 그 중심에서부터 "이스마엘적"(Ishmaelitish)이다. 왜냐하면 그들은 예수 그리스도를 믿는 아브라함의 믿음을 가지고 있지 않기 때문이다.50 따라서 국가적 이스라엘은 땅에 대하여 **성경적으로** 합법적인 선언을 내버렸으며, 오히려 오늘날의 토지 분할은 **성경적** 주장이나 전쟁의 위협 하에서가 아니라

고 변형하여 처음 다섯 개 명제를 조정했다. 필자는 여섯 번째 명제의 사상들의 몇몇에 관해 낙스신학대학원(Knox Seminary)의 사서 Ronald Kilpatrick에게서 도움을 받았다.

50 하나님의 인정을 얻는 것과 관련해서 아브라함의 육신적인 후손이 된다는 것과 그들의 혈맥 속에 아브라함의 피가 흐른다는 사실이 아무 것도 의미하지 않는다는 것을 현대 이스라엘은 직면해야만 한다. 침례자 요한은 경고하기를, "속으로 아브라함이 우리 조상이라고 생각하지 말라 내가 너희에게 이르노니 하나님이 능히 이 돌들로도 아브라함의 자손이 되게 하시리라"(마 3:9)라고 했다. 예수님께서는 자신을 죽이려고 하면서 동시에 "우리 아버지는 아브라함이라"고 말했던 유대인들을 향하여, "너희가 아브라함의 자손이면 아브라함이 행한 일들을 할 것이거늘[즉, 나의 때 볼 것을 즐거워할 것이다.] ... 너희는 너희 아비 마귀에게서 났으니"(요 8:39~44, 56)고 말씀하셨다. 유대인들은 아브라함에게 두 아들 이스마엘과 이삭은 성경적 중요성을 가진다. 이 둘에 더하여, 사라의 죽음 후 그두라에게서 낳은 여섯 명의 다른 아들들이 더 있었다는 사실을 기억해야 한다. 이는 "아브라함의 씨가 다 그의 자녀가 아니라"는 것, 즉 "육신의 자녀가 하나님의 자녀가 아니요 오직 약속의 자녀가 씨로 여기심을 받느니라"는 사실을 의미한다(롬 9:7~8).

재산 보상에 따라 국제법에 의하여 정치적 평화 과정을 통해 소유권 주장자들 간에 협상되어야 한다.51

2. 구약의 땅에 대한 약속은 "땅에 있는 모든 족속"(창 12:3)을 포함하는 하나님의 구원받은 백성들과 우주 전체(롬 4:13)에 대한 하나님의 목적이 성취되어 실현된 모델로서 **유형론적인** (typological) 역할을 하고 있으며, 이 말은 그리스도인들이 바로 아브라함과 함께 하나님의 메시아적 왕국의 일원이요, 대형적이며 성취된 성격으로서의 땅 약속에 대한 참된 상속자들임을 의미한다.

3. 구약에서 약속된 땅이 가지고 있는 본래적으로 제한된 범위로 인하여, 이것이 구속의 영역에서 계속적으로 중요성을 가진다고 보기는 어려우며, 오히려 순종과 하나님의 축복이 함께 하는 반면 불순종과 징벌 또한 같이 간다는 것을 가르쳐주는 모델로서 그 역할을 한다고 보아야 한다. 물론 해기와 같은 자들의 가르침을 추종하는 많은 그리스도인들은 구약의 땅 약속이 그 범위에 있어서 "본래적으로 제한적"이라는 것을 믿으려고 하지 않으며, 오히려 하나님께서 **무조건적으로** 아브라함의 육체적 자손들에게 소위 거룩한 땅을 **영원히** 그들의

---

51 이러한 토지 분할 과정에서, 미국 정부는 대립하는 진영들을 존중하면서 정책 결정에 있어서 공정―"영적 이스마엘 민족"과 자연적 이스마엘 민족 그 누구도 편애하지 않으면서―해야 했다. 예를 들어, 만약 무슬림 국가 연합이 (일부 무슬림 지도자들이 그렇게 위협했던 것처럼) 중동에서 유대인들을 근절시키고 이스라엘 국가를 사라지게 하기 위해서 이 나라에 명분 없는 공격을 개시했다면, 미국 정부는 이 연합을 규탄해야 하며 방어적으로 이스라엘의 편을 들어야 한다. 그러나 만약, 앞서 든 예보다 훨씬 가능성은 덜 하겠지만, 이스라엘이 자신의 팔레스타인 적들이나 무슬림 세계를 향하여 명분 없는 공격을 개시했다면, 미국은 동일하게 즉각적으로 이스라엘을 규탄하고 팔레스타인 사람들과 무슬림들의 삶을 보호하기 위하여 할 수 있는 모든 것을 해야만 한다.

소유로 주기로 약속하셨다고 믿는다. 그러나 이것은 구약에 나타난 하나님의 땅에 대한 약속을 제한하는 다음과 같은 요소들을 간과하는 것일 뿐이다.

a. 우선적으로, 모세는 육체적 후손들이 하나님의 율법에 순종하는 것이 땅을 상속받으며 **계속해서 그것을 소유하는 것**에 대한 기본적인 조건이라고 말했다(신 4:25~31; 28:15~68). 땅에 대한 약속이 때때로 무조건적인 것처럼 보였을지 몰라도, 언제나 여기에는 이 약속을 실현시키고 계속적으로 열매를 맺기 위해서는 이를 충족시키는 순종이라는 암묵적인 조건이 포함되어 있었다(렘 18:7~10에 분명하게 나타나는 원칙을 보라).

b. 둘째로, 어떤 문맥에서는 정말로 "영원히"를 의미한다고 볼 수도 있지만, 히브리 단어 "영원히"는 다른 문맥에서는 약속의 시대의 한정적인 기간을 의미하기도 한다. 예를 들어, (1) 창세기 17:3에서 할례가 하나님과 그의 백성 사이의 "영원한 언약"이 될 것이라고 하나님께서는 선언하셨다(그러나 롬 2:25~29; 갈 2:3; 5:2~6; 골 2:11~12을 보면, "그리스도 예수 안에서는 [표면적] 할례나 [표면적] 무할례는 아무 것도 아니며," "할례는 마음에 할지니"라고 하기 때문에 유형(type)으로서의 할례는 새 언약의 대형(antitype)인 그리스도인들의 침례(세례)에 의하여 성취된 것이다). (2) 출애굽기 12:17에서 하나님께서 유월절을 "영원한 규례"로 삼겠다고 선포하셨다(그러나 고전 5:7을 보면, 우리는 이제 "그리스도가 우리의 유월절"임을 안다).52

---

52 Allan A Macrae, "('*lm*) III," in *Theological Wordbook of the Old Testament*, ed. R. Laird Harris, Gleason L. Archer, and Bruce K. Waltke (Chicago Moody, 1980), 2:673은 이렇게 선언한다. "히브리 단어 ['*olam*]과 그리스 단어 [*aion*]은 둘 다 그 자체 안에 끝이 없음이라는 개념을 가지고 있지 않다는 것은, 이것들이 때로는 과거의 특정 시점에

c. 세 번째로, 계시의 점진성 안에서 예언적 성취를 묘사하는 기록의 집합체인 신약성경은 그 어디에서도 정치적 이스라엘이 땅을 영원히 소유할 것이라고 말하지 않는다. 오히려 언약의 후손들이 세상의 후사가 될 것이라고 믿었던 아브라함의 믿음을 말하고 있을 뿐이다(롬 4:13).

여기서 본문 하나를 더 설명할 필요가 있다. 예수님께서는 부활 이후 그의 제자들과 40일을 보내시면서 하나님 나라에 대하여 말씀해 주셨다(행 1:3). 이 기간 동안 때때로 사도들은 예수님께 "주께서 이스라엘 나라를 회복하심이 이 때이니까?"라고 여쭤보았다(행 1:6). 이에 대하여 예수님께서는 "때와 기한은 아버지께서 자기의 권한에 두셨으니 너희의 알 바 아니요"라고 답하셨다(행 1:7). 예수님께서 이스라엘 나라를 회복하실 것에 대하여 장황하게 부정하지 않으셨기 때문에, 신약성경이 민족적 이스라엘이 미래에 예루살렘에서부터 세상을 지배하게 될 것을 암시하고 있다고 어떤 학자들은 주장한다.[53] 이 논쟁에 대해서 어떻게 말할 수 있을까? 예수님께서 여기서 이스라엘에게 나라를 회복시켜주실 것을 부정하지 않으신 것은 사실이다. 그러나 그는 또한 긍정하지도 않으셨다. 이 세대주의적 해석은 침묵으로부터의 논증이라는 약점을 매우 많이 가지고 있다. 그러나 더 많은 반응이 논의돼야 한다.

일어났던 사건들이나 상태를 가리키기도 한다는 사실과, 또한 때로 그저 '영원히'라고 말하지 않고 단어를 반복해서 '영원 영원히'라고 말하는 것에 적절하게 여겨진다는 사실에 의하여 나타난다."

53 Brent Kinman, "Debtor's Prison and the Future of Israel," *Journal of the Evangelical Theological Society* 42 (1999): 423을 보라. Kinman은 예수께서 "제자들의 잘못된 이해를 바로잡아" 주지 않으시는 것이 "그들의 질문이 가지고 있는 전제에 대한 확증"을 암시한다고 주장한다.

"이스라엘에게 회복되어질" 나라에 대해 사도들이 말했을 때, 예루살렘을 중심으로 한 정부와 조상들의 땅을 포함하는 영토를 가진 국가적 집합체로서의 나라를 그들이 생각하고 있었다고 필자는 확신한다. 그러나 그들의 생각은 예수님께서 마음에 품고 계셨던 하나님 나라의 본질을 오해하는 것이었으며, 또한 인접한 문맥이 보여주듯이 진리와 오류가 섞여있는 것이었다.

그들의 질문에 바로 앞에 나오는 문맥에서, 예수님께서는 그들에게 하나님이 나라에 대해서 가르쳐 주고 계셨다. 그리고 그 가르침의 주요한 측면으로서 "예루살렘을 떠나지 말고 내게 들은 바 아버지의 약속하신 것을 기다리라"고 명령하셨는데, 이는 그들이 "몇 날이 못 되어" 받을 성령 침례(세례)를 말하는 것이었다 (행 1:4). (의심의 여지없이, 예수님의 "몇 날이 못 되어"라는 표현은 제자들의 "주께서 이스라엘 나라를 회복하심이 이 때니이까"라는 질문을 연상시킨다.) 그러나 장차 임할 하나님 나라에 대한 예수님의 가르침은 "능력 가운데 성령께서 오심과 동의어거나 적어도 밀접하게 연관되어 있음이 분명하게 때문에, 제자들이 예수님을 온전하게 이해하지 못하고 있었음과 여전히 그들이 정치적인 "이스라엘 나라"로 하나님 나라를 생각하고 있었음이 분명하다.54 누가는 사도행전의 서두에 이러한 주제들을 나란히 배치함으로써 하나님 나라에 대한 예수님의 가르침이 바로 이 시대에 있어서는 "아버지의 약속"에 의해 입증된 **영적인** 나라임을 분명하게 제시해 준다. 이것은 요엘서 2장의 성취로서 곧 받을 성령 침례(세례)를 의미한다. 요약하면, 사도행전 1:8의 말씀대로 성령 하나님께서 그들에게 오시면 그들이 능력을 받아, 예루살렘과 온 유대 뿐 아니라 유대인들이 싫어했던 민족들이 섞여 있는 사마리아 지역과 세상의 끝까지 증인이 될 것을 가르

---

54 Ben Witherington III, *The Acts of the Apostles: A Socio-Rhetorical Commentary* (Grand Rapids: Eerdmans, 1998), 109.

치심으로써, 만유의 주이신 예수님께서(행 10:36) 때와 기한에 관한 호기심으로부터 하나님의 주권적 의지에 대한 진정한 순종으로, 다스림에 대한 생각으로부터 사역의 의무로, 이스라엘이라는 좁은 지평으로부터 온 세상으로, 제자들의 생각을 바꾸고 계시는 것이다.55

그러나 복음의 설교자들로서 그들이 예루살렘과 유대 지역에서 증거를 시작함으로써 복음이 먼 지역까지 나아가고, 그들은 비로소 하나님께서 영적인 의미에서 영적 이스라엘을 "회복"시키셨음을 알게 될 것이었다. 로버트슨이 언급한 것처럼,

[행 1:8의 예수님의 말씀이] 제자들의 질문보다 부차적인 것으로 여겨져서는 안 된다. 오히려, 그것은 이스라엘 나라의 회복과 연관된 제 문제와 밀접한 연관이 있다. 이 나라의 영역, 즉 메시아 통치의 영역은 참으로 예루살렘에서 시작되었고 수세기 동안 이스라엘의 삶에 있어서 핵심적인 부분이었다. 그러므로 의심할 여지없이, 이스라엘은 이 장차 오게 될 [그리고 확장되게 될 - RLR] 메시아적 나라의 주요한 참가자가 될 것이다...

동시에, 이 나라의 영역이 옛 언약의 이스라엘 안에만 머무를 수는 없다. 심지어 유대와 사마리아 지역을 넘어서, 이 나라는 유대의 정치적 관심의 지경을 깰 것이고, 지구의 땅 끝까지 확장될 것이다. [행 1:8에서] 제자들에 대한 예수님의 한 가지 통찰력 있는 분석에 따르면, "땅 끝까지" 나아가게 될 제자들의 사명 그 자체가 이스라엘의 회복의 표지가 될 것이고, 또한 이 회복의 진리가 이 세상 위에서 실현될 것임을 그는 의미했다. 이스라엘은 메시아의 부활과 성령의 주어짐을 통하여 회복되고 있는 중이었다. 이스라엘이 세상에 대한 자신의 지도권(hegemony)을 행사하는 방

---

55 Martin H. Franzmann, *The Word of the Lord Grows* (St. Louis, MO: Concordia, 1961), 8.

식은 정치적 독립을 통해서가 아니라, 오히려 이스라엘의 메시아의 통치와 권세를 통해서였다... 예수님의 관심은 정치적인 "이스라엘 나라"에 있지 않았고, "하나님의 나라"에 있었다.56

필자는 세대주의자들의 방식보다 이러한 방식이 제자들의 질문에 대한 예수님의 대답을 좀 더 올바르게 이해하는 것이라고 생각한다.

4. 구약 성경에서, 이스라엘 국가의 지정학적인 재수립과 연관하여 이스라엘의 땅에 대한 회복을 예언했던 것들은, 그리스도의 재림 시에 신자들의 부활과 함께 오게 될 "만물의 회복"이라는 대형으로 완전히 성취될 것에 대한 모형으로 이해하는 것이 더 적절하다(행 3:21; 롬 8:22~23). **구약의 이 예언들을 문자적으로 해석하는 것은 그림자를 본질보다 높이고, 모형을 대형보다 높이는 퇴행적인 행동이다.** 로버트슨도 이에 동의한다. "이 성취의 시대에, 옛 언약의 제한된 형태들로 퇴행하는 것은 예상되지도 않았고 장려되어서도 안 된다. 실재가 그림자에게 밀려나서는 안 된다."57

5. 미래적 메시아 왕국은 새롭게 재창조된 우주 전체를 포함할 것이고, 소위 거룩한 땅 혹은 다른 어느 지역에서라도 그 **어떤 의미로도** "유대적"으로 간주되는 특별한 실현이 되지는 않을 것이다.

(유대인들이 누렸을 모든 특권에 익숙했을) 할례자들에게 간 사도였던 베드로는 베드로후서 3장에서 미래에 일어날 것들을 쓰면서, **유대적** 천년왕국이나 이스라엘 땅에서 **유대** 국가의 회복에 대해 전혀 언급하지 않았다; 오히려, 그는 지구

---

56 P. W. L. Walker, *Jesus and the Holy City: New Testament Perspectives on Jerusalem* (Grand Rapids: Eerdmans, 1996), 292을 보라.

57 Robertson, *The Israel of God*, 31.

역사 전체를 세 시기로 나누었다. **첫 번째** 시기-"그 때 세상"-는 창조 때부터 노아 홍수 때까지(벧후 3:5~6)인데, 홍수로 모두 파괴된 때이다. **두 번째** 시기-"지금까지 보존된 하늘과 땅"-는 홍수 때부터 땅이 불로 파괴될 주의 마지막 날까지이다(벧후 3:7). 또한 현재의 하늘(heavens)은 "큰 소리로 떠나가고 물질이 뜨거운 불에 풀어지게 될 것"이다(벧후 3:10). **세 번째** 시기-"의가 거하는 새 하늘과 새 땅"(벧후 3:13)-는 영원한 미래로 이어진다. 만약 베드로가 이 현재 시대에 뒤따를 유대적 천년왕국을 믿었다면, 베드로후서 3장이 그것을 언급하기 적절한 장소였을 것이라는 주장은 합당한 것이다. 그러나 그는 천년왕국을 언급하지 않았을 뿐 아니라, **유대적** 천년왕국은 더욱 아니었다. 오히려, 그는 방금 언급했던 것처럼 지구의 전 역사를 세 시기로 구분했다.

6. 성경에 있는 예언은 현대 이스라엘 국가에 대하여 아무 것도 말하지 않는다. 사실상, 현대 이스라엘의 형성은 성경적 예언의 성취와는 거리가 멀고, 현대 이스라엘 국가는, 만약 존재 이유가 있다면, 신적인 손길에 의해 완고해진 가운데 있는 이스라엘 민족을 유지하는 하나님의 손 안에 있는 한 가지(유일한이 아니라면) 주된 시대적 수단이다.

　　이와 대조적으로, 그리스도인 시온주의자들은 1948년 5월 14일에 국가로서 이스라엘이 재건된 것이 성경적 예언의 성취라고 주장한다. 여기 제시된 구약의 예언들은 이러한 성경 해석자들이 1948년에 현대 이스라엘의 건국을 통하여 성취되었다고 주장하는 엄청난 양의 본문들 중 몇 가지를 예로 든 것이다.

• 예레미야 29:14는 현대 이스라엘 국가의 설립을 예언한 것이라고 말해지곤 한다. 그러나 예레미야 29장의 문맥을 보면, 70년간 바벨론 포로 기간이 끝난 이후에(29:10) 예언되는 "회

복"이란 BC 536년에 스룹바벨의 영도 하에 포로에서 귀환하는 것을 말하는 것임을 분명하게 알 수 있다.

- 이사야 11:11에서 첫 번째는 BC 586년에 바벨론에서 귀환하는 것이고, 하나님께서 그 땅의 남은 자들을 회복시키실 "두 번째 때"는 1948년 현대 이스라엘의 건국이라고 말해지곤 한다. 그러나 이사야 11장의 문맥을 보면, 이스라엘의 첫 번째 구원은 모세의 지도하에 이집트에서 이루어진 것이고(11:16), 두 번째는 제2성전기 동안 앗시리아/바벨론 포로들 가운데 유대인들이 흩어져 있던 것으로부터의 회복이었는데, 이것은 전형적으로 종말의 때에 대형으로서 전 우주 회복을 가리켰음이 분명해진다.

- 스가랴 8:7에서 하나님께서 "[내] 백성을 동방에서부터, 서방에서부터 구원하여 내고... 인도하여 예루살렘 가운데 거하게 하리니"라고 예언됐다고 말하곤 한다. 그러나 이 예언을 현대 이스라엘의 국가를 언급하는 것으로 이해하는 것은 지나치다. 사실상, 이 구절은 그 시대에 예루살렘에 거주했던 사람들의 신실함과 의에 대하여 말하고 있는 것이지(8:8), 현재 이스라엘에 대한 어떠한 사실도 말해주고 있지 않다. 스가랴는 에스라와 느헤미야 시대 동안에 있을 포로 귀환을 예언하고 있으며, 그 후에(스 7:1~10; 느 11:1~2을 보라) 다시 하나님의 대형적인 새로운 낙원을 모형적으로 미리 가리키고 있다.

- 에스겔 36:24~26에서 이스라엘이 "불신앙 가운데서" 그 땅으로 다시 돌아올 것이고, 이것은 오늘날 현대 이스라엘 가운데 있는 상황과 일치한다고 말해지곤 한다. 그러나 이 본문은 "불신앙 가운데서"의 회복에 대하여 말하고 있지 않다. 하나님께서는 불순종을 축복하지는 않으신다. 33절은 이렇게 말한다. "내가 너희를 모든 죄악에서 정결케 하는 날에 성읍들에

사람이 겸접되게 하며." 이것은 "회복"되는 사람들은 레위기 26:40~42의 요구를 충족시킴으로써 먼저 영적으로 정결하게 되었음을 명백하게 암시하고 있다. "그들이 자기 죄를 자복하고... 그 할례받지 아니한 마음이 낮아져서... **그러면** 내가 내 언약을 생각하며... 그 땅을 권고하리라."

- 구약 시대에 있었던 그 어떤 회복이 아닌, 영속하는 국가적 수립의 상태가 언젠가 분명 실효를 드러낼 것임을 아모스 9:14~15이 선언한다고 말해지곤 한다. 그러나 아모스 9:14~15의 회복은 제2성전기에 포로에서 귀환할 것을 환상으로 보고 있는 것이다. 야고보가 아모스 9:11~12가 이 교회 시대를 묘사하는 것으로 보고 있음을 감안한다면, 아모스 구절에서 회복은 아마 유일하게 아모스 시대에 이해할 수 있었을 용어들인 목가적인 용어로 우주의 종말론적인 새롭게 됨과 "만물의 회복"을 그리고 있다고 볼 수 있다.[58]

결론

우리는 이 모든 것에서 어떠한 결론을 내야만 하는가? 민족적 이스라엘의 불신앙과 그들에 대하여 나타난 하나님의 진노(살전 2:15~16)라는 이 두 가지 사실은 오늘날의 그리스도인들에게 한 가지 문제를 제기하고 있다. 한편으로는 생각해 보면, 이 민족을 통하여 구약 성경이 우리에게 전수되었을 뿐 아니라 육신적으로는 이 민족을 통하여 우리의 메시아이자 구세주가 오셨고(롬 9:5), 그래서 우리의 구원 또한 진정 올 수 있게 되었는데(요 4:22), 이 민

---

58 이 주제에 대하여 더 깊은 독서에 흥미가 있는 분들에게 필자는 O. Palmer Robertson의 *The Israel of God: Yesterday, Today, and Tomorrow* (Phillipsburg, NJ: P&R, 2000)와 *The Christ of the Prophets* (Phillipsburg, NJ: P&R, 2004), 10~12장을 참고하기를 권한다.

족을 향하여 우리가 감사의 태도를 가지면 안 되는 것인가? 그리스도인들이 최선을 다하여 유대인들의 운명이 이 세상에 좀 더 받아들여지게 해서는 안 되는 것인가? 또 다른 한편으로 생각해 보면, 로마 가톨릭이 유대인들을 이 사건에 대하여 면제했어도, 메시아가 십자가 처형을 당할 때 (예수님의 십자가 처형에서 "칼"을 제공한 로마와 공모하여) "손에 칼을 든 주체"는 유대 종교 지도자들이지 않았던가? 또한 자신들이 "단지 사람"이라고 생각했던 사람을 숭배했기 때문에 그리스도인들을 우상 숭배자라고 간주하면서 핍박했던 것도 바로 이 유대인들이 아니었던가?

이 문제에 대한 답으로, 필자는 우선 참된 그리스도인이라면 민족적 유대인들에 대한 차별과 조금이라도 비슷한 어떤 것이라 하더라도 이것을 지지해서도 안 되고 하지도 않을 것임을 말하고 싶다. 만약 누군가가, 예를 들어, 이방인들의 손(분명히 참된 이방인은 **아니었음**)에 의하여 유대인들이 경험했던 고통을 떠올린다면, 그는 세계 제2차대전 때 유럽을 위하여 소위 "유대인 문제"를 해결하려고 했던 아돌프 히틀러의 "최후의 해결책"이 보여주었던 이루 말할 수 없는 공포에 대하여 한 방울의 눈물도 남지 않을 때까지 그저 울 수밖에 없을 것이다. 그 "해결책"은 아우슈비츠와 벨젝, 베르겐-벨젠, 비르케나우, 부헨발트, 헬므노, 다하우, 마즈다넥, 소비보르, 그리고 트레블린카라는 유명한 도시들의 죽음의 수용소, 가스실, 이동용 가스 자동차에서 600만 명이나 되는 유대인들의 대량 학살이라는 결과를 가져왔다. 또한 그 "해결책"은 유대인들의 부동산, 예술품, 금과 다른 소유물들에 대한 대규모의 약탈도 수반했다. 코드네임 *Aktion 1005*라고 명명한 나치의 이 프로그램은 수백만이나 되는 유대인들의 시체 잔해를 제거함으로써 유대인 홀로코스트의 증거를 세상에서 은폐하려는 의도도 있었다. 이 프로그램은 "청소" 방법에 있어서 매우 성공적이어서 심지어 정치적 과격파들은 유대인 시체의 실제 증거의 부족을 이유로 들어 홀로코스트 자체가 결코 일어나지 않았다는 주장을 하도록 만들기까지 했다.59 그러나 동시에, 유대인들의 구원을 위한 소망이 오직 그리스도인들의 복음 제시에만 있음을 생각해 볼 때, 하나님 앞에서 인정을 받으려는 소망의 근거로서 참다운 그리스도인이 **종교적인 "유대성"**(Jewishness)의 확립과 유지를 격려하거나 지지하는 것은 잘못된 것이며 비자애적인 것이며 또한 그리스도인답지도 않은 것이다. 이것이야말로 **모든** 민족이나 모든 나라만이 아니라 민족적 이스라엘의 오직 유일한 구세주이자 소망이신 예수 그리스도의 유일성과 최종성을 심각하게 받아들이는 것이다! 성경은 그리스도의 인격과 사역에 근거하지 않고서 하나님 앞에서 인정을 받으려고 하는 그 어떤 소망도 인정하지 않는다. 민족성이나 선행을 통하여 추구되는 이러한 인정은 무익하고(갈 2:16) 파멸적이다. 그러므로 만약 하나님의 진정한 용서를 알게 된 유대인이라면, 조상들과 연결되어 있는 민족에 대한 부분이나 하나님 앞에서 인정받기 위한 토라에 대한 충성(롬 2:17~29; 갈 5:3~4)과 같은 것을 버리고 우리 기독교적 증거를 통하여 확신을 가져야만 한다.

복음에 대한 노골적인 불충성이 아니면서, 그리스도인들이 유대인들에게 하나님 앞에서 인정을 받으려는 근거를 얻도록 하기 위하여 그들의 **종교적** 독특성을 유지하도록 돕고 부추기는 것은 이상한 꼬인 사고(strange twist of thinking)이다. 이렇게 하는 것은 결국 그들로 하여금 불신앙을 더욱 견고하게 만들 뿐이다. 그러나 여전히 창세기 12:3의 축복이 그들의 것이 되기 위하여, 그리고 같은 절에서 분명하게 나타나 있는 위협적인 저주를 피하기 위해서, 많

---

59 1948년 5월 14일 이래로 현대 이스라엘은 팔레스타인 사람들을 대하는데 있어서 전혀 올바르지 않았다. 새로운 이스라엘의 첫 수상이었던 David Ben-Gurion의 지도하에, 이스라엘은 그 경계 내에 사는 많은 팔레스타인 사람을 무자비하게 학살했고, 그들의 마을을 파괴했으며, 남은 자들을 경계 바깥의 난민촌으로 보내버렸다. 이것이 오늘날 팔레스타인 사람들이 *al-Nakba*, 즉 재앙(the Catastrophe)이라고 부르는 땅의 "정화"였다. 이스라엘 편에서 팔레스타인 사람들을 향한 이 비인간성에 대하여 우리 또한 슬퍼해야 한다.

은 그리스도인들은 자신들이 시온주의 운동을 어떤 대가를 치르고서라도 지지해야 하며, 이 세상에서 "이스라엘의 진보"를 함께 즐거워해야 한다고 열정적으로 믿고 있다. 이들은 자신들이 하고 있는 것을 깨닫지 못하고 있는데, 그들로 하여금 "유대성"을 구성하고 있는 비성경적인 사고를 계속 고수하도록 부추기고 있기만 하면,60 그리고 유대인들은 자신의 종교로서 유대주의(Judaism)를 계속 붙잡도록 만들기만 하면(John Hagee와는 **반대로**), 유대인들은 이스라엘의 유일한 구원의 소망이신 예수 그리스도를 계속해서 거부하게 될 것이다. 유대인이 예수님을 놓친다면 그는 영원히 정죄를 받게 될 것이다.

Aggiornamento, 즉 자신을 "현대화"하려는 모든 노력61에도 불

---

60 조금도 불분명하지 않게, 바울은 "표면적 유대인이 유대인이 아니요 표면적 육신의 할례가 할례가 아니라 오직 이면적 유대인이 유대인이며 할례는 마음에 할지니 영에 있고 율법 조문에 있지 아니한 것이라"(롬 2:28~29)라고 선언했다. 게다가, 그는 70년에 파괴될 운명에 놓여있는 노예 상태의 "현재 예루살렘"을 "하갈의 아들"이라고 가르쳤는데, 양쪽의 그리스도인들은 모두 그들의 어머니인 "위로부터의 예루살렘"을 가지고 있으며 거기는 다윗의 자손이신 예수님이 앉아서 통치하고 계신다(갈 4:25; 또한 히 12:22; 계 21:9~26을 보라). 그리고 요한은 로마의 권력자들 앞에서 그리스도인들을 비방하는 서머나의 유대인에 대하여 "실상은 유대인이 아니요" 오히려 "사탄의 회당"이라고 말했다(계 2:10).

61 현대화의 노력에도 불구하고 바티칸은, 로마 교회의 고위 관리들이 제3제국(the Third Reich)의 패배 이후 아이히만(Adolf Eichmann)과 다른 나치 살인자들에게 피난처와 도움을 제공했던 것뿐만 아니라 또한 교황 Pius XII(교황으로서 1939년부터 1958년까지 재위)가 유럽의 유대인들의 전멸에 직면하여 공적으로 침묵을 지킨 것에 대하여, 연합국들의 지속적인 설명 요청에도 불구하고, 60년 이상의 시간이 흐른 지금까지 설명하기를 거절하고 있다.

교황 Pius XII의 바티칸 변호인들은 그가 유대인들의 친구였으며 그의 꾸준하고 조용한 외교를 통하여 수십만의 유대인들의 생명을 구했다고 주장한다. 그러나 그의 비판자들은 그를 계산적인 정치가로 묘사하고 있으며, 기껏해야 유럽의 유대인들의 망명에 대해 무감각하고 거의 범죄에 가

구하고, 로마 가톨릭교회는 여기서 양쪽 모두에게 도움이 되지 못했다. 1994년 『카톨릭 교회의 교리 문답(Catechism of the Catholic Church)』만큼이나 최근까지도 그들은, (1) 유대인들의 믿음은 - 교리문답식으로는 "하나님의 말씀을 처음으로 들은 사람들"로 묘사된 - "다른 비그리스도 종교와는 다르게, 이미 옛 언약에서 하나님의 계시에 대한 응답"이기 때문에(839 단락),62 (2) 로마서 9:4~5에 나열

까운 무관심함을 보였다고, 그리고 최악으로는 홀로코스트의 실질적인 공모자였다고 본다. 바티칸이 자신들의 비밀 기록 보관서를 진리를 찾고자 하는 역사가들에게 개방하기 전까지, 세상은 결코 이 문제에 대한 완전한 진실을 알 수 없을 것이다.

사면초가에 몰린 교황을 둘러싼 논쟁을 잠재우기 위하여, 1999년 10월 바티칸은 여섯 명의 독립적인 역사가들의 위원회(세 명은 카톨릭 신자, 세 명은 유대인)를 창설하여 전쟁 기간 동안의 교황 Pius XII와 로마 주교의 행동을 평가하도록 했다. 이 위원회가 사용할 수 있는 문서들은 이미 공적 영역에 있던 것이며 주로 전쟁 기간 동안에 외교적 교섭에 대한 것들이었는데, 이것들을 통하여 이 위원회는 이렇게 결론을 내렸다: "그 어떤 진지한 역사학자도 이 출판되고 수정된 책들[Actes et Documents du Saint Seige relatifs a la Seconde Guerre Mondiale]이 우리를 이야기의 끝에 도달하도록 해줄 수 있다고 받아들이지 못할 것이다." 바티칸 비밀 문서 보관소로부터 "일기, 비망록, 약속 일정표, 회의 의사록, 초고 문서"와 같은 지지할 수 있는 문서 증거와 전쟁 기간 동안의 고위 바티칸 관리들의 개인적인 문서들을 요청하면서, 이 위원회는 바티칸에게 47가지의 질문 목록을 제출했다. 십 개월이 지난 후, 바티칸이 요청된 문서들을 개방할 의도가 전혀 없음이 분명해졌을 때, 이 위원회는 업무를 미완으로 둔 채 해산했다. 살인을 자행하는 남미 군부 정치체제와의 관계에 대한 것 뿐 아니라 이 문제에 대해서 바티칸은 계속적으로 침묵하고 있다. 이러한 사실은 여기에 그 어떤 "현대화"도 존재하지 않으며, 이는 로마 교황청의 현대화 (aggiornamento)에도 마찬가지임을 보여준다!

62 그들의 믿음은 진실로 옛 언약 안에서 하나님의 계시에 대한 하나의 응답이었는데, 다만 **부정적인** 것이었다. 그리스도를 거부한 유대인들의 믿음이 어떠한 의미로든 옛 언약의 계시에 대한 적절한 응답이라고 말하는 것은 분명히 이 상황에 대한 부정확한 평가이다. 유대인들의 구원에 대한 유일한 소망은 기독교적 복음의 제시에 있다는 사실을 생각해 볼 때, 그들의 "유대성"이나 시온주의자(혹은 유대 민족주의자, Zionist)의 운동 내에

된 모든 특권은 유대인들에게 속해있기 때문에(839 단락), 그리고 (3) 그리스도인들과 함께, 유대인들은 "메시아의 오심을 기다리고" 있기 때문에(840 단락), 하나님의 백성은 유대 민족을 포함하고 있다고 선언하고 있다. 대부분에 있어서 유대인들이 예수 그리스도의 신성을 부정하고 있고, 따라서 삼위일체 교리도 부정하고 있다는 사실이, 또는 유대인들이 예수님을 가장 좋게 말하자면 미혹된 선지자나 거짓 메시아로, 가장 나쁘게 말하자면 신성모독자로 여겨서, 초림 때 메시아를 거부했고 그를 십자가에 못 박았다는 사실이, 그래서 지금도 그들은 자신들이 단지 인간일 뿐이라고 생각하는 사람을 경배하는 그리스도인들을 우상숭배자로 여기고 있다는 사실이, 그리고 유대인들이 그리스도의 대리적 속죄를 전혀 필요로 하지 않는다는 사실이 로마 가톨릭에게는 별로 문제가 되는 것 같지 않아 보인다. 로마 가톨릭의 가르침에 따르자면, 유대인들은 여전히 구원론적으로 하나님의 백성과 연결되어 있으며, 아마도 천국에 갈 것이다!

다시 말하건대, 오늘날 그리스도인들은 종종 자신들의 유대인 친구들에게 믿음을 증거할 때, 그들이 지금 대화하고 있는 유대인들이 이미 구약을 믿고 있고, 단지 남은 것이라고는 예수 그리스도가 구약의 선지자들이 말했던 바로 그 사람임을 보여주기만 하면 된다고 듣곤 한다. 분명 이것은 실제적인 상황에 대한 부정확한 평가이다. 오늘날 대부분의 유대인들은 구약이 살아계신 하나님의 영감을 받은 말씀이라고 믿고 있지 않으며, 구약 성경이 가르치는 것 또한 모르고 있다. 그러므로 우리는 여기서 좀 더 신중하게 생각해야만 하는데, 왜냐하면 어떠한 유대인도 진정으로 구약성경을 믿고 있지 않으며, 거기에서 계시되고 있는 메시아와 구세주와 주님으로서 예수 그리스도를 인정하고 있지도 않고 있기 때문이다. 예수님

서 그들을 격려하고 지원하는 것은 그저 엄청나게 잘못된 방향으로 가는 것일 뿐이다.

께서는 분명하게 그의 시대에 유대 종교 지도자들에게 선언하셨다. "모세를 믿었더면 또 나를 믿었으리니 이는 그가 내게 대하여 기록하였음이라 그러나 그의 글도 믿지 아니하거든 어찌 내 말을 믿겠느냐 하시니라"(요 5:46~47). 죽음에서 육체적으로 부활하신 바로 그날 밤에 예수님께서는 "모세와 및 모든 선지자의 글로 시작하여 모든 성경에 쓴 바 자기에 관한 것을 자세히 설명"(눅 24:27; 또한 요 13:18; 19:24, 28, 36~37; 20:9을 보라)하셨다고 누가는 보고하고 있다.63 같은 날 저녁 조금 뒤, 제자들이 함께 모여 있고 다른 이들도 같이 있을 때, 예수님께서는 "내가 너희와 함께 있을 때에 너희에게 말한 바 곧 모세의 율법과 선지자의 글과 시편에 나를 가리켜 기록된 모든 것이 이루어져야 하리라 한 말이 이것이라"(눅 24:44)고 선언하셨다. 예수님께서는 분명하게 구약이 자신에 대하여 말하고 있다고 가르치셨다.

그 다음으로 바울은 고후 3:7~16에서 유대인들이 모세의 글 즉, 옛 언약을 읽을 때 벗어지지 아니한 "수건"(kalumma)이 그들의 믿지 아니하는 마음을 덮고 있다고, 그리고 이 수건은 오직 그리스도에 의해서만 벗겨질 수 있다고 선언했다. 모세의 빛나는 얼굴을 주목하고 있을 때 이스라엘이 경험했던 맹목성이, 그들이 옛 언약을 읽을 때 그들의 마음을 덮고 있는 수건처럼 "오늘날까지" 계속되고 있다고 바울은 쓰고 있다. 다시 말해서, 유대인들이 그리스도와 그분의 사역에서 이뤄진 성취에서 떨어진 상태로 구약을 보아서는 결코 올바로 그것을 읽을 수 없을 것이다. 그들이 토라에서 찾은 하나님의 영광이 그리스도 안에서 발견된 더 큰 영광에 의해서 능

---

63 그리스도인들은 종종 이 경우에 대하여 구약에 대한 예수님의 해석을 그들이 들을 수 있었으면 하는 바람을 표현하곤 한다. 그러나 그들은 사도행전과 서신서들에 기록되어 있는 사도들의 설교들 모두가 그리스도께서 엠마오로 가는 길에 해주셨던 해설의 주요 특성들을 반영하고 있음—그들이 구약을 기독론적으로(Christologically) 해석하는 방식에 의해서—을 확신할 수 있다.

가되었음을, 구약을 기독론적으로, 다시 말해서 그리스도 안에서 이루어진 성취의 현재적 관점으로 읽어야 함을, 그들은 이해하지 못하고 있다. 이 문제의 진정한 진리는 바로 이것이다: 누구든지-유대인이든 이방인이든-메시아와 그의 구속 사역을 듣고서 그분을 거절하지 않은 바로 그 사람이 구약을 믿는 자이다. 현대 유대인 중 한 사람이 만약 자신이 토라를 믿고 따르고 있다고 주장하고, 비록 그곳에서 배우게 되는 은혜를 보고 있다고 말하며, 그러나 동시에 토라의 "아들"이 되고 그것을 유지하기 위하여 특정한 방식으로 살아야 한다고 또한 믿는다면, 그는 구약을 믿고 있지 않은 것이며, 세상의 죄를 없애시는 하나님의 어린 양이신 예수 그리스도를 모형적으로 가리키고 있는 레위적 희생 제의 시스템의 정교한 규율을 통하여 토라가 실제적으로 말하고 있는 구원의 제안을 부정하고 있는 것이다.

유대인들을 기독교 신앙으로 이끌기 위해서는, 그들이 그들의 혈관 속에 아브라함의 피가 흐르고 있다는 사실(마 3:9; 요 1:13)과 그들이 육신적으로 할례를 받았다는 사실(롬 2:25~29; 갈 5:2~4; 6:15) 그리고 그들이 "율법의 아들과 딸"로서의 행습을 실행하고 있다는 것(롬 2:17~24; 3:9; 갈 3:10; 4:21~5:1)과 연관해서 하나님의 재가(인가)를 얻으려는 그 어떤 희망도 무용지물이라는 점을 그들에게 확신시켜야 한다는 것을 그리스도인들이 빨리 깨달으면 깨달을수록, 그만큼 빨리 유대인들에 대한 기독교인들의 증거는 효과적이 될 것이다.

그래서 우리는, 하나님에게 있어서는 "복음에 관한 한, [남은 자가 아닌 유대인들이] [비 유대인의 구원을 인하여] [그 분의] 적으로 [간주]되지만... 그러나 택하심에 관한 한, 그들이 조상들로 인하여 사랑을 입은 자들인 것처럼(롬 11:28, NIV를 풀어서 서술), 마찬가지로 그리스도인들로서는 그들을 사랑해야 하는데, 바로 그 민족의 선택된 남은 자들과 이방 그리스도인을 통하여 하나님이 족장들과 맺으신 그 분의 선택적 약속들을 성취하실 것이기 때문이다. 그렇지만 그리스도인들은, 유대인들이 구원을 위한 소망을 두는 그 어떤 모든 유대적 종교적 차별성을 포기하기까지 이끄는 데 있어서, 교만하지 않은 채, 또한 그들이 할 수 있는 모든 것을 다 해야 할 것이다. 그리스도인들은 유대인들의 구원을 위해서 그리고 복음의 대의에 대한 충성됨 때문에 이 일을 해야 한다. 로버트슨은 이렇게 말한다. "만약 유대인들을 사랑한다고 고백하는 복음적인 그리스도인들이" 그들을 이 세상의 유일한 참된 구세주요 유대인의 메시아와 세상의 유일한 구원자인 예수 그리스도, 이 세상의 유일한 참 구주로부터 떨어뜨려서 "거짓된 희망을 향하여 그들의 믿음과 기대를 잘못 인도하는 주된 도구가 된다면, 그것은 얼마나 슬픈 일이 되겠는가."64

---

64 Robertson, *The Israel of God*, 31.

논평 /1/

로버트 L. 토머스

하나님의 약속의 확실성

　필자는 세대주의적 관점을 설명하는 부분에서, 하나님께서 이스라엘과 맺은 무조건적인 언약들의 연속성을 강조하려고 했다. 창세기부터 계시록까지, 이스라엘은 항상 관심의 중심이며, 하나님께서 그의 창조 세계와의 미래적 관계에서도 계속 그러할 것이다.

　필자는 레이몬드(Reymond)가 창세기 3:15을 언약신학에서 은혜의 언약과 동일시하는 부분이 매우 흥미로웠다. 그것은 뱀과 사탄에게 직접적으로 주신 약속이었지, 인간에게 준 것이 아니었다. 그러나 그것은 하나님의 무조건적인 약속이 항상 어떠한 방식으로 성취될 것인지를 묘사해주고 있기는 하다. "내가 너로 여자와 원수가 되게 하고 너의 후손도 여자의 후손과 원수가 되게 하리니 여자의 후손은 네 머리를 상하게 할 것이요 너는 그의 발꿈치를 상하게 할 것이니라 하시고." 하나님의 약속이 반드시 성취되고야 만다는 이 원칙을 설명하기 위해서는, 뱀의 머리를 최종적으로 공격할 것을 묘사하는 계시록 20:1~3, 10을 참고해야만 한다.

　　또 내가 보매 천사가 무저갱 열쇠와 큰 쇠사슬을 그 손에 가지고 하늘로서 내려와서 용을 잡으니 곧 옛 뱀이요 마귀요 사단이라 잡아 일천 년 동안 결박하여 **무저갱**에 던져 잠그고 **그 위에** 인봉하여 천 년이 차도록 다시는 만국을 미혹하지 못하게 하였다가 그 후에는 반드시 잠깐 놓이리라... 또 그들을 미혹하는 마귀가 불과 유황 못에 던져지니 거기는 그 짐승과 거짓 선지자도 있어 세세토록 밤낮 괴로움을 받으리라

사탄에 대한 하나님의 약속이 반드시 성취되어야만 하는 것처럼, 창세기 12장에서 시작되는 아브라함과 그의 후손에게 주신 약속 또한 그렇게 될 것이다. 분명, **원시복음**(Protevangelium)에서 뱀에게 하셨던 약속은 아담과 하와, 그리고 그들의 후손에게도 주요한 함의를 가진다. 그러나 창세기의 문맥에서 그것은 뱀과 맺으신 약속이었다.

하나님께서 제정하신 아브라함 언약의 지속성

이 약속들은 아브라함과 그의 육신적인 후손들을 위한 것이 될 것이지, 레이몬드가 수차례 언급했던 것처럼 아브라함의 영적 후손들을 위한 것만은 아니다. 레이몬드는 그의 접근 방식에서, 육신적인 것과 영적인 것을 구별하기 위한 근거로 오직 신약성경만을 사용했다. 이러한 접근은 적어도 두 가지 방식으로 문법적-역사적 원칙을 위배하는 것이다. (1) 그가 "아브라함 언약의 영적 약속들"에 대하여 쓸 때, 그는 그 언약에 대한 창세기 서술의 역사적인 맥락이 아니라, 오히려 신약 본문들부터 그 근거들을 가져온다. 예를 들어, 에베소서 2:11~13에 있는 바울의 언급에 의존하는 방식으로는 언약에 대한 아브라함의 이해나 창세기에서 하나님의 의도와 같은 것들을 배울 수 없다. 바울의 역사적이고 신학적인 상황은 전적으로 달랐다. 창세기 12장 말씀은 구약성경의 역사적인 문맥에서 쓰였기 때문에 그렇게 이해되어야만 한다. 바울의 역사적이고 신학적인 상황은 그보다 훨씬 뒤의 일이며, 그러므로 달랐다.

테리(Milton S. Terry)는 병렬적(parallel)이지 않은 본문들을 병행

구절로 만들려는 위험과 진정한 병행성(parallelism)과 정서상의 유사성을 혼동하는 위험을 경고했다.65 램(Bernard Ramm) 또한 객관성의 필요를 강조하는 부분에서 그에게 동의했다.

> 성경 해석에서, 진정한 철학적 정신, 혹은 비판적 정신, 혹은 학자적인 정신은 본문의 원래 의도와 의미를 발견하는 것을 그 목표로 삼아야 한다. 그 목표는 **석의**(exegesis), 즉 의미를 본문에서 끌어내는(out of) 것이지, **의미 삽입**(exogesis) 즉, 본문에 의미를 집어넣는 것이 되어서는 안 된다... 성경에 접근할 때 본문을 왜곡시키는 선입견이나 가정에서 자유롭기는 매우 어렵다. 일련의 신학적 체계를 가지는 것이 위험한 이유는, 성경 해석에서 해석이 그 체계를 교정하게 하기보다는 오히려 그 체계가 해석을 지배하려고 하기 때문이다... 성경은 우리가 마음대로 튕길 수 있는 테니스공이 아니라고 칼뱅은 말했다. 오히려 본문을 가장 공정하며 객관적으로 연구해, 성경의 가르침들을 배워야만 한다.66

테리는 또한 일반적 신앙의 유비(analogy of faith)가 진짜 병행이 아닌 곳에서, 그리고 다른 부분들에 의하여 반대 받지 않는 곳에서는 적용될 수 없다고 경고했다.67 공들여서 만들어 내지 않은(without elaboration), 신적 진리의 단일한 계시를 인정해야만 한다. 이러한 경우에 일반적인 유비는 거의 도움이 되지 않는다. 성경 해석에 있어서 목표는 각각의 본문 그 자체가 말하도록 하는 것이다.

(2) 레이몬드는 자신의 논의에서, 아브라함이 창세기 12장에서 언약을 받을 때 그것이 자신의 육체적인 후손들에 관한 것이라고

---

65 Milton S. Terry, *Biblical Hermeneutics*, 2nd ed. (repr., Grand Rapids: Zondervan, n.d.), 222~23.

66 Bernard Ramm, *Protestant Biblical Interpretation: A Textbook of Hermeneutics*, 3rd rev. ed. (Grand Rapids: Baker, 1970), 115~16.

67 Terry, *Biblical Hermeneutics*, 581.

이해했었을 것임을 자신도 인정한다고 말했다. 또한 그는 아브라함과 그의 육체적인 후손들에게 하신 땅에 대한 일시적이고 지상적인 약속이 아브라함 언약의 조항 가운데 들어 있었다고 인정했다(창 12:7; 13:15, 17; 15:18; 17:8). 그런데 이와 동일한 구약 본문에 두 가지 의미(육체적이고 영적인)를 부여함으로써 그는 단일한 의미에 대한 전통적인 원칙을 위배했다. 테리는 "문법적-역사적 주해에 있어서 근본적인 원칙은 바로 단어와 문장들이 하나의 동일한 방향에서 오직 하나의 의의를 가진다는 것이다. 우리가 이 원칙을 무시하는 순간, 우리는 불확실성과 추측의 바다로 떠내려가게 된다."라고 했다.[68] 얼마 지나지 않아, 램 또한 다르게 표현했다 뿐이지 동일한 원칙을 지지했다. "그러나 여기서 우리는 오래된 금언을 기억해야 한다. '해석은 하나이며, 적용은 다양하다.' 이것은 성경 구절에는 오직 한 가지 의미만이 존재하며, 이것은 신중한 연구를 통하여 정하여진다는 것을 의미한다."[69] 성경 무오에 대한 국제 컨퍼런스의 두 번째 정상 회의(Summit II of the International Council on Biblical Inerrancy)는 이 원칙에 동의했다. "우리는 각각의 성경 본문에 표현되어 있는 의미는 단일하고, 명료하며, 고정되어 있다(single, definite, and fixed)는 사실을 확언한다. 우리는 단일한 의미에 대한 인식이 그 적용의 다양성을 제거할 것이라는 생각은 부정한다."[70]

그러므로 아브라함 언약은 아브라함과 그의 후손들을 위한 것이지, 레이몬드가 "영적 후손"이라고 부르는 자들을 위한 것이 아니

---

[68] Terry, *Biblical Hermeneutics*, 205.

[69] Ramm, *Protestant Biblical Interpretation*, 113.

[70] 성경의 무오성에 대한 국제 컨퍼런스(the International Council on Biblical Inerrancy)에 의해 채택된 조항 VII, "확증과 부정의 조항들(Articles of Affirmation and Denial)," 1982년 11월 10~13일. 이것들은 여기서 읽을 수 있다: 2013년 9월 30일에 접속 http://www.modernreformation.org/default.php?page=articledisplay&var1=ArtRead&var2=1127&var3=main.

다. 그는 자신의 접근 방법으로 오직 신약성경만을 육체적/영적 구분을 위한 근거로 사용하고 있다. 이러한 접근은 문법적-역사적 원칙을 위배하는 것이다. 그가 "아브라함 언약의 영적 약속들"에 대하여 쓸 때, 그는 그 언약에 대한 창세기 서술의 역사적인 맥락이 아니라, 오히려 신약 본문들부터 그 근거들을 가져온다. 그는 동일한 본문에 두 가지 다른 의미를 부여했다. 그는 아브라함 언약이라는 동일한 진술에 두 가지 다른 의미를 부여함으로써 자신의 신앙의 유비가 문법적-역사적 해석학을 능가하도록 했다.

하나님께서 이스라엘을 이집트에서 구출하실 때 보여주셨던 주권적이고 선택적이며 사랑 많으신 은혜가 아브람과 그의 육체적인 후손들을 특별한 백성으로 선택할 때도 동일하게 작용했는데, 이를 통하여 인류에게 자신을 드러내 보이셨다. 세상을 향한 신적 계획을 수행함에 있어서, 하나님께서는 오직 스스로 선택하셨으며, 아브라함은 선택 받기 위한 그 어떤 공로도 하지 않았다.

교회, 이스라엘과 구별되는, 하나님의 백성

레이몬드는 하나님의 단일한 백성으로서 교회가 이스라엘을 대체했다는 주장에 대한 주요한 근거로 사용하기 위하여 마태복음 21:33~45과 그 병행 구절들을 상세히 다루었다. 그러나 그는 이 비유의 거의 마지막에 하신 예수님의 말씀인 "그러므로 내가 너희에게 이르노니 하나님의 나라를 너희는 빼앗기고 그 나라의 열매 맺는 백성[ethnos, "민족"]이 받으리라"(마 21:43)는 언급하지 않았다. 수준 높은 사전 편집자들은 이 구절의 *ethnos*를 이스라엘을 언급하는 것으로 분류했다. 레이몬드가 심사숙고하지 않았던 것은 단수 명사 *ethnos*가 "민족과 민족"(마 24:7; 막 13:8; 눅 21:10)나 "인류의 모든 족속"(행 17:26)과 같은 다른 단어들에 의해 수식되지 않을 때는 보통 이스라엘을 언급하는 것이라는 사실이었다.[71] 이 단수 명사는 종종 이스라엘을 지칭한다(예, 눅 7:5; 23:2; 요 11:48,

50~52; 행 24:2, 10). 복수형은 일반적으로 이스라엘 외의 다른 민족들을 포함한다. 이것은 구약에서 발견되는 동일한 패턴을 따른다. BDAG는 "23, 45절에서 묘사되는 지도자들과 대조적으로 마태복음 21:43의 ἔθνος(이방인들이 아니라)"라는 설명과 함께 "혈족, 문화 그리고 공통적인 전통에 의하여 묶여진 사람들의 집단"이라는 범주 아래에 배열한다.[72] 매우 명백하게, 이스라엘은 마태복음 21:43의 관점에서 본 그 민족이다.

마태복음 21:33~45의 비유에서 예수님께서 자신의 대적자들에게 예언하신 것은 예수님을 기꺼이 자신들의 메시아요 구세주로 믿는 이스라엘의 미래 세대이다. 이 이스라엘의 소집은 교회의 휴거(계 3:10)와 주의 날의 도래(살전 5:2) 이후에 일어날 사건이 될 것이다. 다시 말해서, 이것은 오랜 동안 이 민족을 특징짓게 될, 이스라엘의 거절 시기 이후에 오게 될 것이다.

마태복음 21장에 나오는 일련의 비유들 바로 뒤에, 그러나 분명 예루살렘에서 동일한 상황 가운데, 예수님은 마태복음 23장에서 바리새인들과 서기관들에게 일련의 저주를 선포하셨다. 예수님은 2인칭 복수 대명사 "너희들"을 사용하면서 유대인 지도자들을 향하여 직접적으로 말씀하시는 것으로 그 저주 시리즈를 끝맺으셨다. 그리고 그가 마지막 "저주"의 결론으로 옮겨 가면서, 그는 이 대명사 대신 "이 세대"(tēn genean tautēn)라는 단어를 대신 사용했다(마 23:36). BDAG는 "세대"(genea)라는 단어의 사용을 "주어진 시기 동안에 살았던 모든 사람에게 확장되기고 하고, 때때로 특정한 성격들로 정의되는, 같은 시기에 태어난 사람들의 전체"라는 제목 아래에 올바르게 분류했다.[73] 그 사전은 또한 "이해관계(interests)의 공통적인 특성을 보이는 사람들, '인종, 종류'"라는 대안적 설명을

---

[71] BDAG, 276~77을 보라.
[72] BDAG, 276.
[73] BDAG, 191.

제시한다.74 그 사전은 그들을 "악하고 음란한 세대(또는 민족; 예, 마 12:39)"로 특징짓기도 한다."75

그 사전은 주석가들이 때때로 놓쳤던 하나의 진리를 포착했다. 예수님께서는 *genea*를 연대기적 의미 없이 질적 용어(qualitative term)로 사용하셨다. 이것은 시간의 특정 기간을 지칭하는 것이 아니다. 오히려, 이것은 아브라함을 부르신 이래로 모든 시기에 존재할 수 있었던 일단의 유대 사람들을 지칭하는 것이다. BDAG가 지적하는 것과 같이, 건드리(Robert H. Gundry)는 "세대" 또는 "족속"(genea)은 "전 인간 역사에서 '불신자들과 변절자들'을 지칭한다."라고 썼다.76 다시 말해서, *genea*는 예수님의 청중들을 포함하여 유대 민족의 시작 이래로 살았던 믿지 않는 유대인들을 지칭했다. 예수님의 현재 청중들인 서기관들과 바리새인들은 구약의 선지자들을 죽였던(마 23:31~36) 믿음이 없었던 이스라엘 민족과 같은 족속의 사람들이었다.

마태복음 23장 끝에서, 예수님은 예루살렘이 이스라엘의 미래적 변화를 대표하는 것으로 지칭하시면서 이스라엘의 미래 회개에 대하여 말씀하셨다. "내가 너희에게 이르노니 이제부터 너희는 찬송하리로다 주의 이름으로 오시는 이여 할 때까지 나를 보지 못하리라 하시니라!"(마 23:39).

같은 날 나중에, 예수님께서는 다시 "이 세대"라는 단어를 사용하셨다. BDAG는 마태복음 23:36과 같은 의미의 범주 안에 이 *genea*의 용례를 올바르게 배치했다.77 예수님께서 "내가 진실로 너희에게 말하노니 이 세대[혹은 족속]가 지나가기 전에 이 일이 다 이

---

74 BDAG, 191.

75 BDAG, 191~92.

76 Robert H. Gundry, *Matthew: A Commentary on His Literary and Theological Art* (Grand Rapids: Eerdmans, 1982), 472.

77 BDAG, 191.

루리라"(마 24:34)라고 말씀하셨을 때, 그는 간접적으로 그리고 예언적으로 이스라엘의 미래적 회개를 자신의 재림과 연결시켜서 말씀하셨다. 마태복음 24~25장의 문맥은 다니엘의 칠십 주(seventieth week of Daniel)에 있을 사건들에 대하여 말하고 있다(단 9:24~27). 이 문맥이 지적하고 있는 것처럼, 그것은 이 땅에서 큰 고통의 기간이 될 것인데, 특히 이스라엘에게 그러할 것이다. 이 고통은 불신자들과 이스라엘을 핍박하는 자들에게 부어질 하나님의 진노로 올 것이다. 이 모든 것을 통해 어떻게든지 이스라엘은 그리스도를 자신의 메시아와 구주로 믿는 믿음으로 돌아올 것이다. 이 미래적 회개가 있기까지, 전체로서 이스라엘은 불신의 상태를 지속할 것이다.

그리스도의 재림과 연관된 사건들이 교회의 휴거(계 3:10)와 주의 날 시작(살전 5:2)과 함께 시작될 것이다. 이스라엘이 거부하는 기간에, 주님께서는 하나님의 또 다른 백성—그가 교회라고 부르셨던—을 일으키기로 선택하셨다(마 16:18). 필자가 본서 2장 세대주의 관점에서 설명하는 것처럼, 이 두 개의 미래적 사건은 긴박하며, 미래의 칠십 번째 주(future seventieth week)의 시작을 특징지을 것이다.

현재 상황에서 교회와 이스라엘

레이몬드는, 1948년에 있었던 20세기 이스라엘 국가의 설립을 성경 예언의 성취로 말하며 세대주의를 옹호하는 해기(John Hagee)와 세대주의자들을 자주 언급한다. 세대주의자들은 예언의 세부 사항을 매우 다양하게 이해한다. 어떤 이들은 해기의 입장에 동의하지 않는다.

예를 들어, 필자는 현대 이스라엘 국가의 설립을 구약이나 신약성경의 직접적인 성취라고 보지 않는다. 필자는 다니엘서 9장에서 말하는 미래적 칠십 번째 주의 시작에 있을 두 가지 사건들이 있기 전에는 성경 예언의 성취를 찾을 수 없다고 생각한다.[78] 이 칠십 번째 주는, 예수님께서 감람산 강화(Olivet Discourse, 마 24:15;

막 13:14)에서 적어도 두 번이나 언급하셨고, 또한 이것을 구약 선지서들에 예언된 재난의 시작에 빗대셨다(마 24:8; 막 13:8). 앞서 언급한 것처럼, 그 이레의 시작에 일어날 두 가지 성취는 교회의 휴거와 주의 날에 있을 사건들의 시작이다. 많은 세대주의자는 이 사건들이 서로 동시에 일어난다고 동의한다.79

비록 모든 세대주의자가 21세기의 이스라엘 국가를 성경 예언의 성취로 보는 것은 아니지만, 아마도 그들은 그것을, 하나님께서 칠십 번째 이레에 또는 그 끝에 이스라엘을 세상 권력 가운데서 두드러지게 높이실 방식에 대한 전조(foreshadowing)로 보는 것 같다. 언젠가 이스라엘이 이러한 역할을 할 것이라는 확신은, 하나님께서 자신의 주권적 목적에서 어떠한 방식으로 이것을 이루실 것인가에 대한 질문을 불러일으킨다. 하나님께서 칠십 번째 이레가 되기도 전에 이스라엘을 이렇게 높이실 것이라는 사실은, 아브라함의 육체적 후손들이 그들의 조상들에게 약속하셨던 땅을 차지한다는 약속을 떠올리게 할 것이다. 현대 이스라엘은 현재 그 땅의 일부만을 차지하고 있으나, 언젠가 그 땅 전부를 가질 것이다.

세대주의자는 이스라엘과 교회로 인하여 기뻐할 수 있다. 왜냐하면 전자에 대해서는, "온 이스라엘이 구원을 얻으리라"(롬 11:26)라고 하셨으며, 또한 "조상들을 인하여 사랑을 입은 자라 하나님의 은사와 부르심에는 후회하심이 없느니라"(롬 11:28~29)라고 하셨기 때문이다. "조상들"은 아브라함, 이삭, 그리고 야곱을 포함한다. 교회에 대해서는, 하나님께서 이스라엘과 맺은 언약들의 일부 유익이 이방인 신자들에게 확장되어 왔기 때문에 기뻐할 수 있다.

---

78 John F. Walvoord, *The Thessalonian Epistles* (Findlay, OH: Dunham, 1955), 89; John F. Walvoord and Mark Hitchcock, *1 & 2 Thessalonians* (Chicago: Moody, 2011), 89, 91을 보라.

79 Jeffrey L. Townsend, "The Rapture in Revelation 3:10," in *When the Trumpet Sounds*, ed. Thomas Ice and Timothy Demy (Eugene, OR: Harvest House, 1995), 377을 보라.

논평 /2/

로버트 L. 소시

점진적 세대주의자인 필자는 레이몬드가 쓴 글의 많은 부분에 동의하지만, 어떤 내용은 세대주의를 오해하는 것으로 보이며, 이 책의 주제와 연관된 여러 가지 점에는 문제가 있다고 생각한다.

이스라엘과 교회 주제에 더 깊게 연관된 세부적 사항들을 다루기 전에, 레이몬드가 세대주의에 대해 가진 개념들을 약간 설명해 두는 것이 도움이 될 것 같다. (필자는 세대주의에 대한 필자 자신의 이해로 설명하는 것이지, 모든 세대주의자를 대변하여 말하려는 것은 결코 아니다.) 레이몬드는 세대주의자들이 구원을 받을 수 있는 다양한 길을 제시한다고 그의 글에서 여러 차례 비난한다. 초기 세대주의자들이 율법과 은혜의 세대를 구분하려고 사용한 어떤 구절들에 대한 해석이 그런 방식으로 이해될 수 있을지 몰라도, 필자는 심지어 전통적 세대주의자들조차도 이렇게 주장하지 않았다고 믿는다. 필자는 오늘날의 세대주의자들—전통적이든 점진적이든—이 저술한 글의 어디에서도 그러한 가르침에 대한 일말의 표현도 본 적이 없다.[80] 모든 정통적 복음주의자와 동일하게, 구원은 오직 그리

---

[80] 구원의 다양한 방식을 제시하는 예로서, 해기 목사가 출처라고 추정되는 진술이 참으로 사실인지(각주 20)를 말하기란 어려운 일이다. 비록 그것이 리포터의 말이 아니라 해기의 진술이더라도, "토라의 빛 아래서 사는" 유대인들이 구속(구원?)되었다는 것은 분명하게 명시되지 않으며, 오히려 그들이 "구속될 것"이라는 의미이다. 그러므로 그들의 구속을 위

스도의 완전한 삶과 우리를 위한 그분의 희생에 근거하여 믿음을 통해 은혜로(by grace through faith) 된다고 세대주의자들은 믿는다.

다른 세대들(혹은 경륜들, economies)은 구원의 다른 방법이나 수단이 아니라, 구원받는 믿음을 표현하는 차이일 뿐이다. 모든 복음주의자는 하나님 안에서 진정으로 구원 얻는 믿음을 가진 사람은 하나님께 순종하려고 애쓴다고 믿는다. 그러나 성경은 또한—필자는 이것 또한 모든 복음주의자의 공통된 믿음이라고 일러두고 싶다—자신의 백성을 위하여 하나님께서 보여주신 의(righteousness)가 항상 동일한 명령들로 명문화된 것은 아니라고 가르친다. 오늘날의 어떠한 그리스도인도 옛 모세의 언약 아래에서 살던 이스라엘에게 명령되었던 희생 제사를 따르지 않는다. 많은 그리스도인들이 음식에 관한 율법이나 다른 규정들—예를 들어 "너희 밭의 모퉁이까지는" 곡식을 거두지 말며(레 19:9), "두 재료로 직조한" 옷을 입지 말며(레 19:19)와 같은 여러 가지 것들—을 준수한다는 것은 믿기 힘든 일이다. 이러한 모든 명령에 나타난 의로운 원칙들은 하나님의 영원한 의인데, 마치 어린 아이가 어른이 되면 더는 예전에 따르던, 부모님께서 만드셨던 어떤 규정들에 얽매이지 않는 것처럼, 하나님의 의는 다른 방식들로 표현된다. 그럼에도 불구하고, 어른으로서 그는 여전히 자신이 어린 아이였을 때 자신의 부모님께서 이러한 규칙들로 가르치기 원하셨던 훌륭한 원칙들을 동일하게 지켜야만 한다(갈 3:23~25; 4:1~6을 보라).

레이몬드는 자신의 언약신학에서, 구약의 성도들이 "약속된 메시아가 자신들을 대신하여 (예견된) 속죄 사역을 하신다고 의식적으로 믿었다."는 것을 세대주의가 부정한다는 점을 핵심적인 근거로 들어서, 세대주의가 구원의 다양한 방식을 주장한다고 했다(40쪽). 우선적으로 레이몬드는 구약 성도들의 이 "의식적인 믿음"이 구약에서 유형론(typology), 희생 제사 그리고 예언(사 53장을 보.)을 통하

한 수단은 분명하게 언급되지 않는다.

여 예언된 메시아의 희생에 근거를 두고 있다고 주장한다.

구약 성경에 있는 그리스도의 희생적 죽음에 대한 예언에 대해서는 질문의 여지가 없다. 그러나 모든 구약 성도가 이 예언을 이해하고 있었고, 그들의 "의식적인" 믿음의 내용이 바로 이것이었음을 성경이 가르치고 있다고 주장하는 것은 전혀 다른 문제이며, 필자는 이것이 입증할 수 없는 문제라고 믿는다.81 언제나 하나님의 백성은 하나님께서 그들에게 주신 계시를 믿는 믿음을 통하여 구원을 받아 왔다. 그리고 이 계시는 메시아를 통한 그 분의 구원 사역의 구체적인 것들을 조명해주는 것에 있어서는 점진적이었다. 이것이 바로 "영세 전부터 감취었다가 이제는 나타내신 바 되었으며" ―이것이 바로 복음과 그리스도의 비밀이다―라는 구절에서 말하고 있는 것이 아니겠는가(롬 16:25~26)?

이 사안은 전통적 언약신학의 부적절성에 대한 하나의 증거인데,

---

81 의심할 여지없이, 창세기 3:15에 근거하여 인류를 위한 최종적인 구원을 가져다 줄 메시아적 인물에 대한 믿음은 구약 성도들이 일반적으로 가지고 있었다. 비록 사르밧의 과부나 시리아의 나아만 장군(눅 4:26~27), 심지어는 모세의 장인 이드로와 같은 분명한 일부 신자들이 가지고 있었던 믿음을 알기란 어려운 일이지만 말이다. 그러나 이렇게 언약의 길에 매우 가깝게 연관된 사람들에게조차, 그들의 믿음의 의식적인 대상으로서 십자가에 못 박히신 메시아를 언급하는 일을 찾아보기란 어려운 일이다.

언약신학이 구원의 은혜에 대한 일차적인 표현으로서 올바르게 인식하고 있는 아브라함에게 하신 하나님의 언약적 약속에서, 십자가에 못 박히신 메시아에 대한 명시적인 언급은 존재하지 않는다. 그리고 성경은, 아브라함의 의롭게 되는 믿음으로서 십자가에 못 박히신 메시아에 대한 믿음이 아니라, 거대한 후손에 대한 하나님의 약속을 믿는 믿음을 네 번에 걸쳐 언급하고 있다(창 15:5~6; 롬 4:3, 18~22; 갈 3:6). 분명하게 예수님의 제자들은 구원을 받았다(유다를 제외하고). 그러나 그들 중 누가 메시아의 대속적 죽음에 대한 구원 얻는 믿음을 가지고 있었는가? 예수님께서 그들에게 이 진리를 가르치려고 하실 때마다, 그들은 이해하지 못했을 뿐 아니라 심지어 이를 거절하기도 했다(마 16:21~22; 막 8:31~32; 눅 9:44~45; 18:31~34; 또한 눅 23:19~21을 보라).

언약신학은 하나님께서 자신의 구원 계획을 역사적으로 이루어나가시는 것에 대한 역사적 전개를 충분하게 인식하지 못하고 있다. 세대주의자로서 필자는 구원의 핵심 사안과 연관된 근본적인 진리로서—이것은 다시 말해서 인간이 어떻게 하나님과 올바르게 관계를 맺을 수 있는지에 대한 근본적인 원칙들이다— 언약신학의 신학적 언약들(구속, 행위, 은혜)을 다루는 데는 아무런 어려움이 없다. 문제는 바로 이러한 신학적 언약들—이것들은 본질적으로 시간을 초월하지만 이것들은 또한 인간 역사에 적용된다—이 구속사의 다양한 차원들을 평평하게 만들어버려서, 결과적으로 구원에 대한 성경의 이야기 안에 담겨 있는 일련의 역사적인 언약들—아브라함 언약, 모세 언약, 다윗 언약 그리고 새 언약—이 역사에 나타나는 전개를 올바로 이해하지 못한다는 데 있다. 필자는 은혜의 언약이 아담 안에서 인류가 타락한 이래로 역사 전체에 걸쳐 흘러 왔다는 사실을, 그리고 이것이 그리스도 안에서 모든 믿는 자를 하나로 만든다는 사실을 인정하는 것에 있어서 조금도 어려움을 느끼지 않는다. 그러나 필자는 이 단일성이 모든 시대의 믿는 자들이 하나님의 구속의 은혜에 대하여 동일한 의식적 믿음의 내용을 가지고 있었다고, 혹은 이스라엘과 교회 사이에 어떤 구별도 존재하지 않음을 가르치고 있다고 주장하는 것에 대한 성경적인 근거가 된다고 생각하지는 않는다.

지면의 제약으로 인하여, 이스라엘과 교회에 관한 전통적 언약신학 이해와 연관하여, 필자는 동의하지 않는 두 가지 근본적인 주제들—이스라엘의 의미와 목적, 그리고 이와 연관된 그리스도의 천년왕국적 다스림의 필요성—에 집중해 제시된 여러 다양한 본문들과 사상들에 대하여 이제 대답해 보겠다.

레이몬드는 모든 사람에게 궁극적으로 예정된 축복의 수혜 대상을 국가적으로 표현한 것이 이스라엘이라고 주장한다(창 12:3). 이 말은, 국가적 이스라엘은 은혜의 언약을 통한 구원의 특별한 수혜

자로서 창조되었으며 다른 국가들에서 따로 분리되었음을 의미하는 것으로 보인다.82 하나님께서 이스라엘과 맺은 언약에 있어서 이러한 구원의 관계에 대한 요소는 사실인 반면, 언약신학은 이러한 독특한 방식으로 이스라엘을 만드시고 관계를 맺으신 하나님의 원리의 또 다른 측면에 주목하는 것에는 실패하고 말았다. 필자가 3장(점진적 세대주의 관점)에서 주장했던 것처럼, 이스라엘을 향한 하나님의 부르심은 구원을 위한 것뿐 아니라 사역—하나님께서 모든 나라에게 자신의 구원의 계시의 빛을 비춰주시기 위한 통로로서의 나라가 되도록—을 위한 것이기도 했다.

"큰 민족"이 되게 하신 것이 본질적으로 땅에 있는 모든 족속을 위한 복이라는 궁극적인 목적(창 12:2~3)과 연관된 아브라함 언약에서 이미 발견될 뿐 아니라, 시내산 언약(출 19:6)에, 그리고 메시아적 시대에 대한 예언들("이스라엘로 자기를 영화롭게 하실 것이로다", 사 44:23을 보라; 또한 43:7; 60:7, 13, 21; 겔 39:13; 슥 2:5를 보라)을 통해 명시적으로 나타났던 그 중요한 개념에 대해 레이몬드는 거의 말하지 않는다.83

세대주의자들이 이스라엘을 향한 하나님의 부르심을 하나님과 구원의 관계를 (우리와는) 다르게 맺고 있다고 본 것이 아니라, 특별한 기능과 연관시켜서 보았다는 사실을 이해하는 것은 절대적으로 중요하다. 교회의 장로들이 교회에서 특별한 기능을 감당하고 있지만 하나님과의 구원의 관계에 있어서는 다른 성도들과 아무런

---

82 이것은 모든 이스라엘 민족이 구원을 누릴 것이라고 제시하지 않는다. 하나님과 구원의 관계를 맺는 것에 대한 실제적인 경험은 믿음의 응답을 수반하는데, 이는 모든 이스라엘 민족이 가졌던 것은 아니다.

83 창세기 12:1~3의 히브리어 구문이 최종적인 진술인 "땅의 모든 족속이 복을 얻을 것이다"에 선행하여 말해지는 모든 것이 이 최종적인 목적을 향해 있음을 가리키고 있음에 대한 문법적인 증거를 위해서는, William J. Dumbrell, *Covenant and Creation* (Nashville: Thomas Nelson, 1984), 65를 보라.

차이가 없는 것과 마찬가지로, 이스라엘 또한 구속사에서 다른 기능을 가지고 있는 것이다. 그들이 어떤 민족 출신이든지 상관없이, 유대인 성도들과 이방인 성도들 양자 모두 동등하게 하나님의 백성이며, 그러므로 하나이다.

교회가 증거라는 유사한 사명을 가지고 있는 반면에, 이 증거가 이스라엘의 증거와 같은 것일 수는 없다. 왜냐하면 하나님께서는 이스라엘을 통하여 출애굽에서처럼 자신의 영광을 역사적인 행위를 통하여 온 세상 앞에서 공개적으로 드러내셨고, 그리스도의 재림 때 이스라엘을 대적하는 연합한 국가들을 패배시키시고 이 나라를 다시 한 번 영적으로 그리고 국가적으로 회복시키셔서 자신의 영광을 드러내실 것을 약속하셨기 때문이다. 이 현재 시대의 흐름에 대한 신약 성경의 가르침에 따르면, 시온으로 가는 국가들의 예언된 순례가 성취되는 데 있어서도 교회는 성공하지 못할 것이다(사 2:1~4을 보라).

필자는 구약의 역사와 예언에 나타나는 국가로서 이스라엘에 대한 최종적 거절과 그것이 교회에 의해 대체되었다는 근거로서 레이몬드가 예수님과 바울 그리고 베드로로부터 구절들을 인용하면서 주장했던 요점들을 이해할 수 없다. 필자의 글(3장 점진적 세대주의 견해)에서 보여주려고 했던 것처럼, 예수님의 강한 비난은 전체로서 이스라엘 국가가 아닌, 영적이고 정치적인 지도자들을 향한 것이었다. 게다가, 예수님께서는 이스라엘 민족의 운명이 반전될 것에 대한 암시도 주셨다(마 23:39를 보라).

이와 마찬가지로 로마서 9~11장에 있는 바울의 가르침도, 전반적인 이스라엘에 대한 완고해짐에 대한 현재적 심판은 인식하고 있었지만, 동시에 "하나님이 그 미리 아신 자기 백성을 버리지 아니하셨나니"(롬 11:2; 1~6절을 보라)라는 구절에서 명시된 신실한 남은 자들의 존재 또한 인식하고 있었다. 현대 주석가 대부분이 동의하듯이, 이 언급에서 바울은 구약의 민족적 이스라엘을 언급하는

데, 이는 로마서 9~11장에 사용된 열한 번의 용례에서 또한 모두 동일한 의미이다.[84] 게다가, 분명 바울은 부분적으로 완고해져서 심판을 받았던 것과 동일한 그 이스라엘이 또한 나중에 회복될 것이라고 보았다(물론, 동일한 개인들이라는 의미가 아니라, 동일한 이스라엘 전체라는 뜻으로, 로마서 11:11~12, 15, 24~31을 보라). 게다가 필자의 글에서도 설명했듯이, 필자는 레이몬드가 주장하는 것처럼 에베소서 2:11~13이 이방인들이 하나님의 백성 안으로 들어와서 "그들이 이스라엘의 시민이 되는 것"을 가르친다고 생각하지 않으며, 또한 갈라디아서 6:16이나 바울의 다른 서신 말씀들이 새로운 이스라엘로서 교회를 가르치는 것으로 보는 것이 최선이라고 생각하지도 않는다. 마찬가지로, 베드로가 교회 안에 있는 성도들에게 이스라엘과 연관하여 사용되는 유사한 언어를 사용하는 것도 단지 교회와 이스라엘이 이러한 유사한 성질들을 가지고 있음을 지적해 줄 뿐이다(벧전 2:9). 그러므로 교회가 이스라엘을 대체했다고 결론 내리는 것은 불필요한 것이다. 만약 대체 신학이 진정으로 사도적 가르침이었다면, 그것이 훨씬 더 분명하게 설명되었을 것이라고 기대하는 것이 마땅하다.

중요함에도 언약신학이 고려하지도 않은 점은 바로 이스라엘의 역사가 구약 예언서들에 예언됐다는 것이다. 메시아의 십자가 처형은 구약에 분명하게 예언되었고, 이스라엘의 불신앙이 십자가 처형에 연루된 것도 분명하게 예언되어 있다. 그러나 구약은 이스라엘의 불신앙 때문에 하나님께서 이 나라와 맺으신 관계를 끊으실 것이라고 예언하기보다는, 오히려 국가적 땅의 소유를 포함하는 이 나라의 영적이며 물질적인 회복을 가져다주는 새 언약을 계속 말한다. 그리고 하나님께서는 이 나라를 사용하셔서 자신의 영광을

---

[84] 로마서 9:6 (2x), 27 (2x), 31; 10:19, 21; 11:2, 7, 25~26을 보라. 또한 Douglas Moo, *The Epistle to the Romans*, The New International Commentary on the New Testament (Grand Rapids: Eerdmans, 1996), 720~21을 보라.

열방에서 전례 없는 구원을 통하여 드러내시려고 하셨다.[85] 그러므로 이스라엘의 미래 회복은 "본질보다 그림자를 더 우위에 두는 퇴행"이거나 "옛 언약의 제한된 형태"로 되돌아가려는 것이 아니다(94쪽). 이것은 **새 언약** 아래에서 이루어질 메시아의 날에 대해 약속된 모든 것이다.

또한 이스라엘이 문자적 의미로 땅을 회복할 것이라는 이러한 예언들은, 레이몬드가 이해하는 것처럼, 영원한 낙원적 실재에 대한 그저 하나의 모형(a type)에 불과한 것이 아니라 그 이상을 가리키고 있음을 주목해야 한다. 그것들은 (필자가 레이몬드에게 동의하는 바) "더 영광스러운 어떤 것"인 영원한 상태 이전에, 구원 사안으로 오게 될 역사적 실재이다. 그러나 우리의 몸과 현재적 세상이 새로운 몸과 새로운 세계의 모형이 아닌 것처럼, 회복된 이스라엘에게 약속된 땅 또한 모형이 아니라는 점을 제안하고 싶다. 물론, 아브라함과 이스라엘의 구약의 성도들을 포함한 모든 믿는 자는 이러한 역사적 실재 그 이상을 바라보았는데, 역사적 실재는 전적으로 새로운 창조 세계에 있을 천상적인 것들의 영원성보다 열등한 것들이기 때문이다. 또한 성경적 예언은 오직 목표에만 집중하면서 그것에 이르는 사건들의 순서에 대해서는 분명히 말하지 않곤 한다. 당연하겠지만, 영원한 곳에 거주하게 될 사람들에게는 오직 궁극적이며 완벽한 최종 목표만이 기준이 될 수 있는 것이다(벧후 3:13~14을 보라).

이 마지막 논점은, 필자가 이스라엘과 교회에 대한 전통적 언약 신학의 관점에 동의하지 않는 것의 기초가 되는 두 번째 주요 쟁점으로 이끈다. 여기서는 간략하게 다룰 수밖에 없는데, 그것은 바로 영원한 상태에 앞서 구원사의 일부분으로서 이 지상에서 그리스도께서 영광 가운데서 통치하실 일시적인 천년왕국에 대한 광범

---

85 이 예언들의 성경 증거는, 필자의 *The Case for Progressive Dispensationalism* (Grand Rapids: Zondervan, 1993), 9장과 12장을 보라.

위한 질문이다. 명백하게, 이스라엘과 교회에 관한 필자의 세대주의적인 관점은 구원사의 미래시기를 포함하는데, 이 시기에는 여전히 죄가 존재하는 동시에 이 지상에서 그리스도의 통치에 대한 구약의 예언들이 이루어지고(사 2:2~4; 슥 14:9~19를 보라), 구원의 놀라운 마지막 시대에 이스라엘을 통하여 열방에 하나님의 영광이 드러날 것이다.

신약 성경의 어느 구절도 이 미래 왕국을 부정하지 않으며, 진실로 신약 성경은 구약 언약의 약속들 성취를 확증해줄 뿐 아니라(롬 9:3~5; 11:28~29), 영원한 상태 이전에 있을 그리스도의 재림과 그 뒤를 따를 천년왕국 통치를 명백하게 가르치고 있다(계 20:4~21:1을 보라). 그리스도께서 메시아적 나라를 아버지께 드리기 전에(고전 15:24) 지상에서 영광 중에 하실 이러한 통치는 메시아적 사역에서 '고난에서 영광으로(the suffering-to-glory picture)'라는 성경적인 그림을 완성한다. 게다가, 이것은 현재 구원뿐 아니라 메시아적 구원의 성취를 온전히 완성하는데(이것은 그 나라를 아버지께 돌려드리기 전에 성취되어야만 한다), 즉 인간 삶의 모든 구조, 다시 말해 사회적-경제적-정치적-문화적 영역의 구원이다. 새로운 이스라엘로서 교회의 현시대를 이 그림의 성취로 보기란 필자에게는 어려운 일이다.

요약하면, 언약신학에서 이스라엘과 교회의 관계에 대하여, 필자는 신학적 언약들(언약신학의 이름은 여기서 유래했음)에 동의하지 않는 것이 아니라, 오히려 구원의 원칙들을 구원사에 적용하는 방식, 즉 역사적이고 성경적인 언약들에서 시작된 역사적 발전들을 최소화하는 것에 동의할 수 없다.

논평 /3/

채드 O. 브랜드와 톰 프랫 2세

레이몬드 박사는 이 장을 그가 평상시 보인 열정적이고 대담한 방식으로 썼다. 그는 신학에 대한 언약주의적 접근 방식과 세대주의적인 방식(전통적인 형태와 그가 "달라스" 세대주의라고 부르는 두 가지 모두)을 대조했다. 언약신학은 츠빙글리(Zwingli)에게서 시작하여, 그의 후계자 불링거(Bullinger)에 의하여 명문화되었고, 코세이우스(Cocceius)의 저작들과 웨스트민스터 회의 참석자들(Westminster Divines)에서 꽃을 피웠다. 레이몬드는 이스라엘과 교회의 관계라는 주제의 함의를 다루기에 앞서, 웨스트민스터 신앙고백에서 정의되어 있는 것을 따라 언약신학의 주요 요소들을 설명했다.

그가 "역사적 언약신학의 주장은 이것이다. 모든 시대에 오직 하나뿐인 존재로서 은혜 언약의 성취를 통해서 모든 시대의 선택 받은 자들로 구성된, 하나님의 유일한 백성인 교회가 창조되었다는 것이다. 이 주장에 대항하여 세대주의적 학파의 구속사 해석이 나타났다."(46쪽)고 말했을 때, 그는 언약신학과 세대주의 신학의 차이점을 관찰했다. 레이몬드에게 있어서, 구약과 신약 사이에는 본질적인 연속성이 있는데, 이 연속성은 옛 언약에서 어린 남자아이에게 행했던 할례가 새 언약에서 유아 세례로 변화하면서 "계보적 원칙"을 유지할 것을 요구했다.[86] 우리는 이러한 입장의 근거가 희

---

86 Peter J. Gentry and Stephen J. Wellum, *Kingdom through*

박하다고 느낀다. 신약성경은 결코 어린아이들이 세례를 받는 것으로 묘사하지 않으며, 초대 교회는 유아 세례를 행하지 않았었다. 알란드(Kurt Aland)는 그 자신이 유아세례주의자(paedobaptist)였지만, AD200년 이후가 되기 전까지 초대 교회에서 유아 세례에 대한 근거를 찾아볼 수 없다는 역사적 근거를 제시했다.[87]

개릿(James Leo Garrett Jr.)은 유아 세례에 반대하여 믿는 자들의 침례를 옹호하는 여섯 가지 이유를 제시했다. 첫째로, 신약성경은 유아 세례 문제에 대하여 침묵하고 있다.[88] 심지어, 슐라이어마허(Schleiermacher)도 이것을 인정했다.[89] 복음 전도 과정에 대해 신약성경이 압도적으로 제시하는 바는, "복음을 전하고, 듣고, 믿음을 고백한 후, 침례를 받았다"이며, 그러므로 유아 세례는 처음부터 부정되었다고 개릿은 또한 지적했다.[90] 그 다음으로, 그는 유아세례주의자들에 의하여 제시되곤 하는 어떤 구절들(고전 7:14과 같은)은 "유아 세례에 대하여 그 어떤 언급도 하지 않는다"고 지적했다.[91] 네 번째로, "유아 세례가 '**원죄**' 교리와 반드시 함께 가는 것은 아니다."[92] 그 다음으로, 많은 사람들이 유아세례는 "국가교회(state church, Volkskirche or Staatskirche)라는 유럽적인 부분과 연관되어

Covenant: A Biblical-Theological Understanding of the Covenants (Wheaton: Crossway, 2012), 56~80.

[87] Kurt Aland, *Did the Early Church Baptize Infants?*, trans. G. R. Beasley-Murray (London: SCM, 1963), 102.

[88] James Leo Garrett Jr., *Systematic Theology: Biblical, Historical, and Evangelical*, vol. 2 (Grand Rapids: Eerdmans, 1995), 526.

[89] Friedrich Schleiermacher, *The Christian Faith*, English trans. of 2nd German ed., ed. H. R. Mackintosh and J. S. Stewart (Philadelphia: Fortress, 1976), 634~38.

[90] Garrett, *Systematic Theology*, 2:526.

[91] Garrett, *Systematic Theology*, 2:527.

[92] Garrett, *Systematic Theology*, 2:527. 강조는 원본에.

왔다고 주장하고 있으며, 이것은 예배를 전혀 드리지 않는 대다수의 사람들로 구성되어 있기 때문에 예배를 드리지 않는 교회 회원들은 실제적으로 그들의 세례를 부정하는 것"이라고 개릿은 지적했다.[93] 마지막으로, 신자의 침례를 지지하는 것은 "신약 성경 신학"에 근거하고 있으며, 신약 신학의 포괄적인 관점이다. 이것은 "그리스도의 인격과 사역, 교회의 본질과 기능을 강조하며, 그리고 마지막 것들은 신자들의 침례라는 이 포괄적인 원리를 위해 사용되어야 한다."[94] 우리는 이 모든 것에 확실하게 동의하는 바이다.

그것은 레이몬드가 다음과 같이 쓴 것에 동의할 수 없다는 뜻이다.

1. 남자 유아들은 구약적 원칙의 아래에 있었을 때 은혜의 언약의 표와 인(sign and seal)을 받았다.

2. 우리가 방금 논증했던 것처럼, 은혜의 언약은 성경 전반에 걸쳐 연속성과 유기적 통일성을 가진다. 하나님의 백성은 모든 시대에 있어서 본질적으로 하나이다.

3. 언약 안에 있는 자녀들에게 은혜의 언약의 표시를 해주는 거의 **2,000년 동안** 이어져 오던 구약의 시행을 신약에서 철회했음을 찾을 수 없다(52쪽).

우리는 신자들 (혹은 제자들)의 침례가 신약의 올바른 이해라고 확신한다. 그리고 이것은 옛 언약과 새 언약 사이에 존재하는 불연속적인 것들 중 하나이다. 다른 식으로 표현하자면, 유아들 (혹은 최소한 그들의 부분집합인 남자 아기들)을 언약 공동체 안으로 들어오게 한다는 개념은 구약과 신약 사이에 존재하는 연속적인 것들 중 하나가 아니라, 불연속적인 것들 중 하나인 것이다. 젠트리와 벨럼이 주장한 것처럼, "의심할 여지 없이, 하나님의 단일한 백성 안에는 상당한 양의 연속성이 존재한다. 그러나 완전히 새로운

---

[93] Garrett, *Systematic Theology*, 2:527.

[94] Garrett, *Systematic Theology*, 2:528.

언약의 시대를 시작하셔서 구약의 모든 약속과 유형과 언약을 성취하신 구속자의 사역으로 인해 또한 엄청난 양의 불연속성 또한 존재한다."95 우리는 불연속성을 너무나 확대한 세대주의 신학에도 문제가 존재하며, 언약신학에도 연속성을 지나치게 고착화시키는 또 다른 문제가 세력을 떨치고 있다고 믿는다.

성경의 언약들이 시간이 흐르면서 단순히 동일시되거나 그대로 남아있지 않다는 것을 인식하는 것이 중요하다. 다양한 성경적 언약들을 통시적으로 살펴보면, 후속의 언약들이 이전에 있던 언약들의 일정 부분을 흡수하는 동시에 또한 일부는 버린다는 것이 명확해진다. 그래서 새 언약은 남자 아이들에게 할례를 하라고 아브라함에게 한 명령을 폐기했다(롬 2:25~29; 갈 5:6). 새 언약은 또한 율법의 멍에를 우리에게서 제거했다(롬 3:21~26). 이 두 가지 모두 그들 자체 안에서는 좋은 것이었지만, 보다 더 새로운 언약은 그것들을 대신했으며, 하나님과 관계를 맺는 방법을 변화시켰다. 이것이 시간에 대한 불연속성이며, 성경을 해석할 때 중요한 측면이다.

레이몬드가 제기한 또 다른 사안은 우리의 관점에서도 중요하다. 그는 "대체 신학"이라는 이슈를 제시했으며, 교회가 하나님의 백성으로서 이스라엘을 대체했음을 자신이 믿는다고 분명하게 말했다. 대체 신학은 오랜 시간 동안 이러한 주제들을 다루어 온 많은 사람들에게 관심거리였다. 한 예로, 순교자 유스티누스는 "그리스도는 이스라엘이며 야곱이다. 심지어 그리스도의 중심(bowels)에서 나온 우리도 진정한 이스라엘 민족이다."라고 썼다.96 우리는 유스티누스 말하고자 했던 핵심에는 동감하지만, 전적인 대체신학 혹은 레이몬드가 이 용어를 사용한 방식으로는 동의하지 않는다. 우리가

---

95 Gentry and Wellum, *Kingdom through Covenant*, 73.

96 Justin Martyr, *Dialogue with Trypho*, Ante-Nicene Fathers, ed. A. Cleveland Coxe, Alexander Roberts, James Donaldson, and Philip Schaaf (Grand Rapids: Eerdmans, n.d.), 1:204.

소시 교수의 글에 대한 응답에서 썼던 것처럼, 교회는 이스라엘을 대체하지 않았으며, 오히려 이스라엘의 범위가 확장되어 원 감람나무에 접붙임을 받은 모든 사람을 포함했다. 이것을 다른 식으로 표현하자면, "교회는 이스라엘에 대한 대체 혹은 연속성의 차원에서 이해되어서는 안 되며, 오히려 교회는 독특한 어떤 것으로서 민족적 이스라엘과 교회는 별개의 것으로 생각해야만 한다…"[97] 구약의 모든 기대에 대한 성취는 바로 그리스도이시다. "이것이 바로 신약성경이 그 관점에 있어서 전적으로 기독론적인 이유이다. 왜냐하면 예수님께서 언약과 선지자들이 예언했던 바로 그 분이시기 때문이다(예. 마 5:17~18; 11:11~15; 롬 3:21, 31)."[98]

우리의 관점에서 보면, 전통적 언약신학은 신약에서 유아세례에 대한 어떠한 묘사나 지침이 없음에도 불구하고 계보적 원칙을 교회에 적용하려고 한데서 잘못을 범했다. 또한 교회가 이제 하나님의 언약적 백성으로서 이스라엘을 대체했다고 주장하는 것도 잘못이다. 오히려, 이전에 있던 계시의 모든 기대를 성취하신 분은 바로 "모든 세대의 소망과 두려움이 되신" 그리스도이시다.

---

[97] Gentry and Wellum, *Kingdom through Covenant*, 119.

[98] Gentry and Wellum, *Kingdom through Covenant*, 108.

2장

전통적 세대주의 견해

The Traditional Dispensational View

로버트 L. 토머스

이스라엘과 교회에 관해 이제 소개할 관점은 본질적으로 신학적이라기보다는 석의적이다. 목표는 논의 주제를 전통적인 문법적-역사적 해석이라는 해석학 원칙들에 따라 연구하는 것이다. 이 원칙들이 최근에 변화와 불확실성이라는 구름 아래를 지나고 있기 때문에,[1] 가끔 논의는 독자들이 종교개혁 이래 대부분 시대에 정통 기독교가 이해한 원칙들을 기억나게 할 것이다.

이 책은 여러 저자가 함께 저술하는 한계가 있어, 설명에 적절하다고 판단되는 특정 부분만 선택해 논의할 것이다. 제기될 모든 신학적 주제를 자세하게 설명할 정도로 지면이 넉넉하지 않지만, 석의적 접근이 건전하면 신학적 설명도 할 것이다.

---

[1] Robert Thomas, *Evangelical Hermeneutics: The New Versus the Old* (Grand Rapids: Kregel, 2002), 13~62를 보라.

구약에서 이스라엘

 이스라엘과 교회의 문제를 다룰 때는 하나님께서 아브라함과 맺으신 언약에서 시작해야 하는 것이 마땅하다. 하나님께서는 아브라함이 큰 민족이 될 것이라고 약속하셨고(창 12:2; 13:16; 15:5; 17:1~2, 7; 22:17을 보라), 그의 후손들이 특정 지역의 땅을 소유할 것이며(창 12:1, 7; 13:14~15, 17; 15:17~21; 17:8을 보라), 아브라함의 후손들이 전 세계적인 축복의 근원이 된다고 하셨다(창 12:3; 창 22:18을 보라).2 하나님께서는 이 약속들을 아브라함의 아들과 손자인 이삭(창 26:3~5, 24)과 야곱(창 28:3~4, 13~15; 36:10~12; 48:3~4)에게 반복하셨다. 이 언약을 주신 유일한 이유는 하나님께서 주권적으로 아브라함과 그의 후손들을 선택하셔서 이러한 역할을 하도록 하신 것이다. 언약의 일반적인 성격은 시간이 흐르면서 더욱 분명해지는 것인데, 하나님께서 땅 약속(Land or Palestinian covenant)을 주셨을 때(신 29:1~30:20)와,3 다윗 언약(삼하 7:12~16; 삼하 23:5; 시 89:3~4, 28, 34, 39을 보라)4이나 새 언약(렘 31:31~34; 겔 11:17~21; 16:60~63; 36:26~38을 보라)5의 경우에도 그러했다. 이것들은 모두 하나님께서 아브라함의 육체적인 후손들에게 주신 언약들인데, 이 후손들은 나중에 야곱의 새로운 이름인 "이스라엘"을

---

2 Ron J. Bigalke Jr., "The Abrahamic Covenant," in *Progressive Dispensationalism: An Analysis of the Movement and Defense of Traditional Dispensationalism*, ed. Ron Bigalke (Lanham, MD: University Press of America, 2005), 43.

3 Arnold G. Fruchtenbaum, "The Land Covenant," in Bigalke, *Progressive Dispensationalism*, 89.

4 Thomas H. Cragoe, "The Davidic Covenant," in Bigalke, *Progressive Dispensationalism*, 99.

5 Stephen R. Lewis, "The New Covenant: Enacted or Ratified?" in Bigalke, *Progressive Dispensationalism*, 136, 142 n7.

따라 하나의 민족으로서 알려진다(창 32:28; 35:10). 각 언약은 아브라함과 맺으신 원래의 언약의 좀 더 구체적이고 특정한 부분을 강조한다. 앞으로 이어질 성경적 설명에서, 이스라엘에 대한 하나님의 계획에서 드러나는, 결코 흔들리지 않는 그분의 신실하심이 아브라함을 부르실 때부터 세상 끝 날까지 계속되는 것을 볼 때 매우 놀랄 것이다.

모세오경에서 땅 약속

아브라함에게 주신 약속들 중에서, 땅 약속은 가장 분명하므로 다양한 해석의 여지를 주지 않는다. 그것은 구체적인 지정학적 경계를 고정해 주었으며, 큰 민족이 될 것이라는 것과 전 세계적인 축복이 될 것이라는 약속이 그러한 것처럼 일반화될 수 없는 것이다. 이러한 땅 약속의 구체성을 생각해 보면, 이 약속에 더욱 집중해야 함을 알 수 있다. 아브라함에게 해주신 땅 약속은 다음과 같이 요약될 수 있다.

> 아브라함 언약과, 땅과 자손 그리고 축복에 대한 하위 언약들은, 천년왕국 기간에 성취된다. 유대인들은 약속의 성취로서 그 땅에 거주할 것이다. 약속된 대로 다윗의 자손이 예루살렘에서 문자적으로 다윗의 보좌에서 통치하며 다스린다는 것이 분명한 성경적 가르침이다.[6]

하나님께서 아브라함에게 그의 자손이 그 땅을 물려받을 것이라고 약속하셨을 때, 아브라함은 아담이 창세기 2:16~17에서 "여호와 하나님이 그 사람에게 명하여 이르시되 동산 각종 나무의 열매는

---

[6] Ron J. Bigalke Jr. and Mal Couch, "The Relationship Between Covenants and Dispensations," in Bigalke, *Progressive Dispensationalism*, 36.

네가 임의로 먹되 선악을 알게 하는 나무의 열매는 먹지 말라 네가 먹는 날에는 반드시 죽으리라 하시니라"라는 하나님의 말씀을 이해했던 것과 같은 방식으로 하나님의 말씀을 이해했다.7 죄가 전혀 없는 환경에서, 아담은 하나님께서 자신에게 하신 말씀을 정확하게 하와에게 전했는데, 왜냐하면 뱀에 대한 하와의 대답이 정확한 지식을 보여주고 있기 때문이다. "동산 중앙에 있는 나무의 열매는 하나님의 말씀에 너희는 먹지도 말고 만지지도 말라 너희가 죽을까 하노라 하셨느니라"(창 3:3). 죄가 전혀 없는 환경에서, 하와가 뱀에게 하나님의 명령을 반복해서 말하는 것이 의도적인 왜곡 혹은 과장이 될 수 없었을 것이다. 그녀는 모세가 창세기 2:16~17을 기록했던 것을 축자적으로(verbatim) 보고하지 않았지만, 아마도 성경이 기록하고 있지 않은, 하나님과 아담 사이에 있었던 더욱 더 긴 대화에서 단어들을 선택했을 것이다. 그녀는 이 지점에서 잘못 해석하는 죄는 범하지 않았다. 그녀의 죄는 잠시 후에 뱀이 그녀에게 금지된 열매를 따먹으라고 제안하는 것에 따라 행동을 할 때 나타났다. 이러한 제안이 있기 전에는 왜곡된 해석은 일어나지 않았다. 하나님께서 말씀하신 것에 대한 첫 번째 해석학적 오류는 뱀의 제안에 있었다. "뱀이 여자에게 이르되 너희가 결코 죽지 아니하리라 너희가 그것을 먹는 날에는 너희 눈이 밝아져 하나님과 같이 되어 선악을 알 줄 하나님이 아심이니라"(창 3:4~5). 뱀은 하와에게 하나님의 말씀에 대한 어떤 선이해(preunderstanding)를 제공했는데, 아마도 이와 같은 것이었을지 모른다. "하나님께서 지금 막 너를 만드셔서 생명을 주셨잖아. 단언하건대, 하나님께서 그 생명을 빼앗아가지는 않으실 거야." 불행하게도, 아담과 하와는 미끼를 물었으며, 그 슬픈 결과가 바로 역사이다.

역사의 그 시점에, 국가적 이스라엘은 존재하지 않았다. 국가적

---

7 다른 표시가 없다면, 원서에 인용되는 성경 구절은 New American Standard Bible이다. 그렇지만 여기서는 한국의 독자들을 위하여 『개역개정』을 인용한다.

이스라엘은 하나님께서 아브람에게 "여호와께서 아브람에게 이르시되 너는 너의 고향과 친척과 아버지의 집을 떠나 내가 네게 보여줄 땅으로 가라 내가 너로 큰 민족을 이루고 네게 복을 주어 네 이름을 창대하게 하리니 너는 복이 될지라 너를 축복하는 자에게는 내가 복을 내리고 너를 저주하는 자에게는 내가 저주하리니 땅의 모든 족속이 너로 말미암아 복을 얻을 것이라 하신지라"(창 12:1~3)라고 말씀하시는 순간에 존재하게 되었다. 아브람이 순종하자, 하나님께서는 땅에 대하여 좀 더 분명하게 말씀하셨다. "내가 이 땅을 네 자손에게 주리라 하신지라"(창 12:7상).

어떻게 아브람은 하나님의 말씀을 이해할 수 있었을까? 그것들이 충분히 명쾌하고 평이했기 때문이었다. 역사적으로, 이것과 나중의 땅 약속에 대한 표현에서 지정학적 위치가 매우 구체적이었다.8 문자적 접근은, 하나님께서 의도하셨고 아브람이 이해했던 것처럼 말씀을 해석하는 것이다. 어떠한 모형론도, 영해도, 상징주의도 없다. 어떤 표현이 기존의 신학 체계에 들어맞아야 한다는 식의 선이해도 존재하지 않는다. 이후에 있을 특별 계시의 말씀들을 읽어볼 필요도 없다. 하나님께서 의도하셨고 아브라함이 이해했던 것과 다른 방식으로 이 말씀을 받아들이는 것은 왜곡이다. 비록 아브람이 살았던 환경이 원래의 에덴동산처럼 죄가 없는 곳이 아니었을지라도, 하나님께서는 변하지 않으셨으며 여전히 분명한 의사소통을 완벽하게 하실 수 있는 분이셨다. 그는 거짓말을 하시거나 자신의 말을 철회할 수 없는 분이시다. 아브람은 하나님을 올바로 이해했으며, 그리고 이스라엘은 하나님에 의하여 선택 받은 나라가 되었고, 현재 지구상에서 특정 구역의 땅을 소유하기로 정해진 것이다.

---

8 창세기 15:18b~21은 매우 분명하다. "내가 이 땅을 애굽 강에서부터 그 큰 강 유브라데까지 네 자손에게 주노니 곧 겐 족속과 그니스 족속과 갓몬 족속과 헷 족속과 브리스 족속과 르바 족속과 아모리 족속과 가나안 족속과 기르가스 족속과 여부스 족속의 땅이니라 하셨더라."

구약을 모형론이 많이 사용된다고 주장하는 포이쓰레스(Vern Poythress)는, 성경이 그렇게 정밀하게 표현되지 않았고 나중에 성취될 때 비로소 명료해질 모호한 것들이 종종 거기에 포함되어 있기 때문에 하나님께서 아브라함에 주신 약속을 통해 의도하신 것들에 관해서는 결정을 보류해야만 한다고 결론 내릴 것이다. 그는 설명한다.

> 하나님께서는 태초부터 그 마지막을 알고 계신다. 그러므로 하나님께서는 성경의 신적 저자로서 모형과 그 대형적인 성취 관계를 설정하실 수 있다. 이 성취는 나중에야 이루어질 것이기 때문에, 모형은 구약 시대에 일상적인 방법으로 접근 가능했던 것보다 더욱 풍성해진다. 다시 말해서, 어떤 모형에 대한 신적 의도는 어떤 경우에 있어서 문법적-역사적 해석을 통하여 얻을 수 있는 것보다 더 풍성해질지도 모른다. 이러한 풍성함은 올바르게 이해되기만 한다면 문법적-역사적 의미를 **훼손**하지 않으며 반대되지도 않을 것이다.9

포이쓰레스가 "모형이 구약 시대에 일상적 방법으로 접근 가능했던 것보다 더욱 풍성해진다면," 문법적-역사적 의미를 훼손하지 않는다고 말한 것은 틀렸다. 단일한 문법적-역사적 의미는 그것이 말해졌던 역사적 맥락으로 설정되고, 결코 바뀌거나 추가되지 않는다. 하나님께서 아브라함에게 하신 약속의 의미에 무언가를 추가하거나 그것을 바꾸는 것은, 마치 하나님께서 아담에게 하신 말씀에 뱀이 무언가를 추가하거나 바꾼 것처럼, 문법적-역사적 의미를 **훼손한다**. 포이쓰레스의 설명은 아브라함에게 하신 약속들이 모호해서 나중에 분명한 의미가 드러날 필요가 있다고 가정하는데, 그것들은 전혀 그렇지 않으며 그럴 필요도 없다.

---

9 Vern S. Poythress, *Understanding Dispensationalists*, 2nd ed. (Phillipsburg, NJ: P&R, 1994), 90~91, 강조는 원본에.

신명기 29:1~30:20에서 하나님께서 이스라엘과 맺으신 땅 언약은 하나님께서 아브라함과 맺으셨던 땅 약속을 재확인하는 것이었다.10 땅 약속은 구약 전체에 걸쳐 계속해서 재확인 받았으며, 이것은 점진적 세대주의 옹호자 소시(Robert Saucy)도 동의하는 부분이다. 소시는 심지어 구약처럼 명백하진 않아도 신약 또한 계속해서 땅 약속의 효력을 함축적으로 암시하고 있다는 데에 동의한다.11 새로운 언약신학자 라이징거(John Reisinger)도 구약이 땅 약속에 집중하고 있다는 데는 동의하지만, 신약에 대해서는 동의하지 않는다.12 구약으로 거슬러 올라가 신약을 읽음으로써—특히 히브리서 4:11— 라이징어는 구약의 땅 약속을 성도에게 약속되어 있는 영적 안식처의 담보물로 이해한다.13 그와 또 다른 새로운 언약 신학자인 애덤스(Michael W. Adams)는 땅 약속이 이미 여호수아 시대(수 21:43~45)에 성취되었다고는 말할 수 없다는 데에 동의하는데,14 왜냐하면 한참 후인 다윗 시대에 땅 약속의 성취가 여전히 미래적이었기 때문이다(대상 16:13~18).15

---

10 Fruchtenbaum, "The Land Covenant," in Bigalke, *Progressive Dispensationalism*, 88.

11 Robert L. Saucy, *The Case for Progressive Dispensationalism: The Interface between Dispensation and Non-Dispensational Theology* (Grand Rapids: Zondervan, 1993), 50~57.

12 John G. Reisinger, *Abraham's Four Seeds* (Frederick, MD: New Covenant Media, 1998), 39~40; 89~91.

13 Reisinger, *Abraham's Four Seeds*, 87, 91~92; 또한 Michael W. Adams, "In Defense of the New Covenant: A Theological Response to Richard Barcellos's Book, *In Defense of the Decalogue: A Critique of New Covenant Theology*," accessed 7/12/06, http://www.ncbf.net/PDF/Defense.pdf 9를 보라

14 Adams, "In Defense of the New Covenant," 8~9.

15 Reisinger, *Abraham's Four Seeds*, 90~91.

시편에서 땅 약속

아래 말씀들에서 볼 수 있듯이, 시편은 아브라함에게 하신 땅 약속에 대하여 매우 많이 말하고 있다(성경 각 구절들에 대한 강조는 추가한 것임).

> 진실로 악을 행하는 자들은 끊어질 것이나 **여호와를 소망하는 자들은 땅을 차지하리로다** 잠시 후에는 악인이 없어지리니 네가 그 곳을 자세히 살필지라도 없으리로다 그러나 **온유한 자들은 땅을 차지하며** 풍성한 화평으로 즐거워하리로다… 주의 복을 받은 자들은 땅을 차지하고 주의 저주를 받은 자들은 끊어지리로다… 의인이 땅을 차지함이여 거기서 영원히 살리로다. (시 37:9~11, 22, 29)

> 진실로 그의 구원이 그를 경외하는 자에게 가까우니 영광이 우리 땅에 머무르리이다… 여호와께서 좋은 것을 주시리니 우리 땅이 그 산물을 내리로다. (시 85:9, 12)

> 내 눈이 이 땅의 충성된 자를 살펴 나와 함께 살게 하리니 완전한 길에 행하는 자가 나를 따르리로다 거짓을 행하는 자는 내 집 안에 거주하지 못하며 거짓말하는 자는 내 목전에 서지 못하리로다 아침마다 내가 이 땅의 모든 악인을 멸하리니 악을 행하는 자는 여호와의 성에서 다 끊어지리로다. (시 101:6~8)

> 그는 그의 언약 곧 천 대에 걸쳐 명령하신 말씀을 영원히 기억하셨으니 이것은 아브라함과 맺은 언약이고 이삭에게 하신 맹세이며 야곱에게 세우신 율례 곧 이스라엘에게 하신 영원한 언약이라 이르시기를 내가 가나안 땅을 네게 주어 너희에게 할당된 소유가 되게 하리라 하셨도다. (시 105:8~11)

선지서에서 땅 약속

아래 인용한 여덟 구절 말씀은 선지서에 이 약속이 얼마나 풍성한지에 대한 구체적인 예이다. 이 말씀은 하나님께서 아브라함에게 하신 약속들—특별히 땅 약속에 대하여—을 신실하게 성취하심을 계속해서 강조한다(성경 각 구절들에 대한 강조는 추가한 것임).

너희 이스라엘 자손들아 그 날에 여호와께서 창일하는 하수에서부터 애굽 시내에까지 과실을 떠는 것 같이 너희를 하나하나 모으시리라… 앗수르 땅에서 멸망하는 자들과 애굽 땅으로 쫓겨난 자들이 돌아와서 예루살렘 **성산에서** 여호와께 예배하리라. (사 27:12~13)

네가 다시 **사마리아** 산들에 포도나무들을 심되 심는 자가 그 열매를 따기 시작하리라… 그들이 와서 **시온의 높은 곳에서** 찬송하며 여호와의 복 곧 곡식과 새 포도주와 기름과 어린 양의 떼와 소의 떼를 얻고 크게 기뻐하리라 그 심령은 물 댄 동산 같겠고 다시는 근심이 없으리로다 할지어다. (렘 31:5, 12)

내가 내 손을 들어 너희 조상들에게 주기로 맹세한 땅 곧 **이스라엘 땅으로 너희를 인도하여 들일 때에** 너희는 내가 여호와인 줄 알고. (겔 20:42)

주 여호와께서 이같이 말씀하셨느니라 내가 여러 민족 가운데에 흩어져 있는 이스라엘 족속을 모으고 그들로 말미암아 여러 나라의 눈 앞에서 내 거룩함을 나타낼 때에 **그들이 고국 땅 곧 내 종 야곱에게 준 땅에 거주할지라.** (겔 28:25)

내가 그들에게 복을 내리고 내 산 사방에 복을 내리며 때를 따라 소낙비를 내리되 복된 소낙비를 내리리라 그리한즉 밭에 나무가 열매를 맺으며 땅이 그 소산을 내리니 **그들이 그 땅에서 평안할지라**. (겔 34:26~27)

내가 너희 조상들에게 준 땅에서 너희가 거주하면서 내 백성이 되고 나는 너희 하나님이 되리라. (겔 36:28)

그 날에 산들이 단 포도주를 떨어뜨릴 것이며 작은 산들이 젖을 흘릴 것이며 **유다 모든 시내가 물을 흘릴 것이며 여호와의 성전에서 샘이 흘러 나와서 싯딤 골짜기에 대리라** (욜 3:18)

내가 내 백성 이스라엘이 사로잡힌 것을 돌이키니 그들이 **황폐한 성읍을 건축하여 거주하며** 포도원들을 가꾸고 그 포도주를 마시며 과원들을 만들고 그 열매를 먹으리라 **내가 그들을 그들의 땅에 심으리니 그들이 내가 준 땅에서 다시 뽑히지 아니하리라 네 하나님 여호와의 말씀이니라**. (암 9:14~15)

하나님께서는 이스라엘에게 많은 약속들을 하시고, 스스로 "나 여호와는 변하지 아니하나니 그러므로 야곱의 자손들아 너희가 소멸되지 아니하느니라"(말 3:6)라고 말씀하시면서 이 민족에 대한 자신의 계획이 영구하며 불변하는 성격의 것임을 추가적으로 확증하셨다.

신약에서 이스라엘

이스라엘에 대한 약속

예수님의 공생애 사역이 구약에서 아브라함과 다른 사람들에게 약속하신 지역에서 일어났다는 사실은, 이 땅 약속이 신약 시대의 시작 때에도 계속해서 효력이 있었음을 암시한다. 그렇다면 신약성경이 이 약속을 뒤집거나 혹은 다른 어떤 것으로 영해했는지

(spiritualize)에 대한 문제를 살펴보자. 언약신학, 신(新) 언약신학, 왕국 신학(kingdom theology), 그리고 많은 부분에서 점진적 세대주의 신학16은 그렇다고 말한다. 세대주의는 그러한 종류의 일은 결코 일어나지 않았다는 견해를 고수한다. 마태복음부터 계시록에 이르기까지, 이스라엘에 대한 하나님의 약속은 계속해서 참되다. 유일한 질문은 현존하는 이스라엘 민족 중 어떤 그룹이 이 약속들을 받을 것인지 일 뿐이다. 아주 확실한 것은, 예수님께서 사람이 되셔서 자신의 창조 세계에 오셨을 때, 자신의 백성에게 오셨으나 오

16 분명히, 블래이징(Craig Blaising)과 박(Darrell Bock)은 이스라엘의 미래 유산에 있어서 이방인을 이스라엘과 합친다.

"우리는 유대계 그리스도인들의 예에서 교회에 대한 점진적인 세대주의 견해를 설명할 수 있다. 오늘날 그리스도인이 된 유대인은 이스라엘을 향한 미래의 약속들과 관계가 끊어지는 것이 아니다. 유대 그리스도인들은 이스라엘의 기업에서 구약의 믿음의 남은 자들과 함께 누릴 것이다. 이방인 그리스도인들은 이전 세대에 구원받은 이방인들과 함께 할 것이다. 현 세대의 교회에서 이방인과 유대인의 관계에 의해 증명된 것처럼, 유대인이나 이방인이나 모두 함께 똑같은 성령의 축복을 나누게 될 것이다. 결과는 인종이나 민족적인 차이로 인한 적대감 없이, 모든 사람이 평화 가운데 화해하게 될 것이라는 것이다. 세대주의 초기 형태에서는, 이스라엘 미래에 대한 그들의 모든 강조점에도 불구하고, 교회를 이스라엘과 이방인들과는 다른 사람들 그룹이라고 가정하면서, 유대인 그리스도인들을 미래의 그 약속에서 배제했다"(『점진적 세대주의: 하나님 나라와 언약』, 곽철호 역 [서울: CLC, 2005], 72).

하나님 백성의 단일성을 강조하면서, 점진적 세대주의는 모든 사람—교회 내의 이방인들과 다른 세대들에서 구원받은 이방인들을 포함하여—을 이스라엘의 약속에 대한 상속자들로 만들어야만 했다. 그러나 이것은 "이스라엘적인"(Israelitish) 천년왕국이라는 견해를 강화하는 것도 아니며, 아브라함에게 하신 땅 약속의 수령자들로서 이스라엘의 독특성을 유지하는 것도 아니다. 그것은 오히려 이스라엘에게 약속된 유산—약속된 특정한 땅을 포함하여—안에 모든 믿는 자를 포함하는 것이며, 그렇지 않으면 하나님께서 이스라엘에게 약속하신 땅을 부정하는 것이다.

히려 믿지 않았던(요 1:11) 그 당시의 사람들은 아닐 것이라는 사실이다. 예수님 그 자신께서는 이 그룹의 사람들에게 "그러므로 내가 너희에게 이르노니 하나님의 나라를 너희는 빼앗기고 그 나라의 열매 맺는 백성이 받으리라"(마 21:43)라고 말씀하셨다.17 그분은 회개하고 자신을 메시아로서 온전히 받아들일 미래의 이스라엘 무리들이 바로 하나님 나라의 수령자들임을 밝히셨다.

하나님께서 아브라함에게 하신 약속을 예수님께서 폐기하실 수도 있었으나 그렇게 하지 않은 경우

경우 1: 침례자 요한의 회개의 부르짖음에 대한 부정적인 반응. 신약성경은 계속해서 아브라함과 다윗에게 주신 약속들을 장려한다. 예를 들어, 천사가 마리아에게 다윗 언약을 인용한 것(눅 1:32~33)18이나, 스가랴가 아브라함, 다윗, 그리고 새 언약을 인용

---

17 이 본문과 병행 구절들(참고. 마 21:33~45 = 막 12:1~12 = 눅 20:9~19)은 레이몬드(Robert L. Reymond)가 민족적 이스라엘이 아브라함에게 하신 땅 약속에 아무런 권리도 없다고 주장하는 데 잘못 사용되었다 ("Who Really Owns the 'Holy Land'? Part 2," *The Trinity Review* 257 [July 2006]: 1~2). 레이몬드가 고려하지 못한 것은, 신약에서 단수 명사 *ethnos*는 "나라 대 나라"(마 24:7 = 막 13:8 = 눅 21:10)나 "인간의 모든 나라"(행 17:26)와 같이 다른 단어들로 조건이 붙지 않을 때는 일반적으로 이스라엘을 언급한다는 사실이다(BDAG, 276~77). 이 단수 명사는 빈번히 이스라엘을 가리킨다(예. 눅 7:5; 23:2; 요 11:48, 50~52; 행 24:2, 10). 그리고 복수는 보통 이스라엘 바깥에 있는 사람들도 포함한다. 이는 구약에서 발견되는 동일한 패턴을 따른다. BDAG는 "23절과 45절에서 묘사되는 지도자들과는 대조적으로 마태복음 21:43의 [*ethnei*](이방인들이 아니라)에 있어서," 설명이 "혈통과 문화 그리고 공통적인 전통들에 의하여 묶여진 사람들의 한 무리"라는 범주에 속한다는 점을 관찰했다. 아주 분명하게, 마태복음 21:43에 나타나는 관점에서 이스라엘은 국가이다.

18 박은 마리아의 노래를 이렇게 이해하는 것에 동의한다. "다윗의 보좌는 아들과 집 그리고 영원한 통치에 대한 다윗 언약의 약속(삼하 7:8~16, 특별히 13, 16...)에서 가져온 법적 이미지가 분명하다."(Darrell L.

하는 것(눅 1:69, 73, 77)이 이 사실을 확증해준다.19 구약의 언약들과 예언들은 유대적 메시아와 관련하여 두 갈래의 기대를 신약에 주었다. 하나는, 그가 예루살렘에서부터 전 세계적 왕국을 다스리면서 언젠가 다윗의 보좌에 앉음으로써 모든 세상에게 축복을 가져다주는 것이었다(삼하 7:8~16; 시 89:3~4를 보라). 그리고 다른 하나는, 그가 자신의 백성들에게 거절당하시고 마침내 그들의 죄를 대신해서 죽으신다는 사실이었다(사 52:13~53:12). 침례자 요한은 이중 기대를 특징으로 하는 두 가지 메시지를 전파했다. 다윗 언약을 확증하면서 "회개하라 천국이 가까웠느니라"(마 3:2)라고 했으며, 또한 이스라엘이 메시아를 거절할 것을 확증하면서 "보라 세상 죄를 지고 가는 하나님의 어린 양이로다"(요 1:29)20라고 전파했다. 메시아의 초림 때 살았던 이스라엘 사람들은 서로 거의 모순되어 보이는 이 두 가지 예언이 어떻게 성취될 수 있을지 이해하지 못했다. 침례자 요한이 예수님께 "오실 그이가 당신이오니이까 우리가 다른 이를 기다리오리이까"(마 11:3)라고 한 질문은 그 스스로 이스라엘 사람들이 가지고 있었던 혼란을 보여준 것이었다. 요한은 정복하시는 메시아를 기대하고 있었으나, 그는 그 순간 자신의 선포와 예수님과 관계 때문에 옥에서 쇠약해지고 있었다(마 11:2).

요한은 진정한 왕이 오실 길을 예비하면서 회개하라고 부르짖었으나 당시 유대 나라 지도자들의 저항에 부딪쳤다. 요한은 그들을

Bock, *Luke 1:1~:50*, Baker Exegetical Commentary on the New Testament [Grand Rapids: Baker, 1994], 114).

19 John Nolland, *Luke 1~9:20*, Word Biblical Commentary 35A (Dallas: Word, 1989), 86~87, 89.

20 브라운은 예수님에 대한 "하나님의 어린 양"이라는 명칭에서 이사야 53장의 고난받는 종과 유대인의 유월절 때의 유월절 어린양 둘 모두에 대한 언급을 발견한다(Raymond E. Brown, *The Gospel According to John (i~ii)*, Anchor Bible [Garden City, NY: Doubleday, 1966], 60~63). 요한복음의 다른 용례를 보더라도, 그의 결론은 타당하다.

침례하길 거부했는데, 그들에게는 참다운 왕을 준비하는 데 필요한 회개의 증거가 부족했기 때문이었다.

> 요한이 많은 바리새인들과 사두개인들이 침례 베푸는 데로 오는 것을 보고 이르되 독사의 자식들아 누가 너희를 가르쳐 임박한 진노를 피하라 하더냐 그러므로 회개에 합당한 열매를 맺고 속으로 아브라함이 우리 조상이라고 생각하지 말라 내가 너희에게 이르노니 하나님이 능히 이 돌들로도 아브라함의 자손이 되게 하시리라 이미 도끼가 나무 뿌리에 놓였으니 좋은 열매를 맺지 아니하는 나무마다 찍혀 불에 던져지리라. (마 3:7~10)

여기에 고난 받는 메시아에 대한 예언의 성취가 통치하실 메시아에 대한 성취보다 앞선다는 것을 보여주는 초기 암시가 있었다. 어떻게 참된 왕은 자신을 반역하는 지도자들의 아래에 있는 백성에게 올 수 있었단 말인가?

그럼에도 불구하고, 예수님께서는 요한의 메시지를 계속해서 사용하셔서, "회개하라 천국이 가까웠느니라"(마 4:17)라고 하셨다. 다윗 왕국 예언들은 취소된 것이 아니라, 여전히 유효했다.

경우 2: 유대 지도자들과 안식일 논쟁. 예수님께서는 침례자 요한과 마찬가지로 당시 유대 지도자들과의 관계에서 같은 문제에 직면하셨다. 그분은 사역 초기에 성전 예배의 부패를 발견하셨고, 이러한 관행에서 성전을 정결하게 하려고 물리력을 사용하셔야만 했다(요 2:13~16). 그는 유대 지도자들이 안식일을 피상적으로 준수하는 것 때문에 그들과 세 차례나 논쟁하셨다(요 5:1~18; 마 12:1~8 = 막 2:23~28 = 눅 6:1~5; 마 12:9~14 = 막 3:1~6 = 눅 6:6~11). 예수님은 산상설교(마태복음 5~7장)에서 서기관들과 바리새인들의 의의 실패를 선언했다. "내가 너희에게 이르노니 너희 의가 서기관과 바리새인보다 더 낫지 못하면 결코 천국에 들어가지 못하리라"(마

5:20). 이 설교는 미래적 왕국에 들어가기 위한 필요한 조건을 제시했다. 그러나 유대 지도자들은 그 조건을 충족시키지 못했다. 이 시점에서조차, 구약의 예언에 좀 더 분별이 있는 학생들이라면, 이스라엘의 지도자들이 준비되기 전까지 다윗적인 왕국은 결코 도래할 수 없다는 사실이 명백했다는 것을 알 것이다. 그들이 회개하기를 거부했기 때문에, 메시아는 통치하시기 전에 고난을 당하셨던 것이다.

그러나 예수님께서는 이 설교에서 청중들에게 "나라가 임하시오며"(마 6:10상)라고 기도하라고 말씀하셨고, "너희는 먼저 그의 나라와 그의 의를 구하라 그리하면 이 모든 것을 너희에게 더하시리라"(마 6:33)라고 가르치셨다. 유대 지도자들의 부패는 하나님께서 아브라함 그리고 다윗과 맺은 약속을 결코 없앨 수 없었다. 이스라엘에게 약속된 왕국은 여전히 승인된 기대였다.

경우 3: 백부장과 같은 믿음이 이스라엘에 부재. 예수님께서 산상수훈을 전하시고 곧바로 이방인 백부장을 예로 들어 자신이 이스라엘에게 원했던 반응의 유형을 설명하셨다. 백부장은 예수님의 권세를 확신했고, 그렇게 예수님께 고백했다. 예수님께서는 백부장의 확신에 대해 이렇게 말씀하셨다.

> 예수께서 들으시고 놀랍게 여겨 따르는 자들에게 이르시되 내가 진실로 너희에게 이르노니 이스라엘 중 아무에게서도 이만한 믿음을 보지 못하였노라 또 너희에게 이르노니 동 서로부터 많은 사람이 이르러 아브라함과 이삭과 야곱과 함께 천국에 앉으려니와 그 나라의 본 자손들은 바깥 어두운 데 쫓겨나 거기서 울며 이를 갈게 되리라. (마 8:10~12)

아브라함에게 약속된 대로, 예수님께서는 이방인들이 아브라함의 후손들과 함께 미래 왕국에서 역할을 감당한다고 다시 한 번 반복하셨다. 그러나 예수님 시대에 믿지 않은 유대인들은 그곳에 참여할 수 없을 것이다. 아브라함과 이삭, 그리고 야곱의 이름을 부르심으로써 아브라함에게 하셨던 약속이 미래시기에 할 주도적 역할을 보여주셨다. 믿음을 가진 국가적 이스라엘은 장차 올 나라에서 자신에게 준비된 자리를 차지하겠지만, 예수님 시대 혹은 그 어느 시대라도 믿지 않는 이스라엘 사람들은 그럴 수 없을 것이다. 예수님 시대의 이스라엘은 이 검증에 실패했고 그 나라에서 배제되었지만, 그렇다고 해서 국가적 이스라엘이 배제된 것은 아니었다. 미래에 있을 이스라엘 민족은 예수님의 메시아 되심에 대하여 긍정적으로 반응할 것이고, 아브라함에게 하셨던 약속을 물려받을 것이다.

경우 4: 사함 받을 수 없는 죄. 예수님께서 당시 유대인들이 하나님의 나라에서 배제된다고 가혹하게 말씀하시고, 서기관들과 바리새인들과 또 한 번 부딪히는데 그것은 귀신들려 눈멀고 말할 수 없는 사람을 치유하신 사건으로 촉발됐다. 예수님께서 약속된 다윗의 자손일지도 모른다고 당시 군중들이 생각했기 때문에(마 12:23), 이 충돌은 새로운 수준의 격렬함에 이르렀다. 서기관들이 예루살렘에서부터 갈릴리까지 계속해서 예수님을 좇아왔으며(막 3:22), 예수님께서 바알세불을 힘입어서 귀신을 쫓아낸 것이라고 주장했기 때문에 이 사건에는 더욱 큰 중요성이 있었다.

예수님께서는 서기관들의 이 이상한 주장에 대한 대답으로, "그러나 내가 하나님의 성령을 힘입어 귀신을 쫓아내는 것이면 하나님의 나라가 이미 너희에게 임하였느니라"(마 12:28)라고 말씀하셨다. 왕(the King)께서 이미 현존하시기 때문에, 예수님께서는 잠재적 의미에서 그 나라를 이미 존재하는 것으로서 간주하는 동사("너희에게 임하였느니라", 영어로는 현재 완료형)를 사용하셨다. 예수님께서 하신 비유들이 곧 그것을 증거할 것이지만, 그 나라는 어떤 의미에서는 "비밀스럽게" 이미 현존하고 있다.

이스라엘을 대상으로 한 예수님 사역의 전환점인 이 사건에 대해 적어도 두 가지 요소를 이 논쟁의 특징으로 볼 수 있다. 첫 번째 요소는, 예수님께서 그들의 신성모독을 용서하심을 받을 수 없는 영원한 죄라고 말씀하신 방식이다(마 12:32; 막 3:29). 예수님 시대의 이스라엘 사람들은 약속된 다윗의 왕국에 들어가기를 갈망하는 사람들에게 반드시 필요한 회개의 검증에 실패했다. 그래서 이 땅의 이스라엘이 (메시아에 대한) 자신들의 국가적 거절을 회개하기 전까지, 이스라엘의 거절이 지속되는 중간기 기간이 필요하게끔 했다. 또 다른 요소는, 동일한 날 잠시 후 예수님께서 비유를 통하여 군중들을 가르치는 사역을 시작하셨을 때 드러났다(마 13:1~3a; 막 4:1~2; 눅 8:4).21 그의 비유를 통한 사역은 그것이 시작된 바로 그 날부터 유대 지도자들의 반대를 촉발시켰다. 비유적으로 가르침으로써 돼지에게 진주를 던지지 않고도 제자들에게 새로운 진리를 전해줄 수 있었고, 대적자들에게 새로운 진리를 감추는 것, 또한 그들이 이미 가지고 있었던 이해조차도 빼앗는 것이 가능해졌다(마 13:11~12).

예수님께서는 비유로 새롭게 가르치신 것을 "비밀(mysteries)"이라고 부르셨다(NIV에서는 "secrets"; 마 13:11; 막 4:11; 눅 8:10). 이 진리는 이전에는 어떤 방식으로 비밀로 감춰졌을까? 그의 청중들은 이상적인 상태의 나라를 기대했었는데, 여기에는 약속된 메시아의 통치가 포함되어 있었다. 그러나 첫 번째 비유들은 그 나라에 대한 새로운 개념들을 보여주었는데, 그에 따르면 오직 씨앗의 사분의 일만이 좋은 땅 위에 뿌려졌으며 가라지들이 알곡이 자라는 곳 바

---

21 깁스는 두 가지 에피소드가 같은 날 일어난 것이라는 견해에 동의한다. "'그 날에'(마 13:1에서)라는 구는 마태의 비유 담화를 앞의 문맥과 밀접하게 연결시키는데, 그곳에서 군중들은 하늘에 계신 예수님의 아버지의 뜻을 행하는 예수님의 제자들과 구별된다(12:50)"(Jeffrey A. Gibbs, *Matthew 11:2~20:34*, Concordia Commentary [Saint Louis: Concordia, 2010], 675). 마태복음 12장 앞부분에서 그리스도에 대한 반대를 다루는 사건들의 연속성 가운데서 마태복음의 비유에 대한 장이 통일성을 가지고 있다는 점은 분명하다.

로 옆에서 자란다는 것이다. 그 나라에서 선한 것들 옆에 존재하는 악한 것들에 대한 개념은 예수님의 제자들이 이해하기 어려운 것이었다(마 13:36을 보라). 왜냐하면 구약성경은 그 나라에 대하여 이러한 종류의 정보를 제공하지 않았었기 때문이다. 이스라엘의 거절에 의하여 발생할 그 나라의 예상치 못한 국면이 그 기간을 다 채운 후에야 비로소 구약에서 예언된 그 나라가 오게 될 것이라고 예수님께서는 제자들에게 알려주셨다(마 13:43). 오직 그 때에야 그들이 구약을 통하여 기대했던 그러한 종류의 나라가, 의로운 나라에 대한 다니엘의 예언의 성취와 함께, 실제로 도래할 것이다("지혜 있는 자는 궁창의 빛과 같이 빛날 것이요 많은 사람을 옳은 데로 돌아오게 한 자는 별과 같이 영원토록 비취리라", 단 12:3).

경우 5: 메시아가 장차 당할 십자가에 대한 예언. 예수님께서 그 나라에 대한 비밀을 드러내시고, 그의 대적들에게서 신성모독이라는 또 다른 고발을 들으신 직후에(마 9:34), 그는 그의 제자들과 함께 갈릴리를 떠나 그 주변 지역에서 약 6개월간 사역을 시작하셨다. 그는 이 기간을 특별히 열 두 제자들을 훈련시키는 데 할애하셨다. 이 기간이 끝나갈 무렵, 가이사랴 빌립보 인근에서 일련의 계시적 사건들을 통하여서 이스라엘의 반응 없음에 대한 예수님의 반응이 증폭되었다.

그즈음, 베드로의 고백에서 볼 수 있는 것처럼, 제자들은 예수님의 메시아 되심을 완전하게 확신할 수 있을 정도로 충분히 보고 들었다(마 16:16 = 막 8:29 = 눅 9:20). 오직 제자들만이 이 결론에 도달했다. 반면에, 나머지 이스라엘 사람들은 예수님을 다른 방식들로 규정했다(마 16:13~14 = 막 8:27~28 = 눅 9:18~19). 예수님께서는 베드로의 선언에 기초하여, 교회를 세우시겠다는 자신의 미래 목표를 처음으로 알리셨다(마 16:18). 연이어서 예루살렘에서 장로들과 대제사장들, 서기관들에게 당할 고난과 처형, 그리고 3일 후에 있을 부활에 대하여 처음으로 직접적으로 알려주셨다(마 16:21 = 막 8:31 = 눅 9:22). 교회와 예수님의 장차 있을 수난과 부활은 즉각적으로 예수님의 나라를 세울 것으로 기대했던 제자들에게 놀라운 소식이었다 (눅 19:11을 보라). 구약성경은 특히 예수님의 고난당하심에 관해서는 말하지만, 그가 세우고자 하셨던 교회에 관해서는 전혀 언급하지 않는다. 예수님께서는 이 일련의 계시로 고난 받는 메시아에 대한 예언의 성취가 왕국-통치의 예언의 성취보다 앞서야 함을 분명하게 하셨다. 그러나 예수님의 제자들은 이 순서를 이해하는 데 긴 시간이 걸렸다. 그들은 여전히 다윗적 왕국이 다음에 예정된 순서라고 기대하고 있었다. 사실상, 베드로는 주님께서 앞으로 있을 고난에 대하여 선포하셨을 때 사실상 그 분을 질책했다(마 16:22=막 8:32).

예수님께서는 이런 정황을 이용하셔서 제자들에게 하나님의 미래 계획에 교회가 이스라엘을 대체한다고 말씀하셨을 수도 있었을 것이다. 그러나 그 분은 그렇게 하지 않으셨다. 자신의 십자가 처형에 이스라엘이 동참했기 때문에 국가적 이스라엘의 흐름은 끝이 났으며 이제 제자들과 전 세계에서 온 새로운 무리의 사람들이 이스라엘을 대체하여 그 약속을 성취하게 될 것이라고 예수님은 쉽게 말할 수도 있었을 것이다. 분명 그러한 선언은 가이사랴 빌립보에서 예수님의 가르침에 전혀 나타나지 않으며, 다른 곳에서도 마찬가지이다.

예수님께서 자신의 죽음이 임박했다고 선언하신 것이 하나님께서 이스라엘과 하신 약속들과 관련하여 제자들을 실망시켰을 것이기 때문에, 계속해서 제자들에게 구약의 왕국 약속들(OT kingdom promises)이 결국엔 성취된다고 확신시키셨다. 그 분은 베드로와 야고보, 요한을 데리고 높은 산으로 올라가셔서 자신의 변형된 모습과 모세와 엘리야와 함께 하는 모임을 그들이 볼 수 있도록 해주심으로써 그렇게 하신 것이다(마 16:27~17:3 = 막 8:38~9:4 = 눅 8:26~9:31). 베드로가 나중에 증언한 것처럼, 제자들에게 재확신을 주었던, 장차 오게 될 나라에 대한 시연(preview)이 바로 여기에서 있었다.

> 우리 주 예수 그리스도의 능력과 강림하심을 너희에게 알게 한 것이 교묘히 만든 이야기를 따른 것이 아니요 우리는 그의 크신 위엄을 친히 본 자라 지극히 큰 영광 중에서 이러한 소리가 그에게 나기를 이는 내 사랑하는 아들이요 내 기뻐하는 자라 하실 때에 그가 하나님 아버지께 존귀와 영광을 받으셨느니라 이 소리는 우리가 그와 함께 거룩한 산에 있을 때에 하늘로부터 난 것을 들은 것이라 또 우리에게는 더 확실한 예언이 있어 어두운 데를 비추는 등불과 같으니 날이 새어 샛별이 너희 마음에 떠오르기까지 너희가 이것을 주의하는 것이 옳으니라. (벧후 1:16~19)

비록 예수님의 즉각적 미래에 이스라엘 지도자들의 거절이 포함됐으나, 그 분이 미래에 다윗의 보좌를 차지하신다는 예언은 이 세 명의 경험을 통해 극적으로 확증됐다. 이스라엘의 지도적인 역할은 하나님의 이 세상을 위한 미래적 계획 가운데 여전히 존재했다.

경우 6: 바리새인들의 눈 멈(blindness)**에 대한 선언.** 예수님께서는 갈릴리 주변 지역에서 제자들과 함께 6개월간 사역하시고, 초막절을 맞아 예루살렘으로 올라 가셨다. 그는 거기서 일련의 충돌을 겪으셨는데, 그래서 유대 지도자들은 예수님을 돌로 치려했다. 그러나 예수님께서는 피하셨다(요 8:59). 예수님께서 유대에 있는 동안에, 그분은 귀신들린 자를 고쳐주셨는데, 이 일로 구경꾼들은 세 번째로 신성모독이라고 고발했다(눅 11:14~15).

3개월 후에, 예수님께서는 수전절(Feast of Dedication)을 보내려고 여전히 예루살렘에 계셨다. 안식일에 눈 먼 사람을 고쳐주신 일로 다시 한 번 바리새인들은 분노했고, 또 다른 대립 상황이 벌어졌다. 예수님께서 "내가 심판하러 이 세상에 왔으니 보지 못하는 자들은 보게 하고 보는 자들은 맹인이 되게 하려 함이라"(요 9:39)라고 말씀하셨을 때, 상황은 절정에 이르렀다. 바리새인 청중들은 예수님의 이 말씀을 자신들의 영적 눈멀었음을 지적한 것이라고 올바르게 해석했다(요 9:40~41).

눈 멈에 대한 고발에 이어서, 예수님께서는 선한 목자와 강도(요 10:1~18) 비유를 말씀하셨다. 이 비유에서, 고침을 받은 시각장애인은 양들 곧 이스라엘의 경건한 남은 자들(10:4)의 하나였고, 반면에 바리개인들은 강도요(10:1, 8), 타인이요(10:5), 삯꾼(10:12~13)으로 규정되었다. 예수님께서 말씀하신 "양의 우리"(10:1, 16)는 예수님 당시의 부패한 유대주의를 대변하는 것이며, 예수님께서는 거기에서 신실한 남은 자들을 끌어내 주셨다(10:3). "다른 양들"(10:16)은 그리스도를 믿을 이방 지역 사람들이다. "한 무리"(10:16)는 그리스도의 몸—그분이 세우기로 의도하신 교회(마 16:18)—의 형성을 예견하는 것이었다. 그것은 이스라엘의 경건한 남은 자들과 이방인 성도들로 구성될 것이다. 예수님께서는 양 무리에게로 들어가는 문(10:7, 9)인 동시에, 그들을 돌보시는 선한 목자이시다(10:11, 14). 아버지와 하나라는 예수님의 선언은 그의 대적자들로 하여금 그를 다시 돌로 치려하게끔 만들었다(요 10:30~31). 이때야말로 예수님께서 국가적 이스라엘로부터 영원히 등을 돌리실 수 있는 또 다른 기회가 될 수 있었다. 그러나 예수님께서는 그렇게 하지 않으셨다.

경우 7: 메시아의 다가오는 죽음에 있어서의 예루살렘의 역할. 이 충돌 후, 예수님께서는 예루살렘과 유대를 떠나서 베레아와 그 주변에서 3개월가량 보내셨다. 헤롯 안티파스가 다스리던 지역으로 돌아왔을 때, 바리새인들은 헤롯이 예수님을 죽이려고 한다고 경고했다(눅 13:31). 예수님께서는 그것에 예루살렘과 그 황폐를 애도하는 것으로 반응하셨다. 그러나 그는 또한 언젠가 이 도시가 주의 이름으로 오실 분을 맞이할 것이라는 사실도 인지하고 계셨다(눅 13:34~35). 미래에 이스라엘이 그 분을 환영할 것이라는 예수님의 말씀은 자신의 재림을 예언하는 것이며 또한 자신의 초림 때 이스라엘 지도자들과 백성들이 자신을 대했던 것과는 완전히 다른 호의적 반응을 예언하는 것이다. 여전히 베레아와 그 주변 지역에서 예루살렘으로 올라가고 있는 길에, 이스라엘 지도자들과의 파국(showdown)이 가까웠음을 감지하신 예수님께서는 자신이 잡히셔서 심문 받고 십자가 처형된 후에 부활하실 것에 대해서 세 번째로 예언하셨다(마 20:17~19 = 막 10:32~34 = 눅 18:31~33). 메시아의 고난에 대한 구약의 예언들은 성취되어야만 했다. 그러나 이를 뛰어넘어, 예수님께서는 죽은 자들 가운데서 살아나셔서 하늘로 올라가시고, 지상에서 통치를 이루기 위하여 다시 오실 것인데, 이때 민족적 이스라엘은 그 분과 함께 주요한 역할을 할 것이다.

그 시기 어느 날, 한 젊은 부자 관원이 예수님께 찾아 와 영원한 생명을 얻는 길에 대하여 여쭸는데(마 19:16 = 막 10:17 = 눅 18:18), 예수님께서는 그 질문을 하나님 나라에 들어갈 수 있는 방법을 물어보는 질문으로 받아들이셨다(마 19:23 = 막 10:23 = 눅 18:24). 예수님께서는 부자가 하나님 나라에 들어가는 것의 어려움에 대해 말씀하셨는데(마 19:23 = 막 10:23 = 눅 18:24), 이번에는 누구든 하나님 나라에 들어가기 어렵다고 반복해서 경고하셨다(막 10:24). 그의 제자들은 이 말을 듣고 혼란스러워서, "누가 구원을 받을 수 있습니까?"라고 질문했다(마 19:25 = 막 10:27 = 눅 18:26). 예수님께서는 제자들에게 하나님께는 모든 것이 가능하다는 확신을 주신 후에, 계속해서 충격적인 말씀을 하셨다. "예수께서 이르시되 내가 진실로 너희에게 이르노니 세상이 새롭게 되어(in the regeneration) 인자가 자기 영광의 보좌에 앉을 때에 나를 따르는 너희도 열두 보좌에 앉아 이스라엘 열두 지파를 심판하리라"(마 19:28). 예수님의 가르침이 연속되는 문맥에서, "새롭게 되는 것"은 세상이 회복된 상태에 대한 언급이며, 오랜 동안 예언되었던 다윗 왕국에 대한 구약의 약속들을 성취하기 위하여 메시아가 돌아올 때를 의미한다. 하나님께서 세상을 다스리심에 있어서 이스라엘 백성들이 다시 한 번 핵심적인 대상이 될 것이며, 열두 제자들(물론, 가룟 유다를 제외한)은 이스라엘을 다스릴 권세의 자리를 자치하게 될 것이 이 진술로부터 명백하게 나타나고 있다. 하나님 나라에 들어가기가 얼마나 어려운가에 대한 예수님의 충격적인 말씀 이후에, 이 가르침은 제자들을 안도시켰고 또한 그 나라에서 이스라엘의 미래적 역할을 재확신시켰음에 틀림없다. 예수님께서는 국가적 이스라엘의 소망을 끊으신 것이 아니라, 오히려 그것을 강화하셨다.

경우 8: 이스라엘의 부패가 더욱 주목됨. 그리고 예수님의 삶에 절정의 순간이 왔는데, 보통 고난주간이라고 부르는 바로 그 때이다. 이 주간은 예수님께서 예루살렘에 승리의 입성을 하심으로 시작되었다(마 21:1~11 = 막 11:1~11 = 눅 19:29~44 = 요 12:12~19). 이 사건에서 예수님이 자신을 이스라엘에게 고난받는 종으로서가 아니라 다윗 왕의 역할로서 제시하셨다는 것은 결코 틀린 말이 아니다.22 예수님은 스가랴 9:9를 성취하는 이스라엘의 왕으로서 자신의 직위(office)를 주장하려고 큰 고난을 감수하셨는데, 이는 자신

---

22 예수님께서 그의 초림 때 이스라엘에게 하나님 나라를 주셨다는 자신의 입장을 방어하려고, 소시(Robert L. Saucy)는 이렇게 썼다.

> 우리는 다른 문제들이 역사에 대한 하나님의 주권적 명령과 인류에 대한 책임 있는 행위들과 연관되어 있는 것처럼 이 해결책도 같은 영역 안에 놓여 있다고 제안한다. 인류가 계속해서 실패할 것을 아시면서(사실상, 이 실패에 기초하여 정하여 놓으신 계획을 가지고 계셨으며) 그들에게 진정한 선택과 기회를 하나님께서 주셨다는 생각은 성경의 다른 부분들에서도 표현되어 있다. 에덴에서, 인류는 거룩함을 선택하라는 참다운 선택권을 받았었으나, 하나님의 계획은 이미 "세상의 창조 때부터" 그리스도의 희생을 포함하고 있었다고 성경은 가르치고 있다(계 13:8; 참고, 행 2:23; 4:28). 그러므로 이러한 예에서, 하나님의 나라를 주시는 것에 연관된 것과 같은 유사한 대답할 수 없는 질문이 부과될 지도 모른다. 즉, 만약 아담과 하와가 죄를 짓지 않았더라면, 그리스도의 죽음에는 어떠한 일이 일어났을까?(*The Case for Progressive Dispensationalism*, 92)

아담과 하와가 순전하게 남을 수 있는 기회가 남아있었던 것처럼, 십자가가 구약에 예언되었기에 피할 수 없는 것이었어도 이스라엘에게 회개와 그 나라를 받을 것을 제안하신 것 또한 효력이 있었다.

을 다윗의 자손이자 왕으로 불렀던 군중들에게 있어서도 결코 빠지지 않았던 핵심이었다(마 21:9 = 막 11:9~10 = 눅 19:38 = 요 12:13, 15). 전반적으로 사람들은 이 점—언젠가 메시아가 이방의 압제에서 이스라엘을 구원하실 것이라는—에서는 맞았으나, 회개라는 영적 조건을 따르지 않았기 때문에 실패했다. 그 이스라엘 무리의 국가적 열망은 이스라엘의 미래에 대해서는 틀리지 않았으나, 영적인 이유로 인하여 실망과 실패로 운명 지워져 있었기 때문에, 사람들의 엄청난 환호에도 불구하고 예수님께서는 슬퍼하셨다(눅 19:41).

사도 요한이 쓴 복음서는 승리의 입성 직전에 또 다른 중요한 사건을 기록하는데, 한 여인이 예수님의 장례를 준비하기 위해서 지극히 비싼 향유를 예수님께 부은 것이었다(요 12:2~8 = 마 26:6~13 = 막 14:3~9). 가롯 유다를 비롯해, 예수님의 몇몇 제자는 향유를 팔아서 만들 수 있는 돈을 낭비한 것이라고 화냈으나, 예수님께서는 그 여인이 자신의 머리와 발에 향유를 부을 수 있도록 해주셨다. 예수님께서는 제자들에게 "이 여자가 내 몸에 이 향유를 부은 것은 내 장례를 위하여 함이니라"(26:12)라고 하셨는데, 이것은 승리의 입성 전야에 제자들을 매우 놀라게 했을 것이다. 군중들과 마찬가지로 제자들은 다윗적 왕을 기대하고 있었으나 예수님께서는 메시아에 대해 말씀하고 계셨는데, 그의 고난이, 인간적으로 말하자면, 회개하지 않는 그 시대의 사람들 때문에 필요하게 된 것이었다.

승리의 입성 다음 날, 예수님께서는 무화과나무를 저주하심으로써 그 당시의 이스라엘에게 참다운 믿음이 없음을 빗대셨다(마 21:18~19상 = 막 11:12~14). 그 다음에, 예수님께서는 자신의 두 번째 성전 정결 행위를 통하여 보다 선명하게 이스라엘의 부패를 드러내 보이셨다(마 21:12~13 = 막 11:15~18 = 눅 19:45~48). 그러나 그 분이 다윗의 보좌에서 통치할 것에 대한 기대는 여전히 그대로 남아 있었다.

경우 9: 서기관들과 바리새인들을 향한 예수님의 화(woes) 선언. 고난 주간의 화요일에, 예수님께서는 몇 가지 비유로 자신의 권세에 대한 대제사장들과 서기관들과 장로들의 도전에 대응하셨다(마 21:28~22:14 = 막 12:1~12 = 눅 20:9~19). 이 비유들에는 "그러므로 내가 너희에게 이르노니 하나님의 나라를 너희는 빼앗기고 그 나라의 열매 맺는 백성이 받으리라"(마 21:43)는 말씀도 포함되었다. 이것은 일찍이 요한의 침례가 요구했던 것과 동일한 열매, 즉 회개의 열매를 말하는 것이었다(마 3:8 = 눅 3:8). 예수님께서 하나님 나라를 "너희들"(예를 들어, 이스라엘과 그 지도자들)에게서 빼앗아 다른 백성에게 주겠다고 말씀하셨을 때, 예수님께서는 다음을 의미하셨다. 즉, 이스라엘의 지도자들이 회개하지 않음으로 인하여 그들이 약속된 다윗 왕국의 일부분이 될 수 있는 기회를 상실하게 되었다는 것.23 예수님의 다른 "백성"에 대한 언급은 이스라엘이 회개하고 하나님의 나라를 받아들이게 될 미래의 때에 대한 전망을 암시하고 있다.

또한 같은 화요일에 있었던 예수님의 또 다른 행동은 서기관들과 바리새인들을 향한 그분의 진노를 보여주었다. 그것은 예수님의 일곱 가지 화(woe) 선언이었는데, 예수님께서 자신들을 향하여 부정적인 선언을 하셨을 때 그들은 분명히 그 자리에 있었을 것이다(마 23:1~36 = 막 12:38~40 = 눅 20:45~47). 마지막 화는, 선지자들을 죽였던 자신의 조상들과 자신들은 다르다고 했던 그들의 주장이 거짓이라고 규탄하는 것이었다(마 23:29~30). 예수님은, 그들의 주장이 거짓이며 그들 스스로가 자신들의 주장에 반하는 증거를 보여주고 있다고 하셨다. 왜냐하면 그들이 사실 자신들의 조상과 같은 부류이며, 게헨나의 판결을 피할 수 없을 것이기 때문이다(마 23:31~33). 예수님께서는 계속해서 "그러므로 내가 너희에게 선지자들과 지혜 있는 자들과 서기관들을 보내매 너희가 그 중에서 더러는 죽이거나 십자가에 못 박고 그 중에서 더러는 너희 회당에서

---

23 위에 있는 각주 16번을 보라.

채찍질하고 이 동네에서 저 동네로 따라다니며 박해하리라 그러므로 의인 아벨의 피로부터 성전과 제단 사이에서 너희가 죽인 바라갸의 아들 사가랴의 피까지 땅 위에서 흘린 의로운 피가 다 너희에게 돌아가리라"(마 23:34~35)라고 말씀하셨다. 다시 말해서, 예수님께서는 그들이 회개치 않았던 조상들의 전철을 계속 따를 것이며, 반항했던 이스라엘 역사 전체에 걸쳐 행해졌던 악한 행동대로 정죄된다고 예언하신 것이다. 예수님께서는 자신의 청중들을 복수 인칭 대명사인 "너희들"로 부르고 계시는데, 이는 예수님께서 그들을 구약 시대 내내 의인들을 죽였던 더 큰 그룹의 일원으로 간주하신다는 것을 나타낸다. 예수님께서 "이것이 다 이 세대에 돌아가리라"고 언급하면서 말씀을 마치실 때, 그는 "이 세대"를 복수 "너희들"과 상호교환 가능하게 사용하신다. 그러므로 "이 세대"는 40년과 같은 특정 기간을 가리키는 연대기적 용어가 아니라, 모든 시기에 지상에 존재했던 회개치 않는 이스라엘 민족들을 가리키는 질적 용어이다.

고난 주간의 이 시점에 예수님께서는 아브라함의 자손들을 향한 하나님의 약속된 계획을 폐기할 수 있었을지도 모른다. 그러나 그분은 그러지 않으셨다. 대신에, 동일한 2인칭 복수 인칭대명사를 사용하셔서 예루살렘의 영적인 황폐함에 대하여 애통해 하시면서 '일곱 화' 담화를 마치셨고, 이스라엘이 "찬송하리로다 주의 이름으로 오시는 이여"(마 23:39)라고 말하며 회개할 날을 예견하셨다. 그의 재림 때, 예루살렘이 수도인 약속된 그 땅에 있을 이스라엘 민족은 회개할 것이고 메시아를 환영할 것이다. 예수님께서는 동일한 날 잠시 뒤에 같은 예견을 암시하셨다. "내가 진실로 너희에게 말하노니 이 세대[즉, 회개치 않는 이스라엘]가 지나가기 전에 이 일이 다 일어나리라"(24:34). 이것은 이스라엘이 하나님을 반역하는 일이 반역이 자신의 재림 사건 때까지 계속된다는 의미이다. 그리고 그 때가 오면, 이스라엘은 회개할 것이다.

예수님께서 일곱 화를 선언하신 후 성전을 떠나실 때, 제자들이 던진 성전 건축에 대한 질문을 통하여 예수님께서는 장차 있을 성전 파괴와 자신의 지상 재림과 연관된 다른 문제들에 대하여 예언할 수 있는 기회를 가지셨다(마 24:1~3 = 막 13:1~4 = 눅 21:5~7). 예수님은 제자들의 관심을 이스라엘의 미래로 돌리셨는데, 가까운 미래(눅 21:12)와 먼 미래—특히 다니엘의 칠십 번째 이레 성취 때 있을 사건들— 모두로 돌리셨다. 후자에 관해서, 예수님께서는 "재난의 시작"(마 24:8 = 막 13:8)과 "멸망의 가증한 것"(마 24:15 = 막 13:14; 참고, 단 9:27; 11:31; 12:11)을 말씀하셨는데, 이것들은 예수님의 지상 재림 직전에 일어날 것이다(마 24:29~31 = 막 13:24~27 = 눅 21:25~27). 이는 이스라엘을 위한 정결(purging)의 때가 될 것이며, "야곱의 환란[혹은 고난]"의 때가 될 것이다(렘 30:7). 이 환란이 지나면, 메시아가 돌아올 것이며 회개한 이스라엘은 열방 가운데서 자신들에게 약속된 수위권(supremacy)을 누릴 것이다. 다윗의 지상 보좌에서 예수님께서는 "대환란"의 생존자들을 심판하실 것이다(마 25:31).

경우 10: 외부인들에게 확장된 새 언약의 몇 가지 혜택. 고난 주간 화요일에, 예수님께서는 제자들과 함께 유월절 만찬에 참석하셨다. 이 때, 그는 유다를 배신자로 규명하시고, 베드로의 부인에 대해 미리 말씀하셨다. 저녁 식사 후에 유월절 음식을 먹을 때, 네 개의 잔 중 세 번째는 이스라엘의 구속에 대한 하나님의 약속을 상기시켰다. "너희를 건지며 편 팔과 큰 재앙으로 너희를 구속하여"(출 6:6). 그 잔은 구속을 위하여 예수님께서 피를 흘리시는 것을 상징했다(마 26:28; 막 14:24; 눅 22:20; 고전 11:25). "이것은 죄 사함을 얻게 하려고 많은 사람을 위하여 흘리는 바 나의 피 곧 언약의 피니라"(마 26:28; 참조, 막 14:24)라고 하신 말씀에서 "많은"은 그 효력에 있어서 새 언약의 구속적 혜택들이 이스라엘의 반경을 넘어서 이방인들에게까지 확장되었음을 의미했다. 또한 이것은 고린도전서 11:25이 확증하는데, 바울은 고린도에 있는 이방인 교회에게 주의 만찬에 관한 글을 쓰면서 이 말씀을 사용했다.24 이스라엘의 회복에 대한 하나님의 약속을 상기시키는 네 번째이자 마지막 잔은 빠져 있는데, 이것은 예수님께서 하나님의 나라가 임하여 마실 때까지 마시지 않겠다고 설명하셨기 때문이다(마 26:29 = 막 14:25 = 눅 22:18). 분명, 예수님께서는 미래에 대하여 말씀하실 때 이스라엘에게 약속된 나라를 바라보고 계셨다. 예수님께서 이스라엘을 향한 하나님의 약속을 성취하기 위하여 장차 오실 때, 그 나

---

24 예수님께서 주의 만찬을 제정하셨을 때, 잔이 이스라엘 뿐 아니라 모든 사람을 포함한다고 설명하셨다. "이것은 죄 사함을 얻게 하려고 많은 사람을 위하여 흘리는 바 나의 피 곧 언약의 피니라"(마 26:28). "이 잔은 내 피로 세우는 새 언약이니 곧 너희를 위하여 붓는 것이라"(눅 22:20). "이 잔은 내 피로 세운 새 언약이니"(고전 11:25).

예수님께서 이 말씀으로 자신의 희생에 있는 구속적 면의 유익을 받을 집단을 확장하셨다는 사실은, 다음 두 가지 특징에서 분명해진다. (1) 예수님께서는 자신의 언약의 피—물론, 새 언약—가 이스라엘을 위한 것일 뿐 아니라, **많은 사람**을 위해 흘리는 것이라고 말씀하셨다. 형용사 *pollon*은 마태복음 20:28에서 것처럼, 26:28에서도 "포괄적인 의미"이다(W. D. Davies and Dale C. Allison Jr., *A Critical and Exegetical Commentary on the Gospel according to Saint Matthew* [Edinburgh: T&T Clark, 199], 3:95, 474; Donald A. Hagner, *Matthew 14~28*, Word Biblical Commentary, vol. 33B [Dallas: Word, 1995], 583, 773). 그것에는 디모데전서 2:6에서처럼 "모든", 즉 *panton*의 의미가 있다(롬 5:15, 19를 보라). 이런 방식으로 말씀하시면서, 거기서 예수님께서는 새 언약의 특정의 효력들을 이스라엘 경계 너머로 확장시키셨다. (2) 바울은 이방인들이 우세했던 교회에게 편지를 쓰면서 주의 만찬을 제정하신 예수님의 말씀을 인용했다(고전 11:25). 국가적 이스라엘의 경계를 넘어서 특정한 효력들이 확장되는 또 다른 가르침이 여기에 있다. 이것이 교회에 있는 이방인들에게 적용된다는 점은 예수님께서 이스라엘 민족이 아닌 다른 이들에게로 이 효력들을 확장하고 계셨음을 나타낸다. 새 언약의 이러한 확장된 유익들은 모든 것을 다 포괄하는 것은 아니며, 단지 죄 사함과만 관계되는 것이다. 예수님께서는 국가적 이스라엘 외에 다른 그 누구에게도 아브라함에게 하신 땅의 효력을 확장하신 적이 없으시다. 이러한 것들은 예수님의 재림의 때에 그분을 이스라엘의 약속된 메시아로서 받아들일 국가적 이스라엘의 세대에게 독점적으로 속한 것이다.

라는 도래할 것이다.

예수님께서 당시 유대인들에게 아브라함 약속의 성취를 제공하려 하셨을 때 그들은 그분을 거절했고, 그래서 예수님께서는 자신이 주려던 영적 축복들을 인류의 나머지 사람들에게로 확장시키셨다. 바울은 수령인의 전환을 말한다. "그러므로 내가 말하노니 그들[즉, 이스라엘]이 넘어지기까지 실족하였느냐 그럴 수 없느니라 그들이 넘어짐으로 구원이 이방인에게 이르러 이스라엘로 시기나게 함이니라 그들의 넘어짐이 세상의 풍성함이 되며 그들의 실패가 이방인의 풍성함이 되거든 하물며 그들의 충만함이리요"(롬 11:11~12). 이스라엘의 범위를 넘어서 예수님께서 자신의 죽음을 통한 구속의 효력을 어떻게 확장시키셨는지를 주목하라. 그러나 그렇게 하심에 있어서 그분은 이스라엘에게 하셨던 구약의 약속들을 철회하지는 않으셨다.

예수님은 주의 만찬에서 말씀을 이어나가시면서, 제자들에게 "다락방 담화"(Upper Room Discourse)"라고 불리는 말씀을 전하셨다. 이 담화의 수령자들은 화요일 저녁 담화를 들었던 수령자들이었으나, 이 두 담화는 근본적으로 달랐다. 화요일에, 제자들은 자신들이 그 일부였던 국가적 이스라엘의 미래에 대하여 들었다. 그러나 목요일에 그들은 예수님께서 계시지 않는 동안(요 13:33, 36; 16:5~7; 17:20) 성도가 될 사람들(즉, 교회)을 대표하여 말씀을 들었다. 교회—그들의 다수는 이스라엘 민족이 아니다—에 대한 예언은 이스라엘의 국가적 열망과는 확연하게 달랐다. 이 두 주요한 담화 사이에 존재하는 차이점들에 대한 설명은 고난 주간 동안 전해졌다. 오순절에 교회의 핵심이 될 사도들에게 하신 예수님의 말씀에서 주된 것은 바로 성령의 오심에 대한 예수님의 약속이었는데(요 14:17, 26; 15:26; 16:13), 이분은 또한 보혜사(Helper)라고 불렸다(헬라어로 parakletos; 요 14:16, 26; 15:26; 16:7). 이것은, 나중에 예수님의 부활 후 사역에서 예수님께서 이루신, "내 아버지께서 약속하신 것"

의 성취이다. 오순절에 시작될 교회를 위한 성령의 사역에 대해 말씀하실 때, 사실상 예수님은 (하나님께서 이스라엘과 맺으셨던) 새 언약의 또 다른 혜택을 이스라엘 외부의 사람들과 이스라엘의 신실한 남은 자들에게로 확장시키셨다(욜 2:28을 보라). 그러나 다시 한 번, 교회는 국가적 이스라엘에 대한 새 언약의 성취를 대표하지는 않는다.

그리스도의 몸의 지체들은, 초림 때 이스라엘이 메시아를 거절한 결과로, 어떤 특정한 혜택을 얻게 되었으나, 교회가 단지 맛보기만 했던 그 언약의 완전한 이익은 미래의 어느 시점에 오직 신실한 이스라엘 민족만이 누릴 수 있다.

하나님께서 아브라함에게 하신 약속을 사도들이 폐기할 수도 있었으나 그렇게 하지 않은 경우

사도행전과 바울 서신에서, 사도들이 이스라엘에 대한 하나님의 약속을 취소할 수도 있었을지 모르는 경우가 발생했었지만, 그들은 그렇게 하지 않았다.

경우 1: 사도행전 3장에서 베드로의 강력한 선포. 사이저(Stephen Sizer)는 사도행전의 몇몇 구절을 인용하면서 유대인들이 하나님과의 관계에서 지속적으로 사랑받는 지위를 누렸다는 개념을 강력하게 반대했다. 그 중 한 구절이 사도행전 3:23이다. "누구든지 그 선지자[그리스도]의 말을 듣지 아니하는 자는 백성 중에서 멸망 받으리라 하였고." 사이저는 만약 베드로의 말을 듣고 있던 유대 청중들이 "예수님을 자신들의 메시아로 받아들이기를 계속적으로 거절한다면, 그들은 더 이상 하나님의 백성이 되지 못할 것이다."라고 결론 내렸다.[25] 그러나 이 구절들에 대한 사이저의 설명은 설득

---

[25] Stephen Sizer, *Christian Zionism: Road Map to Armageddon* (Leicester: InterVarsity, 2004), 149.

력이 떨어진다. 사도행전 3:23은 개인이 이스라엘에게서 떨어져 나갈 것을 말하지, 국가 전체가 멸망 받을 것을 말하지 않는다. 사도행전 3:19~21은 국가적 이스라엘에 대한 약속들이 여전히 손상되지 않은 채로 있음을 매우 분명하게 보여준다.

사도행전 3장에서 유대 청중을 향한 베드로의 설교는 명확하다. "그러므로 너희가 회개하고 돌이켜 너희 죄 없이 함을 받으라 이같이 하면 새롭게 되는 날이 주 앞으로부터 이를 것이요 또 주께서 너희를 위하여 예정하신 그리스도 곧 예수를 보내시리니 하나님이 영원 전부터 거룩한 선지자들의 입을 통하여 말씀하신 바 만물을 회복하실 때까지는 하늘이 마땅히 그를 받아 두리라"(행 3:19~21). 침례자 요한과 예수님처럼, 베드로도 이스라엘에게 회개하라고 요구했으며, 그들이 그렇게 했을 때 그들의 죄가 사함을 받게 되고 예수님께서 하늘로부터 다시 오실 때 새롭게 되는 날을 여실 것이며, 하나님께서 구약의 선지자들을 통하여 약속하셨던 모든 것을 회복시키실 것이라고 약속했다. 베드로가 유대 청중들에게 주장했던 것처럼, 이러한 약속들은 아브라함에게 하셨던 약속들을 포함한다. "너희는 선지자들의 자손이요 또 하나님이 너희 조상과 더불어 세우신 언약의 자손이라 아브라함에게 이르시기를 땅 위의 모든 족속이 너의 씨로 말미암아 복을 받으리라 하셨으니"(행 3:25). 아브라함의 육체적 후손들에게 말씀을 전하면서, 베드로는 미래에 회개할 한 그룹의 이스라엘 사람들이 전 세계적인 축복의 근원이 될 것이라는 확신을 주었다. 그들은 땅 언약, 다윗 언약 그리고 새 언약의 성취에 있어서 그렇게 할 것이다.

경우 2: 베드로가 이방인 가정에서 목격한 것. 사이저는 또한 고넬료의 집에서 겪었던 베드로의 경험과 그의 말 "내가 참으로 하나님은 사람의 외모를 취하지 아니하시고 각 나라 중 하나님을 경외하며 의를 행하는 사람은 하나님이 받으시는 줄 깨달았도다"(행 10:34~35)를 인용한다. 사이저는 "유대인들이 계속해서 호의적이고 배타적인 지위를 누리고 있다고 논리적으로 추론하는 것은 불가능하다"는 것을 증명하기 위하여 이 구절을 사용한다.26 이 지점에서 그의 결론은, 예수님께서 믿지 않는 이스라엘을 향한 사역으로부터 일시적으로 돌이키셔서 교회라고 불리는 새로운 집단에게로 자신의 전도를 확장하셨다는 사실을 무시하는 것이다. 예수님께서 자신의 제자들에게 십자가와 부활의 복음을 가지고서 이스라엘의 지경을 넘어서 가라고 명하셨던 것은 마태복음 28:18~20과 사도행전 1:8과 같은 구절에서 분명하다. 그러나 이 구절 중 어떠한 것도 이스라엘을 위한 약속들이 제거되었다고는 전혀 말하지 않는다. 메시아로서 예수님을 국가적으로 거절하는 기간에 이스라엘의 신실한 남은 자들에게로 다른 이들이 들어와 함께할 것이라는 사실이, 이스라엘이 나중에 회개하게 될 때조차 하나님께서 이스라엘에게 하신 약속들을 이행하지 않으실 것임을 의미하는 것은 아니다. 실상은 그 때 하나님께서는 이스라엘을 약속된 탁월한 지위로 높이실 것이다.

경우 3: 야고보가 사도행전 15:16~18에서 아모스 9:11~12를 사용함. "이 후에 내가 돌아와서 다윗의 무너진 장막을 다시 지으며 또 그 허물어진 것을 다시 지어 일으키리니 이는 그 남은 사람들과 내 이름으로 일컬음을 받는 모든 이방인들로 주를 찾게 하려 함이라 하셨으니 즉 예로부터 이것을 알게 하시는 주의 말씀이라 함과 같으니라." 사이저는 야고보가 "복음의 보편성과 1세기 선교의 결과"를 옹호하려고 구약 말씀을 "영해"했다고 주장하는 데 이 구절을 사용한다.27 이렇게 할 때, 그는 야고보가 교회와 분리된 존재로서 국가적 이스라엘에게 예정되어 있는 미래적 계획을 언급하고 있다는 사실을 부정한다.

---

26 Sizer, *Christian Zionism*, 150. 하나님께서 아브라함과 그의 후손을 선택하신 것이 반드시 하나님의 편애를 보여주는 것은 아니다. 이러한 속성은 하나님께서 그저 인간의 기준들을 따르신다는 것을 가정하는 것이다.

27 Sizer, *Christian Zionism*, 157.

정반대로, 야고보는 사도행전 15:16~18에서 아모스 9:11~12를 영해해 사용하지 않으며, 다윗의 보좌에 앉으실 그리스도의 미래 통치를 앞서 지시하는데, 이 통치는 현 시대 다음에 오며, 지금은 이스라엘의 불신앙으로 잠시 옆으로 치워져 있다. 야고보는 인용을 하면서 "이 후에"로 시작하는데, 이 표현은 아모스서 본문에는 나오지 않는다. 하나님께서 이스라엘이 거부하는 이 현 시대 동안에 모든 민족 집단과의 관계를 다루신 이후에, 그리스도는 다윗에게 하셨던 약속을 성취하실 것이다. 이것은 다시금 모든 민족을 위한 축복의 때가 될 것인데, 그러나 그 상태는 다를 것이다. 그리고 나서, 다윗의 자손은 보좌를 차지하실 것이고 의와 공평으로 모든 민족을 다스리실 것이다.

경우 4: 하나님 나라의 때에 관한 질문. 사도행전 1:6에 대한 사이저의 설명은 특히 설득력이 부족하다. 그는 이스라엘의 도래할 나라에 대한 제자들의 질문에 대하여 칼뱅과 동의하면서 그의 말을 인용한다. "이 질문에 들어있는 단어들만큼이나 많은 실수들이 존재한다."[28] 사이저에 따르면, 예수님의 가르침을 배운 3년 이상이나 배운, 주님의 최측근들은 이스라엘에 대한 그분의 가르침의 전체 요지를 놓치고 있었다. 그는 이 질문에 대한 예수님의 대답이 "하나님 나라의 경계를, 그리고 이를 통하여 선택의 의미를 재정의한다... 그들은 예루살렘과 지상적인 나라(materialistic kingdom)에 대한 소망으로부터 돌이켜야만 했다."[29]라고 주장한다.

제자들이 예수님께 "주께서 이스라엘 나라를 회복하심이 이 때니이까?"라고 물었을 때가 바로 예수님께서 "이스라엘에게는 그 어떤 미래적 왕국도 존재하지 않을 것이다"라고 말씀하실 완벽한 기회였다. 그러나 예수님께서는 그렇게 말씀하지 않으셨다. 예수님의 대답을 신중하게 읽어보면, 이스라엘을 위한 미래적 왕국이 여

---

[28] Sizer, *Christian Zionism*, 168~69.
[29] Sizer, *Christian Zionism*, 169.

전히 준비되어 있을 것이라는 제자들의 기대를 예수님께서 교정하지 않으신다는 사실을 알 수 있다. 그분은 단지 그 때가 아직 오직 않았다고 그들에게 말씀하셨을 뿐이다. 그분은 이스라엘의 회개의 때가 오기 전까지 제자들이 해야 할 새로운 사명을 주셨는데, 그것은 새로운 백성에게 구속적이고 성령에 의한 혜택들을 확장시키는 임무였다. 아브라함과 다윗에게 약속하셨던 것을 이스라엘을 위해 성취하기 위하여 예수님께서 다시 오실 때까지 그 일을 하게 될 것이다. 예수님께서는 제자들에게, 예전에 가르쳐주었던 것들(마 24:36; 막 13:32), 즉 지상적 국가의 성립의 때는 오직 아버지 외에는 아무도 모른다는 것을 명료하게 상기시켜 주셨다.

예수님의 승천과 함께 나타난 흰 옷을 입은 두 사람(행 1:10~11)은 이스라엘 나라의 회복에 대한 제자들의 질문이 정당하다고 확증했다. 그들은 제자들이 예수님께서 가신 것을 본 그대로 다시 이 땅으로 오실 것을 말했다. 이것은 예수님께서 예루살렘으로 돌아오셔서 이스라엘에게 약속했던 나라를 회복시키실 것임을 강하게 암시한다.

경우 5: 사도행전 2장에서 베드로 설교. 만약 아브라함과 다윗에게 하셨던 약속들이 더 이상 효력이 없다면, 베드로는 이것을 단번에 즉각적으로 그 오해를 바로잡을 수 있었을 것이다. 그러나 그는 그렇게 하지 않았다. 그는 믿지 않는 유대인 군중들에게 "이스라엘은 미래적 축복에 대한 기회를 날려 버렸다. 조상들에게 하셨던 하나님의 약속들은 철회되었다."라고—만약 이것이 사실이었다면—말했을 수도 있었다. 그러나 그는 그렇게 하지 않았다.

오히려, 그는 미래에 있을 이스라엘의 계속적인 소망을 길게 논했다. 오순절 설교에서, 베드로는 다윗의 말을 언급했다. "다윗은 하늘에 올라가지 못했으나 친히 말하여 이르되 주께서 내 주에게 말씀하시기를 내가 네 원수로 네 발등상이 되게 하기까지 너는 내 우편에 앉아 있으라 하셨도다 하였으니"(행 2:34~35; 참조, 시 110:1). 다시 한 번 예수님의 승천을 지적하면서, 베드로는 시편 110편에 나타나는 다윗의 말에 담겨 있는 메시아적 함의를 언급했다. 다윗은 하늘로 올라가지 않았다. 그러나 예수님께서 이 시편의 성취로 그렇게 하셨다. 예수님은 다윗의 보좌에 앉아 다윗에게 약속된 나라를 세우시기 위하여, 그리하여 자신의 대적들을 그의 발의 발등상이 되게 하려고 이 땅에 다시 오실 때까지, 하늘에 계실 것이다.30

경우 6: 바울의 구원론적인 서신들. 전 인류 중에서 이스라엘만이 가지고 있는 독특성에 대한 하나님의 계속적인 인정은 고린도인들에게 보낸 바울의 첫 번째 편지에서 명확하게 나타난다. 그는 그리스도인 형제자매나 그 누구라도 넘어지게 하지 말라고 경고했다. "그런즉 너희가 먹든지 마시든지 무엇을 하든지 다 하나님의 영광을 위하여 하라 유대인에게나 헬라인에게나 하나님의 교회에나 거치는 자가 되지 말고"(고전 10:31~32). 바울은 이 땅에 사는 세 가지 부류의 사람들에 대해 말했다. 그는 이렇게 함으로 믿지 않는 이스라엘을 교회—그리스도의 몸—와 구별했고, 지구상의 나머지 민족들—여기서는 "헬라인"—과도 구별했다. 교회 외에, 이 땅에 사는 사람들은 두 가지 다른 집단, 즉 유대인과 헬라인으로 구성되어 있다. 유대인—즉 비 그리스도인 유대인들과 교회에 속해있는 그리스도인 유대인—을 헬라인과 구별함으로써, 바울은 이 민족 그룹의 계속적인 독특성을 인지하고 있었다. 비록 잠시 동안 아브라함에게 하신 구약의 약속들을 누리지 못하고 있지만, 만약 그들이 돌이켜서 예수님을 자신들의 메시아로서 받아들인다면, 그들은 약속으로 가득한 미래에 대한 소망을 가지고서 여전히 하나님의 선택된 백성 가운데 존재할 것이다.

로마서에서, 이스라엘의 동일한 독특성이 여러 곳에 나타난다. 로마서 1:16에서 복음을 받아들이는 경험에서 유대인의 우선순위에 대하여, 그리고 로마서 2:10에서 책임에 있어서 유대인의 우선

---

30 Bradley D. Klassen, "Peter's Use of Psalm 110:1 in Acts 2:33~36" (ThM thesis, The Master's Seminary, 2001)을 보라.

순위에 대하여 바울은 묘사하고 있다. 로마서 3:1~2은 유대인이 하나님의 말씀(oracles, ta logia)을 맡은 것을 이점으로 말하는데, 이 용어는 구약 전체에 걸쳐 그들이 받은 약속들을 포함하고 있거나, 혹은 어쩌면 독점적으로 그것들을 지칭하고 있다고 할 수 있다.[31] 수세기에 걸친 이스라엘의 불신앙이 어떠한 방식으로도 이 약속들을 취소할 수 없는데, 왜냐하면 바울이 말한 것의 성취는 오로지 하나님의 신실하심에 의존하고 있기 때문이다. "어떤 자들이 믿지 아니하였으면 어찌하리요 그 믿지 아니함이 하나님의 미쁘심을 폐하겠느냐? 그럴 수 없느니라!"(롬 3:3~4a).[32] 로마서 9:4~5은 바울

---

[31] C. E. B. Cranfield, *A Critical and Exegetical Commentary on the Epistle to the Romans: Introduction and Commentary on Romans I~III*, International Critical Commentary (Edinburgh: T&T Clark, 1975), 178~79. 더글라스 무(Douglas Moo)는 그리스 단어 *ta logia*(oracles)과 관련하여 이렇게 썼다.

> 구약의 "실수할 수 없는 신적인" 발화(Sanday Headlam); 구약과 신약 모두에서 하나님의 자기 계시; 율법, 특별히 십계명; 구약의 약속들, 또는 아마도 약속들에 대하여 특별한 설명을 가지고 있는 구약 전체. 이러한 대안들 중에서 마지막 것이 70인역(LXX)과 신약에서 말씀의 일반적인 적용에 가장 잘 들어맞는다. 바울은 유대인들의 가장 큰 특징으로서 하나님께서 그들에게 말씀하셨다는 점과 이 말씀들을 통하여 그들과 특별한 관계를 맺으셨음을 들었다… 물론, 하나님의 약속들이 이 "말씀들"(the oracles)에 포함되어 있다는 사실은 명백하다. 그리고 바울은 아마도 다른 단어-예를 들어, "성경"-보다 이 단어를 사용하기로 선택한 것 같은데, 그 이유는 하나님께서 자신의 백성들에 관하여 특정한 행동에 헌신하셨던 구약의 이러한 말씀들을 그가 강조하기를 원했기 때문이다(*The Epistle to the Romans*, The New International Commentary on the New Testament [Grand Rapids: Eerdmans, 1996], 182~83).

[32] Cranfield, *A Critical and Exegetical Commentary on the Epistle to the Romans: Introduction and Commentary on Romans I~VIII*, 176~77, 181~82.

의 골육의 친척을 이렇게 규정하고 있다: "이스라엘 사람이라 그들에게는 양자 됨과 영광과 언약들과 율법을 세우신 것과 예배와 약속들이 있고 조상들도 그들의 것이요 육신으로 하면 그리스도가 그들에게서 나셨으니 그는 만물 위에 계셔서 세세에 찬양을 받으실 하나님이시니라."[33] 아브라함과 다윗에게 하신 약속들은 로마서가 저술되었을 55년까지 그 효력을 유지하고 있었다.

게다가, 두 장 뒤에, 바울은 하나님께서 이스라엘에 주신 약속들을 버리셨다는 사상을 명백하게 제외시켰다. "그러므로 내가 말하노니 하나님이 자기 백성을 버리셨느냐 그럴 수 없느니라 나도 이스라엘인이요 아브라함의 씨에서 난 자요 베냐민 지파라 하나님이 그 미리 아신 자기 백성을 버리지 아니하셨나니"(롬 11:1~2상). 이방인들에게 쓴 이 서신은 하나님께서 아브라함에게 하신 약속들이 지속적으로 효력을 갖고 있다는 것에 대한 살아있는 증거이다. 미래를 바라보면서, 바울은 조상들에게 하신 모든 약속의 성취를 바라보았다. 그는 "그리하여 온 이스라엘이 구원을 받으리라"(롬 11:26상)라고 선언했다. 또한 물론 그 때는 "구원자가 시온에서" 올 때(롬 11:26중)라고 언급했다. 예수님께서 다시 오실 때 이 땅에 살아있는 이스라엘 민족은, 마치 하나님께서 다윗에게 약속하신 것과 같이, 지상에서 그분의 왕국 통치가 시작되는 것을 경험할 것이다. "롬 11:28이 그리스도의 시대에 이방인들에게는 원수가 되었으나 그럼에도 불구하고 '조상들로 말미암아' 사랑을 입은 민족에 대하여 말하고 있기 때문에, 이 구절에서 이스라엘은 아브라함의 육체

---

33 크랜필드(Cranfield)는 9:4에서 "이다"(are)라고 번역된 단어를 주석하면서 이렇게 썼다. "여기에서 현재형 직설법 *einai*의 존재(물론 그리스어에서는 종종 자연스럽게 이해되곤 한다)는 주목할 필요가 있다. 바울이 말하고 있는 믿지 않는 유대인들도 **여전히**(그들의 믿음 없음에도 불구하고) 이스라엘 민족이다"(*A Critical and Exegetical Commentary on the Epistle to the Romans: Commentary on Romans IX~VI*, International Critical Commentary [Edinburgh: T&T Clark, 1979], 460의 각주 5, 강조는 원문에).

적 후손 외에 다른 이들이 결코 될 수 없다."34 "하나님의 은사와 부르심에는 후회하심이 없느니라"(롬 11:29)라는 말씀의 의미에는 아브라함과 그의 자손들에 대한 하나님의 선택 또한 포함되어 있다.35

의심할 여지없이, 바울이 로마서를 썼을 때 이스라엘은 여전히 하나님과의 관계에서 특별한 지위를 유지하고 있었다. 그러나 바울이 갈라디아서를 썼을 때는 어떠했을까? 민족적 이스라엘이 영적 백성으로 대체되었다는 암시와 함께, 교회가 이제 하나님의 이스라엘이라는 주장에 대한 근거로 어떤 이들은 갈라디아서 6:6을 사용해 왔

---

34 Matt Waymeyer, "The Dual Status of Israel in Romans 11:28," *The Master's Seminary Journal 16*, no. 1 (Spring 2005): 61~71. 머레이(John Murray)는 11:26에서 "이스라엘"에 대한 이러한 정의(identification)에 동의한다.

> 이 구절의 "이스라엘"에 이 장 전체에 걸쳐서 그 단어가 관계하고 있는 것 외에 다른 어떤 의미(denotation)를 부여하는 것이 석의적으로 불가능하다는 사실은, 본 서신서에서 이 부분의 가장 인접한 문맥과 그보다 덜 인접한 문맥 모두를 통틀어 볼 때 분명해야만 한다. 이미 서술했던 주해에서 주장되어 왔던 것처럼, 이스라엘과 이방인 사이에는 계속해서 유지되는 대조가 존재한다. 선행하는 절에서 이스라엘에 다른 의미가 부여될 수 있었는가? 바울이 말하고 있는 대상은 바로 민족적 이스라엘이며, 이스라엘은 이방인을 결코 포함할 수 없다. 그렇게 된다면, 선행하는 구절은 불합리하게 될 것이며, 26절은 병행의(parallel) 혹은 상관관계의(correlative) 진술이므로 "이스라엘"의 의미는 25절에서와 동일한 것이 되어야만 한다(*The Epistle to the Romans*, vol. 2, New International Commentary on the New Testament [Grand Rapids: Eerdmans, 1968], 96).

35 크랜필드는 "*agapetoi dia tous pateras*에서 바울이 의도한 의미는 오히려, 하나님께서 그 자신의 사랑에 신실하시며, 자신의 주권적인 자유 안에서 자신의 사랑 외의 그 어떤 근거도 없이, 즉 그 사랑 외에는 그 어떤 이유도 없이 그 사랑을 조상들에게 주셨기 때문에 이스라엘은 사랑을 받는 것이라는 사실이다(참고. 신 7:7이하)"라고 언급한다(*A Critical and Exegetical Commentary on the Epistle to the Romans: Commentary on Romans IX~XVI*, 581).

다.36 그들은 오직 복음을 믿는 사람들만이 아브라함의 후손임을 지적하기 위해 갈라디아서 3:7을 사용한다.37 또한 그들은 갈라디아서 6:16에 나오는 두 번째 *kai*를 설명적 "동등"으로(as an explicative "even") 잘못 번역하여 "하나님의 이스라엘"을 "이 규례를 행하는 자", 즉 교회와 동일시했다.38 이렇게 하면서, 그들은 *kai*에 거의 불가능한 의미를 부여한 것이다. 그 접속사는 강조적으로(ascensively) "동등"을 의미하는 것으로 사용될 수 있을 뿐, 설명적으로는 될 수 없다.39 게다가 바울은 교회를 언급하기 위해 결코 "이스라엘"을 사용하지 않았다.40 사실상, 신약에서 교회를 "이스라엘"이라고 부른 분명한 예는 전혀 존재하지 않는다. 이는 주후 160년 이전까지의 교회 저작들을 살펴보아도 마찬가지이다.41 바울은 새로운 창조의 질서를 따라 행하는 사람들에게 평화와 자비가 있기를 원했다(갈 6:15). 이 질서는 할례 혹은 무할례를 중요하게 여기지 않는다.

그 원칙은 교회에 적절하다. 바울은 교회에 평화와 자비가 있기를 바라면서, 특별히 교회에서 "오랜 기간 동안 그들의 삶을 지배했던 장애물들을 부수려고 열심히 싸워야만 하는" 사람들을 상기한

---

36 Herman N. Ridderbos, *The Epistle of Paul to the Churches of Galatia* (Grand Rapids: Eerdmans, 1975), 227을 보라.

37 Ridderbos, *The Epistle of Paul to the Churches of Galatia*, 119~20.

38 NIV는 전형적으로 이 잘못을 범하고 있다. "이 규례를 따르는 모든 이, 즉(even) 하나님의 이스라엘에게 평화와 자비가 있을지어다."

39 이 연결 관계에 있어서 *kai*의 의미에 대한 좋은 논의를 위해서는, S. Lewis Johnson Jr., "Paul and 'The Israel of God': An Exegetical and Eschatological Case-Study," in *Essays in Honor of J. Dwight Pentecost*, ed. Stanley D. Toussaint and Charles H. Dyer (Chicago: Moody, 1986), 187~88을 보라.

40 Scot McKnight, *Galatians*, NIV Application Commentary (Grand Rapids: Zondervan, 1995), 302~4.

41 Peter Richardson, *Israel in the Apostolic Church* (Cambridge: Cambridge University Press, 1969), 74~84, 206.

다.42 그는 이러한 유대인들을 따로 구별하여 축복하면서 언급하고 있는 것이다. 민족적 구분에 상관없이 훨씬 더 큰 몸의 일부로서 자신들 스스로를 보게 된 사람들, 그리고 이 서신이 가르치고 있는 것과 같이 율법으로부터의 자유와 성령 안에서 자유를 이해하고 있는 사람들은 특별한 방식으로 이러한 축복을 받을 만한 자격이 있다. 또 다른 중요한 관점이 있는데, 이것은 "하나님의 이스라엘"이란 말에 종말론적인 함의가 있다고 이해하는 것이다. 이는 그리스도의 재림 때 민족적 이스라엘이 회개하게 될 미래를 열망하는 것을 의미한다.43 석의적 건전성이라는 지침에서 어떠한 방식을 선택하든지, 갈라디아서 6:16의 "하나님의 이스라엘"은 교회를 언급하는 것이 될 수 없다.

바울이 구원론을 다루는 서신들에서 국가적 이스라엘에 대해 논의하면서, 교회가 이스라엘을 대체하여서 더는 조상들에게 약속된 축복을 유대인들이 누릴 수 없게 되었음을 언급할 수많은 기회들이 있었다. 그러나 그는 오히려 정반대로 했다. 그는 계속해서 두 부류 사이에 존재하는 구분을 유지했는데, 하나는 아브라함의 약속들에 대한 성취를 기다리는 아브라함의 육체적 후손들이며, 다른 하나는 국가적 이스라엘이 계속 거절하는 동안에 열방에서 모여 만들어지는 그리스도의 몸이다.

묵시에 나타난 이스라엘에 대한 약속들

윗키(Bruce Waltke)는 계시록 20장의 왕국과 연관하여 이스라엘에 대한 구약의 약속들과 그 어떤 본문적 연결 고리(textual linkage)도 찾을 수 없다고 기록했다. 그는 이렇게 썼다.

---

42 Richardson, *Israel in the Apostolic Church*, 206.

43 Johnson, "Paul and 'The Israel of God,'" in Toussaint and Dyer, *Essays in Honor of Pentecost*, 192~94.

이전의 글에서 필자는 여러 가지 다른 것들을 논하면서, 구약과 신약 사이에 해석에 있어서 어떠한 긴장이 존재한다면 우선순위는 신약에 주어져야만 한다고 주장했다. 계시록 20:1~20은 이스라엘의 언약이나 약속들과 본문적으로 연결될 수 없다. 어떠한 신약 구절도 미래에 있을 유대적 천년왕국을 명백하게 가르치지 않는다. 신약성경은 천상의 보좌에서 현재 영적으로 통치하고 계신 그리스도와 관련하여 구약의 이미지들을 해석한다.44

이 주장을 옹호하려고, 윗키는 문법적-역사적 접근에 대한 충실함을 주장하지만, 이것을 "넘어서는" 특정한 해석적 규칙들을 추구한다. 이 규칙들은 "다른 문서들보다 앞서는 성경의 우위성", "신학자들의 해석보다 앞서는 신약성경 해석의 우위성", "모호한 본문보다 앞서는 분명한 본문의 우위성", 그리고 "과학적 석의보다 앞서는 영적 조명(illumination)의 우위성"이다.45 그러나 그는 문법적-역사적 방법을 넘어서는 자신의 규칙들을 적용할 때, 이 방법이 가지고 있었던 오랜 시간 동안 칭송 받아온 원칙들, 즉 역사적 문맥에서 본문을 해석하는 원칙과46 단일 의미의 원칙47을 위반한다.

---

44 Bruce K. Waltke, "A Response," *Dispensationalism, Israel and the Church: The Search for Definition*, ed. Craig A. Blaising and Darrell L. Bock (Grand Rapids: Zondervan, 1992), 353. 윗키는 자신의 이전 저술들을 언급한다. "영적 왕국 약속," 존 S. 파인버그 편집, 『연속성과 불연속성: 신구약성서의 관계』, 번역위원회 역 (이천: 성서침례대학원대학교 출판부, 2016), 519~64; "Theonomy in Relation to Dispensational and Covenant Theologies," in *Theonomy: A Reformed Critique* (Grand Rapids: Zondervan, 1990), 59~88.

45 Waltke, "Kingdom Promises as Spiritual," in Feinberg, *Continuity and Discontinuity*, 263~65.

46 테리(M. S. Terry)는 이렇게 썼다. "그러므로 해석자는 자신을 현재에서 데려다가 저자의 역사적 입장에 옮겨 두고, 그의 눈으로 보고, 그의 주변에 주목하며, 그의 가슴으로 느끼고, 그의 감정을 잡아내려고 애써야

언약신학 그룹 내에 있는 다른 이들과 마찬가지로, 그는 역사적 문맥에 대한 적절한 주의 없이 구약 본문들을 해석한다. 그리고 이렇게 하면서 그것들에 추가적인 의미를 부여하는데 하나는 원 저자가 의도했던 의미이며, 다른 하나는 신약 저자들이 부여한 의미이다.48 그는 사도권과 예언이라는 계시적 은사를 사용하는 것을 통

한다. 여기서 우리는 **문법적-역사적** 해석이라는 용어의 중요성을 인지한다." 그리고 "주어와 술어 그리고 종속구들은 밀접하게 분석되어야 하며, 전체 문서와 책 또는 서신은 가능한 한 **저자의 역사적** 관점으로 이해되어야만 한다."(Biblical Hermeneutics: A Treatise on the Interpretation of the Old and New Testaments [1885; repr., Grand Rapids: Zondervan, 1947], 231[강조는 원문에], 205[강조는 추가]). 램(B. Ramm)은 "우리는 당연히 성경 각 책의 문화와 역사를 연구하고 상호작용해야 한다." 그리고 "해석자는 **성경 역사**(Biblical history)를 알아야만 한다... 모든 사건은 역사적 지시 대상(referent)이 있는데, 성경의 모든 사건도 역사의 흐름에서 발생한다."라고 덧붙였다(B. Ramm, Protestant Biblical Interpretation: Textbook of Hermeneutics, 3rd rev. ed. [Grand Rapids: Baker, 1970], 150, 154[강조는 원문에]).

47 "문법적-역사적 주해에서 근본적인 원칙은 단어들과 문장들이 단일하고 동일한 연결 관계 안에는 오직 하나의 의미(significance)만 있다는 것이다. 우리가 이 원칙을 무시하는 순간, 우리는 불확실성과 억측의 바다 위를 떠다닐 것이다."(Terry, Biblical Hermeneutics, 205). "그러나 여기서 우리는 오래된 금언을 기억해야 한다. '해석은 하나이며, 적용은 다양하다.' 이것은 성경에 있는 어떤 구절에 있어서 신중한 연구를 통하여 결정된 오직 하나의 의미만이 존재한다는 사실을 의미한다."(Ramm, Protestant Biblical Interpretation, 113). 성경 무오에 관한 국제회의의 정상 회담 II(Summit II of the International Council on Biblical Inerrancy)는 이 원칙에 동의했다. "우리는 각각의 성경 구절에서 표현된 의미가 단일하며, 결정적이고 고정되어 있음을 확신한다. 우리는 이러한 단일한 의미에 대한 인정이 그 적용의 다양성을 제거한다는 것을 부정한다(Article VII, "Articles of Affirmation and Denial," adopted by theInternational Council on Biblical Inerrancy, 10~13 November, 1982)." 단일한 의미의 원칙에 대한 추가의 논의를 위해서는, 필자의 Evangelical Hermeneutics, 6장을 보라.

48 신약의 구약 사용이 이 원칙들 중 그 어떠한 것도 위반하지 않는다

하여 추가적인 의미를 부여할 수 있는 특권을 신약 저자들에게 주는데 실패했다.49

윗키의 견해는 일반적으로 계시록에서, 그리고 특별히 계시록 20:1~10에서 이스라엘의 언약과 약속들에 대한 언급(reference)을 찾아볼 수 없다고 하기 때문에 그것에 대해 평가할 필요가 있다. 계시록 20:1~10은 계시록의 나머지 부분들과 분리될 수 없기 때문에, 책 전체의 관점에서 이 본문을 이해해야만 한다.

앞서 강조했던 것처럼, 구약성경은 "이스라엘과 교회에 대한 관점들"에 가장 적절한 네 가지 언약들을 묘사하고 있다: 아브라함 언약, 팔레스타인 혹은 땅 언약, 다윗 언약, 그리고 새 언약. 어떤 이들은 땅 언약을 아브라함 언약의 일부로서 이해하기도 하기 때문에, 앞으로 그렇게 간주하도록 하겠다. 하나님께서 이스라엘과 맺은 세 가지 주요한 언약들은 아브라함 언약, 다윗 언약, 그리고 새 언약이다.

본 논문은 계시록이 이 언약들에 대하여 어떠한 종류의 성취를 기록하고 있는가를 알아보려고 계시록을 분석할 것이다. 서로 다른 해석학적 방법들로 나온 결과들을 자세히 평가할 것이다. 계시록에 대하여 최근에 출간된 복음주의 진영의 세 권의 주석서를 선정하여 접근법들을 비교할 것인데, 그것은 비일(Greg Beale), 아우내(오니, David Aune), 그리고 오즈번(Grant Osborne)의 저술이다.

아브라함 언약

본 장의 앞에서 언급한 바와 같이, 하나님께서는 아브라함에게 민족과 땅을 약속하셨고 또한 그가 땅의 모든 족속에 대한 축복의 근원이 될 것이라고 약속하셨다.

는 설명은 필자의 *Evangelical Hermeneutics*, 9장, 241~69를 보라.

49 Thomas, *Evangelical Hermeneutics*, 269.

민족. 계시록은 하나님께서 아브라함에게 하신 약속들을 성취하실 다양한 시기와 방법을 묘사한다. 계시록에서 아브라함의 후손들은 여러 차례나 고려된다. 아마도 가장 눈에 띄는 예는 7:1~8과 14:1~5일 것인데, 여기에는 아브라함의 손자 야곱의 후손들인 144,000명이 언급된다. 이들이 아브라함의 후손들의 총 숫자는 아니며, 그들 가운데서 나중에 특수한 임무를 수행하기 위하여 선택된 무리들이다.50

물론, 언약주의자들은 144,000명을 문자적 의미로 받아들이지 않는다. 자신의 절충적(eclectic) 해석학에 따라서, 비일은 "7:4~8에 나오는 무리는 가시적 교회에서 남은 자를 대표하는데, 이는 참 이스라엘이라고 스스로를 부른다."51고 말한다. 또는 "전 시대에 걸쳐서 참 이스라엘 민족이라고 여겨지는 하나님의 백성의 총 합"52이라고 결론 내린다. 그는 자신의 절충주의를 계시록에 대한 이상주의와 미래주의적 접근의 조합이라고 설명한다.53 절충주의적/취사선택적 해석학은 선호하고 싶은 신학적 진영을 확고하게 하려고 어떤 구절을 문자적 해석에서 알레고리적인 것으로(혹은 그 반대로) 바꿀 수 있게 해준다. 계시록의 묵시적 장르가 이러한 유동성(vacillation)을 허용한다고 가정함으로써 이런 일이 가장 자주 일어난다. 비일은

---

50 계시록을 문자적으로 해석하는 다른 이들은 144,000명의 역할을 다르게 볼지도 모른다(예, John F. Walvoord, *The Revelation of Jesus Christ* [Chicago: Moody, 1966], 140). 그러나 그들은 144,000명이 아브라함의 문자적인 후손이라는 것에는 모두 동의한다.

51 G. K. Beale, *The Book of Revelation: A Commentary on the Greek Text*, The New International Greek Testament Commentary (Grand Rapids: Eerdmans, 1999), 423.

52 Beale, *The Book of Revelation*, 733.

53 Beale, *The Book of Revelation*, 48~49. 비일은 자신의 절충주의가 비판받자, 필자에게 자신의 접근법이 "실재적인"(realistic) 해석학이라고 개인적으로 설명해 주었다. 그러나 어떤 이들에게 실재주의(realism)는 그저 절충주의만큼이나 주관적일 수 있다.

절충주의로 인하여 어떤 곳—7장과 14장과 같은—에서는 이상주의적으로, 다른 곳—19장과 같은—에서는 미래적으로 해석한다.

비일과 대조적으로, 아우내는 144,000명을 모든 시대의 성도들이 아닌, 미래의 그리스도인들로 이해한다.54 그가 144,000명을 7:9~17에 나오는 능히 셀 수 없는 큰 무리와 다르게 이해하는 것 또한 비일과 다른 점이다.55 이 본문에 대한 주석에서 두 알레고리 해석자들을 비교함으로써, 석의 과정에서 문법적-역사적 원칙을 버렸을 때 얼마나 다양한 (계시록의) 해석들이 무절제하게 나타날 수 있는지를 우리는 볼 수 있다. 아우내는 묵시적 장르에 대하여 합의할 수 있는 정의를 찾기 위해 애쓴 후에 자신의 결론에 도달했다.56 다른 권위자들은 자신의 정의에 동의하지 않을 수도 있음을 인정하면서도,57 그는 마침내 "장르" 혹은 "묵시"에 대한 자신의 정의를 결정해야만 했다.58

해석학적으로 오즈번은 비일과 같은 절충주의적 진영에 속하지만, 단지 이상주의와 미래주의를 결합하는 대신, 미래주의를 과거주의(preterist) 및 이상주의와 결합시킨다.59 그 또한 자신의 신학적 경향에 맞추기 위해 유동적인 방법을 취할 수 있었다. 그럼에도 불구하고, 어떠한 해석 원칙을 채택하든지 상관없이 그는 "해석학적 겸손"과 신중함을 옹호했다.60

---

54 David E. Aune, *Revelation 6~16*, Word Biblical Commentary, vol. 52B (Dallas: Word, 1998), 443~44.

55 Aune, *Revelation 6~16*, 440.

56 Aune, *Revelation 6~16*, lxxi~Xc.

57 Aune, *Revelation 6~16*, lxxxi~xxxviii.

58 Aune, *Revelation 6~16*, lxxxviii~xxxix.

59 Grant R. Osborne, *Revelation*, Baker Exegetical Commentary on the New Testament (Grand Rapids: Baker Academic, 2002), 21~22.

60 Osborne, *Revelation*, 16.

그는 144,000명을 교회라고 이해했는데, 왜냐하면 계시록 전체에 걸쳐서 교회가 강조되고 있기 때문이다.61 "계시록의 어디에서도 이방인 교회와 분리된 유대인 성도들에 대한 언급은 찾아볼 수 없다."62라고 그는 말했는데, 이 주장은 아래에서 잘못된 것임이 드러날 것이다. 오즈번은 자신의 결론에 대한 또 다른 근거를 갈라디아서 6:16과 같은 신약 구절들에서 도출했는데, 이 구절들에서 교회가 이스라엘로 불렸다는 그의 주장은 잘못된 것이다.63

필자가 다른 곳에서 이미 충분하게 논의했듯이,64 계시록 7:4~8에서 문자적 의미 외에는 다른 명칭을 붙이기 위한 어떤 타당한 석의적 논증도 존재하지 않는다. 이 구절들을 다른 식으로 이해하려는 논증들은 해석학적인 것이 아니라 교리적인 동기에서 비롯된 것이다. 신약성경이나 주후 160년까지 초대 교회 저술에서도 교회가 "이스라엘"이라고 불린 분명한 예는 전혀 존재하지 않는다는 사실을 말하는 것만으로도 충분하다.65 또한 월부어드(John Walvoord)의 요점은 강력하다. "만약 저자가 교회를 묘사하려는 의도를 가지고 있었다면, 여기에서 한 것처럼 교회를 이스라엘로 나타내는 모형론을 굳이 열 두 지파로 나누기까지 하는 것은 좀 우스꽝스러운 것 같다."66 144,000명과 계시록 7:9~17에 나오는 무수한 무리 사이에 존재하는 숫자와 국적의 차이를 여기에 추가해 보라. 그러면 아브라함과 이삭, 야곱의 후손으로서의 144,000명의 정체가 분명하게 될 것이다.

아브라함의 후손에 대한 또 다른 언급은 계시록 12장에 나온다. 이 본문은 아이를 밴 여인에 관해, 하늘에 나타난 큰 이적을 말한

---

61 Osborne, *Revelation*, 311.
62 Osborne, *Revelation*, 311.
63 Osborne, *Revelation*, 311~12.
64 Thomas, *Revelation 1~7* (Chicago: Moody, 1992), 473~78.
65 Richardson, *Israel in the Apostolic Church*, 74~84, 206.
66 Walvoord, *The Revelation of Jesus Christ*, 143.

다. '이적(semeion, 12:1)'이라는 용어는 이 여인에 대한 비유적 해석을 이해할 수 있게 하는 문맥적 신호이다. 이 여인에 대한 묘사를 창세기 37:9와 연관시켜 보면, 그녀가 바로 국가적/민족적 이스라엘임을 확인할 수 있다. 하나님께서는 미래에 이 나라를 용의 증오에서 보호하려고 피난처를 제공하실 것이다.

비일은 이 여성이 이스라엘을 나타낸다는 장황한 입증의 일부로, 석의적으로 입증할 수 없는 다음의 주장을 펼쳤다. "이것은 교회가 이스라엘의 열두 지파와 동일시된다는 것에 대한 또 다른 예이다(7:4~8을 보라). 12장에서 이 여성은 그리스도의 재림 전과 후에 사는, 하나님의 백성 집합체를 의미한다."[67] 그는 정말로 이를 메시아를 낳은 구약의 믿음의 공동체에 대한 언급이라고 보았던 것이다.[68] 그러나 그는 "역사의 마지막 단계의 시험에서 살아남은 이스라엘 민족의 남은 자들을 묘사하는 것으로서만 이 여인을 이해하는 것은 너무나 제한하는 것이다"라고 주장했으며, "12:1~2의 여인은 구약과 신약 두 시대에 있어서의 믿음의 공동체를 대표하는 것이다"라고 덧붙였다.[69] 설명되지 않은 어떤 해석학적 전이로, 그는 이 여인이 이스라엘에 대한 상징이라는 견해에서 이것이 믿는 이스라엘과 교회에 대한 상징이라는 주장으로 옮겨갔다.

아우내는 여인에 관한 말들이 아마도 그리스의 레토-아폴로-파이톤(Leto-Apollo-Python) 신화에서 기인했을 것으로 분석했다. 그는 지나가면서 창세기 37:9~11을 단 한 차례 언급했을 뿐,[70] 여인에 관한 신화가 그리스도인의 관점에서는 마리아와 그의 아들에 대한 서술로, 또는 유대인의 관점에서는 핍박받는 백성 이스라엘에 대한 서술로 읽힐 수 있다고 인정했다.[71] 아우내는 이 경우에 있어

---

[67] Beale, *Revelation*, 627.
[68] Beale, *Revelation*, 629.
[69] Beale, *Revelation*, 629.
[70] Aune, *Revelation 6~16*, 680.

서 독자-반응 유형의 해석학을 추구하는 것처럼 보인다.

오즈번은 이 여성을 창세기 37:1~9—해와 달은 요셉의 부모님을, 별들은 그의 형들을 의미하는—에 언급되는 이스라엘로 올바르게 이해했다. 그러나 은연중에 그는 이 여인이 계시록 12:17에 나오는 교회를 대표한다고 말하기도 했다.[72] 그는 어떻게 야곱과 레아[73]가 요셉의 부모인 것처럼 교회의 부모도 될 수 있는지에 대해서는 설명을 하지 못했다. 계시록 12:6에서, 그는 미래적 설명을 선택하여, "최후의 끔찍한 박해" 기간 동안에 핍박을 받는 사람들이 바로 교회라고 규정했다.[74] 어떻게 하나님의 백성인 이스라엘이 갑자기 하나님의 백성인 교회가 되었는지에 대해서 그는 설명하지 않는다. 이 전환은 매우 자의적인 것처럼 보인다. 다시 한 번, 계시록 12장을 이해함에 있어서 알레고리적 해석자들이 보여주는 근본적인 불일치를 통하여, 일단 문법적-역사적 원칙을 버리면 해석이 주관적 특성을 보일 수밖에 없음을 잘 알 수 있다.

이 여인이 미래에 있을 이스라엘의 신실한 남은 자이며, 용은 그녀를 죽이려고 애쓰는 사탄이라고 이해하는 것이 적절한 이해이다.[75] 명백히, 창세기 37:9~10에서 해와 달은 요셉의 부모인 야곱과 라헬을 지칭한다. 국가적 이스라엘은 메시아를 낳은 어머니이며, 이를 교회로 이해하려는 시도는 그 어떤 근거로도 정당화될 수 없다. 계시록이 구약의 하나님의 백성과 또 다른 구속받은 사람들[교회] 사이에 그 어떤 구분도 하지 않는다는 주장은 가치가 없다.

---

[71] Aune, *Revelation 6~16*, 712.

[72] Osborne, *Revelation*, 456.

[73] 외관상, 오즈번은 요셉의 어머니를 레아와 동일시하지만 실제적으로 요셉의 어머니는 라헬이다(창 30:22~24).

[74] Osborne, *Revelation*, 464.

[75] 더 광범위한 논의를 위해서는 Thomas, *Revelation 8~22* (Chicago: Moody, 1995), 117~21을 보라.

이러한 구분은 7:1~8과 7:9~17을 비교함으로써 이미 지적되었다. 7:9~17에 나오는 셀 수 없이 큰 무리가 어떠한 사람들로 구성되는지 상관없이, 분명한 것은 이들이 7:1~8에 나오는 144,000명과는 다르다는 사실이다. 계시록 12장에 대한 이러한 설명은, 아브라함으로부터 한 민족을 일으켜 세우시고 그들을 보호하셔서 나라가 되게 하겠다고 하신 자신의 약속을 성취하시는 하나님의 신실하심에 대한 또 다른 예가 된다.

비일과 아우내, 오즈번은 계시록 2:9와 3:9이 국가적 이스라엘에 대한 언급이라는데 동의하지만, 미래에 있을 국가적인 회개에 대한 가르침은 인정하지 않는다. 그들은 이 구절들이 단지 빌라델비아 성도들에 대한 정당화와 보상을 언급할 뿐이라고 말한다.76 그러나 3:9에서 유대인들에 의한 순종과 충성은 회개하여 그리스도의 제자가 되지 않고서는 거의 불가능한 일이다.77

약속된 땅(The Land). 하나님께서는 아브라함에게 땅(나중에 하나님이 그 곳으로 그를 이끄실)을 소유하도록 하겠다고 약속해 주셨는데, 이 땅은 나중에 "약속된 땅" 이스라엘로 불렸다. 계시록 11:1~13은 예루살렘에서 성전 측량과 두 증인의 활동에 대하여 말하고 있는데, 이 도시는 약속된 땅의 심장부이다.

다음의 도표는 계시록 11:1~3에 대한 해석학적 접근들 사이에 존재하는 차이를 부각시켜준다. 이것은 비일과 아우내의 절충주의의 결과들을 계시록에 대한 문자적 또는 문법적-역사적 접근과 비교해서 반영한 것이다.

---

76 Beale, *Revelation*, 240~41, 286~88; Aune, *Revelation 6~16*, 162~65, 237~38; Osborne, *Revelation*, 190~91.

77 더 깊은 논의를 위해서는, Thomas, *Revelation 1~7*, 282을 보라.

계시록 11:1~12에 대한 세 가지 관점

2, 3, 4, 5, 9, 11, 13열이 이 연구에 특별 관심 대상이다. 이들 모두는 하나님께서 아브라함에게 약속하신 땅에 있는 지리적 위치와 연관이 있다. 계시록에 대한 미래주의적이고 문자적인 접근을 따라가다 보면, 이것들이 아브라함에게 하신 하나님의 약속에 대한 미래적 성취의 일부분임을 알 수 있다.

용어 또는 표현	비일	오즈번	토머스
[1] "측량"(11:1)	"하나님의 미래적 현존에 대한 확실한 약속"; "하나님의 종말론적 공동체에 대한 보호"(559) "파루시아 때까지"(566)	"장차 올 대환란에서 성도들을 영적으로 보호"(410; 참조 411); "교회의 최후 승리에 대한 '예언적 전망'"(412)	"하나님의 호의의 증거"(80~81)
[2] "성전(naon)"(11:1)	"교회의 성전"(561); "그리스도인들"(562); "모든 언약 공동체"(562); "박해를 겪으나 하나님의 보호를 받는 성도들의 공동체"(566)	천상의 성전은 "일차적으로는 최후 시기 동안의 성도들인 교회, 이차적으로는 모든 시대의 교회"를 묘사	"그리스도 재림 직전의 기간에 있을 미래적 예루살렘 성전"(81~82)
[3] "제단"(11:1)	"고난 받는 언약 공동체"(563)	"[천상의] 분향단"(410)	"성소 바깥뜰에서 희생 제사를 위한 놋쇠 제단"(82)
[4] "경배하는 자들"(11:1)	"성전 공동체 안에서 함께 예배드리는 성도들"(563)	"개인 성도들"(411)	"미래에 있을 이스라엘의 경건한 남은 자"(82)
[5] "그 안에서"(11:1)	"그"는 성전 혹은 제단을 가리킴(571)	"교회 안에서"(411)	"다시 지어진 성전 안에서"(82)

[6] "성전(naou) 바깥마당"(11:2)	이방인들을 포함한 "하나님의 참된 백성들"(560)	"핍박 받는 성도들"(412)	"하나님이 없는 악한 자들"(83)
[7] "그냥 두라"(11:2)	"여러 가지 형태의 지상적인 위험(육체적, 경제적, 사회적 등으로)에서 보호되지 않는"(569)	이방인들/열방으로 부터 보호되지 않는(412); 하나님께서 죄인들의 손에서 성도들을 넘겨줌(413)	"하나님의 호의로부터의 배제"(83)
[8] "이방인"(11:2)	"믿지 않는 이방인들과 유대인들"(569)	"잠시 동안 이방인들/열방에 넘겨질 교회"(412)	"하나님에게 대적하여 유대인 남은 자들을 박해할 [비유대인] 무리"(83~84)
[9] "거룩한 성"(11:2)	"천상 도시의 최초 형태, 이 중 일부는 지상에 살고 있는 성도들과 동일시됨"(568)	"하나님의 백성"(413)	"문자적으로 지상의 예루살렘 도성"(84)
[10] "마흔 두 달"(11:2)	"종말론적 환난 기간에 대한 비유"(565); "교회 시대에 걸쳐서 믿음의 공동체에 대한 공격"(566)	"하나님의 엄격한 통치 아래에 있는 제한된 시기"; "순교의 시기이자 또한 보호와 증거의 시기"(415)	"다니엘의 칠십 번째 주의 마지막 절반"(85)
[11] "짓밟으리라"(11:2)	그리스도의 부활부터 그의 최후 재림 전까지 교회를 핍박(567)	육체적인 의미로 "성도들이 엄청나게 고난 받을 것임"(413)	"미래적 모독과 예루살렘에 대한 지배"(86)
[12] "두 증인"(11:3)	교회: "모든 신앙의 공동체"(573)	"두 명의 종말론적으로 중요한 인물... 증인으로서의 교회[에 대한 상징]"(418)	미래에 있을 두 예언자, 아마도 모세와 엘리야(87~89)

[13] "큰 성"(11:8)	"바벨론"="로마" ="불신앙의 세상" (591~92)	예루살렘과 로마; 이차적으로는, 하나님을 대적하는 모든 도시(426~27)	예루살렘(93~94)
[14] 두 증인의 부활과 승천(11:11~12)	"예언자적 외침에 대한 하나님의 승인"(599)	"교회의 '휴거'에 대한 예기적 내다봄"(432)	두 증인의 부활(97)

(주: 괄호 안에 있는 페이지 숫자는 비일의 주석, 오즈번의 주석 그리고 토머스의 주석(Revelation 8~22)의 쪽수를 가리킨다. 이 도표에서 음영 처리된 칸은 비일과 오즈번이 서로 본질적으로 동의하는 부분이며, 나머지는 서로 불일치하는 부분이다. 이들은 열 네 가지 부분에서 문자적 해석에 동의하지 않는다.)

아우내에게 돌아가 살피면, 그는 성전을 지상적인 것이 아닌 천상적인 것으로 보는 오즈번에 동의하지만, 지상적 성전이 지어지지 않을 것이라는 가정 하에서만 그러하다.[78] 그러나 그는 나중에 11:1~2에 묘사된 성전이 가장 명백하게 예루살렘에 있는 지상적 성전이라고 인정한다.[79] 그는 또한 "거룩한 성"이 11:8에 다시 언급되는 지상에 있는 예루살렘 도시에 대한 분명한 언급이라고 믿는다.[80] 그러나 그는 '예배자들'을, 종말의 도래까지 살아남도록 하나님의 보호를 받는 그리스도인 남은 자들이라고 보는 점에서는 오즈번에 동의한다.[81]

해석학적 원칙으로 문자적 해석을 따르는 사람들에게, 아브라함에 대한 땅 약속은 계시록 전체에 울려 퍼지고 있다. 아브라함에게 하신 땅 약속의 다른 구절들로는 계시록 16:16과 20:9이다. 전자는 하르마게돈(Harmagedon) 혹은 아마겟돈(Armageddon)이라 불리

---

[78] Aune, *Revelation 6~16*, 596~97.

[79] Aune, *Revelation 6~16*, 605.

[80] Aune, *Revelation 6~16*, 608~9.

[81] Aune, *Revelation 6~16*, 630.

는, 미래에 전투가 벌어질 지역을 언급한다. 접두사 "하르(Har-)"는 아마도 므깃도(Megiddo)라고 불리는 마을을 둘러싸고 있는 언덕 인근을 의미하는 것 같다. 므깃도는 가자(Gaza)와 다메섹(Damascus)을 잇는 대로에 있는 도시였는데, 이 도로는 해안 평지와 에스드랄론(Esdraelon) 혹은 므깃도 평지를 이어 주었다. 이스라엘의 땅을 점령하려는 동쪽 지역의 왕들은 유프라테스 강을 건너야 했으며, 므깃도는 아마겟돈에 대한 지정학적 의미와 아브라함의 땅 약속의 성취에 대한 또 다른 지칭이다(계 16:12).[82] 20:9의 "성도들의 진과 사랑하시는 성"은 분명하게 예루살렘 도시에 대한 언급이다.

비일의 해석 체계에서, "아마겟돈"은 성도들과 그리스도를 대항하는 최후의 전투가 일어날 지역에 대한 비유적 언급이다. 그는 전 세계를 지칭하는 이름으로서 이를 이해한다.[83] 유사하게, 그가 "성도들의 진과 사랑하시는 성"을 교회라고 이해할 때도 그는 알레고리적 해석을 선택한다.[84]

아우내는 아마겟돈을 "악마적인 영에 의해 모여서 하나님에 적대적인 세력들이 하나님과 그분의 백성을 거스르는 최후의 전쟁을 위하여 모이게 될 신화적이고 묵시적인-세계의 산"이라고 부른다.[85] "사랑하시는 성"과 관련해서는, "21:10까지 천상적인 예루살렘이 그 모습을 드러내고 있지 않기 때문에(3:12은 제외하고서), '사랑하시는 성'은 새 예루살렘이 될 수 없고 따라서 지상적 예루살렘임에 틀림없다."라고 언급한다.[86] 그러나 아우내가 계시록의 예언들을 미래적으로 해석한다고 결론 내려서는 안 된다. 그는 자료-편집 비평

---

82 Thomas, *Revelation 8~22*, 261~62.

83 Beale, *Revelation*, 838~39.

84 Beale, *Revelation*, 1027.

85 Aune, *Revelation 6~16*, 898.

86 Aune, *Revelation 17~22*, Word Biblical Commentary, vol. 52C (Dallas: Word, 1998), 1098~99.

가설을 따르기 때문에, 계시록의 최종 편집자가 이전에 있었던 전통들이나 신화들을 이 구절에 합친 것이라고 그저 가정할 뿐이다.

여덟 가지 가능한 의미들을 간략하게 소개한 후에, 오즈번은 "아마겟돈"이 하나님을 대항하는 최후의 전투에 참가할 열방을 묘사하기 위해서 반역적인 이스라엘을 확장한 것이라고 이해한다.[87] 이것 또한 알레고리적이다. 이 용어에 대한 지정학적 함의를 주지시킨 후에,[88] 그는 상징적 의미를 선택한다. 구약 시대 때부터, 므깃도 주변의 평지와 산간 지역은 전투 장소로 잘 알려져 있었고 대적들에 대한 그리스도의 최후 승리에 적합한 지역이었다. 므깃도 평지는 전 세계에서 모인 군대들이 다 들어갈 정도로 크지는 않지만, 남북으로 이백 마일과 동서로 팔레스타인 지역의 너비 정도를 아우르는 병력 전개를 위한 집결 장소를 제공할 수 있다(계 14:20을 보라).[89]

문자적 해석에 동의하면서, '사랑하시는 성'을 계시록 20:9의 예루살렘—천년왕국 기간 동안 그리스도 왕국의 수도로 다시 복귀할—으로 이해하는 오즈번은 자신의 문자적-미래적 방식으로 되돌아온다.[90] 이러한 신선한 결론은 아브라함에게 약속된 지리적 영토 내에서 천년왕국의 활동 지역을 지리적으로 정함으로써 아브라함에 대한 땅 약속을 지지해 준다. 이는 지상에서 자신의 나라를 통치할 이스라엘의 메시아의 지역이 될 것이다.[91]

아브라함의 후손 가운데 "만왕의 왕, 만주의 주"(19:16)가 거하실 것인데, 그 분의 정복은 지상의 의인들을 짐승과 거짓 선지자의 기만과 폭정, 불의로부터 해방시켜줄 것이다(19:20). 이 거대한 전쟁은 열방을 속이는 자를 가두고(20:3), 땅에 있는 모든 족속에게 큰

---

[87] Osborne, *Revelation*, 596.
[88] Osborne, *Revelation*, 594.
[89] Thomas, *Revelation 8~22*, 270~71.
[90] Osborne, *Revelation*, 714.
[91] Thomas, *Revelation 8~22*, 425를 보라.

복을 주는 것으로 끝날 것이다.

다윗 언약

하나님께서 다윗에게 하신 약속은 다음 내용을 포함한다. "네 수한이 차서 네 조상들과 함께 누울 때에 내가 네 몸에서 날 네 씨를 네 뒤에 세워 그의 나라를 견고하게 하리라 그는 내 이름을 위하여 집을 건축할 것이요 **나는 그의 나라 왕위를 영원히 견고하게 하리라... 네 집과 네 나라가 내 앞에서 영원히 보전되고 네 왕위가 영원히 견고하리라 하셨다** 하라"(삼하 7:12~13, 16, 강조는 추가).

다윗 언약의 성취는 처음부터 끝까지 계시록의 주요한 주제이다. 계시록 1:5에서 그리스도에 대한 칭호들은 시편 89편에서 온 것인데, 이것은 다윗 언약에 대하여 성령의 영감으로 쓰인 일종의 주석이라고 할 수 있다. 이 칭호들은 "충성된 증인으로 죽은 자들 가운데에서 먼저 나시고 땅의 임금들의 머리"이다. "죽은 자들 가운데에서 먼저 나시고"는 시편 89:27의 "장자"에서, "땅의 임금들의 머리"는 시편 89:27의 "세상 왕들에게 지존자"에서, "충성된 증인"은 시편 89:37의 "궁창의 확실한 증인"에서 온 것이다.

다윗은 또한 계시록의 마지막에서도 두드러진다. 계시록 22:16은 "나 예수는 교회들을 위하여 내 사자를 보내어 이것들을 너희에게 증언하게 하였노라 나는 다윗의 뿌리요 자손이니 곧 광명한 새벽 별이라 하시더라"라고 말한다. 예수님은 다윗의 조상(뿌리)일 뿐 아니라 후손(자손)이기도 하시다. 그 분은 다윗 집안과 연관된 경륜의 처음이자 마지막이시다. 사무엘하 7:12의 표현을 빌리면, 그 분은 하나님께서 다윗의 뒤에 일으켜 세우기로 약속하신 바로 그 후손이다. 그분은 다윗에게 약속한 나라를 시작하실 것이다. 이와 유사하게, 바울은 로마서 15:12에서 예수님을 "이새(Jesse)의 뿌리"라고 불렀다.

계시록 5:5에서 이십 사 장로 중 한 명은 요한에게 "유대 지파의 사자 다윗의 뿌리"가 이겼으며 일곱 인이 있는 책을 여실 것이라고 확신시켰다. "뿌리"는 여기서 "후손"이라는 의미를 가지고 있는데, 그리스도께서 최종적 다윗 왕국의 지도자가 되실 것임을 지적하고 있다. 이 칭호는 이사야 11:1, 10의 메시아적 예언을 암시한다.

비일은 계시록 1:5의 이 칭호를 시편 89편과 연결하는데 동의하지만, 사도 요한이 다윗을 "종말론적 수준으로 높아진 이상적 다윗"으로 본다고 결론짓는다.[92] 다시 말해서, 그는 문자적 이해가 아니라, 다윗에 대한 약속의 알레고리적 성취로 이해하는데, 그 이유는 이 약속이 다윗에게 그렇게 이해되었을 것이기 때문이다. 그리스도는 미래가 아니라 현재 동안에 자신의 통치를 실현하고 있으며 우주 위에서 주권적 위치를 차지하고 있다고 그는 말한다.

계시록 22:16에 대하여, 비일은 이와 동일하게 이해한다. 여기서 그는 다윗의 나라를 이미 시작되었을 뿐 아니라 동시에 미래적이라고 본다.[93] 그러나 다윗 언약에 대한 문자적 이해는 단지 이 나라를 미래에만 제한시킨다. 이 경우에 있어서, 비일이 이상주의와 미래주의적 해석학을 결합함을 주목하라. 현재적 성취를 이해할 때는 알레고리적 해석을, 미래적 성취를 이해할 때는 문자적 해석을 하고 있다. 이것은 단일 의미라는 원칙에 대한 또 다른 위배이다. 계 5:5에서 비일은 예수님과 다윗의 연결에 대하여 거의 언급하지 않는다. 두 칭호와 연관하여 그는 "둘 모두 심판을 통하여 자신의 적들을 이기실 메시아적 인물에 대한 예언과 관계가 있다"고 언급한다.[94] 이는 그의 말에 따르자면 아무 때에나 성취될 수 있는 이상주의적 틀에 이 말씀을 끼워 넣은 것이다.

아우내는 계시록 1:5을 시편 89:27, 37과 연관시키지만,[95] 이 시

---

[92] Beale, *Revelation*, 190~91.

[93] Beale, *Revelation*, 1146~47.

[94] Beale, *Revelation*, 349.

편과 이 시편이 언급하는 다윗 언약을 계시록 구절에 연결시키는 데는 실패한다. 다시, 계시록 22:16에서 그는 이 칭호가 가지고 있는 메시아적 함의를 지적하지만, 계시록에 나타나는 다윗 언약과 그 성취에 대해서는 언급하지 않는다. 그는 계시록 5:5의 칭호들을 장차 통치하실 메시아에 대한 구약의 예언들과 올바르게 연결 짓는데, 그러나 한 걸음 더 나아가서 사무엘하 7장에 나오는 다윗 언약의 성취와 연결시키지는 않는다. 그는 이 구절에서 다윗 가계의 통치를 계시록 11:15, "그가 세세토록 왕 노릇 하시리로다"와 연관시켜 언급하는데, 이렇게 한 것은 계시록에 대한 그의 세 권짜리 주석책 전부를 통틀어 단 한 번에 그친다.

오즈번은 계시록 1:5의 "충성된 증인"을 시편 89:27과 연결시키지 않는 것을 더 선호하지만, 1:5의 다른 두 칭호에 대해서는 시편 89:27과 연결시킨다.96 그러나 그는 (이를) 이스라엘의 다윗 언약의 성취와 직접적으로 연관 지으려고 하지는 않는다.97 계시록 22:16에 대해서, 그는 "다윗의 뿌리이며 자손"을 "다윗적이며 메시아적인 소망"과 연관시켜서 예수님을 "다윗적 메시아"라고 부른다.98 그러나 그는 여전히 이 성취가 어떠한 방식으로 국가적 이스라엘의 소망에 기여하는지를 언급하지는 않았다. 5:5에 대하여 오즈번은 "다윗의 뿌리"와 이사야 11:1의 군사적 본문의 연결을 지적하며, 계시록에서 다윗 이미지 중 군사적인 측면이 지배적임을 인정했다.99 그러나 그는 이 사람이 바로 승리를 성취하실 재림의 그리스도라고 이해하는 데는 실패했다. 오히려 그는 예수님의 십자

---

95 David E. Aune, *Revelation 1~5*, Word Biblical Commentary, vol. 52A (Dallas: Word, 1997), 37~40.

96 Osborne, *Revelation*, 62~63.

97 Osborne, *Revelation*, 63.

98 Osborne, *Revelation*, 792~93.

99 Osborne, *Revelation*, 254.

가를 하나님의 적들과의 전투에서 핵심적인 무기라고 이해한다.100 이는 계시록에 대한 문자적 이해나 미래에 있을 이스라엘의 다윗 언약에 대한 성취를 거의 올바로 이해하지 못한 것이다.

빌라델비아 교회에게 쓴 계시록 3:7에서, 예수님께서는 자신을 "다윗의 열쇠"를 쥐고 있는 분이라고 말씀하신다. 열쇠를 소유하고 있다는 것은 그가 다윗의 도시—즉, 옛 예루살렘과 새 예루살렘 둘 모두—에 들이거나 들이지 않을 권한을 가지고 계심을 의미한다. 이 열쇠는 메시아로서 예수님께서 다스리실 다윗의 나라에 관여하게 될 사람이 누구인지를 정할 권한과 관련이 있다. 또 이 언급은 그 분이 다윗에게 약속된 것을 성취하지 않으신다면 불가능할 것이다.

"다윗의 열쇠"(계 3:7)에 대해서, 아우내는 "이 용어는 다윗적인 혹은 메시아적인 왕국, 즉 참 이스라엘에 들어가는 열쇠를 가리킨다."라고 결론지었다. 그러나 아우내는 참 이스라엘을 사무엘하 7장에서 다윗과 이스라엘에게 약속된 미래적 왕국이 아니라, 교회와 동일시하는 잘못을 범했다.101

비일에게, "다윗의 열쇠"는 계시록 1:18에 나오는 유사한 구절에 대한 부연 설명이며, 구원과 심판에 대한 예수님의 능력과 동일한 것이었다.102 그는 천국에 들어갈 자들에 대한 주님의 주권에 대한 강조를 올바르게 지적했지만, 그 나라를 현재 시대의 교회로 정의했으며 구약에서 이스라엘에 대한 언급을 계속적으로 영해했다. 그는 현재 시대가 아니라 매우 분명하게 미래에 있을 왕국을 말하고 있는 계시록에 대해서도 동일한 방식을 취하고 있다.103

오즈번은 계시록 3:7의 "다윗의 열쇠"를 마태복음 16:18~19에

---

100 Osborne, *Revelation*, 254.

101 Aune, *Revelation 1~5*, 235.

102 Beale, *Revelation*, 284.

103 Robert L. Thomas, "The Kingdom of Christ in the Apocalypse," *The Master's Seminary Journal* 3, no. 2 (Fall 1992): 117~40을 보라.

나오는—예수님께서 가지고 계셨으며 그의 제자들에게 넘겨주신—"천국 열쇠"와 동일시한다.104 계시록의 문맥에서 그는 예수님에 대한 언급을 "하나님의 나라인 '새 예루살렘'에 출입하는 것을 다스리시는"(3:12) 다윗적 메시아로 이해한다.105 왜 오즈번이 천년왕국이 아니라 영원한 나라에 대한 접근에 대하여 말했는지는 수수께끼로 남아있다. 천년왕국은 가장 특정하게는, 이스라엘의 소망이 성취될 현재적 땅과 관련된다. 빌라델비아 교회에 대한 "열쇠" 약속은, (육체를 지닌) 이스라엘 사람들이 가장 우세하게 될, 미래적 나라에서 누릴 축복을 부활한 교회가 함께 나누어 받을 것을 보여준다.

계시록에는 다윗에 대한 특정한 언급들 외에도 다윗 왕국에 대한 많은 언급들이 있다. 다윗 언약의 성취에서, 계시록은 종종 현재의 지구에 세워질 미래적 왕국을 언급하는데, 이 예언들은 구약에서 그 나라에 대하여 주어진 예언들과 부합한다. 계시록 11:15은 "일곱째 천사가 나팔을 불매 하늘에 큰 음성들이 나서 이르되 세상 나라가 우리 주와 그의 그리스도의 나라가 되어 그가 세세토록 왕 노릇 하시리로다 하니"라고 기록한다. 이것이 메시아의 미래적 왕국 외에 무엇이 될 수 있겠는가? 천상의 목소리로 불리는 예언적 노래의 언어는 바로 시편 2:2, 즉 권세가 이교적 나라들에서 하나님과 그 분의 메시아에게로 옮겨진다는 시를 반향한다.

필자는 다른 곳에서 그 나라의 미래성을 강조하는, 계시록의 지배적 강조의 수많은 예를 열거했다.106 그 나라에 대한 논의는 계시록 19:11~20:10에 제한되어서는 안 된다. 계시록의 가르침은 전체로서 고려될 필요가 있다. 미래적 왕국에 대한 예견은, 현재를 살아가는 그리스도인의 경험을 위한 동기 부여의 필수적인 부분이다.107 "나

---

104 Osborne, *Revelation*, 187.
105 Osborne, *Revelation*, 187.
106 Thomas, *Revelation 8~22*, 546~50.
107 Thomas, *Revelation 8~22*, 546.

라"가 오늘날의 그리스도인 교회 공동체에게 무엇을 의미하든지 상관없이, 그 의미는 미래적 나라가 여전히 앞에 놓여있다는 사실을 제거하지 않는다. 계시록은 다윗과 아브라함과 맺은 하나님의 언약과 이 미래적 왕국을 연결시키고 있다.[108] 이 나라의 개시(initiation)에 대한 예언적 노래는 또한 계시록 12:10과 19:6에도 있다.

비일은 계시록 11:15에 대한 주석에서 "하나님은 이제 자신이 이전에 사탄이 가지도록 허락했던, 세상에 대한 통치를 직접 취하신다."라고 말한다.[109] 그러나 두 단락 뒤에 이렇게 언급한다.

> 16~17절에서 강조하는 영원한 통치는 바로 주님의 것이다... 구약에 예언되었으며 오랜 시간 기다려온 메시아적 왕국의 완성된 성취는 이제 일어났다... 고린도전서 15:24~28에 나타나듯이 절정의 순간에 그리스도가 이 나라를 아버지께 바칠 것과 자신을 아버지께 복종시킬 것이 어떤 식으로 현재 본문에 연결될지를 말하는 것은 어렵다. 아마도 그리스도는 자신의 통치의 구속사적인 국면을 포기하고 난 뒤 아버지께 스스로를 복종시키지만 동시에 그 옆에서 영원한 통치를 맡으시게 될 것이다.[110]

비일은 계시록 11:15에서 적어도 두 가지 어려운 문제를 만난다. (1) 그 중 하나는, 이 구절이 **세상**에 대한 통치권의 변화를 고대한다고 말하지만, 그 다음의 두 구절에서는 그 나라의 영역이 **이 세상**에서 영원한 상태의 새 하늘과 새 땅으로 변화된다고 말함으로써 스스로 모순된 모습을 보인다. (2) 두 번째 문제는, 그가 인정하듯이, 그리스도가 그 때에 이 세상 나라에 대한 자신의 통치를 이제 막 시작할 것이기 때문에, 고린도전서 15장이 요구하는 것처

---

108 Thomas, *Revelation 8~22*, 550~58.
109 Beale, *Revelation*, 611.
110 Beale, *Revelation*, 611.

럼 어떻게 그가 절정의 때에 바로 그 나라를 아버지께 드릴 수 있는지에 대한 것이다.

비일이 직면한 이 두 가지 딜레마에 보일 올바른 반응은 미래적 나라가 현재적 땅과 연관된 시간적 국면을 가진다는 것을 인지하는 것이다. 그 뒤에는 새 하늘과 새 땅에서 영원한 나라가 올 것이다. 계시록 11:15은 그 말씀이 그대로 보여주듯이, 이 땅 위에서 미래적이고 일시적인 나라를 말하며, 권세가 이방 나라에서 하나님과 그의 메시아에게로 이양될 것을 가르친다. 이 미래적이고 일시적인 나라의 끝에 고린도전서 15장이 묘사하고 있는 것처럼, 메시아가 그 나라를 아버지께 바칠 것이다.

처음에는 계시록 11:15b의 "세상 나라"를 하나님을 대적하고 그분의 목적과 대립되는 창조 세계 전체 혹은 인간 세계로 정의하고서는, 다음에는 11:15c의 영원한 통치를 하나님의 영원한 통치로 정의함으로써, 아우내는 비일처럼 동일한 딜레마를 스스로 만들어냈다.111 그렇게 함에 있어서, 그는 영원히 지속될 **이 땅에서** 미래적 왕국을 예견했다. 그리고 이것은 그가 다른 곳에서 인정했었던 새 하늘과 새 땅에 대한 여지를 여기서는 남겨두지 않게 만들었다.

오즈번은 이 세상의 나라가 우리 주와 그 분의 메시아의 나라로 대체되는 것을 그리스도의 재림 때에 일어날 일로 생각하며, 그것이 유대적이며 신약적인 기대의 성취라고 이해한다.112 비록 계시록 11:15이 특별히 이 나라를 새로운 창조 세계가 아니라 **이 세상**에 위치시킬지라도, 그는 이것을 그리스도의 영원한 나라의 시작이라고 이해하기 때문에,113 그도 비일과 아우내 같은 딜레마를 만난다. 그는 현재적 지상에 위치할 천년왕국을 전혀 허용하지 않는다.114

---

111 Aune, *Revelation 6~16*, 638~39.
112 Osborne, *Revelation*, 440~41.
113 Osborne, *Revelation*, 441.

물론 이 지점에서는 비일과 아우내 그리고 오즈번 모두 다윗 언약의 성취에 대하여 아무 말도 하지 않는다. 이는 계시록 11:15이 계시록을 비문자적으로 해석하는 사람들에게 불가능한 상황을 만들기 때문이며, 또한 문자적으로 해석하는 자들에게는 하나님께서 다윗에게, 그리고 궁극적으로는 또한 아브라함에게 하신 약속들에 대한 성취를 이 구절이 특징짓기 때문이다.

계시록은 다윗 언약의 성취와 그 나라에서 이스라엘의 두드러지는 역할에 대하여 훨씬 더 많은 말을 할 수 있지만, 또한 새 언약에 대해서도 할 말이 많다.

새 언약

예레미야 31:31~34은 하나님께서 이스라엘과 맺은 새 언약을 기록하고 있다. 여러 조항들 가운데서 현재의 논의와 연관 있는 두 가지를 살펴보겠다. 하나님께서 "내가 그들의 악행을 사하고 다시는 그 죄를 기억하지 아니하리라"(34절)라고 말씀하셨을 때, 이것은 부분적으로는 어떻게 아브라함이 모든 민족에게 복의 근원이 될 것인지에 대한 것이었다. 그리고 하나님께서 "나는 그들의 하나님이 되고 그들은 내 백성이 될 것이라"(33절)라고 말씀하셨을 때, 그분은 이스라엘과 모든 다른 민족을 위하여 자신과의 새로운 관계를 주셨는데, 이것은 우주적 축복의 또 다른 근원이다.

죄의 용서(죄 사함). 계시록의 많은 부분은 죄 용서를 다룬다. 계시록 12:11에서 천상의 목소리는 어린양의 피를 노래한다. "그들[이스라엘 민족 가운데서 순교자들을 가리킴]이 어린 양의 피로써 그[사탄을 가리킴]를 이겼다." 어린양의 피나 단순하게 어린 양을 언급하는 다른 곳에서 이것은 죄의 용서를 주시는 갈보리에서 그리스도

---

114 천년왕국의 위치에 대하여 추가적인 입증을 위해서는, Thomas, *Revelation 8~22*, 550~52를 보라.

의 죽음을 암시한다(5:6; 7:14; 13:8을 보라). 계시록은 어린 양을 25번 언급한다. 물론 어린양은 오직 이스라엘만을 위하여 희생적으로 돌아가신 것이 아니었다(앞서 지적했던 것처럼, 그 혜택들 중에서 구속은 그리스도의 몸으로 확장되었다[115]). 그러나 이사야 52:13~53:12의 종의 노래가 강조하는 것처럼, 그의 죽음은 특별히 이스라엘의 죄를 위하여 일어났다. 계시록 14:3에 따르면, 이스라엘 가운데서 144,000명의 특별한 종들은 "이 땅에서 구속을 받는다." 그들은 14:1에서 어린 양과 함께 시온 산 위에 나타난다. 그들의 구속은 고난 받는 메시아에 의하여 제공되어야 한다. 5:9에 의하면, 구속은 어린 양의 피를 통하여 왔다. 비일과 아우내 그리고 오즈번은 12장의 여인을 특별하게 이스라엘과 연결시키지 않기 때문에, 12:11에서 어린양의 피를, 이스라엘과 맺으신 하나님의 새 언약적 약속과 연결시키지 않는다는 사실 또한 전혀 놀랍지 않다. 비일은 그 여인을 "과거와 현재, 미래에 있는 모든 성도"라고 규정한다.[116] 아우내는 "그 구절은 그리스도인 순교자들의 승리에 대한 예언을 다루고 있다."라고 말한다.[117] 오즈번은 12:11의 이기는 자들은 계시록 2~3장에 나오는 일곱 교회의 이기는 자들이라고 밝힌다.[118]

아브라함에 대한 하나님의 약속의 한 부분은 바로 그가 전 세계적 축복의 근원이 될 것이라는 사실이다. 분명하게, 죄 용서는 그 약속의 성취의 일부분이었지만, 새 언약은 그 이상의 것을 말한다. 예레미야 31:33b~34상은 "내가 나의 법을 그들의 속에 두며 그들의 마음에 기록하여 나는 그들의 하나님이 되고 그들은 내 백성이

---

[115] 예수님의 초림 때 자신들의 메시아에 대한 이스라엘의 거부 때문에, 예수님은 이스라엘의 테두리를 넘어서 죄 사함의 유익을 확장시키셨다(마 26:28; 막 14:24을 보라). 이것은 또한 계시록이 대상들을 제한하지 않은 채 죄 사함에 대해서 말하는 이유이다(계 1:5; 7:9, 14, 17을 보라).

[116] Beale, *Revelation*, 663.

[117] Aune, *Revelation 6~16*, 702~3.

[118] Osborne, *Revelation*, 475~76.

될 것이라 여호와의 말씀이니라 그들이 다시는 각기 이웃과 형제를 가리켜 이르기를 너는 여호와를 알라 하지 아니하리니 이는 작은 자로부터 큰 자까지 다 나를 알기 때문이라."라고 약속한다. 이와 같은 상태는 계시록 20:1~3에서 묘사하고 있는 사탄의 결박 후에만 오로지 존재할 수 있다. 사탄은 더 이상 만국을 미혹하게 할 자유를 가지지 못할 것이다(20:3). 그 때까지 그는 계속해서 "공중의 권세 잡은 자를 따랐으니 곧 지금 불순종의 아들들 가운데서 역사하는 영"(엡 2:2b)으로서, 그리고 "이 세상의 임금"(요 12:31)으로서 자신의 지도력을 발휘할 것이다. 그는 그리스도의 십자가를 통하여 잠재적인 의미로는 이미 심판을 받았으나, 이 심판의 완성은 지상에서 미래적 왕국과 아브라함과 맺으신 언약의 완전한 성취를 기다리고 있다.

미래의 날에 이 세상에 대한 지배는, 만왕의 왕이요, 만주의 주이신(계 19:16) 다윗의 자손과 그분과 함께 통치하는 자들의 손에 있을 것이다(계 20:4). 그분은 천년왕국 직전에, 죽은 자들—다니엘의 칠십 번째 이레에 순교를 당했던 자들을 포함하여—을 일으키실 것이며, 그들은 그분과 함께 다스릴 것이다. 그것은 의와 공평의 통치가 될 것이며, 그러므로 아브라함과 그의 자손들은 모든 민족에 대한 복의 근원이 될 것이다.

하나님과의 새로운 관계. 명백하게, 다윗의 미래적 나라의 새 예루살렘 국면에서, 이스라엘과 새 언약의 죄 사함의 혜택을 받았던 다른 모든 사람은 하나님과 전무후무한 관계를 누릴 것이다. 계시록 21:3에서 요한은 "보라 하나님의 장막이 사람들과 함께 있으매 하나님이 그들과 함께 계시리니 그들은 하나님의 백성이 되고 하나님은 친히 그들과 함께 계셔서"라고 쓰고 있다. 이 약속은 하늘로부터 오는 거룩한 성, 새 예루살렘의 내려옴과 함께 이뤄질 것이다(21:2). 이것은 하나님께서 이스라엘에게 하신 새 언약의 약속, "내가 그들의 하나님이 되고, 그들은 내 백성이 될 것이다"를 떠올리게 한다(렘 31:33d; 렘 32:38; 겔 37:27을 보라).

아우내는 계시록 21:3c에서 언약적 공식인, "나는 그들의 하나님이 되고 그들은 내 백성이 될 것이라"(렘 31:33[LXX 38:33])를 인지했으나, 여기서 그것을 모든 사람을 지칭하는 것으로 이해한다. 그는 구약 전체에 걸쳐 이스라엘 내에 있는 의로운 자들에게 제한된다는 사실을 인지한다.[119] 물론, 그는 이스라엘을 이 지점까지 인도하려고 특별히 계시록 7, 12, 그리고 14장에서 하나님이 이스라엘을 다루시는 바를 인지하려고 하지 않을 것이다. 비일은 예레미야 31:33의 성취를 예수님을 믿는 모든 사람을 위한 것이라고 이해한다. "아브라함의 참다운 씨와 진정으로 유일한 이스라엘 민족, 그는 유대인들과 이방인들 모두를 위하여 죽었고 살아나셨다."[120] 그는 이렇게 썼다. "이상적인 왕이자 이스라엘 민족이신, 예수님에 의하여 대변되는 모든 사람은 참된 이스라엘의 일부로 여겨지며, 그러므로 그분이 받은 축복들을 공유한다."[121] 거기서, 그는 미래적 왕국에서 있을 국가적 이스라엘과 맺은 새 언약의 문자적 성취를 회피한다.

오즈번은 계시록 21:3을 예레미야 31:33b 뿐만 아니라 에스겔 37:27과도 연결 짓지만, 이 구절들을 오늘날 그리스도인들에 의하여 영적으로 성취되는 것으로 이해하는 것이 아니라, 새 하늘과 새 땅에 있을 모든 사람을 위한 것이라고 해석한다.[122] 그는 에스겔과 예레미야에 있는 약속들의 원래 수령자들과 그들의 고유한 역할에 대한 그 어떤 언급도 생략한다. 민족적 이스라엘은 하나님께서 이스라엘뿐만 아니라 모든 사람과 맺으시는 친밀한 관계, 그러나 이전에는 존재하지 않았던 관계에 대한 이유가 된다. 땅에 있는 모든

---

[119] Aune, *Revelation 17~22*, 1123.

[120] Beale, *Revelation*, 1047. 예레미야 31:33을 언급하는 1048을 보라.

[121] Beale, *Revelation*, 1047

[122] Osborne, *Revelation*, 734~35.

족속은 하나님께서 아브라함에게 하신 약속을 통하여서 축복을 받을 것이다.

계시록 21:3의 약속은 진실로 이스라엘의 경계를 넘어 확장되지만, 그것이 이스라엘과 가지는 특별한 관련성과 또 이스라엘이 받은 새 언약을 부정하는 것은, 심지어 하나님과의 이 새로운 친밀성을 만들어냄에 있어서, 계시록의 앞부분들을 통하여 나타나는 국가적 이스라엘의 명백하게 독특한 역할을 무시하는 것이다. 계시록 21:12, 14은 이스라엘이 새 예루살렘, 즉 영원한 상태에서조차 교회와 구별되는 역할을 가질 것임을 보여준다. 하나님의 택하심의 특별한 대상으로서, 이스라엘은 영원히 구별될 것이다

계시록의 이스라엘 요약

계시록은 민족적 이스라엘에게 하신 하나님의 약속들, 특히 아브라함, 다윗, 그리고 새 언약을 성취하심에 있어서 그분의 신실하심에 대한 언급들로 가득하다. 이 책을 절충주의적, 비문자적, 혹은 알레고리적인 방식으로 해석하는 사람들이 하나님께서 이 언약들을 다른 사람들과 더불어 성취하시려고 이스라엘을 떠나셨다고 주장하는 것은 약속들에 대한 그 분의 신실하심을 모독하는 것이다.

비일과 아우내, 그리고 오즈번이 계시록에 있는 이스라엘에 대한 언급들을 발견하지 않으려고 사용한 방법들은 다양하다. 비일과 오즈번은 본문이 이스라엘을 언급할 때마다 이상주의적이거나 알레고리적인 의미를 선택하면서, 일반적으로 절충주의적 해석학에 의지한다. 그들에게 있어서는 이스라엘에 대한 어떠한 언급도 교회—그들은 교회를 "새 이스라엘"이라고 부른다—에 대한 것이 된다. 아우내는 자신의 해석학을 "절충주의"라고 설명하지 않지만, 계시록을 해석하는 그의 방법은 쉽게 그 범주로 분류된다. 그는 "묵시"와 "장르"에 대한 정의를 찾기 위하여 애쓰지만, 본인도 인정하듯이, 자신의 정의가 어떤 이들에게는 받아들여지지 않을 것이라고 하면

서 끝을 맺는다. 그 다음에 그는 어떤 본문에서 문자적-미래적-신비적 방법과 다른 곳에서 알레고리적-이상주의적-역사적 방법을 결합시키는 것을 정당화하는 근거로 묵시라는 장르를 내세운다. 그와 오즈번은 여기저기서 문자적 성취를 갉아 먹지만, 일반적으로 문법적-역사적 원칙들을 무효화하기 위하여 사용되는 일종의 장르 원칙들 —독자-반응 해석학이나 역사적 비평—을 통하여 교묘하게 빠져나간다.

이 세 사람 모두는 계시록 2:9과 3:9에 있는 유대 사람들에 대한 부정적인 언급들을 문자적으로 받아들이지만, 7장과 14장의 이스라엘과 이스라엘의 아들에 대해서는 비유적인 의미들로 되돌아간다. 세 사람 사이의 빈번한 불일치는, 누군가가 계시록을 이해하는 문자적인 방법을 버렸을 때 얼마나 무절제한 해석이 될 수 있는지를 생생하게 보여준다. 이 책에 대한 문자적인 접근을 가질 때, 이스라엘에 대한 언급들은 평이해지고 풍성해진다.

계시록 전체의 이런 특징을 염두에 둔다면, 누군가가 "계시록 20:1~10은 본문적으로 이스라엘의 언약들과 약속들에 연결될 수 없다. 신약의 어떠한 본문도 미래적이고 유대적인 천년왕국에 대하여 분명하게 가르치고 있지 않다. 천상의 보좌로부터 그리스도께서 현재적이고 영적으로 나스리고 계신다는 것과 관련하여, 신약이 구약의 이미지들을 해석한다."[123]라고 말하는 것은, 말씀들이 그 일반적인 용례에서 가지고 있는 것 외의 의미들을 채택함으로써 명백한 것을 부정하는 것이다. 그것은 이러한 구절들을 그것들의 문맥에서 완전히 분리된 것처럼 이해하는 것이며, 이런 행동은 석의적으로 받아들일 수 없는 결정이다. 하나님은 자신이 민족적 이스라엘과 하신 모든 약속을 문자적인 방식으로 성취할 것이며, 신실함이라는 자신의 영원한 속성을 유지하실 것이다. 구약과 신약의 다

---

123 Waltke, "A Response," in Blaising and Bock, *Dispensationalism, Israel and the Church*, 353.

른 부분들과 함께, 문자적으로 해석되는 계시록은 하나님께서 이스라엘 민족에게 하신 약속들을 지키신다는 사실을 확증한다.

논평 /1/

로버트 L. 레이몬드

토머스는, 하나님께서 아브라함과 그의 자손들에게 하신 모든 약속—땅 약속을 포함하여—이 손상되지 않은 채 남아 있으며, 국가적 이스라엘이 과거에도 그러했고 현재에도 여전히 그러하며 미래에도 영속적으로 하나님의 계획에서 주요한 위치를 차지할 것임을, 그리고 그것은 (영화롭게 된 그리스도가 예루살렘에서 다윗의 보좌에 앉게 되실) 유대적 천년왕국에서 절정에 이를 것임을 가르친다고 그가 주장하는 수많은 구절을 언급하고 인용했다. 반면에, 교회는 민족적 이스라엘과 따로 구별되는 집합체이며, 구약의 선지자들에게는 알려지지 않은 비밀이었으며, 이스라엘에게 하신 약속들을 성취하지도 않고 있다. 그가 매우 많은 세대주의적 "골동품들"(curiosities)을 들고 나왔기 때문에, 필자는 이 짧은 평가에서 그 모든 것을 다룰 수는 없고, 그래서 두 가지에 대해서만 평가를 하겠다.

토머스의 이스라엘 이해

필자가 말했던 것처럼, 토머스는 이스라엘에게 한 땅 약속이 창세기부터 계시록까지 구약과 신약 전반에 걸쳐서 그 효력이 계속된다고 주장한다. 예수님과 그 어떤 사도도 이것을 다르게 말하지 않는다. 그러나 정말 그러한가? 필자가 다른 곳에서 다루었던 악한 농부들에 대한 예수님의 비유(마 21:33~45; 막 12:1~12; 눅 20:9~19)

에서, 예수님께서는 자신의 포도밭을 다른 농부들에게 빌려주고 다른 나라로 간 땅 주인에 대한 이야기를 들려주신다. 주인이 대여료를 포도밭의 과실로 받을 때가 다가왔을 때, 주인은 계속해서 종들을 소작농들에게 보내었으나 그들은 매 맞거나 돌 던짐을 당하거나 죽임을 당할 뿐이었다. 결국, 주인은 자신의 아들을 보내면서 "그들이 내 아들은 공경할 것이다"라고 말했다. 그러나 소작농들이 주인의 아들을 보았을 때 그들은 "이는 상속자니, 자, 우리가 그를 죽이고 그의 상속을 차지하자"라고 말했다. 그들은 그렇게 했고, 그의 시체를 포도밭 바깥에 던져버렸다. 땅 주인은 와서, 이 소작농들을 모두 죽이고 자신의 포도밭을 다른 사람들에게 임대해 주었다. 이 비유의 목적은 분명하다. 곧, 땅 주인은 하나님 아버지이시고, 포도밭은 이스라엘 국가이며(사 5:7을 보라), 농부들은 이스라엘의 지도자들이고, 종들은 구약 신정(theocracy)의 선지자들이며, 아들은 예수님 자신이시다. 이 비유의 중심적 가르침은 분명한데, 원래의 청중들에게도 그러했을 것이다(마 23:37a). 하나님께서는 구약 시대에 자신의 종인 선지자들을 계속해서 보내셔서 이스라엘 국가가 죄와 불신으로부터 돌이키도록 부르셨지만, 그들은 선지자들을 거절했고 박해했고 때로는 죽였다. 이후에, 이스라엘의 주인이신 하나님께서는 단지 또 다른 종을 보내는 것을 넘어 예수 그리스도를 보내셨다. 마태복음 21:37은 "그리고 나서 **최종적으로** 그는 자기의 아들을 보냈다"고 하고 있으며, 마가복음 12:6은 "... 그의 **사랑하는** 유일한 아들을 그들에게 **마지막으로** 보냈다"고 보고한다. 여기서 예수님께서는 자신이 보내심을 받은 후에 더 높은 자는 결코 올 수 없다는 의미에서, 자신을 하나님의 **최후의** 대사로 표현했다. 하나님의 아들은 하나님의 사자(messenger) 중에서 가장 높은 분이시다. 그 분 이전에 보냄을 받았던 선지자들에 대한 거절과는 달리, 하나님의 아들을 거절한 결과는 **하나님께서 자비로 이스라엘 국가를 계속 대하시는 것도, 단지 정치-종교적 실행에 있어서의 차이만을 귀결되는 것도 아닐 것이었다.** 오히려, 예수님에 대한 이스라엘의 국가 지도자들에 의한 거절은 **신정의 완전한 전복과 그 가운데서 또 다른 구조(그리스도의 교회)의 설립**이라는 결과를 낼 것이었는데, 후자 안에서 하나님의 아들은 **성령으로 충만한 성도들에 의하여 완전한 신원**(vindication)**과 최고의 영광을 얻게 될 것**이라고 예수님은 가르치셨다. 로버트슨(A. T. Robertson)은 "[이 비유에 있어서 진리는] 정치적이고 세상적인 지도력을 원하는 유대 국가에 대한 조종(弔鐘, death-knell)이었다."[124]라고 덧붙였다. 예수님의 정확한 말씀은 이렇게 이어진다. "그러므로 내가 너희에게 이르노니, 하나님의 나라를 너희는 빼앗기고 그 나라의 열매 맺는 백성이 받으리라"(마 21:43; 또한 막 12:9과 눅 20:16을 보라). 그 중에서 선택받은 후손들을 제외한 국가적 이스라엘은 심판을 받을 것이고, 과거 세대 동안 누렸던 특별한 지위는 이미 출현하고 있는 예수 그리스도의 **전 세계적인 교회**—이 교회는 선택 받은 유대인 남은 자들과 선택 받은 이방인들로 구성되었다—에게 넘겨주어야만 했다. 예수님께서 예언하셨던 것처럼, 이스라엘의 지도자들은 그분을 거절했고 로마에게 그분을 십자가에 못 박으라고 부추겼으며, 성전과 예루살렘 도시는 곧 파괴되었고(마 24:1~35을 보라), 유대인들은 흩어졌으며, 모세가 신명기 28:15~68과 31:24~29에서 예언했던 것처럼 이스라엘은 정치적 집단으로서 더 이상 존재하지 않게 되었다.

그리고 바울은 데살로니가전서 2:15~16에서 "주 예수와 선지자들을 죽이고 우리를 쫓아내고 하나님을 기쁘시게 하지 아니하고 모든 사람에게 대적이 되어 우리가 이방인에게 말하여 구원받게 함을 그들이 금하여 자기 죄를 항상 채우매 노하심이 끝까지 그들에게 임하였느니라!"라고 선언했다. 이러한 신적 거절은, 택하심을 받은 유대의 남은 자들을 제외한 이스라엘 대부분을 하나님께서

---

[124] A. T. Robertson, *The Gospel according to Matthew*, The Gospel according to Mark, vol. 1 in Word Pictures in the New Testament (Nashville: Sunday School Board of the Southern Baptist Convention, 1930~32), 172.

완고하게 하시는 것으로 나타났다. 다시 한 번 우리는 민족적 집합체로서 이스라엘이 택하심을 받은 남은 자들을 제외하고 **로-암미**("내 백성이 아니다")가 되었음을 확고하게 듣게 된다(롬 9:27~29; 11:7~10). 그러나 하나님께서는 결코 모든 개별적인 유대인을 거절하신 것이 아니었기 때문에, 은혜로 유대인들 중 남은 자들은 선택하셨다(롬 11:1~5). 그리고 다수의 구원 받은 이방인이 원래 자신들의 조상들에게 약속되었던 축복을 누리며 따라서 예수 그리스도를 믿는 믿음을 통하여 좋은 "감람나무"(롬 11:23~24)에 접붙임을 받음으로써, 이 세대 동안에 선택 받은 유대인들이 "시기하게"(롬 11:11, 14) 됨으로써 그 유대인들은 계속해서 구원을 받고 있다. 이방인들의 구원은 선택 받은 유대인들이 구원을 얻는 주요한 통로이다. 진실로, 이러한 방식으로 "모든 이스라엘은" 구원을 얻을 것이다(롬 11:26).

 이러한 성경적 자료들을 본다면, 교회는 다음의 네 가지 명제를 긍정해야만 한다. (1) 현대 유대 국가는 예수 그리스도의 메시아적 왕국의 일부분이 아니다. 거칠게 표현하자면, 현대 이스라엘은 예수 그리스도에 대한 아브라함의 믿음을 결여하고 있기 때문에, 하갈의 영적 자손(갈 4:24~25)이며, 그러므로 "이스마엘적"이다. 따라서 현대 이스라엘은 고대 이스라엘의 땅에 대한 모든 성경적 권리를 상실했다. (2) 구약의 땅 약속은, 모든 나라(창 12:3)와 우주 전체(롬 4:13)를 아우르는 구원 받는 백성들을 향한 하나님의 목적의 실현에 대한 모형(/전형)으로서 기능한다. 그리스도인들이야말로 아브라함을 따라 대형적(antitypical)이고 완성된 성격으로서의 땅 약속에 대한 진정한 상속자들이다. (3) 이스라엘 국가의 지정학적인 재건립과 관련된, 이스라엘이 자신들의 땅으로 되돌아올 것이라는 구약의 예언들은, 그리스도의 재림 때 성도들의 부활과 함께 이루어질 "만물의 회복"에 대한 성취로서 더 잘 이해되어 진다(행 3:21; 롬 8:22~23). 이러한 예언들을 문자적으로 해석하는 것은 대형(antitype)보다 모형(type)을 역행적으로 더 높이 올리는 것일 수 있다. (4) 미래적 메시아 왕국은 재창조된 우주 전체를 포함할 것이며, "거룩한 땅"이나 다른 어떤 곳에서라도 "유대적"인 것으로 간주될 수 있는 특별한 실현은 일어나지 않을 것이다.

토머스의 교회 이해

전통적인 세대주의 방식대로, 토머스는 또한 교회와 현재 교회 시대를, 역사 안으로 삽입되었지만 여전히 이스라엘 국가에 의하여 빛이 바랜, 하늘나라의 비밀스러운 형태로 이해한다. 교회는 이스라엘 국가에 주어진 구약 시대의 약속들을 성취하는 것이 전혀 아니다. 그러나 정말로 그러한가?

필자는 예수 그리스도가 교회의 구원자이며 주님일 뿐 아니라 교회의 최고의 선지자적 교수(scholar)임을 교회가 새로이 인식해야 한다고 강력하게 주장하고 싶다. 교회는 구약과 신약의 종말론이 위치해야 할 프로그램적 패러다임을 예수님의 "종말론적 이중성"―하나님의 나라는 은혜 안에서 이미 왔으나, 심판에 있어서는 아직 오지 않은―으로부터 가져와야만 한다. 구약이 분명하게 연대기적으로 구별하지 않았던 것―복잡하기는 해도 단일한 실재처럼 표현했던―을, 예수님께서는, 하나님의 나라가 은혜 안에서 먼저 왔고, 그 나라가 나중에 대격변적인 분노와 위대한 영광으로 심판 가운데 다시 역사 안으로 침투해 올 것이라고 말씀하심으로써 그 이중적 연대기를 구별하셨다.

예수님께서 하신 분명한 구분은 현재 시대가 하나님의 구원 활동에 있어서 절정의 시기이며 그러므로 구원론적 의미에서 "종말론적"임을 가르쳐준다. 게다가, 그리스도의 현재적 통치는 단지 존재하는 다른 통치들 옆에서 이루어지는 또 다른 하나의 통치가 아니다. 예수님의 은혜의 나라는 다른 모든 왕적 통치와는 그 본성 상 구별되는데―마치 사람이 짐승과 구별되듯이(단 7:2~14)―칼 헨리(Carl F. H. Henry)는 이렇게 설명했다.

오직 이 나라만이 생명이 죽음보다 더 궁극적이며, 자비가 죄와 죄책의 세계를 아우를 수 있으며, 하나님의 범위가 지옥의 범위보다 더 크다는 것을 결정적으로 확증한다. 그것은 인간의 모든 합법적인 필요에 대한 만족과 신적 자비의 승리, 영원에 합당한 살아있는 생명을 가진 인간성, 그리고 하나님의 갱신된 공동체의 귀환을 나타낸다. 이 나라는 사탄의 꼭두각시 나라들에 의하여 좌절될 수 없으며, 오히려 그들의 본질을 낱낱이 설명해준다. 한 나절 동안 잠시 일어났다가 사라져버리고 마는 다른 나라들 가운데에서도, 그것은 지속되는 나라이다... 나사렛 예수의 오심은 종말론적 왕국에 대한 선지자적 약속을 성취—완전한 성취는 아니라 해도, 그럼에도 불구하고 결정적으로 의미심장한 방식으로 현실화된—의 차원으로 진보시켰고... 그 자신의 인성 안에서 예수님께서는 하나님의 주권이 육화되신 분이시다. 그 분은 육체를 입고서 그 주권을 살아내셨다. 그 분은 하나님의 창조-의지를 공경하심으로써, 그리고 사탄에 대한 하나님의 주재권을 주장하심으로써 하나님의 나라를 밝히 보이셨다. 예수님은 스스로 주님이자 참된 왕으로서 행동하셨고, 사람의 마음을 다스리시며, 귀신들을 다스리시고, 자연이 가장 맹렬할 때 그것을 다스리셨을 뿐 아니라, 질병과 죽음 그 자체마저도 정복하셨다. 예수님의 오심과 함께 그 나라는 단지 임박하기만 한 것이 아니라 더 큰 범위의 침입과 침략을 실행했다. 예수님께서는 사탄의 희생자들을 풀어주신 사역과 악마와 악마적인 것들을 파멸시키신 것을 가리켜 "하나님의 나라가 너희에게 임했다"(막 12:28)라고 하셨다. 그분은 구원론적 의미에서 하나님의 왕권을 드러내 보이셨다.[125]

---

[125] Carl F. H. Henry, "Reflections on the Kingdom of God," *Journal of the Evangelical Theological Society* 35, no. 1 (1992), 42.

하나님의 심판 활동의 완성과 새 하늘과 새 땅의 시작을 보게 될 장차 올 시대는 최종적이고 영원한 의미에서 "종말론적"이다. 이 시대는 능력과 큰 영광으로 오실 왕의 인도를 받는다.

> 그는 [휴거되어 영광스럽게 된 교회와 함께 그리고] 천상적인 존재들을 수행원으로, 천사들을 시중드는 자로 데리고 오셔야만 한다. 예수님께서는 십자가에 못 박히실 때 이들을 소환하기를 거절하셨지만, 여전히 이들은 하나님의 종으로서 경건한 자들의 최종적인 신원과 사악한 자들의 최후의 심판을 행하기 위해 그리스도의 뜻을 기다리고 있다.
>
> 구약의 선지자들 그리고 나사렛 예수께서 우리를 이 종말론적 절정으로 인도하신다. 이전에 있었던 신약 시대의 성취는 선지자들의 예언이나 지상에서 예수님의 약속이나 사도적 가르침들을 완전히 다 (그 성취에 있어서) 채우지는 못했다. 현재 시대의 교회는... 기껏해야 ... [하나님 나라에] 근접하는 정도였고, 최악의 경우에는 오히려 하나님 나라를 왜곡하기도 했다. 예수 그리스도 자신과 이에 동의하는 사도들과 구약의 저자들(이들은 예견하는 방식으로) 모두 원칙상, 그리고 사실상, 그리스도의 재림과 하나님 나라의 임함에 대하여 말했다... 그것은 완전하고 완성된 실현이 될 것이며, 하늘에서 존재할 뿐 아니라 지상으로 오는 나라가 될 것이며, 시간적이며 역사적인 나라일 것이다... 이 나라는 모든 세계의 제국들을 왜소하게 만들 것이다.126

우리는 이런 식으로 예수님의 종말론을 요약할 수 있다.

(1) 지금 우리가 아는 바 시간이 남아있다는 것을 인식하시면서, 그는 두 시대—지금 현재의 (악한) 시대와 장차 올 새 하늘과

---

126 Henry, "Reflections on the Kingdom of God," 42~43.

새 땅의 시대—를 바라보셨다. 그는 세 번째 시대나 중간기 시대 혹은 이 시대의 다음에 올 천년왕국 시대에 대해서는 아무 말씀도 하지 않으셨다.

(2) 그는 이 두 시대를 연속적인 것으로 그리셨다. 즉, 이 두 시대는 겹치거나 그 사이에 시간 차이가 생기는 것이 아니라, 장차 올 시대는 현재 시대에 바로 뒤이어 나타날 것이다.

(3) 현재 시대를 끝내고 장차 올 시대로 인도할 위대한 시대적 사건은, 영광스럽고 눈으로 볼 수 있는 그리스도의 재림과 그에 동반하여 일어날 사건들이 될 것이다.

그리스도가 다시 오실 때, 그분은 죽은 그리스도인들을 다시 살리시고, 살아있는 그리스도인들을 변화시키시며, 이 두 그룹 모두를 하나로 붙잡아 끌어올려 "공중에서 주를 영접하게" 하실 것이다(살전 4:13~18; 또한 고전 15:23; 빌 3:20~21; 살후 1:5~10 [특히 7절]을 보라). 이 성도들은 바로 다시 그 분과 함께 땅으로 돌아와 부활하고 변화된 악한 자들에 대한 심판에 참여할 것이다(고전 6:2). 그리스도의 재림과 교회를 위하여 그에 수반되는 것들—즉, 죽은 자의 부활, 최후의 심판, 최종적인 상태—은 신약 종말론의 핵심이며, 또한 모든 그리스도인의 종말론의 핵심이어야 한다. **다른 사건들과 그리스도가 영광으로 강림하실 것에 존재하는 관계성에 대한 그 어떤 문제나 질문, 의심, 불일치, 관점의 다양성, 해결되지 않은 문제들, 논쟁 등은 이 위대한 한 가지 사실을 부차적으로 취급하게 만들거나 종말에 있어서의 그것의 중요성과 중심성을 흐리게 만들도록 용인될 수 없다.** 그리스도가 오고 계신다! 그리고 그리스도인들은 죽은 자들 가운데서 일어날 것이며, (살아있다면) 썩지 않고, 영광스러우며, 능력 있고, 죽지 않는 몸으로 변화될 것이다(고전 15:42~43). 자신 안에 이 소망을 가진 자들마다 순수한 그 분의 모습처럼 자신을 깨끗하게 한다(요일 3:2~3). 이러한 것은 언제나 부활에 대한 소망의 부산물이다!

논평 /2/

로버트 L. 소시

점진적 세대주의 신봉자로서, 그러므로 일반적으로 세대주의로 간주되는 진영에 속해 있는 사람으로서, 필자는 토머스의 글이 주장하는 기본적인 주제에 일반적으로 동의한다. 그것은 구약에 나타나는 이스라엘의 정체성과 그들에게 주어진 약속들이 성경 전체에 걸쳐서 여전히 유효하다는 것이다. 그러므로 교회는 이스라엘이 아니다. 그러나 이스라엘과 교회 사이의 어떤 차이점들과 그것을 지지하는 어떤 성경 해석들이 몇 가지 문제를 야기하기도 한다.

우선 동의하는 것을 살펴보면, 하나님께서 아브라함에게 하신 약속—"내가 너로 큰 민족이 되게" 하고 땅을 주겠다는—에서 시작된 이스라엘 국가와 연관된 약속들은 결코 취소되거나 "다른 어떤 것으로 영해되지 않았다."(142쪽)라고 토머스는 옳게 주장했으며, 훌륭한 성경적 증거를 제시했다. 점진적 세대주의는 "하나님의 단일한 백성"(142쪽)을 믿기 때문에 "거의 대부분에 있어서" 이를 부정한다고 한 그의 주장은 오해에 기초한 것이라고 필자는 생각한다.[127]

---

[127] 토머스가 블레이징(Blaising)과 박(Bock)의 저서 『점진적 세대주의』(*Progressive Dispensationalism*)를 인용하는 부분은 유대인들과 함께 "동일한 **성령의 축복들**"(즉, 새언약적 구원의 영적 축복들)을 공유하고 있는 이방인들에 대하여 말하고 있다. 그러나 그 부분은 또한 계속되는 "국가적 차이점들"을 인식하고 있는데, 이는 국가적 영토를 의미한다.

이스라엘의 약속들이 취소되었다고 암시할지도 모르는(혹은 종종 그러한 주장의 근거로 사용되는) 중요한 모든 본문을 살펴봄으로써, 신약성경이 이스라엘의 약속들을 취소하지 않았다고 주장하는 그의 전술은 강력하다. 그러나 특히 그가 다윗 왕국의 현재적 측면을 부정하기 때문에, 어떠한 실례들에 있어서는 해당 본문의 해석을 따를 수는 없다(예, 사도행전 2장과 15장). 그럼에도 불구하고, 비록 자신들의 지도자들로 대표되는 믿지 않는 이스라엘은 버림을 받았지만, 그 약속들에 의하여 장차 올 미래에 믿게 될 이스라엘 사람들에게 여전히 그 약속들은 유효하다는 그의 전체적인 주장은 훌륭하다.

일반적으로, 만약 성경 저자가 문맥을 통하여 은유적으로 언어를 사용하려고 의도했음이 명백하지 않다면, 문자적 이해를 하게 만드는 기본적인 문법적-역사적 해석학적 원칙이 최선의 것으로 추천된다. 그러나 구약의 예언들이 후대의 계시에 의하여 의미 상 더욱 풍성해질 수 있다는 포이쓰레스의 일반적 원칙에 대하여 그가 거부하는 것은, 필자가 따르기 어렵다. 토머스 스스로도 아브라함 언약이 "시간이 흐르면서 더욱 분명해졌다"(134쪽)라고 말했는데, 이는 "단일한 문법적-역사적 의미는 단어들이 말해졌던 역사적 문맥에 의하여 고정되며, 결코 바뀌거나 추가되지 않는다"(138쪽)라고 한 진술과 다소 모순되는 것처럼 보인다.

이제 문제가 되는 것들과 불일치하는 것에 주목하면, 이것들의 상당수는 토머스가 다음 사실을 부정하는 것과 연관되어 있다. 교회의 성도들이 연관되어 있고 그를 통하여 그들이 그리스도 안에서 축복을 받고 있는, 현재적 나라가 바로 약속된 메시아적/다윗적 나라라는 것이다. 교회와 연관되어 있는 나라가 토머스에 의해 분명하게 진술되고 있지 않은 반면, 토머스의 몇몇 말은 현재적 교회가 메시아적이고 다윗적인 나라에 참여하고 있지 않다고 하는 것처럼 보인다.

예를 들어, "이 후에"(행 15:16)가 교회 시대 이후를 언급하는 것이며 야고보는 아모스 9장을 사용하여 이 현 시대 이후에 있을 그리스도의 미래적 통치를 가리키는 것이라고 말하는 것은, 예루살렘 회의의 주제를 무시하는 것일 뿐이다. 이 회의는 이스라엘의 미래에 대한 것이 아니라, 이방인들의 현재적인 구원에 관한 것이었기 때문이다. 야고보는 아모스서를 사용하여서 이 예언들이 메시아의 때에—즉 다윗의 자손 그리스도가 오셔서, 다윗의 집(가계)을 다시 세우기 시작하실 때—이방인들이 받을 구원을 미리 말한 것임을 지적했다.

이와 유사하게, 당시 하나님의 우편에 앉아 계신 그리스도를 베드로가 시편 110:1의 성취로 논한 것이 그의 청중들에게 "이스라엘을 위한 미래적 나라"를 확신시키려는 것으로 이해하는 것 또한 그 구절을 문맥에서 보지 못한 것이다(행 2:30~36). 예수님의 부활과 높아지심에 대한 베드로의 언급은 분명 그 날에 있었던 성령의 놀라운 부으심의 원인을 설명하는 것이었다. 그것은 예수님께서 메시아적 권위의 자리로 높아지심에 따른 결과로서 온 것이다. 이것은 예루살렘에서 그리스도의 미래적 통치를 부정하는 것이 아니라, 예언된 다윗의 왕국의 메시아이신 그리스도로부터 우리가 받은 그분과의 관계와 축복들—"다윗의 거룩하고 확실한 축복"(행 13:34)—에 대하여 제시하는 것일 뿐이다.

현재 이뤄지는 나라가 예언된 메시아적 나라라는 것을 부정하는 것은 성경적으로 지지하기 어려운 주장이다. 비록 토머스가 "비밀"스러운 그 나라(마 13장; 막 4장; 눅 8장)의 정체를 분명하게 말하지 않아도, 그의 논의는 예수님께서 자신이 이전에 선언하셨던 것과 동일한, 예언된 메시아적 나라에 대하여 더 이상 언급하지 않으신다고 제안하고 있다. 분명하게, 비밀들은 새로운 계시를 가리키고 있다. 그러나 이 비밀들과 관련된 나라의 정체를 예수님께서 바꾸셨다는 증거는 어디에도 없다. 예루살렘에서 있을 그리스도의 통치에서 분명하게 드러나기 전에 비밀스러운 형태로 지상에서 이루어질 나라—현재 교회와 연관되어 있는 나라—는 다윗적이고 메시아적인 나라의 첫 번째 국면이다.

자신의 나라를 받기 위하여 먼 나라로 떠난 귀인에 대한 비유에서도 이와 동일한 사실을 발견할 수 있다(눅 19:11~27). 예수님의 귀인에 대한 비유(눅 19:11)를 시작하게 만들었던 그 나라의 나타남에 대한 기대는 예언된 메시아적 나라에 대한 언급이었다. 그러므로 나라를 받기 위해 먼 나라로 갔던 귀인에 대한 예수님의 이야기는 베드로가 사도행전 2장에서 가르쳤던 것 같이 분명하게 예수님 자신이 그 나라의 왕권을 받기 위하여 떠나셨던 것에 대한 설명이다. 이 땅에서 그 분의 다시 오심을 기다리면서 그 분의 왕권을 행사하는 종들은 다름 아닌 교회의 성도들—그러므로 이들은 약속된 나라의 메시아적 왕이신 예수님과 관계가 있다—이다. 성도들이 그 나라의 실재와 현재적으로 관계를 맺고 있음을 가리키는 수많은 구절(롬 14:17; 고전 4:20; 골 1:13을 보라)은 모두 다 다윗적이고 메시아적인 나라에 대하여 언급하고 있음에 틀림없다.

방금 지적한 문제의 자연스러운 결과일 텐데, 또 다른 문제는 바로 이 글 전반에 나타나는 메시아적 왕국의 성격에 대한 관점이다. 다윗적인 나라는 본질적으로 신정(theocracy), 즉 우선적으로 이스라엘과 관계가 있으며, 그러나 또한 열방으로 확장하는 그리스도의 통치가 예루살렘에서부터 문자적이고 정치적으로 이루어져야 한다고 몇몇 구절은 제안한다. 제자들은 예수님의 죽으심에 대한 가르침을 올바로 이해하지 못했다는 말을 들었는데 그 이유는 그들이 "여전히 이 사안 다음에 있을 다윗적 왕국을 기대하고 있었기" 때문이었다(151쪽). "다윗 언약에 대한 문자적 이해는... 오직 미래에만 이 나라를 한정시킨다"(188쪽). 메시아는 "언젠가 다윗의 보좌에 앉아 예루살렘에서부터 다스리기 시작해서서 전 세계에 축복을 가져다 줄 것이다"(145쪽). 의심할 여지없이, 이 미래적인 "전 세계적인 축복"은 오늘날 교회가 누리고 있는 것과 같은 영적 축복들을 포함한다. 그러나 교회가 누리고 있는 현재적인 축복들은 분명하게 다윗적인 왕국과는 관련이 없는데, 이는 그리스도께서 예루살렘에서부터 시작하여 지상에서 문자적으로 통치하시기 때문이다.

그러나 성경은 교회가 현재적으로 누리고 있는 영적 축복들을 다윗의 자손이신 예수님과 연관 지으며, 따라서 다윗 언약과 다윗 왕국과 또한 연관 짓는다. 스가랴는 다윗의 집에서 일으켜진 "구원의 뿔"의 결과로서 올 죄 사함을 예언했다(눅 1:69; 또한 72절을 보라). 사도들은 약속된 "다윗의 거룩하고 확실한 축복"으로서 다윗의 자손이신 예수님을 통하여 구원이 왔다고 선포했다(행 13:23~24; 사 55:3을 인용). 이사야 55:3에서, 이러한 "다윗의 확실한 축복들"은 명백하게 약속된 새 언약과 연관되었는데, 토머스는 새 언약을 교회에서 누리고 있는 현재적이고 영적인 축복들의 근원이라고 인식했다. 이 모든 것은 약속된 다윗 왕국의 축복들을 교회가 현재적으로 누리고 있음을 보여준다.

교회의 현재적인 축복들을 예언된 메시아적이고 다윗적인 나라와 연관시켜 인식하지 못하는 것은 마지막 주제, 즉 이스라엘과 교회의 관계로 연결된다. 비록 이 글에서 이 주제가 명시적으로 깊이 있게 논의되고 있지는 않지만, 교회와 구별되는 이스라엘에 대한 강조, 가장 중요하게는 이스라엘의 거절과 최종적으로 "하나님의 단일한 백성"을 구성하는 교회에 대한 강조는 지나치게 과장된 구분을 암시하고 있으며, 이방인들에게 하나님의 구원을 전하는 증인과 빛으로서의 이스라엘의 성경적 사명을 제대로 인식하지 못하게 만든다.

위에서 언급한 것처럼, 토머스는 교회가 (다윗적 왕으로서 예수님께 집중하는) 다윗 언약의 성취에 참여하지 못한다고 배제한다. 새 언약에 대해서도 동일하게 말할 수 있다. 교회는 약속된 새 언약의 "특별한 혜택들"을 받는다고 말해진다. 그러나 "교회는 민족적 이스라엘의 새 언약의 성취를 대표하지는 않는다… 오직 미래에 [즉, 천년왕국 때]…. 믿음을 가진 이스라엘 민족만이 교회가 지금 **단지 맛만 보고 있는** 새 언약의 완전한 혜택들을 누릴 수 있다"(강조는 저자 추가).[128]

---

[128] 토머스는 예레미야 31:33b~34a의 실현—율법이 마음에 새겨지는

신약은 그리스도가 새 언약을 시작하셨으며, 옛 언약은 이제 쓸 모없어졌다고 명백하게 가르친다(히 8, 10장). 게다가, 예수님은 자신의 생명을 "많은 자들"—여기에는 이방인들이 포함되었다—에게 주셨으며, 그 희생의 피가 새 언약의 피라고 선언하셨다(눅 22:20). 교회는 주의 만찬 때 이를 기념한다(고전 11:25). 바울은 "새 언약의" 일꾼으로서 사역했다(고후 3:6).

이 증거 외에도, 교회가 이스라엘에게 하신 약속들에 참여하지 못한다고 하는 것은 에베소서 3:6의 바울의 가르침과도 모순되는데, 그는 이방인들이 "복음으로 말미암아 그리스도 예수 안에서… 약속에 참여하는 자"가 되었다고 했다. 여기서 말하는 "약속"은 "약속의 언약들"을 언급하는 것이 분명한데, 이는 이스라엘에게 주셨던 새 언약을 포함한다. 이전에 이방인들은 이에 대하여 "외인들"이었다(엡 2:12).

물론 이것이 교회가 이스라엘이라는 장소—이는 이스라엘에게 약속되어 있다—에서 이 약속된 언약들을 성취하고 있다는 의미는 아니다. 또한 이것이 약속들에 들어있는 모든 것을 교회에 적용할 수 있다는 의미도 아니다. 예를 들어, 교회는 이스라엘 국가에게 약속된 것과 같은 특정한 땅을 가지고 있지 않다. 그러나 교회가

것과 사람들이 더 이상 선생들을 필요로 하지 않는 것과 연관된—이 1,000년 통치 기간에 사탄이 결박되어 있을 때에만 성취될 수 있다는 사실에 기초하여, 교회가 약속된 새 언약을 현재 진정으로 성취하지 않고 있다는 자신의 논지를 강화하는 것으로 드러난다. 분명하게 이러한 실현은 현재적으로 완벽하지는 않다. 그러나 히브리서 8장과 10장에서 예레미야서의 이 구절을 인용하고 있다는 사실은, 비록 완벽하게 드러나지는 않았을지라도, 하나님의 **토라**를 마음에 새기는 것에 대한 실현이 현재적으로도 사실임을 제안한다. 유사하게, 요한은 우리가 우리를 가르치시는 성령의 기름부으심을 받았으며 그러므로 더 이상 다른 선생들을 필요로 하지 않는다고 선언한다(요일 2:27). 물론, 이것은 아직 완벽하지 않으며 그래서 교회에는 여전히 은사가 있는 교사들이 주어져 있다. 그러나 이 실현은 이미 개시되었다. 단지 새 언약의 이러한 유익들과 전혀 무관하거나 그저 맛보는 것이 아니라, 오늘날 그리스도 안에 있는 유대인뿐 아니라 이방인 그리스도인들은 새 언약의 구원에 완전하게 참여하고 있다.

현재 그리스도 안에서 누리고 있는 축복들은—신약성경에 따르면 이것들은 본질적으로 영적이다—그리스도께서 시작하셨던 구약 언약들의 성취에 참여함에서 흘러나온다.

이방인들이 이스라엘에게 약속된 새 언약에 참여한다는 신약의 가르침은 또한 동일한 의미에서 구약의 가르침이기도 하다. 죄 사함을 주는 새 언약을 포함하는 믿음에 의한 칭의는, 땅에 있는 모든 족속이 그 안에서 축복을 받을 것이라고 했던 아브라함에 약속하신 축복 안에 있었다(갈 3:8~14; 또한 롬 4:9~25를 보라). 그러므로 아브라함 언약에 대한 이러한 성취는 또한 새 언약의 성취이기도 하다.

이와 마찬가지로 열방에게 약속된 구원도 이스라엘과 함께 새 언약에 참여하는 것으로만 이해가 가능하다. 하나님의 구원은 "땅 끝까지" 이를 것이다(사 49:6; 또한 시 7:2을 보라). 결과적으로, 열방은 이스라엘의 하나님을 인식할 것이다(겔 36:23). 그들은 여호와를 "두려워하고" "경배" 할 것이다(시 86:9; 102:15, 22; 사 11:10을 보라). 이방인들과 이스라엘은 함께 시온에서 예배를 드릴 것이다(사 2:2~3; 56:7; 렘 3:17). 이 모든 것은 이스라엘을 대상으로 했던 새 언약에서 그들에게 약속되었던 동일한 구원이 또한 이방인들에로 가기로 의도되었음을 보여준다. 그것이 이스라엘을 대상으로 하여 주어졌었다고 하는 사실(예. 렘 31:31)이 다른 이들은 여기에 참여하는 것으로부터 배제된다는 것을 의미하지 않음을 주목해야 한다. 이스라엘은 하나님의 구원을 세상으로 전하는 통로가 되었어야 했는데, 그들이 받았던 새 언약의 구원도 동일하다(요 4:22을 보라: "구원이 유대인으로부터 남이니라").

토머스가 교회가 이스라엘의 언약 약속들의 부분적인 성취에 현재적으로 참여하고 있음을 부정하는 이유는 의심할 여지없이 그가 교회와 구약의 신실한 이스라엘과 미래에 회복될 이스라엘을 "하나님의 단일한 백성"으로서 보기를 거부하기 때문이다. 만약 "하나님의 단일한 백성"이라는 생각이 하나님께서 사람들과 자신 사이에 언약을 통하여 특별한 관계를 이루어 오셨던 단 하나의 백성(a people)을 뜻하는 것이라면(필자는 이것이 성경적인 의미라고 이해한다), 모든 믿는 자가 마침내 그리스도 안에서 새 언약을 통하여 "하나님의 단일한 백성"으로서 이해될 수 있는 훌륭한 근거가 있다고 필자는 믿는다.

"하나님의 백성"으로서 하나가 될 이스라엘과 이방인 성도들의 실재는 메시아의 날에 대한 이사야의 예언에서 명확하게 나타났다. 이때 이집트와 앗시리아는 이스라엘과 함께 "세 번째 그룹"이 될 것인데, 하나님께서 "내 백성 애굽이여, 내 손으로 지은 앗수르여, 나의 기업 이스라엘이여, 복이 있을지어다"라고 하실 것이다(사 19:24~25). 게다가, 새 언약을 통하여 사람들이 "내 백성"이 될 것이라고 하신 하나님의 약속은 이스라엘과의 관계에서 뿐 아니라 교회의 성도들과의 관계에서 또한 주장될 것이다(고후 6:16). 그리고 마지막으로, 영원한 상태에서, 하나님께서 함께 거하시게 될 **모든 사람**은 "그의 백성"이다(계 21:3).

확실히, 국가/민족으로서 이스라엘은 하나님의 구원의 역사적 계획에서 특별한 목적을 섬기기 위해서 창조되었다. 그러나 목적 구분이 하나님의 서로 다른 백성을 만들지는 않는다. 교회의 장로들은 장로가 아닌 사람들과는 다른 사역을 하지만, 그럼에도 그들은 모두 동등한 하나님의 백성이다.

요약하면, 토머스는 이스라엘이라는 개념이 성경 전체에 그 의미를 유지하며, 이 나라와 연관된 약속들 또한 유효하며 성취된다고 올바르게 주장하고 있다. 그러나 이것을 확증함에 있어서, 그의 글이 하나님의 구원에 있어서 이스라엘과 교회의 연합을 깨닫지 못했다고 필자는 믿는다. 이 글은, 원래 이스라엘과 맺었던 언약들(아브라함, 다윗 그리고 새 언약)에서 약속된 구원에 열방들과 이방인들이 참여함으로 이스라엘이 구원의 통로가 되도록 부르심을 입었다는 사실과 그러므로 우리가 "아직 이루어지지 않은(not yet)" 우리 주님의 재림을 기다리면서 이 언약들의 "이미(already)" 이루어진 측면들에 현재적으로 참여하고 있다는 사실을 이해하는 데 실패했다.

논평 /3/

채드 O. 브랜드 & 톰 프랫 2세

　로버트 토머스는 아주 분명하며 전혀 타협하지 않으면서 전통적 세대주의적 입장을 보여주는, 이스라엘과 교회 주제를 다루는 글을 썼다. 그가 신실한 복음주의 학자로서 오랫동안 교회와 교회의 성경 이해에 크게 기여했기에, 우리는 그에게 매우 감사한다. 그러나 우리는 그의 주해에 몇 가지 주요한 우려를 표한다.

　우선 구약의 다양한 본문에 나타난 이스라엘에 대한 땅 약속을 상세히 서술하면서, 토머스는 그의 글의 중심 주제로 착수했다. 예수님과 사도들이 이스라엘에 대한 땅 약속을 취소할 수도 있었던 경우들이 존재했으나, 그들은 그렇게 하지 않았다는 것이다. 우선적으로, 예수님께서 땅 약속을 취소하지 않으셨다는 사실에 대해서 우리는 어떤 말을 해야 할까? 심지어 예수님께 이것이 분명한 사실이었다 하더라도, 그분이 그렇게 행동하셨다면 이상했었을 것이라고 우리는 사실상 생각한다. 비록 그분의 사역 초기에 예수님의 말씀과 행동들이 종종 공격을 불러일으켰으며 때로는 심지어 폭동을 야기했지만(눅 4:14~30; 막 2:1~12; 막 3:23~28), 그는 또한 몇몇의 경우에 고침을 받은 자들에게 아무에게도 말하지 말라고 가르치시면서(막 1:40~44), 그리고 다른 때에는 그의 사역에서 너무 일찍 반대가 일어나지 않게 하려고 마을 바깥에 머무시면서(막 1:45) 신중하게 행동하셨다. 십자가로 가는 몇 달 동안, 그분은 자신이 하는 행동들을 숨기는데 훨씬 덜 신경을 쓰셨는데, 특히 유대인들이 예수님을 죽이려는 음모(요 11:45~57)를 꾸미게 한 나사로의 부활(요 11:1~44) 기적부터 그러하셨다. 땅 약속에 대한 폐지를 선언하는 것은 3년 남짓한 사역의 기간 동안 그분에게 맡겨진 메시지들 중 일부가 아니었을 것 같다.

또한 비록 그분이 (자신의) 신성에 대하여 많은 구절들에서 암시하셨을지라도(마 11:25~28; 21:37~38; 요 3:13; 5:17~29; 6:35, 38, 46, 62; 8:12, 38; 10:7, 11, 30; 11:25; 14:6; 15:1; 16:28 등), 그것을 명료하게 선언하신 적은 거의 없었음(주목할 만한 예외로서는 요한복음 8:58)을 상기해 보라.129 사도행전과 서신서들 그리고 계시록은 예수님의 신성에 대하여 많은 구절들에서 분명하게 언급하고 있으며(행 20:28; 딛 2:13; 히 1:8; 벧후 1:1; 요일 5:20; 계 1장), 사도 요한도 요한복음서에서 편집자적 언급과 다른 이들의 말을 통하여 그렇게 하고 있다(요 1:1, 18; 20:28). 물론 신약의 다양한 부분에서 많은 말로 그 분의 신성을 암시하거나 언급하는 여러 본문들이 존재한다. 그러나 만약 우리가 예수님의 말씀들만을 살펴본다면, 그 분의 신성에 대하여 말하고 있는 확실한 경우를 찾기란 어려울 것이다. 그러므로 땅 약속을 폐지할만한 많은 경우들이 예수님께 있었으나 그분이 그렇게 하지 않으셨다고 해서 토머스의 주장이 설득력을 가지는 것은 아니다.

다음으로 토머스는 여러 구절을 인용하여 사도들이 땅 약속을 폐기할 수 있는 기회들을 가지고 있었으나 그렇게 하지 않았던 증거들에 초점을 맞췄다(행 1:6; 2:34~35; 3:23; 10:34~35; 15:16~18; 롬 1:16; 3:1~2; 9:4~5; 11:1~2, 28; 고전 10:31~32; 갈 6:16). 우리는 사도행전 15:16~18과 같은 구절들에 대한 그의 해석에 동의할 수

---

129 그분의 몇몇 행동은 이러한 실재를 가리킨다. 특별히 시각장애인을 고쳐주신 것(막 8:22~25; 10:46~52; 요한복음 9장)이 그러한데, 성경 전체에서 오직 예수님만 시각장애인을 고치신다.

없을 것 같다. 거기서 야고보는 아모스의 예언(9:14~15)을 언급하는데, 아모스 선지자는 "내가 내 백성 이스라엘의 사로잡힌 것을 돌이키리니 그들이 황폐한 성읍을 건축하여 거주하며 포도원들을 가꾸고 그 포도주를 마시며 과원들을 만들고 그 열매를 먹으리라 내가 그들을 그들의 땅에 심으리니 그들이 내가 준 땅에서 다시 뽑히지 아니하리라 네 하나님 여호와의 말씀이니라"라고 말한다. "야고보는 교회와 구분되는 국가적 이스라엘에 대하여 예정되어 있는 미래적 계획을 말하고 있다."라고 토머스는 이 구절을 해석한다. 그 다음으로 그는 자신의 관점으로 이것을, 거룩한 땅에서 그리스도와 함께 하는 이스라엘만을 포함하는 천년왕국과 동일시한다. 그러나 왜 그러한가? 후크마(Anthony Hoekema)는 "자, 왜 이 말들의 의미가 천년으로만 제한되어야 하는가? 이 구절은 천년 동안 뿐 아니라 영원히 지속될 땅에 거주할 이스라엘의 거주민에 대하여 말하고 있다."라고 질문한다.130 우리는 이스라엘과 맺은 이 약속들이 오직 국가적 이스라엘에서만 성취될 수 있을 것이라고 토머스가 대답하리라 예상한다. 그러나 이는 특별히 행 15장에 대한 질문들을 회피하는 것이다. 분명히 이것은 야고보가 그 예언을 이방적 상황에 적용하는 것처럼 보인다. 야고보는 "선지자들의 말씀이 이와 일치하도다"라고 인용을 시작하는데, 여기서 "이것"은 하나님께서 스스로 이방인들 가운데서 사람들을 취하셨음을 의미한다. 아마도 론지네커(Richard Longenecker)는 옳게 이해한 것 같다. 우선 그는 칠십인역(LXX)이 "그 남은 사람들"을 이 구절에 추가했다고 지적했다. 그 다음으로 그는 "마지막 때에, 하나님의 백성은 두 중심적인 그룹으로 구성될 것이라고 야고보는 말한다. 그들의 핵심에는 회복된 이스라엘(즉, 다시 지은 다윗의 장막)이 있을 것이다. 이방인들의 무리는 그들 주변에 모여들 것이다(즉, "그 남은 사람

---

130 Anthony Hoekema, *The Bible and the Future* (Grand Rapids: Eerdmans, 1979), 208. 우리는 호크마의 무천년주의에 찬성하지 않는다. 그러나 이 평가에서는 그가 당연히 옳았다고 동의한다.

들"). 이들은 메시아적 축복들을 함께 나눌 것인데, 반드시 유대교 개종자가 될 필요 없이 이방인으로서 남게 될 것이다."라고 진술했다.131 아모스는 이방인들이 이 언약 안으로 들어올 것을 미리 내다보았다. 우리는 다른 구절들에 대한 토머스의 해석에도 동의하기를 원하지 않지만, 우리의 논평에서 주된 논점으로 서둘러 넘어가야 할 필요가 있다.

토머스가, 여러 다른 구절들도 있겠으나 하나의 매우 중요한 구절을 다루지 않은 이유가 궁금하다. 베드로전서 2:9에서, 베드로는 "그러나 너희는 택하신 족속이요 왕 같은 제사장들이요 거룩한 나라요 그의 소유가 된 백성이니 이는 너희를 어두운 데서 불러내어 그의 기이한 빛에 들어가게 하신 이의 아름다운 덕을 선포하게 하려 하심이라"라고 말했다. 첫 네 구(phrases)는 출애굽기 19:6을 인용한 것인데, 이 구절은 출애굽기의 언약 형성 단락(covenant-making section)을 시작하는 부분이다. 이것은 십계명의 서문으로, 자신의 언약 백성인 이스라엘을 향한 하나님의 태도를 말한다. 그러나 여기서 이 말은 성도들―일반적으로 교회라고 하는―에게 전해진다. 원래 이스라엘에게 전해졌던 말이었으나 이제는 주님의 교회를 묘사하는 말이 되었다. 하나님께서는 모든 이스라엘이 일종의 왕 같은 제사장이 되기를 의도하셨지만, 그들은 실패했다. 나중에 이사야는 주님의 종(Servant of the Lord)이 이 임무를 완성할 것이라고 예언할 터였다. "시온이여 깰지어다 깰지어다 네 힘을 낼지어다 거룩한 성 예루살렘이여 네 아름다운 옷을 입을지어다 이제부터 할례 받지 아니한 자와 부정한 자가 다시는 네게로 들어옴이 없을 것임이라 너는 티끌을 털어 버릴지어다 예루살렘이여 일어나 앉을지어다 사로잡힌 딸 시온이여 네 목의 줄을 스스로 풀지어다"(사 52:1~2). 여기서 "아름다운 옷"은 제사장의 옷이다(레

---

131 Richard N. Longenecker, "The Acts of the Apostles," *The Expositor's Bible Commentary*, vol. 9, ed. Frank E. Gaebelein (Grand Rapids: Zondervan, 1981), 446.

28:2을 보라).132 이사야는 유다의 포로 귀환 이후의 상태(the postexilic condition)를 고대하지만, 우리가 알다시피 그들은 그에 미치지 못하는 삶을 살았다. 이 변화를 가져올 종은 바로 주님이시며, 이 변화는 이미-그러나-아직-아닌 상태(already-but-not-yet)이며, 천년왕국이나 영원한 상태 혹은 이 둘 모두에서 완성될 것이다. 베드로는 이 언어를 교회에 적용하는데, 이것은 이스라엘이 지금까지 들었던 가장 소중한 말의 하나였다.

토머스는, 다른 접근법들과는 달리 자신의 접근법이 성경을 문자적으로 이해하는 것이라고 논증한다. 모든 복음주의자는 성경을 문자적으로 이해하기를 원한다. 그러나 그렇게 헌신한다고 해도 그 자체로 두어서는 충분하지 않은데, 왜냐하면 성경은 문자적으로 서로 다른 다양한 것들을 의미할 수 있기 때문이다. 토머스와 같은 전통적인 세대주의자들은 예레미야 31장의 새 언약을 오직 이스라엘에게만 적용되는 것으로 이해하는데, 그 이유는 "이스라엘 집과 유다 집에"라고 하고 있기 때문이다(렘 31:31). 그러나 누가복음 22:20과 히브리서 8:7~12은 새 언약이 교회와 함께 세워졌다고 명시한다. 성경에서 나중에 나온 언약들이 이전의 언약들에 존재하는 요소들을 취하여 약속과 성취라는 관점에서 다시 기능한다는 점이 우리들에게는 분명한 사실로 보인다. 이것은 특히 그리스도 안에서 새 언약과 연관된 경우에 더욱 그러하다. 구속은 성경에서 점차적으로 드러나는 현상이다. 세대주의자들은 교회 시대를 하나님의 전체 계획에 있어서 "삽입(혹은 괄호, parenthesis)"이라고 지적하기를 좋아한다. 그러나 "모세 율법-언약이야말로 삽입 혹은 일시적인 어떤 것이라고 보아야 하며, 이것은 옛 언약이 궁극적으로 가리키고 있는 곳—즉, 그리스도 안에서 새 언약의 시작—으로 우리를 인도한다."라고 주장하는 것이 좀 더 올바를 것이다.133 다시 말

---

132 J. Alec Motyer, *Isaiah: An Introduction and Commentary*, Tyndale Old Testament Commentaries, vol. 18, ed. D. J. Wiseman (Downers Grove: InterVarsity, 1999), 328.

해서, 구약에 있는 모든 것은 그리스도 안에서 성취를 가리킨다. 교회가 이스라엘을 대체했다는 말이 아니라, 그리스도가 이스라엘을 성취하셨다는 것이다. 그리스도는 아담과 이스라엘 모두의 대형이다.134 반면에, 토마스는 점진적 계시를 인정하지 않는 "평평한" 해석학이라고 불릴 수 있는 것을 대표한다.

이것이 의미하는 것은 신약의 구약 해석은 구약 자체에 강력한 영향을 미친다는 것이다. 구약이 옳은지 그른지는 아무 상관도 없으며, 성경의 **정경적 지평**의 관점에서 점진적 계시와 관련이 있는 것이다. 린츠(Richard Lints)는 성경은 세 가지 지평, 곧 본문적(textual), 시대적(epochal) 그리고 정경적(canonical)을 가지고 있다고 지적했다.135 우리는 본문에 대한 지역적이고 역사적인 문맥을 가지고서 이에 대한 탐험을 시작한다. 그 다음에 우리는 구속적-역사적 시대에서 해당 본문을 조사하고 이해하는 데로 나아간다. 그러나 우리가 그 본문을 전체 정경적 상황과 관련하여 보기 전까지는 해석이 완결되지 않는다. 우리가 새 언약과 같은 것을 조사할 때, 우리는 이 세 가지 문맥 모두와 연관 지어 살펴야 한다. 우리가 그렇게 할 때, 믿음을 가진 이스라엘과 믿음을 가진 교회 둘 다 이 언약 안에 포함되어 있음이 명백해진다. 리더보스(Herman Ridderbos)는 이를 이렇게 설명했다. "구약의 하나님의 백성이 가지고 있었던 모든 특권이 영적인 의미에서 교회로 넘어간 것은 바로 그리스도인 교회에서 일어난 새 언약에 대한 성취 때문이다."136

---

133 Peter J. Gentry and Stephen J. Wellum, *Kingdom through Covenant: A Biblical-Theological Understanding of the Covenants* (Wheaton: Crossway, 2012), 99.

134 E. Earle Ellis, *Paul's Use of the Old Testament* (Grand Rapids: Baker, 1981), 134.

135 Richard Lints, *The Fabric of Theology: A Prolegomenon to Evangelical Theology* (Grand Rapids: Eerdmans, 1993), 259~311.

136 Herman Ridderbos, *Paul: An Outline of His Theology*, trans.

우리는 하나님께서 여전히 이스라엘을 사랑하신다고 믿기 때문에, 이것을 약간 다르게 말할 수도 있겠지만, 어쨌든 기본적인 사상은 동일하다.

마지막 논쟁거리—토머스는 자신의 글의 마지막 부분에서 이렇게 말했다. "계시록 21:12, 14은 이스라엘이 새 예루살렘, 즉 영원한 상태에서조차 교회와 구별되는 역할을 가질 것임을 보여준다. 하나님의 택하심의 특별한 대상으로서, 이스라엘은 영원히 구별될 것이다"(198쪽). 이것은 토머스가 대변하는 세대주의적 형태와 우리 사이에 가장 크게 논쟁이 되는 부분이다. 우리는 에베소서 2:14~15과 같은 구절들이 이러한 부분을 미연에 방지하고 있다고 확신한다. "그는 우리의 화평이신지라 둘로 하나를 만드사 원수 된 것 곧 중간에 막힌 담을 자기 육체로 허시고 법조문으로 된 계명의 율법을 폐하셨으니 이는 이 둘로 자기 안에서 한 새 사람을 지어 화평하게 하시고." 이 지점에 있어서, 우리는 우리 자신이 토머스보다 훨씬 더 문자적으로 성경을 이해하고 있다고 생각한다.

John Richard De Witt (Grand Rapids: Eerdmans, 1975), 336.

3장
점진적 세대주의 견해
The Progressive Dispensational View

로버트 L. 소시

다른 신학 체계들과 같이, 점진적 세대주의에서 이스라엘과 교회의 관계 또한, 성경에 계시되어 있는 것처럼 광범위한 하나님의 구원 활동 계획과 발전에 대한 이해에서 흘러나온다. 모든 세대주의가 그렇듯이, 점진적 세대주의 또한 이스라엘과 교회가 구분된다고 본다. 그러나 다른 세대주의 견해들과 달리, 점진적 세대주의는 이러한 구분을 구약 예언에 나타난 **메시아** 왕국의 통일된 역사 프로그램에서 바라본다. 즉, 점진적 세대주의는 교회에서 그리고 교회를 통한 하나님의 현재 활동을, 메시아 왕국의 구원에 대한 이미-그러나-아직-아니(already-not-yet) 활동 가운데 **이미(already)**의 부분으로 이해한다. 메시아적 구원의 **아직-아니** 부분은 그리스도가 재림하여 지상에서 의로운 통치로만 오는데, 그때는 그의 구원이 인간 사회의 모든 체제를 아우르며 하나님의 뜻이 하늘에서 이루어진 것 같이 땅에서도 이뤄질 것이다.[1]

---

[1] 메시아적 구원의 완성은 메시아 왕국의 구원 사역의 결말을 가져올 것이다. 그리고 그리스도는 "모든 통치와 모든 권세와 능력을 멸하시고 나라를 아버지 하나님께" 바치며 "만물을 그에게 복종하게" 한다(고전

필자가 이 글에서 간략하게 설명할 점진적 세대주의 입장-특별히 이스라엘과 교회의 관계에 대한-은 다음의 몇 가지 요점으로 요약할 수 있다. (1) 이스라엘은 성경 전체를 배경으로 원래 구약의 의미로 이해되어야 하며, 세상을 위한 하나님의 구원 계획을 수행하는 특별한 나라로서 예언된 사명은 구약의 예언들을 따라 성취될 것이다. (2) 교회는 예언된 메시아 왕국의 개시를 나타내며, 그 안에서 이방인들은 하나님의 백성이자 새로운 종말론적 인류로서 유대인들과 함께 하나님의 새 언약의 구원을 누린다. (3) 개시된 왕국의 메시지의 열매로서 교회는 본질적으로 영적인 공동체, 그리스도의 재림 때까지 적대적인 세상에서 살도록 정해진 존재이다. 이스라엘과 유사하게, 교회는 그리스도와 장차 임할 그분의 나라의 대사로서 하나님의 영광을 세상에서 증언해야 할 사명을 이어간다. 하지만, 그렇다고 해서 교회가 국가적 증인으로서 이스라엘의 사명을 성취하는 것은 아니다. 이러한 사명은 메시아의 오심과 열방에 대한 심판, 이스라엘 국가의 회복, 지상에서 그의 왕국의 통치를 통하여 성취될 것이다.

점진적 세대주의의 근저에 놓여 있는 해석학적 원칙들2

점진적 세대주의는 전통적인 역사적-문법적 해석학을 출발점으

15:24, 28). 별다른 언급이 없으면, 성경 구절은 New American Standard Bible에서 인용한 것이다(역주. 그러나 한글 성경은 『개역개정』을 인용함).

2 점진적 세대주의의 해석학에 대한 더 많은 설명은, Darrell L. Bock, "Hermeneutics of Progressive Dispensationalism," in *Three Central Issues in Contemporary Dispensationalism: A Comparison of Traditional and Progressive Views*, ed. Herbert W. Bateman IV (Grand Rapids: Kregel, 1999), 85~118; 폴 D. 파인버그, "불연속성의 해석학," 『연속성과 불연속성: 신구약성서의 관계』, 존 S. 파인버그 편집, 번역위원회 역 (이천: 성서침례대학원대학교출판부, 2016), 207~247을 참조하라.

로 삼는다. 하나님께서는 문법적 구조, 역사적 맥락, 문학적 장르에서 도출해낼 수 있는 평이한 의미를 따라서 이해될 수 있도록 일반 인간 언어로 자신의 계시를 전해주셨다. 일반 인간 언어의 사용에서와 같이, 비유적으로 이해되도록 의도되었다는 표시-일반적으로 명백한-가 없다면, 단어의 문자적 정의가 채택되어야 한다. 단어가 문자적으로 이해되든 비유적으로 이해되든-비유적 언어는 스스로 이해되기 위해 문자적 의미를 전해야 한다- 의도된 의미는 하나이다. 어떤 유대인들이나 초기 기독교 해석자들이 주장했던 풍유적이거나 신비한 의미와 같은 더 깊은 이차적인 의미를 추구해서는 안 된다.

그러나 성경과 관련하여 통상적인 역사적-문법적 해석학을 적용하는 것은 다른 책들에 비하여 더 복잡하다. "역사적" 의미라고 말하는 것은 인간 저자가 품고 있는 의미가 신적 저자의 의도와 동일한 것인지에 대한 질문을 불러일으키기 때문이다. 만약에 이 둘이 서로 다르다면 어떤 의미를 우리는 추구해야 하는가? 모형론(typology) 문제도 있는데, 곧 인간의 생명이 짧기 때문에 오직 인간 저자가 기록한 책에는 제기되지 않았던 것이다. 그러므로 성경 해석은 기본적인 문법적-역사적 해석학보다 더욱 정교할 필요가 있다.

온전한 의미는 정경에서 밝혀진다

성경은 인간 저자를 통해 전달된 하나님의 말씀이기 때문에(벧후 1:21), 본문은 신적 저자에게 보다는 역사적 정황에 있는 인간 저자에게 더 제한된 의미를 가질지도 모른다. 이 사실은 특히 인간 저자가 오직 기초적인 의미만을 알지도 모를 예언 영역에서는 더욱 그러하다.[3] 예를 들어, 뱀의 머리를 상하게 할 여자의 후손에

---

[3] 베드로전서 1:10~11에 대한 주석에서 데이비즈(Peter Davids)는 "예언자들은 그들 가운데 증거를 주던 분이 '그리스도의 영'이었기 때문에 자신들이 이해하지 못했던 이때에 대하여 말할 수 있었다."라고 썼다(*The*

대한 예언(창 3:15)은 의심할 여지없이 인간 저자나 그의 원 독자에게 단지 인간이 뱀에게 육체적으로 이길 것이라는 사실보다 더 많은 것을 의미했다. 물론 우리는 성령의 영감으로 인간 저자가 이것을 쓸 때 무슨 생각을 하고 있었는지 정확히 알 수는 없다. 그러나 그가 신약에서 묘사되고 있는 사탄에 대한 그리스도의 승리(골 2:15; 롬 16:20; 히 2:14; 요일 3:8; 계 12:7~9를 보라)를 자신의 글에서 완벽하게 이해하고 있었다는 증거는 없다. 이와 유사하게, 아브라함 언약의 "후손"과 "축복"을, 아브라함과 그의 동시대인들이 나중에 구약의 예언과 신약을 통해 더 정교해질 의미로 이해했을 것이라고 믿기는 어렵다.

원저자의 의미가 나중에 있을 계시에서처럼 충만하거나 완벽하지 않았었음을 인식할 때, 우리는 역사적-문법적 해석학에서 "역사적"이라는 말-예를 들어, 인간 저자와 동시대인들의 이해-의 일반적인 의미 그 이상을 생각한다. 물론 우리는 역사적 문맥에서도 신적 저자의 머릿속에는 완전한 의미가 있었다고 주장할 수도 있을 것이다. 그러나 분명히 이것은 다른 의미에서 **역사적**이라는 말의 사용일 것이다.4

그러나 나중에 있을 계시가 이전의 계시를 풍성하게 만들어줄 수 있다는 사실이 나중에 있을 계시가 이전의 계시를 바꾼다거나 재해석한다는 의미는 아니다. 초기에 있었던 계시의 의미는 위에서 언급했듯이 아브라함의 후손을 통하여 모든 민족에게 미칠 "축복"이라는 보다 더 충만한 설명으로 정교하게 발전될 수 있다. 또는

First Epistle of Peter, New International Commentary on the New Testament [Grand Rapids: Eerdmans, 1990], 61).

4 신적 저자의 관점에서 성경에 대한 역사적-문법적 해석이 가진 한계에 대해서는, Vern S. Poythress, "The Presence of God Qualifying our Notions of Grammatical-Historical Interpretation: Genesis 3:15 as a Test Case," *Journal of the Evangelical Theological Society* 50, no. 1 (March 2007): 87~103을 보라.

이후에 성경이 원래의 예언에 추가적인 지시 대상들(referents)을 더할 수도 있는데, 예를 들어 뱀, 즉 사탄을 패배시킬 여자의 후손이 바로 나사렛 예수라는 사실이 그러하다. 어떤 경우는 다수의 [추가적인] 지시 대상이 있을 수도 있는데, 메시아에서 절정을 이룰 다윗 계통의 왕들에 대한 예언, 혹은 이스라엘이 바벨론에서 돌아오는 것과 또는 포로 유배 상태에서 미래에 최종적으로 돌아오는 것 둘 모두에 대하여 언급하는 예언과 성취가 그러하다.[5] 나중에 나타나는 계시는 심지어 원래의 예언에서는 아예 언급되지도 않았던 세부 사항들을 추가하기도 한다.

이후의 계시가 원래 언급된 것의 의미를 확장시키는 이 모든 예에서, 원래의 본질적인 의미는 보다 더 풍성한 의미에서도 여전히 유지된다. 이들 사이에는 유기적인 관계가 있다. 싹이 꽃이 되고 열매가 되는 것처럼, 원래 예언이 가지고 있었던 의미는 이후에 있을 계시에서 더욱 풍성한 의미로 발전한다. 다시 말해서, 열매는 원래 싹이 가지고 있었던 DNA의 유전적 정보가 실제로 표현된 것이다.

그러나 이것이 마치 열매의 충만한 의미를 싹에 돌리는 것처럼, 신약의 더 충만한 계시를 구약에 소급해서 읽어야 한다는 말은 아니다. 싹은 여전히 싹이지만, 마치 우리가 열매를 본 후에 싹이 더 큰 의미를 갖는 것처럼, 신약의 성취라는 꽃과 열매의 빛 가운데서 원래의 예언은 더 충만한 의미를 가진다. 부분들이 전체 관계에서 더 잘 이해되듯, 특정한 역사적 맥락에 제한된 본문에 대한 문법적-역사적 석의적 의미는 정경적 성경에서 이후에 발전된 전체 관계에서 그것을 이해할 때 그 의미가 더 풍성해진다.[6] 어린아이가 "예

---

[5] 렘 24:4~7; 29:10~14; 겔 36:8~15를 보라.

[6] 필자가 여기서 지지하고 있는 것은 윗키(Bruce Waltke)의 "정경적 과정 접근"(Canonical Process Approach), "A Canonical Process Approach to the Psalms," in *Tradition and Testament: Essays in Honor of Charles Lee Feinberg*, ed. John S. Feinberg and Paul D. Feinberg (Chicago: Moody,

수 사랑하심은"이라는 노래를 불렀을 때 가지고 있던 의미는 그가 더 성장하고 구약의 희생제사 제도와 우리를 위한 그리스도의 궁극적 희생을 통한 하나님의 구속의 은혜에 대해서 계속해서 배워 감으로써 분명히 더욱 풍성해질 것이다.7

더 충만한 의미에 대한 이와 동일한 원리가 모형(type)과 대형(antitype)에 적용되는데, 이는 약속과 성취의 관계와 유사하다.8 비

1981), 3~18; 무(Douglas Moo)의 더 충만한 의미(Sensus Plenior) 이해, "The Problem of Sensus Plenior," in *Hermeneutics, Authority, and Canon*, ed. D. A. Carson and John D. Woodbridge (Grand Rapids: Zondervan, 1986), 179~211; 포이스레스(Poythress), "The Divine Meaning of Scripture," in *The Right Doctrine from the Wrong Texts?*, ed. G. K. Beale (Grand Rapids: Baker, 1994); 그리고 박(Bock)의 "보충하는"(Complementary) 접근, "Hermeneutics of Progressive Dispensationalism," in Bateman, *Three Central Issues*, 85~118과 유사하다.

7 이 예는 Poythress, "The Divine Meaning of Scripture," in Beale, *The Right Doctrine*, 101에서 인용했다.

8 무(Moo)의 설명에 따르면, 모형론(typology)의 "기본 전제"의 하나는 하나님께서 구약의 역사를 자신의 구속 행위의 절정을 예시하고 예견하도록 매우 질서정연하게 만드셨으며, 신약이 그 구속 행위들에 대한 영감 받은 기록이라는 것이다("The Problem of *Sensus Plenior*," in Carson and Woodbridge, *Hermeneutics*, 198). D. A. Carson, "Mystery and Fulfillment: Toward a More Comprehensive Paradigm of Paul's Understanding of the Old and New Testament," in *Justification and Variegated Nomism*, vol. 2, ed. D. A. Carson, Peter T. O'Brien, and Mark A. Seifrid (Grand Rapids: Baker, 2004), 404~10을 보라.

구약의 저자들이 반복되는 신적 행위들을 인지했고 이와 유사한 새롭고도 궁극적인 행위들을 바라보았기 때문에, 모형론은 이미 구약에 그 뿌리를 두고 있었다. 그러므로 구약의 저자들은 자신들의 저작에 어떠한 것들이 모형들이었음을 알고 있었을지도 모른다. Francis Foulkes, "The Acts of God: A Study of the Basis of Typology in the Old Testament," in Beale, *The Right Doctrine from the Wrong Texts?*, 342~71을 보라. 또한 폰 라트(Gerhard von Rad)는 "새로운 다윗, 새로운 출애굽, 새로운 언약, 하나님의 새로운 도성: 그러므로 옛 것은 새롭고 중요한 것의 모형이

록 모형이 그 역사적 의미를 유지하고 있을지라도, 더 큰 실재 혹은 대형이 원래 모형이 가지고 있었던 의미를 풍성하게 만들어준다. 예를 들어, 호세아 11:1의 "내 아들을 애굽에서 불러냈거늘"이라는 구절은, 비록 마태가 이 구절을 예수가 이스라엘에 머문 것으로 **성취되었다**고 보았을지라도(마 2:15), 여전히 이스라엘의 출애굽에 대한 진술로서 그 의미를 유지한다. 그러나 확실히 역사적 이스라엘의 아들 됨과 이집트에서 구출이라는 의미는, 이 사건이 보여주는 더 위대한 아들과 그에 대한 하나님의 보호하심이라는 역사적 사건에서 의미를 얻는다. 유사하게, 다윗의 왕권이라는 역사적 의미는 우리가 그리스도의 왕 되심에서 그 충만한 의미를 볼 때 더욱 증진된다.

요약하면, 여기서 제시되는 해석학적 원칙은 분명 그동안 다른 여러 성경 해석자들이 선언했던 것과 본질적으로 같다. 그러므로 이스라엘과 교회의 관계에 대한 우리의 이해에서 차이는 근본적으로 해석학적 방식이 아니라, 신약이 이전의 구약 계시가 의미한 바를 설명하는 것을 우리가 해석하는 방식 때문이다.

올바른 해석은 구약에서 시작된다

성경은 하나님의 "역사적인" 구원 행위에 대한 기록—우주적 구원에 대한 점진적인 성취의 이야기—이다. 어떤 역사나 이야기든 그 시작에서 출발할 때 가장 잘 이해되듯이, 성경 또한 구약에서 출발할 때 가장 잘 이해될 수 있다. 후대에 나타나는 사건과 말의 의미는 단지 동시대에서 뿐 아니라, 그보다 앞선 역사적 문맥에서 발견될 수 있다. 베이커(David Baker)는 신약의 구약 해석이라는 주제를 최근에 연구하면서 "신약 본문의 역사적이고 신학적인 토대는 구약"

되며 그것을 가리킨다."는 점에서 예언자들이 옛 전통들을 사용했다고 지적했다(Gerhard von Rad, *Old Testament Theology*, vol. 2 [New York: Harper and Row, 1965], 323~24).

이라고 요약했다.9 그러므로 올바른 해석은, 구약을 알았고 믿었던 신약의 저자들이 가졌던 해석적 입장에 우리가 서길 요구한다.

옛 언약 아래에서 살았던 사람들의 역사와 마찬가지로, 구약은 또한 옛 언약을 넘어서는 예언적 요소들-새 언약에 대한 약속과 그것으로부터 흘러나오는 이스라엘과 세상의 구원-을 포함하고 있었다. 사실상, 구약의 예언들은 신약에 동일하게 나타나는 하나님의 구원의 궁극적인 목적-새 하늘과 새 땅을 포함하는 새 창조-으로 뻗어나갔다. 우리가 신약의 저작들을 해석할 때, 이 모든 구약 예언이 마치 신약 저자들의 머릿속에 들어있었던 것처럼 우리 또한 이것들을 염두에 둘 필요가 있다.

구약의 예언들이 모두 다 신약에서 동일한 강도로 반복되지 않는다는 사실은 이것들이 더 이상 효력이 없다거나 이에 대한 성취가 더는 기대될 수 없다는 의미로 이해해서는 안 된다. 효력이 상실되었다거나 이미 재해석되었다는 신약 저자들의 분명한 지적이 없다면, 자신들의 소망을 이 종말론적인 약속들에 두었던 신약의 저자들이 이것들이 더 이상 유효하지 않다고 이해했을 것이라고 믿을만한 근거는 어디에도 존재하지 않는다. 간략히 말하면, 신약이 분명하게 다른 어떤 것을 가르치지 않는다면, 완전한 우주적 재창조에까지 이르는 메시아의 미래적 때에 대한 구약의 예언들은 여전히 유효한 것으로 이해되어야 한다. 우리는 신약의 저자들이 다른 어떤 것을 가르치기 보다는 오히려 구약의 예언들이 계속해서 유효함을 믿는다는 확정적인 증거를 제시하고 있음을 큰 틀에서 볼 것이다.

---

9 David L. Baker, *Two Testaments, One Bible*, rev. ed. (Downers Grove: InterVarsity, 1991), 29.

이스라엘과 교회의 관계에서 모형론

이스라엘과 교회의 관계는 종종 성경적 모형론10 – 일반적 의미로 보았을 때 어떤 사건이나 인물 그리고 어떤 것이 성경 역사에 있는 다른 사건들이나 인물들, 그리고 어떤 것들과 대응(correspondence)하는 것을 가리킨다 – 과 연관되어 있다.11 우리가 앞서 살펴보았듯이, 이러한 대응은 예언의 한 형태로서 많은 예에서 발견되는데, 이 때 모형은 그에 대한 대형을 미리 나타내도록 하나님에 의해 의도된다.

이스라엘을 모형으로 생각하는지 – 성경이 결코 이러한 확증을 명시적으로 하지 않고 있기 때문에 – 의 여부는 모형과 대형 사이에 존재하는 관계성에 대한 개념에 따라 달라진다. 만약 모형이 대형이라는 **실재**를 앞서 가리키는 **그림자**로 이해된다면, 이스라엘은 모형이라고 할 수 없다. 왜냐하면 구약의 희생 제사에서 볼 수 있는 것처럼, 이러한 생각은 대형이라는 실재가 오면 모형은 끝난다는 것을 의미하기 때문이다.

반면에, 만약 모형을 단지 일반적인 의미에서 역사적이고 신학적인 대응으로서 다소 느슨하게 정의한다면, 이스라엘을 하나의 모형으로 보는 것은 구약의 이스라엘과 신약의 하나님의 백성 사이에 존재하는 많은 유비들에 대한 좋은 설명이 될 수 있다(나라가 존재하지 않아야 한다든가 그들의 미래와 관련된 약속이 성취되어야 한다든가

---

10 예를 들어, 파인버그, "불연속성의 해석학," 『연속성과 불연속성』, 231~38; Leonhard Goppelt, *Typos: The Typological Interpretation of the Old Testament in the New* (Grand Rapids: Eerdmans, 1982), 136~51; Mark W. Karlberg, "The Significance of Israel in Biblical Typology," *Journal of the Evangelical Theological Society* 31, no. 3 (1988): 257~69; Vern Poythress, *Understanding Dispensationalists* (Grand Rapids: Zondervan, 1987), 97~117을 보라.

11 파인버그, "불연속성의 해석학," 『연속성과 불연속성』, 225~26.

등이 필요하지 않으므로). 구약의 백성들에게 하신, 하나님의 행위의 많은 부분이 교회에 대한 그의 행위에 대응한다고 단순하게 말할 수도 있다(고전 10:11). 참된 질문은 바로 이것이다. 성경이 실제적으로 교회의 도래와 함께 구약의 민족적 이스라엘이 끝났음을 가르치고 있는가?

우리가 나중에 보겠지만, 예언들에 나타나는 "이스라엘"을 메시아 시대의 교회의 모형으로 이해하는 것에 수반되는 더 심각한 문제는 이러한 예언들에 나타나는 모형의 그림이 대형과 대응되지 않는다는 사실이다. 예언들에서 이스라엘의 실재는 교회의 실재와 맞지 않는다.

예언의 부분적인 성취는 그 의미를 변화시키지 않는다

많은 해석자들과 마찬가지로, 점진적 세대주의는 하나님의 구원 계획이 역사적으로 실행되는 과정에서 현재의 단계가 메시아 왕국에 대한 구약의 약속들을 부분적으로 성취하는 것을 포함한다고 주장한다. 그러나 성취가 단지 부분적이라는 사실 – 다시 말해, "이미와 아직–아니"라는 시간 틀 사이에서 나뉜 채로 – 이 원래의 약속이 가지고 있던 의미를 변경시키지 않는다. 예를 들어, 예수는 자신의 지상 사역을 시작하면서 그 자신이 메시아적 역할에 대한 이사야 예언(사 61:1~2)의 일부만을 성취했다는 의미로 인용했다. 예수는 "주의 은혜의 해"(눅 4:17~19)를 전파하는 사역에 대해 말하기를 마치면서, 메시아가 또한 "우리 하나님의 보복의 날"(사 61:2)을 선포할 것에 대한 말씀이 성취되었다고 연이어 인용하지 않았다. 성경은 계속해서 "우리 하나님의 보복의 날"의 주된 성취를 미래의 메시아의 도래와 연관시키며, 그리하여 미래를 기다리는 온전한 성취를 염두에 두고, 이사야의 예언이 현재 부분적으로 성취되는 것을 말한다. 원래 예언에서 명시적으로 나타나지 않았던 이러한 구분에도 불구하고, 예언은 원래의 의미대로 성취된다(또한 오시는 이가 "너희들에게 성령과 불로 침례"를 주실 것이라고 한 침례자 요한의 예언과 비교해 보라[마 3:11]. 많은 해석자들은 이것이 오순절 성령 강림과 나중의 종말론적 심판을 가리키는 것으로 구분한다).

이러한 예들, 특히 이사야의 예언을 논박하는 사람은 거의 없을 것이다. 그러나 신약의 사건들에 대한 해석으로 인용되는 예언들, 특히 어떻게 이 사건들이 실제로 그 예언들-혹은 적어도 인용에서나 그것들의 원래 문맥에서 의미 가운데 언급된 모든 것-을 성취하는지 알기 어려운, 그런 예언들은 어떠한가? 이러한 예들 중 하나는 베드로가 사도행전 2:17~21에서 오순절에 있었던 현상을 설명하기 위하여 요엘 2:28~32를 사용한 경우이다.

베드로가 "이는 곧 선지자 요엘을 통하여 말씀하신 것이니"(16절)라고 말한 것은 명백하게 그가 방금 일어났던 일이 성령의 종말론적인 부어주심에 대한 요엘의 예언의 성취라고 이해했음을 가리킨다. 그러나 원래 요엘의 예언은 이스라엘이 고향으로 돌아오고 마지막으로 이스라엘을 압제했던 나라들이 심판을 받는 더 넓은 맥락에 들어 있다(욜 3:1~21을 보라). 이것은 이스라엘이 아직 자신들의 메시아를 받아들이지 않았고 이방 나라의 지배하에 있던 베드로 당시 상황과 상당한 차이가 있다.

이 예언들과 오순절 사건 둘 다에 대한 자연스러운 해석은, 종말론적인 성령의 부어주심을 말하는, 예언의 첫 번째 부분이 이제 개시되었다(행 2:17~18)-즉, 메시아의 날이 도래했다-는 결론으로 이끈다. 그러나 주의 날의 도래와 연관되어 19~20절에 묘사된 위대한 우주적 사건이 오순절에 있었던 현상들에 의해 성취되었다고 보기에는 어려움이 있다. 게다가, 이와 같은 우주적 현상들은 그리스도께서 영광스럽게 다시 오실 때 사람들에게 낙담과 두려움을 주게 될 것과 여러 번 연관되는데, 이런 일은 오순절에 일어나지 않았다(마 24:29; 막 13:24~25; 눅 21:25~26을 보라).

자연스러운 해석으로 도출한 이 두 가지 사실-(1) 이 예언의 언어가 오순절의 실재와 합치되지 않는 것, (2) 명백하게 성경이 동일한 예언을 다른 상황에 적용하고 있는 것 – 에 근거하여, 우리는 이러한 우주적 현상들이 오순절에 성취되지 않았으며 오히려 미래적인 주의 날 – 언제라도 일어날 수 있으며, 그래서 구원을 위하여 절박하게 주의 이름을 부르도록 만드는 – 과 연관된 두려운 사건들을 묘사해주고 있다고 결론 내린다.

요엘의 예언을 해석하는 데 응용된 이러한 원칙들은, 신약이 성취를 어느 정도 말해주는 모든 예언의 해석을 위한 패러다임을 제공한다. 해석자는 두 가지 질문을 던질 필요가 있다. (1) 예언에 관한 신약의 문맥이 예언의 성취로서 분명하게 가리키고 있는 것은 무엇인가? 그 언어는 예언이 완벽하게 성취되었다고 분명하게 언급하고 있는가? 혹은 단지 부분적인 성취라고 이해될 수도 있는 것인가? 이 질문들에 대한 답은 종종 다음의 질문에 영향을 받는다. (2) 성경 – 구약과 신약을 포함해서 – 은 동일한 예언에 대하여 보다 더 큰 미래적 성취에 대하여 분명한 지시를 제시하고 있는가? 만약 첫 번째 질문에 대한 답으로서 어떤 예언이 완벽하게 성취되었다고 주장할 만한 어떠한 분명한 이유도 존재하지 않으며, 두 번째 질문에 대한 답이 긍정적이라면 – 다시 말해서, 예언의 보다 더 큰 미래적 성취에 대한 지적이 존재한다면 – 그 예언은 최종적인 성취가 아직 이루어지지 않은 현재의 부분적인 성취, 즉, '이미와 아직-아니'의 성취로 이해되어야만 한다.

여러 메시아적 예언들이 부분적으로 성취될 가능성이 있다는 것을 예상할 필요가 있다. 일반적으로 구약의 예언들은 단순하게 메시아의 도래와 연관되어져 있는 반면, 신약에서 그것들의 성취는 명백하게 두 번의 강림과 관련이 있다. 종말론에서 다른 여러 차이점들 뿐 아니라 교회와 이스라엘의 관계에 대한 서로 다른 입장들은 본질적으로 어떠한 방식으로 구약의 예언들을 그리스도의 두 번의 오심과 연관시켜서 이해할 것인가와 관계되어 있다.

따라서 점진적 세대주의는 메시아에 관한 예언의 부분적 성취가 그리스도의 초림 때 있었던 그의 사역과 함께 시작했다는 점에서는 다른 입장들에 동의한다. 그러나 우리는 이 부분적인 성취가 원래 예언이 가지고 있었던 일반적 의미에 대한 부분적 성취라고 주장한다. 미래 성취의 완성은 또한 예언의 원래 의미와 일치되는 것으로 이해되며, 그리하여 궁극적으로 예언은 본래적 의미를 따라서 성취된다.12

결론

점진적 세대주의의 성서 해석의 기초가 되는 근본적인 해석학적 원칙은, 성경의 모든 부분이 문학적 장르와 하나님과 인간 저자 모두를 고려해 이루어지는 역사적-문법적 해석에서 도출되는, 그것의 평이한 의미에 따라 이해되어야 한다는 것이다. 비록, 메시아의 고난과 같은, 어떤 경우에는 그것이 성취되기까지 완벽한 이해에 도달하지 못할 수도 있지만, 하나님께서는 예언이 이해 가능한 진리를 전달하길 의도 하셨다. 특히 구약에 있어서 우리와 역사적 문맥 사이의 간격으로, 해당 언어를 문자적으로 이해해야하는지 비유적으로 이해해야 하는지, 또는 (예언된) 미래적 모습들이 그 예언을 들었던 사람들이 이해할 수 있는 용어(예를 들어, 전쟁의 도구들)로 묘사된 것인지 분별하는 것은 때때로 어려운 일이다. 그러나 점진적 세

---

12 이것은 원래 예언의 어떠한 측면들이 그 당시의 청중들이 이해하기에 적합한 용어로 묘사되었을 수 있다고 말하려는 것이 아니다-예를 들어, 저술하던 시대에는 전쟁에서 전혀 알려지지 않았던 미래의 무기들보다는 말과 검이 언급되는 것처럼. 하지만 이렇게 원 청중들의 이해에 맞추는 것이 원래 예언의 핵심적인 의미를 바꾸지 않는다. 전쟁의 경우에 있어서, 저자가 상징적으로 말하고 있다는 표지가 없다면, 설령 미래적 성취에 있어서 실제 무기들이 다를 수 있을지라도, 그것은 구체적인 실재들 -사람들, 나라들 그리고 지리적인 장소들과 같은- 에 관하여 말하는 것이며 그 예언은 실제 전쟁으로 이해되어야 한다.

대주의는 위에서 언급된 원칙들에 근거하여 해석했을 때 구약 예언의 평이한 의미가 신약의 성취에 있어서도 유지된다고 믿는다.

구약의 구원 역사에 있어서 이스라엘과 교회의 관계

성경은 본질적으로 하나님의 구원 역사를 영감으로 기록한 것인데, 그 역사에서 이스라엘과 교회 둘 다 중요한 역할을 감당한다. 그러므로 우리는 하나님의 구원 행위의 역사적 실행에서 이 둘이 가지는 위치나 중요성을 고려함으로써 이들의 의미와 관계를 이해하려고 한다.

구원은 이스라엘을 통하여 전해진다

비록 구원이 원시 복음(protoevangelium)에 약속되었고 하나님의 구원하시는 은혜가 죄가 들어온 때부터 아브라함에 이르기까지 항상 기능하고 있었더라도, 하나님께서 아브라함을 부르시고 그에게 언약의 약속들을 주시기 전까지는 실제적으로 구원의 계획은 시작되지 않았다. 아브라함과 맺으신 언약에서 하나님은 최초로 모든 인류에게 구원의 축복을 주시고자 계획하신 약속들을 세우셨다. "내가 너로 큰 민족을 이루고 네게 복을 주어 네 이름을 창대하게 하리니 너는 복이 될지라... 땅의 모든 족속이 너로 말미암아 복을 얻을 것이라 하신지라"(창 12:2~3). 아브라함과 그의 후손 이삭과 야곱에게 반복해서 주어진 가운데 구체화되었던 이 근본적인 약속에서 시작하고,[13] 계속된 하나님의 구원 계획의 계시를 관통할 때, 우리는 이스라엘이 세상에 대한 하나님의 구원의 통로로 섬기도록 되어 있음을 본다.

---

[13] 아브라함에게 주신 약속이 반복되고 구체화된 것에 대해 창세기 12:7; 13:14~17; 15:5, 12~21; 17:1~8; 22:15~18; 이삭에게, 창세기 26:3~5; 야곱에게, 창세기 28:13~14를 보라.

아브라함 언약에서 이스라엘의 역할. 아브라함에게 주어진 약속들은 나중에 나타날 설명들을 포함하여 세 가지 본질적인 요소를 포함한다. (1) 아브라함은 수많은 씨(후손들)를 가질 것이다. (2) 이 후손은 국가/민족을 구성할 것이다. (3) 복(구원)이 지상의 모든 민족들에게 주어진다. 창세기 12:1~3에서 원래의 약속에 나타난 히브리어 구조는 2절과 3절의 복-아브라함을 위한 개인적인 복과 "큰 민족"-이 모두 3절에 나타나 있는 최종적인 목표, 즉 모든 민족에 대한 복으로 이어진다는 사실을 드러낸다.14 덤브렐(William Dumbrell)의 표현을 빌리면, "전 세계적인 차원에서 세워질 하나님의 나라가 아브라함 언약의 목표이다."15 따라서 아브라함 언약의 약속은 모든 남아있는 언약과 왕국의 구원 계획을 위한 모판이다.

우리의 목적을 위해서, 아브라함에게 주어진 약속들에서 두 가지 중요한 점을 지적할 필요가 있다. 우선, 아브라함은 "큰 민족"-나중에 이스라엘이라는 국가로서 드러나게 될-을 구성할 씨(후손들)를 가질 것이다. 최초의 약속은 단지 "큰 민족"(창 12:2)에 대해서만 언급하지만, "씨"라는 단어는 창세기 12:7에서 아브라함의 "씨"에게 땅을 주시겠다는 약속에서 시작되어 족장들에게 계속적으로 주어질 말씀들에서 우선적으로 나타난다.16 이방인들은 나중에 그리스도와의 관계를 통하여 영적 "씨"로서 여기에 포함될 것이지만, 그렇다고 해서 이 약속에 나타나고 있는 문자적이고 육체적인 차원이 배제되는 것은 아니다. 최초의 성취에서, 하나님께서는 아브라함에게 그의 씨가 "네 몸에서 날" 것이라고 확증해 주셨다(창

---

14 히브리어 본문에 대한 설명은 William J. Dumbrell, *Covenant and Creation* (Nashville: Nelson, 1984), 65를 보라.

15 Dumbrell, *Covenant and Creation*, 78.

16 후손(그 중 대부분은 '씨'라는 용어를 포함한다)에 대한 언급들은 창세기 12:7; 13:15~16; 15:5; 17:2, 5~10, 13, 16, 19~20; 18:18; 21:12; 22:17~18; 26:3~4, 24; 28:13~14; 32:12; 35:11~2; 46:3; 48:4, 16을 포함한다.

15:3~4). 이삭에서 시작해 아브라함의 후손들은 야곱과 그의 아들들을 통하여 육신을 따라 이어져, 그 씨인 예수 그리스도가 나타나고 이방인들이 그 안에 포함되기에 이른다. 그러므로 이러한 육체적 차원을 무시하고 아브라함의 씨를 단지 **믿음을 가진 모든 자**라고 이해하는 것은 불가능하다.

이 약속된 씨는 장차 "나라"가 될 것이었으며, 이는 구약에서 "민족, 정부 그리고 영토라는 세 가지 주요한 측면들"과 관계되었다.17 그러므로 이 씨는 문자적인 아브라함의 후손들로서 육체적으로 구분될 뿐 아니라 다른 나라와 구별되는 국가가 될 것이었다. 게다가 그들은 "큰" 나라를 구성할 것인데, 이는 세상에서 그들의 힘과 평판을 말한다. 아브라함의 문자적인 후손들이 큰 나라가 될 것이라는 이 약속에서, 우리는 성경적 이스라엘의 본래적 의미를 발견하게 된다. 그러므로 아브라함에게 하신 약속들에 근거하여 볼 때, **이스라엘은 열방 중에서 하나님과 유일무이한 관계를 가지는 국가를 구성하게 되는 민족적 백성이다**. 그들은 하나님의 구원 약속의 성취에서 그가 창조하신 나라이다.18

지금의 논의에서 중요한, 아브라함에게 주신 약속들에 관한 두 번째 진실은 이 위대한 나라가 모든 민족에게 복을 가져다 준다는 사실이다. 원래 하나님께서는 아브라함에게 "너의 안에서 땅에 있는 모든 민족이 복을 받게 될 것"이라고 말씀하셨다(창 12:3). 나중에

---

17 Ronald E. Clements, "*gôy*," in *Theological Dictionary of the Old Testament*, ed. G. Johannes Botterweck and Helmer Ringgren (Grand Rapids: Eerdmans, 1975), 2:428. See A. R. Hulst, "'*am/gôy people*," in *Theological Lexicon of the Old Testament* (Peabody, MA: Hendrickson, 1997), 2:910.

18 이스라엘이 다른 나라들과 분리된 "나라" 또는 "민족"이었음을 가리키는 다른 증거는, 출애굽기 33:13; 민수기 14:12; 23:9; 레위기 20:26; 신명기 4:34; 10:15를 보라. 또한 Ronald E. Clements, *Old Testament Theology: A Fresh Approach* (Atlanta: John Knox, 1978), 89; "*gôy*," TDOT 2:427을 보라.

아브라함과 이삭 그리고 야곱에게 반복해서 말씀하신 이 동일한 우주적 약속은 또한 이러한 복이 아브라함의 씨를 통하여 오게 될 것이라는 사실을 가리킨다. 예를 들어, "네 씨로 말미암아 천하 만민이 복을 받으리니"(창 22:18; 또한 26:4; 28:14를 보라)라는 말씀이 있다. 성경은 이 "복"이 다름 아닌, 모든 것을 아우르는 하나님의 역사적인 구원임을 분명하게 드러낸다. 아브라함의 씨(즉, 국가적 이스라엘)는 어쨌든 모든 민족에 대한 이 축복의 통로가 될 것이었다.

모세 언약에서 이스라엘의 역할. 하나님의 구원을 수행하는 아브라함의 후손의 사명은 시내 산에서 그들과 맺으신 하나님의 언약에서 더 구체화된다. 그들은 "제사장 나라가 되며 거룩한 백성"이 될 것이다(출 19:6). "제사장 나라"를 설명하면서, 노쓰(Martin Noth)는 "이스라엘은 땅 위의 나라들 가운데 제사장적 구성원이라는 역할을 수행하기로 되어 있었다. 이스라엘은 모든 세상을 위하여 '섬기는' 나라이다(또한 사 65:5f 참조). 이것이 이스라엘이 선택된 목적이다."라고 말한다.[19]

이스라엘은 또한 더는 단순히 하나의 민족 공동체가 아니라, 사회에서 세상에게 하나님의 영광을 드러내기 위하여 다른 나라와 구별된 "거룩한 나라"가 될 것이었다. 덤브렐을 인용하면, 이스라엘은 "이제 구별된 집합체로 승격되었으며 특별한 권한이 주어졌다. 그렇다면 아마도 우리는 여기서... 이스라엘이 그 구성에 있어서 세상에 사회적 모델을 제공하는 것으로 생각하고 있을 것이다. 언약이 기대하고 있는 직접적인 신적 통치 하에서 이스라엘은 신정 통치의 패러다임을 제공할 것인데, 이는 전 세계를 향한 성경적 목표가 될 것이다."[20]

---

[19] Martin Noth, *Exodus* (Philadelphia: Westminster, 1962), 157. 유사하게, 차일즈(Brevard Childs)는 "민족으로서의 이스라엘은 또한 사회를 가지고 있는 제사장의 직무로서 열방들 가운데서 하나님을 예배하는데 헌신된다."라고 말한다(Childs, *The Book of Exodus* [Philadelphia: Westminster, 1974], 367).

열방에서 이스라엘의 위대함이나 명성은 오직 하나님께서 그들을 택하셨고 그들에게 언약 관계를 허락하셨기 때문에 가능할 것이다. 이 민족이 약속의 땅에 들어가기 직전에 하나님의 가르침에 순종할 것을 도전하면서, 모세는 이렇게 선포했다.

> "내가 나의 하나님 여호와께서 명령하신 대로 규례와 법도를 너희에게 가르쳤나니 이는 너희가 들어가서 기업으로 차지할 땅에서 그대로 행하게 하려 함인즉 너희는 지켜 행하라 이것이 여러 민족 앞에서 너희의 지혜요 너희의 지식이라 그들이 이 모든 규례를 듣고 이르기를 이 큰 나라 사람은 과연 지혜와 지식이 있는 백성이로다 하리라 우리 하나님 여호와께서 우리가 그에게 기도할 때마다 우리에게 가까이 하심과 같이 그 신이 가까이 함을 얻은 큰 나라가 어디 있느냐 오늘 내가 너희에게 선포하는 이 율법과 같이 그 규례와 법도가 공의로운 큰 나라가 어디 있느냐?"(신 4:5~8)

이 나라의 위대함은 율법에 순종함에서 오는 지혜와 삶에 대한 이해가 표현됨으로써 생겨날 것이다. 요약하면, 이스라엘은 세상 모든 나라와 비교하여 "위대한 나라"가 되기로 작정되어 있었는데, 이는 여호와께서 이스라엘의 하나님이 되시고 그 분이 이 나라를 통하여 자신의 위대하심을 세상에 드러내시기로 의도하셨기 때문이다.

아브라함의 씨가 모세 언약을 통해 위대한 나라로 구성되는 것

---

[20] Dumbrell, *Covenant and Creation*, 87. 더럼(John I. Durham)은 이와 유사하게 말한다. "그들은… '거룩한 민족'으로서 자신들의 현재와 미래의 정체성에 의하여 다른 모든 민족에게서 분리되고 그들과 다른 민족이 되어야 한다 – 여호와와 언약적 관계를 맺는 것이 어떠한 방식으로 한 민족을 변화시키는지를 세상에 보여주는 전시-민족 내지 진열장으로서"(Durham, *Exodus*, Word Biblical Commentary, vol. 3 [Waco, TX: Word, 1987], 263).

은 이스라엘의 의미와 정체성과 연관하여 이미 앞서 말했던 것을 확증해준다. "이스라엘"이라는 이름은 성경에서 야곱의 이름을 다시 지어주실 때 처음으로 나타난다(창 32:28). 이 언약이 수립될 때, "거룩한 나라"의 백성은 "야곱의 집" 혹은 "이스라엘의 아들들"로 불리는데(출 19:1, 3), 이는 명백하게 야곱을 통하여 이들을 아브라함과 육체적으로 연결시킨다.

비록 이 나라가 분열되어 이스라엘이 "유다"의 남 왕국(베냐민 지파를 포함하는)과는 구별되는 북 왕국의 열 지파들을 지칭하는 것이 되었을지라도, 구약에서 "이스라엘"에 대한 언급 중 대다수는 포괄적으로 하나님의 백성을 지칭하는 것이었으며, 이는 "이집트에서 체류 이래로 이 이름으로 칭해지는 바였다."21 야곱에게로 내려오는 아브라함의 육체적 계보에 들지 않았던 사람이 개종하여 이스라엘의 일부가 되는 것이 가능하기는 했다. 그러나 이스라엘에 대한 순전히 종교적인 정의 때문에 육체적 요소가 사라진 적은 결코 없었다. 족즈(Jacob Jocz)는 이러한 구약의 증거를 정확하게 표현한다. "이스라엘과 나머지 인류와의 차이는 전적으로 육체적인 것만도 아니며, 그렇다고 전적으로 영적인 것만도 아니다. 이 둘의 결합이라고 할 수 있는데, 육체적인 것과 영적인 것은 결코 별개의 요소가 아니다."22

국가적 집합체로서 이스라엘 개념은 또한 영토 혹은 땅과 연관되어 있다. 이것은 그의 후손들에게 땅을 주시겠다고 아브라함에게 약속하신 것만 보아도 명백한 사실이다(창 12:7; 15:18~21). 침멀리(Walther Zimmerli)는 이스라엘이라는 개념에서 땅이 가지는 중요성을 잘 말해준다. "구약 시대의 믿음에서 땅이란 그저 있어도 그만

---

21 H. J. Zobel, "*yiśrā'ēl*," in *Theological Dictionary of the Old Testament*, 6:404.

22 Jakob Jocz, *A Theology of Election* (New York: Macmillan, 1958), 65.

없어도 그만인, 무관심한 어떤 것이 아니었다. 그것은 하나님께서 이스라엘과 맺으시는 완벽한 관계 안에 포함되어있는 어떤 것이었다… 그것은 하나님께서 이스라엘을 사랑하신다는 것과 이스라엘이 하나님께 속해있다는 사실에 대한 확증의 표이다."23

그러므로 구약에서 "이스라엘"이 가진 온전한 의미는 다음의 것들을 포함한다. (1) 아브라함으로부터 시작하여 야곱을 통해서 육체적 후손으로서의 민족, (2) 세상의 다른 나라들과 구별되는 국가적 집합체를 형성하는 민족, (3) 다른 나라들처럼 영토를 소유하고 있는 민족, (4) 자신의 모든 존재가 하나님과의 언약 관계를 통하여 결정되는 민족 등이다.

북 왕국이 멸망하면서 시작된 이스라엘 국가 혹은 독립국의 지위의 소멸과 함께 이스라엘은 더욱 "이상적인 존재(ideal entity)"-즉 완전한 상태로 이해되는 이스라엘-가 되었는데, 이는 유다 왕국에서, 그리고 나중에는 포로 시대와 포로 후 시대의 유대 공동체들 안에서 이루어진 개념이었다. 그러나 그렇다고 해서 "이스라엘"의 의미 중에서 국가적인 개념과 그것이 수반하는 영토적 차원이 제거되었다고 이해되어서는 안 된다. 이스라엘 민족이 더 이상 국가로서 존재하지 않고 다른 나라들 중에 뿔뿔이 흩어져서 더 이상 완전하게 이스라엘이 아니게 되었을 때, 과거에 주어졌던 이스라엘의 미래에 대한 약속들과 예언들에 의하여 고양된 그들의 소망은 이상적 이스라엘이 회복된 국가적 존재로서 다시 완전하게 나타는 것이다.

구약의 예언에 따른 이스라엘의 미래적 역할. 세상을 향한 하나님의 구원의 통로로서 이스라엘의 역할이 메시아의 시대-모든 성경이 예언하고 있는 구원의 날-에 대한 예언에서 가장 두드러지는 특징이라는 사실은 전혀 놀랄만한 일이 아니다.24 흥미롭게도,

---

23 Walther Zimmerli, *The Old Testament and the World* (Atlanta: John Knox, 1976), 77; Magnus Ottosson, "*'erets,*" in *Theological Dictionary of the Old Testament*, 1:403을 보라.

대부분의 경우에 있어서 이러한 예언들은 이스라엘이 실패한 시대, 즉 자신의 언약에 대한 의무를 따라 살지 못해서 결과적으로 신정 국가와 "위대한 나라"로서의 위상을 잃어버리게 된 기간(기원전 8~5세기)에 기록되었다.

열방을 향한 이스라엘의 사명은 여호와의 종과 관계된 이사야의 예언에서 특별히 두드러진다. 이 종의 정체성이 유동적인 개념 – 때로는 이스라엘 국가 혹은 이스라엘의 경건한 남은 자들을 지칭하며, 때로는 메시아를 통하여 가장 잘 대변되는 한 명의 개인을 가리키기도 하는 – 인 반면에, 이사야는 이 종의 사명에 이스라엘이라는 나라가 연관되어 있다는 사실을 명백하게 나타내었다. "종"에 대한 첫 번째 언급 – "그러나 나의 종 너 이스라엘아"(사 41:8) – 은 분명하게 바로 이 나라와 연관되어 있는데, 이는 다른 여러 구절들에서도 마찬가지인 것으로 나타난다(42:19; 43:10; 44:1~2; 45:4; 48:20을 보라. 또한 시 137:22; 렘 30:10을 보라). 여호와의 종이 자신의 구속 사역을 통하여 모든 이(이스라엘 국가를 포함하여)에게 구원을 가져다주는 구주라고 말하는 모든 구절에서, 이것이 가리키는 대상은 국가적 이스라엘과는 구별되는 특별한 개인 즉, 메시아임이 분명하다(사 42:1~9; 49:1~9a; 50:4~11; 52:13~53:12).

그러나 이러한 구절에는 또한 이 종의 사역이 묘사되는데, 여기서 이스라엘은 국가로서 그 몫을 감당하고 있다. 두 번에 걸쳐 "이방의 빛"이 되는 사역이 이 종에게 주어진다(42:6; 49:6). 이 두 구절에서 가리키는 대상은 아마도 개인적인 메시아적 종인 반면에, 49:3에서 여호와께서는 그를 "나의 종, 이스라엘"로 부르신다. 이 구절이 세상을 향하여 섬기는 사역을 감당함에 있어서 메시아가 이스라엘 국가를 대체하고 있음을 가르치고 있다고 이해하기보다, 이스라엘로 하여금 그 사명을 완수할 수 있도록 만들어주는 이상적인

---

24 창세기 49:18; 이사야 25:9; 49:8; 61:2; 누가복음 1:68~77; 2:30; 고린도후서 6:2를 보라.

이스라엘로서의 한 개인을 가리키고 있다고 이해할 수 있다.25

그러므로 여호와의 종이 감당할 구원의 임무들 중에서 어떠한 것은 오직 개인적인 메시아로서 종에게만 적용될 수 있는 반면에, 이방의 빛이 되는 것에 있어서 메시아적 종의 사명과 이스라엘의 사명 사이에는 상호연관성이 존재한다. 로울리(H. H. Rowley)가 "이 것은 특별히 한 명의 개인 안에서 성취될 것인 반면에, 그럼에도 불구하고 이것은 모든 사람에게 요청된 사명이며 모든 사람이 어느 정도는 여기에 참여하게 된다."라고 설명한 것처럼 말이다.26

계속 이어지는 여호와의 종에 대한 구절들에 나타나는 이스라엘의 사명에 대한 이사야의 주장은 여호와의 종의 사역에 이스라엘 국가가 참여할 것이라는 사실을 확증한다. 이스라엘의 회복이라는 문맥(사 51:1~3)에서, 하나님께서는 "내 백성이여 내게 주의하라 내 나라여 내게 귀를 기울이라 이는 율법이 내게서부터 나갈 것임이라 내가 내 공의를 만민의 빛으로 세우리라... 내 팔이 만민을 심판하리니 섬들이 나를 앙망하여 내 팔에 의지하리라."라고 말씀하신다(51:4~5). 이 행위의 수행자는 주님 자신이다. 그러나 이사야의 "율법이 시온에서부터 나올 것"이라는 이전의 주장(2:3)과 함께, 이스라엘의 회복과 "의를 아는 자들, 마음에 내 율법이 있는 백성들"(51:7)이라는 이스라엘에 대한 묘사 사이에 존재하는 밀접한 연관성은 열방에 구원을 전해 줄 하나님의 사역자로서 이스라엘이 연관되어 있음을 보여준다.

이사야는 여호와의 영광이 "네 위에 임하였다"고 회복된 이스라

---

25 John N. Oswalt, *The Book of Isaiah: Chapters 40~66* (Grand Rapids: Eerdmans, 1998), 291.

26 H. H. Rowley, "The Meaning of Sacrifice in the Old Testament," *Bulletin of the John Rylands Library*, XXXIII (September 1950), 108~9; 또한 John Bright, "Faith and Destiny," *Interpretation* 5, no. 1 (January 1951): 24를 보라.

엘에게 말한 뒤, 다시 또 "나라들은 네 빛으로, 왕들은 비치는 네 광명으로 나아오리라"라고 선언한다(사 60:1~3; 또한 55:4~5를 보라). 이와 유사하게, 이스라엘의 구속에 대하여 언급하면서 선지자는 "여호와께서 열방의 목전에서 그의 거룩한 팔을 나타내셨으므로 땅 끝까지도 모두 우리 하나님의 구원을 보았도다"라고 선포한다(사 52:10). 죄악 된 이스라엘에 대해 포기하거나 개인적인 메시아적 종이 열방을 향한 구원의 통로로서 이스라엘의 역할을 성취한다고 보는 것과 전혀 달리, 메시아적 종의 사역을 통하여 다시 한 번 구속된 이스라엘이 국가로서 마침내 자신의 원래 소명을 성취할 것이라고 이사야의 예언들은 선언한다.27

열방의 최종적이고 종말론적인 구원은 지상의 모든 사람이 하나님의 영광의 나타나심을 볼 때 이루어질 것이다. 모든 나라에 비취는 하나님의 영광의 빛은 특별히 이스라엘을 통하여 나타내기로 정해져 있다. 노쓰(Christopher North)는 "내가 내 영광을 위하여 창조한 자"(사 43:7)에 대해 설명하면서 "구속되고 회복된 이스라엘은 온 인류가 보게 되고... 인정하게 될 하나님의 위엄에 대한 최종적인 증거가 된다."라고 말했다.28 선지자 스가랴는 종말론적 예루살렘에 대하여 "내가 그 가운데에서 영광이 되리라... 시온의 딸아 노래하고 기뻐하라 이는 내가 와서 네 가운데에 머물 것임이라 그 날에 많은 나라가 여호와께 속하여 내 백성이 될 것이요 나는 네 가운데에 머물리라"라고 선언했다(슥 2:5, 10~11).

열방을 향한 하나님의 구원의 통로로서 이스라엘은 또한 시편에서도 중요하다. "하나님은 우리에게 은혜를 베푸사 복을 주시고 그의 얼굴빛을 우리에게 비추사 주의 도를 땅 위에, 주의 구원을 모

---

27 John Oswalt, *The Book of Isaiah: Chapters 1~39* (Grand Rapids: Eerdmans, 1986), 52.

28 Christopher R. North, *The Second Isaiah* (Oxford: Clarendon Press, 1964), 121.

든 나라에게 알리소서... 하나님이 우리에게 복을 주시리니 땅의 모든 끝이 하나님을 경외하리로다"(시 67:1~2, 7; 또한 시 98:1~3; 102:13~16을 보라). 어떤 유대인 주석가는 "이스라엘의 축복은 모든 인류를 위한 축복이다... 만약 이스라엘이 하나님의 얼굴의 광채를 가지고 있다면 세상은 결코 어둠 가운데 머물러 있을 수 없다"고 설명하고 있다.[29]

이스라엘은 이방을 향한 하나님의 구원의 통로의 역할을 하도록 부름 받았는데, 이는 성경에 나타난 특별 계시(시 147:19~20; 롬 3:2를 보라)와 "거룩한 나라"로서 삶을 통해 이스라엘이 신적 계시의 등대가 됨으로써 실현되었으며, 또한 하나님께서 과거부터 지금까지 이 나라에게 심판과 축복 안에서 역사적으로 일하시는 가운데 나타내신 자신에 대한 계시를 통해서 가능했다.

무엇보다도, 복되고 번영하는 국가로서 이스라엘을 다시 모으시고 그 땅으로 회복시키시는 것-다시 모으심은 이스라엘 민족을 조롱하고 핍박했던 나라들에 대한 하나님의 심판을 포함한다-은 이스라엘에게(겔 34:30; 36:38; 37:14; 39:22, 28~29), 세상 나라들 모두에게(20:41; 28:25; 36:22~23, 36; 37:28; 39:21~23, 27~28) 거부할 수 없는 하나님의 현현일 것이다. 시편 기자는 하나님께서 "시온을 긍휼히 여기시리니... 그에게 은혜를 베푸시고" 결과적으로 "뭇 나라가 여호와의 이름을 경외하며 이 땅의 모든 왕이 주의 영광을 경외"하게 될 날에 대해 예언하면서 이와 동일한 진리를 표현했다(시 102:13, 15).[30]

---

[29] I. Abrahams, *Annotations to the Hebrew Prayer Book, Pharisaism and the Gospels*, cited in A. Cohen, *The Psalms: Hebrew Text, English Translation and Commentary* (Hindhead, UK: Soncino, 1945), 2~7.

[30] 이스라엘의 회복은 하나님의 구원의 능력을 세상 앞에서 현시할 뿐 아니라, 이스라엘의 하나님으로서 자신의 거룩한 본질을 보존하기 위하여 필수적인 사건이다(참고, 겔 36:20~22).

구약의 예언적 전통에서 이러한 주제 — 여러 다른 본문들을 통하여 예증될 수 있는 — 는 크라우스(H.-J.Kraus)의 말로 잘 요약된다. "하나님께서는 이스라엘을 포로에서 다시 돌아오게 하시고 자신의 백성을 모으시는 행위를 통해 자신의 주권 — 이 주권이 구원을 가져 온다 — 을 드러내신다. 이러한 해방의 최종적 행위 가운데서 하나님의 구원하시는 능력이 온 세상에 분명하게 나타나게 된다."[31]

이스라엘을 통하여 올 약속된 구원의 성격. 교회가 이스라엘의 예언된 역할을 성취하는지에 대한 질문에서 중요한 한 가지 요소는 바로 약속된 구원의 성격이다. 구약의 예언자들과 사실상 성경의 모든 부분에 있어서, 성경적 구원은 영생이라는 선물과 죄의 영향으로부터 개인을 구출해 내는 것 이상이다. 이것은 역사에 대한 전적인 구원 — 창조의 질서를 회복하는 구원 — 이다. 특별히 인류와 연관해서, 구원은 참된 인간 공동체의 회복(혹은 재창조)을 의미했는데, 여기에서 삶의 모든 부분 — 모든 사회적 구조를 포함해서 — 은 전적으로 하나님의 자비로우신 통치 아래에 있게 되었다. 하나님과의 언약 관계를 통하여 이스라엘은 모든 나라를 위한 구원의 선봉이 되도록 부르심을 입었다. 아모스서에 나타난 자신의 구약 백성에 대한 하나님의 권고 — "오직 정의를 물 같이, 공의를 마르지 않는 강 같이 흐르게 할지어다"(5:24) — 를 설명하며, 크라우스는 "이스라엘의 삶에서 정의와 의로움은... 근간이자 기본적인 법령이었다... 이스라엘은 하나님의 법에 따라 살아가기로 선택을 받았었는데, 이는 곧 하나님의 주권 — **삶 전체의 모든 측면에 미치도록 의도**

---

[31] H.-J. Kraus, *The People of God in the Old Testament* (New York: Association Press, 1958), 77. 마틴-아차드(Robert Martin-Achard)는 유사하게 "이스라엘의 회복의 최종적인 결과는 여호와와 열방들 사이의 만남이다... 여호와께서 자신의 백성으로 하여금 세상의 빛이 되도록 하시는 것은 바로 그들에게 생명을 주심으로써 이루어진다."라고 말한다(*A Light to the Nations: A Study of the Old Testament Conception of Israel's Mission to the World* [Edinburgh: Oliver and Boyd, 1962}, 30~31).

된 것으로서의 절대 주권-아래 살아가는 것"이었다고 설명한다.32

그러므로 장차 도래할 메시아의 날에 있을 구원은 개인의 내적인 변화를 수반했는데, 이는 사람들이 하나님의 가르침을 따라 살아가기 위해서 새 마음과 새 영을 받게 될, "새 언약"(또한 "평화의 언약"과 "영원한 언약," 겔 37:26)의 수립의 결과로 이루어진다(렘 31:31~33; 겔 36:25~29; 37:12~14, 20~27). 그러나 이러한 내적인 구원의 결과로서 그것은 또한 인류의 사회적 구조들-사회-경제-정치적인 의와 국제적인 평화-에 대한 외적인 구원을 포함했다. 약속된 구원의 이러한 완전성은 메시아의 재림을 기다리고 있는데, 이때 메시아의 의로우신 통치가 이 세상의 정부들을 대체할 것이다.

구원은 열방(이방인들)을 포함한다. 국가들에 대한 구원은 특별히 미래적 메시아의 때와 연관된 약속들에서 두드러진다. 그러나 이러한 이방인의 구원은 이스라엘 국가와 이스라엘 자신의 구원에 대한 약속들과 어떻게 연관되는가? 또한 구약의 예언들에 의하면 이방인들의 구원은 언제 일어나기로 되어 있는가?

이스라엘과 관계에서 이방인들의 구원. 하나님의 구원 계획은 자신의 백성과 맺으신 언약에 기초하여 역사를 통하여 수행된다. 그러나 지금까지 명시적으로 이방인들과 맺어진 구원 언약-노아 언약은 보호의 언약으로서, 최종적 구원을 이루어내는 그 어떤 조항도 포함하고 있지 않다-은 존재하지 않는다. 사도 바울은 신약 성경에서 이 사실을 확증했는데, 언약들과 약속들은 이스라엘 민족 즉, 그의 "형제 곧 골육의 친척"(롬 9:3)에게 속하며, 그리스도 안에서 구원을 얻기 전의 이방인들은 "약속의 언약들에 대하여는 외인"(엡 2:12)이었다고 선언한다.

그럼에도 불구하고 이방인의 구원에 대한 예언들은 이스라엘이 알고 있는 것과 동일한 구원이 이방 나라들 가운데서도 알려질 것

---

32 Kraus, *The People of God in the Old Testament*, 170(필자 강조).

임을 분명히 했다(예를 들어, 시 67:2; 117편). 이방 나라들은 이스라엘의 하나님 여호와를 "두려워하며" "경배하게"될 것인데, 그분은 이제 또한 스스로 이방 나라들의 하나님이 되셨다(예를 들어, 시 86:9; 102:15, 22; 사 11:10; 렘 3:17; 겔 36:23; 습 2:9; 3:9). 이들은 예루살렘에서 함께 예배를 드릴 것이다(사 56:7; 렘 3:17). 구원의 열매인 "정의"와 "평화"가 이방 나라들에게 전해질 것이다(슥 9:9; 사 2:2~4; 미 4:1~3을 보라). 이스라엘과 이방 나라들 모두는 하나님과 동일한 관계를 맺을 것이다.

결과적으로 이방 나라들은 이전에 하나님의 선택된 언약 백성인 이스라엘에게 주어졌던 특별한 이름으로 동일하게 불릴 것이다(사 19:25를 보라. "내 백성 애굽이여, 내 손으로 지은 앗수르여, 나의 기업 이스라엘이여". 또한 스가랴 2:10을 보라). 구약 예언의 소망은 솔로몬의 기도에서도 나타난다. "땅의 만민이 주의 이름을 알고 주의 백성 이스라엘처럼 경외하게 하시오며"(왕상 8:43; 시 145:7, 11~13; 사 45:18~25; 55:4~7; 렘 16:19을 보라).

구약은 하나님께서 이스라엘과 맺으신 것처럼 이방인들과도 새 언약을 맺으신다고 결코 말하지 않는다(렘 31:31; 32:36~40을 보라). 그러나 위에서 언급했던 이방인들의 구원에 대한 증거는 이방인들이 새 언약의 종말론적인 구원에 이스라엘을 따라 참여하기로 구약에서 이미 약속되어 있음을 명백하게 제시한다. 이러한 진실은 새 언약이 아브라함과 다윗에게 하신 구원 약속의 절정이라는 사실만 보아도 알 수 있는데,33 이 두 언약은 모두 그들의 후손을 통하여 열방이 받게 될 "축복"에 대한 명백한 언급을 포함하고 있기 때문이다(창 12:3; 22:18; 시 72:17을 보라). 게다가, 사람들을 하나님과의 가족적인 관계-"나는 그들의 하나님이 되고 그들은 내 백성

---

33 Walter Kaiser, *Toward an Old Testament Theology* (Grand Rapids: Zondervan, 1978), 234. 또한 George N. H. Peters, *The Theocratic Kingdom*, 3 vols. (Grand Rapids: Kregel, 1957), 1:322를 보라.

이 될 것이라"(렘 31:33)—로 인도해주는 새 언약의 최종적인 목적은 이스라엘뿐 아니라 이방 나라들도 누릴 것이다.

그러나 이스라엘의 구원 언약에 참여함에 있어서, 이방 나라들이 이스라엘의 일부가 된다거나 유대인과 이방인으로 구성된 "새 이스라엘"이 된다는 증거는 어디에도 없다. 땅에 있는 모든 족속이 축복을 받게 될 것이라는 아브라함과 맺으신 언약에서, 이 축복이 "위대한 나라", 즉 이스라엘의 일부가 됨으로 올 것이라는 가르침은 존재하지 않는다. 구약 전체를 통하여서, 이스라엘은 하나의 국가로서(창 12:2; 17:5; 18:18; 출 19:6; 33:13; 신 4:34; 10:15; 26:5; 시 33:12; 렘 31:36; 겔 37:22), 그것도 여러 나라들 중에서 뛰어난 국가(신 26:19; 28:12~13; 렘 31:7; 습 3:20)로 언급된다. 이 모든 것은 "이스라엘"을 단지 여러 나라들로부터 모인 하나님의 백성으로 이해하는 것을 불가능하게 한다. 이러한 결론은 앞서 언급했던 구절에 의해서도 확증되는데, 거기서 이집트와 앗시리아는 하나님의 백성으로 불릴 것이지만, 그러나 여전히 이스라엘 국가와는 구별된 채로 남아 있을 것이라고 말한다. 이사야서의 말씀은 이렇게 지적한다. "그 날에 이스라엘이 애굽 및 앗수르와 더불어 셋이 세계 중에 복이 되리니"(사 19:24).

이스라엘에서 영광스럽게 회복된 예루살렘이 예언된 메시아적 나라의 중심이 된다는 사실을 생각해 볼 때, 이방인들이 외인의 자격으로 스스로 이스라엘에 합류하여 예루살렘에서 하나님을 향한 예배에 참여할 것에 대해서 몇몇 구절들이 말하고 있다고 해서 놀랄 필요는 없다(예를 들어, 사 14:1; 65:3~7). 그러나 이스라엘 나라에 이렇게 참여하는 것이 모든 이방인의 구원의 방식이 될 것이라고 가르치는 구절은 아무 데도 없다.

요약하면, 구약은 이스라엘과 맺으신 구원 언약에 이방인들이 참여하며, 그리하여 하나님의 백성으로서, 심지어 이스라엘로서 하나님과 관계될 것이라고 가르친다. 그러나 그들은 이스라엘 곁에 서서 이방인으로서 그렇게 하는 것이지, 이스라엘이 됨으로써 그렇게 하는 것은 아니다. 하나님의 백성 모두가 마침내 "이스라엘"이 된다는 구약의 가르침은 존재하지 않는다.

이방인들의 구원의 때. 구약 예언의 중요한 가르침은 이스라엘이 회복될 때 하나님의 역사적인 현현으로 하나님의 구원이 열방으로 확장된다는 것이다. 그러나 또한 구원의 다른 그림 — 비교적 부차적인 — 도 존재하는데, 이스라엘이 하나님께 반역할 때 구원이 열방으로 가는 것이다. 전통적으로 이스라엘의 처음부터 마지막까지의 역사에 대한 요약으로 이해되어 온 신명기 32:1~43에서, 하나님께서는 이스라엘의 최종적 구원과 이스라엘을 따라 이 구원을 누리게 될 열방에 대해 예언하셨다(36~43절). 그러나 이에 앞서, 이스라엘이 신실하지 못해서 하나님께서 이방인들에게로 돌이키시는 또 다른 각본이 존재한다. "그들이 하나님이 아닌 것으로 내 질투를 일으키며 허무한 것으로 내 진노를 일으켰으니 나도 백성이 아닌 자로 그들에게 시기가 나게 하며 어리석은 민족으로 그들의 분노를 일으키리로다"(신 32:21).[34]

바울이 이 구절을 사용한 것을 보면, 비시디아 안디옥과 데살로니가에서 이방인들을 대상으로 한 바울의 사역이 성공하자 이에 대하여 질투하는 분노를 나타내었던 것에서 묘사되는 것처럼, 이것은 하나님께서 이스라엘이 아닌 다른 사람들에게 축복을 주시는 것을 바라보는 것으로 인하여 유발되는 질투와 분노와 연관될 것이다(행 13:45; 17:5).[35] 그러나 이스라엘과 동떨어진 이방인들에게

---

[34] 이것이 종말론적인 시대를 가리키는 것이지, 하나님께서 이스라엘을 심판하기 위하여 사용하시려는 역사적으로 존재하는 이스라엘의 어떠한 적들을 의미하는 것은 아니라는 관점에 대해서는, Eugene H. Merrill, *Deuteronomy*, The New American Commentary, vol. 4 (Nashville: B&H, 1994), 418의 각주25를 보라.

[35] 이와 동일한 질투가 예수님(막 15:10)과 유대인들 가운데서 사역하던 사도들(행 15:17)에게 표현된다. 그러므로 이것은 본질적으로 유대 종

서 경험되는 이스라엘의 언약적 축복을 그들이 보았을 때, 이방인들에 대한 축복은 이스라엘의 일부 사람들에게 경쟁적 질투를 일으킬 것이다(롬 11:11, 14).

선지자 이사야가 전달한, 하나님의 말씀은 또한 이스라엘이 불순종하는 동안 하나님의 구원이 이방인에게로 확장되는 것을 예상한다. "나는 나를 구하지 아니하던 자에게 물음을 받을 준비가 되었으며 나를 찾지 아니하던 자에게 찾아냄을 받을 될 준비가 되었으며 내 이름을 부르지 아니하던 나라에 내가 여기 있노라 내가 여기 있노라 하였노라"(사 65:1, ESV). 대부분의 현대 주석가들은 이 구절이 반항하는 이스라엘에 대한 하나님 자신의 은혜로우신 나타나심을 언급하고 있다고 이해한다. 그러나 루터와36 칼뱅을37 포함한 보다 오래된 해석자들에 따라, 어떤 이들은 자신의 구원을 이방인들에게로 확장하시는 하나님에 대한 언급으로 이 구절을 보기도 한다.

이 후자의 관점을 지지하며, 키드너(Derek Kidner)와 다른 이들은 "물음을 받을 준비가 되었으며"와 "찾아냄을 받을 준비가 되었으며"로 번역된 동사들의 히브리어 구조가 실제적 사건들을 언급하는 것임을 지적했다. 다시 말해서, 사람들에 의해서 **물음을 받고 찾아냄이 되게 하시는 하나님의 허용하심**은 하나님의 편에서 은혜의 태도를 가리킬 뿐 아니라 **실제적으로 하나님을 구하고 찾는 사람들**38 속에서 일하시는 하나님의 역사의 결과 또한 가리킨다는 것이다. 그래서 최근의 Holman Christian Standard Bible에서는 "나는 나

교 지도자들이 느끼기에 자신들과 비교했을 때 하나님의 축복을 받을 만한 자격이 없는 자들에게 그 축복이 가는 것에 대한 질투이다.

36 Martin Luther, *Luther's Works*, vol. 17: *Lectures on Isaiah chs. 40~66* (St. Louis: Concordia, 1972), 375~77.

37 John Calvin, *Commentary on the Book of the Prophet Isaiah* (Grand Rapids: Eerdmans, 1948), 4:377~80.

38 Derek Kidner, "Isaiah," in *New Bible Commentary*, 3rd ed., ed. Donald Guthrie and J. A. Motyer (Leicester, UK: InterVarsity, 1970), 624.

를 구하지 아니하던 자에게 **물음을 받았으며** 나를 찾지 아니하던 자에게 **찾아냄이 되었다.**"라고 번역했다(필자 강조).

게다가, 히브리어 본문에 의하면 하나님께서 자신을 드러내신 사람들에 대한 묘사는 "주의 이름을 부르지 않던 자"(63:19를 보라) – 대부분의 현대 번역본들이 따르고 있는 고대 독본 – 보다 "주의 이름으로 일컬음을 받지 못하는 자"가 되어야 할 것이다. 성경 어디에도 이스라엘이 하나님의 백성으로서 알려지지 않은 나라로 칭해지는 곳은 없기 때문이다. 그러므로 이 묘사는 이스라엘이 반역했을 때 하나님께서 자신의 구원의 축복을 확장시키실 이방 나라들에 가장 잘 적용된다.39

만약 우리가 이 구절을 이방의 구원에 대한 언급으로 올바르게 이해하고 있다면, 바로 뒤에 이어서 나오는 문맥이 제시하는 것처럼(2~3을 보라. "내가 종일 손을 펴서... 패역한 백성들을 불렀나니... 내 앞에서 항상 내 노를 일으키는 백성이라"), 또한 사도 바울이 이사야의 말씀을 자신의 시대 – 이스라엘의 대다수가 불신앙에 빠져 있었고 구원이 이방인들에게로 가고 있었던 – 에 분명하게 적용했던 것처럼(롬 10:20~21), 이것은 이스라엘이 반역하는 동안에 일어난다.

마지막으로, 우리는 이스라엘의 현직 제사장들의 순결하지 못하고 위선적인 제사에 대하여 불만을 표현하는 가운데 "해 뜨는 곳에서부터 해 지는 곳까지의 이방 민족 중에서 내 이름이 크게 될

---

39 이방인들을 언급하는 것으로서 이 지칭 대상을 이해하는 유사한 견해에 대해서는, Geoffrey W. Grogan, "Isaiah," in *The Expositor's Bible Commentary*, vol. 6, ed. Frank E. Gaebelein (Grand Rapids: Zondervan, 1986), 349; Edward J. Young, *The Book of Isaiah*, vol. 3 (Grand Rapids: Eerdmans, 1972), 502; Carl Wilhelm Eduard Nagelsbach, "The Prophet Isaiah," in *Lange's Commentary on the Holy Scriptures*, vol. 11 (repr., Grand Rapids: Zondervan, 1960), 689; Joseph Addison Alexander, *Isaiah, Translated and Explained*, abr. ed. (1867; repr., Minneapolis: Klock & Klock, 1981), 413을 보라.

것이라 각처에서 내 이름을 위하여 분향하며 깨끗한 제물을 드리리니 이는 내 이름이 이방 민족 중에서 크게 될 것임이니라"라고 하나님께서 말씀하시는 말라기 1:11을 살펴봐야 할 것이다. 말라기 선지자가 나중에 이스라엘의 회복을 예언했을 때(3:1~4:6을 보라), 하나님의 이름이 이방 나라들 가운데 크게 될 것이라는 이 말씀은 아마도 제사장들로 대표되는 이스라엘이 불순종하고 있는 동안에 하나님의 구원이 이방인들에게로 향할 것ㅡ다시 말해서, 미래에 있을 "잠시 동안 거부되어질 이스라엘을 대신하여 하나님 나라 안으로 이방인들의 받아짐"40ㅡ에 대한 언급일 것이다.

예언에 따르면 이스라엘의 회복이 항상 최종적이기 때문에, 이스라엘의 불순종 기간 동안에 있을 이러한 이방인들의 구원은 이스라엘의 회복 후에 일어날 이방인의 구원이라는 지배적인 상황보다는 앞서서 일어나야만 한다. 이것은 또한 사도 바울이 이해했던 것이기도 하다. 왜냐하면 위에서 언급했었던 신명기와 이사야의 말씀에서 예언되었듯이, 그는 이스라엘의 회복 이전에 일어날 일로서 자신의 이방 사역을 이해했기 때문이다(롬 10:19~21; 11:11, 14를 보라).

구약의 예언적 소망이 가지고 있는 특징들에 대한 요약. 요약하면서 구약의 소망이 가지고 있는 중요한 몇몇 특징들을 간략하게 짚고 넘어가는 것이 유익할 것이다. 첫째로, 구원에 대한 언약적 약속들은 영적인 것과 물질적인 모든 것을 아우르는 포괄적이고 전체적인 구원을 묘사한다. 인간 삶의 모든 측면ㅡ사회적이고 공동

---

40 Carl Friedrich Keil, *Biblical Commentary on the Old Testament: The Twelve Minor Prophets* (Grand Rapids: Eerdmans, 1949), 2:437. See also E. Ray Clendenen, "Malachi," in Richard A. Taylor and E. Ray Clendenen, *Haggai, Malachi*, The New American Commentary, vol. 21A (Nashville: Broadman & Holman, 2004), 277~78; and Peter A. Verhoef, *The Books of Haggai and Malachi* (Grand Rapids: Eerdmans, 1987), 231.

체적이고 국제적인 것 뿐 아니라, 개인적이고 내적이며 개인주의적인 -은 예언적 그림의 일부분이다. 하나님의 구원에 있어서, 구약의 소망에서 이미 나타나지 않았던 것인데 신약에서는 묘사되고 있는, 그런 부분들을 찾아 인지하는 것은 어려운 일이다.

두 번째로, 구원에 대한 언약적 약속들에 있는 어떤 것도 최종적인 성취는 이루어지지 않고 있다. 거룩한 나라에 대한 약속, 땅에 대한 이스라엘의 소유, 다윗의 자손의 의의 통치 그리고 이스라엘과 열방을 향한 구원의 전 세계적인 축복, 이 모든 것은 구약의 역사에서 충족되지 않은 소망으로 남아 있다. 세 번째로, 예언적 소망은 언약적 약속들에 대한 진정한 역사적 성취를 고대했었다. 또는 아이히로트(Walter Eichrodt)가 말한 것처럼, "대망하던 절정과 구체적이고 지상적인 실체성을 가진 국가적 공동체"가 서로 연관되도록, "이스라엘의 소망이 이 땅에 대해 신실"할 수 있도록, 선지자들은 "**하나님께서 역사 속으로 실제적으로 들어오시는 것**을 자신들의 믿음의 중심으로 삼았다."[41]

이러한 구약 소망의 성취를 권위 있게 이해하기 위하여 신약성경을 들여다보는 동안, 우리는 이러한 구약의 예언들의 그림과 이전에 하나님의 백성이 이해했던 것을 아무 상관없는 것처럼 옆으로 제쳐둘 수 없다.

신약성경 구원 역사에서 이스라엘과 이방인들의 관계

신약 저자들은 그리스도의 오심과 사역을 구약의 언약적 약속들의 성취로 이해했다. 그들은 구약에 있는 말씀들을 근거로 자신들의 가르침을 일관되게 주장했다. 그러므로 이스라엘과 교회가 가지는 관계에 대한 질문은 구약 예언들에 대한 신약의 사용을 어떻게

---

[41] Walther Eichrodt, *Theology of the Old Testament*, vol. 1 (Philadelphia: Westminster, 1961), 490~91.

이해하느냐에 달려 있다. 신약 저자들은 그리스도 안에서 성취를 구약의 약속들과 소망에 대한 재해석을 수반하는 것으로서 이해했는가? 아니면, 구약의 하나님의 백성들이 이 예언들을 이해했던 것처럼, 그들은 이스라엘과 교회의 관계를 이스라엘과 이방인들의 구원에 관한 구약의 예언들의 성취로 이해했는가?

"그리스도 안에서" 구원 약속 성취

구약의 모든 구원 언약이 그리스도 안에서 성취되었음을 무엇보다 먼저 인지해야 한다. 그는 궁극적으로 약속된 "후손"인데, 그 안에서 모든 구원이 다 이루어졌다. 우리는 그리스도와 함께 역사의 "마지막 때"에 이르렀다. 우리는 그 안에서 하늘의 예루살렘(히 12:22)과 영원한 "새 예루살렘"(계 21:2, 10)에 이르게 되었다. 그러나 이러한 진리들이 구원 약속들의 의미를 그리스도의 인격 안으로 용해시켜 버리지 않으며, 또한 구원 역사에 있어서 다른 모든 인간의 사역을 배제시키지도 않는다.

그리스도께서 구원 언약들을 성취한 것이 하나님의 구원 수행에서 교회의 현재적이며 제사장적인 사역을 부정하지 않는 것처럼, 이러한 약속들에 대한 그의 성취는 이와 동일한 수행에 있어서 미래적인 이스라엘의 사역 또한 부정하지 않는다. 게다가, 우리가 그리스도 안에서 하나님의 최종적이고 종말론적인 구원에 도달했다고 해서 이것이 곧 역사의 끝이 도래했다거나 우리가 인격적으로 완전해졌음을 의미하는 것도 아님을 이해해야만 한다. 그리스도의 최종적인 구원이 우리들의 개인적인 구원의 경우에 있어서 점진적으로 성취되고 있는 것과 같이, 이는 또한 구원의 역사에 있어서도 마찬가지이다. 그러므로 그리스도 안에서 예언들이 성취되었다고 해서 그 성취 안에 이스라엘이 동참하게 될 자리나 시간마저도 부정되는 것은 아니다.

메시아적 구원의 개시

신약성경은 구원의 언약적 약속들이 성취될 때가 가까이 왔다는 선언으로 시작한다. 침례자 요한과 예수가 예언된 그 나라가 도래해 오고 있음을 선포한 것(마 3:2; 4:17)은 쉽사리 이뤄졌다. 의심할 여지없이, 당시의 청중들은 이것을 자신들의 성경에 있는 메시아적 예언들의 성취로 이해했을 것이다. 이것은 또한 이러한 새로운 사건들과 함께 전해졌던 예언적 설교들에서도 명백하게 나타났다. 스가랴는 하나님께서 "그 백성을 돌보사 속량하시며 우리를 위하여 구원의 뿔을 그 종 다윗의 집에 일으키셨으니 이것은 주께서 예로부터 거룩한 선지자의 입으로 말씀하신 바와 같다"라고 선언했다(눅 1:68~70; 1:46~55도 보라). 구약과 일치되게, 이 구원은 대적의 멍에로부터 외적으로, 정치적으로 자유롭게 되는 것과 내적으로, 영적으로 변화되는 것 모두를 수반하는 포괄적인 것이다(눅 1:71~79를 보라).

또한 구약성경에 일치하여, 이러한 메시아적 구원은 이스라엘의 회복과 이방인들의 구원 둘 모두를 포함할 것이다. 다윗에게 하신 약속을 실질적으로 반복하면서, 천사는 마리아에게 그의 아들에 대해 알리면서, "주 하나님께서 그 조상 다윗의 왕위를 그에게 주시리니 영원히 야곱의 집을 왕으로 다스리실 것이며 그 나라가 무궁하리라"라고 말했다(눅 1:32~33; 삼하 7:16을 보라). 나중에, 마리아는 하나님께서 "그 종 이스라엘을 도우사 긍휼히 여기시고 기억하시되 우리 조상에게 말씀하신 것과 같이 아브라함과 그 자손에게 영원히 하시리로다"라고 선포했다(눅 1:54~55).

또한 예수는 구원을 열방들과 이방인들에게 줄 것이다. 나이든 시므온은 아기 예수를 안고서 하나님께 "내 눈이 주의 구원을 보았사오니 이는 만민 앞에 예비하신 것이요 이방을 비추는 빛이요 주의 백성 이스라엘의 영광이니이다"라고 선포했다(눅 2:30~32).

"모든 육체가 하나님의 구원을 보리라"라고 한 이사야의 예언은 이제 메시아의 오심으로 성취되고 있었다(눅 3:6; 사 40:5; 이방인들의 구원에 대해서는 또한 마 12:18, 21을 보라).

예수의 사역은 구약 예언의 현저한 그림에 따라 — 메시아의 구원은 우선은 이스라엘을 회복시키는 것으로 오고, 그 다음에 이방 나라들에게 나아갈 것이다 — 이스라엘 백성에게 집중했다(마 10:5~7; 15:24를 보라). 하지만 이스라엘 나라를 대표하는 유대 지도자들이 예수를 메시아로서 받아들이기를 거부한 결과 예언된 회복은 실패로 돌아갔고 대신에 심판이 찾아왔다. 예루살렘에 대한 예수의 애도는 이러한 비극적 전환 사건을 요약해 준다. "예루살렘아, 예루살렘아... 암탉이 그 새끼를 날개 아래에 모음 같이 내가 네 자녀를 모으려 한 일이 몇 번이더냐 그러나 너희가 원하지 아니하였도다. 보라 너희 집이 황폐하여 버려진바 되리라 내가 너희에게 이르노니 이제부터 너희는 찬송하리로다 주의 이름으로 오시는 이여 할 때까지 나를 보지 못하리라"(마 23:37~39; 21:33~43을 보라). 그러나 이 성경 구절의 마지막 부분이 암시해주는 것처럼, 이스라엘에 대한 이러한 심판의 상황은 구약에서 일관되게 예언된 것과 같이 일시적일 것이다.[42] 우리가 나중에 살펴보겠지만, 이것은 신약 성경의 다른 구절에서도 동일하게 확증된다.

그리스도가 자신의 백성인 이스라엘에게, 그리고 실제적으로 또한 이방인들에게(행 4:27) 거부당했다고 해서 하나님의 구원 계획이 좌절된 것은 아니었다. 그 대신 그리스도의 십자가와 부활은 하나님의 구원 활동의 절정이 되었고, 약속되었던 종말론적 구원이 실재가 되게 했다. 우리의 대리/대표로서 순종하여 죽으심으로써, 예수는 구원을 성취하고 모든 것 위에 뛰어난 주로 높임을 받았으며

---

[42] G. R. Beasley-Murray, *Jesus and the Kingdom of God* (Grand Rapids: Eerdmans, 1986), 306~7. 예수가 자신의 제자들이 미래에 이스라엘의 지파들을 다스릴 것이라고 예언한 것 또한 이스라엘의 미래적 회복을 지지한다(마 19:28; 눅 22:30).

메시아로서 하나님의 우편에 앉았다(행 2:30~36; 빌 2:8~11을 보라). 그리스도 안에서, 모든 것을 궁극적으로 새롭게 만들 약속된 새 언약의 구원이 시작되었다.

유대인과 이방인들을 위한 현재적 구원

종말론적 구원이 시작된 시대는 이스라엘이 계속적으로 이방 권세의 지배하에 있는 동안, 이방인들을 따라 오직 이스라엘의 남은 자만 구원에 이르는 특징을 가지고 있다. 우리가 이전에 보았던 것처럼, 이스라엘이 불순종 가운데 있을 때 하나님의 구원이 이방인들에게로 갈 것이라는 이 시나리오는 구약에 예언된 것이다. 이스라엘의 거절에 직면하여, 예수는 또한 동일한 메시지를 점점 더 많이 예언했다. 자신의 구원이 이방인들에게로 향해 갈 동안 이스라엘은 하나님의 심판을 경험할 것이다(마 8:11~12 = 눅 13:28~29; 마 22:1~14 = 눅 14:16-24; 마 21:33-43; 24:2; 눅 21:24를 보라).

구원이 유대인 남은 자들에게 감. 국가로서 이스라엘이 예수를 거절했어도, 새 언약의 종말론적 구원은 우선적으로 이스라엘 백성을 향했다. 예수가 만든 계획을 따라, 제자들의 증언은 예루살렘에서 시작되어 모든 유대와 사마리아와 땅 끝까지 확장되었다. 자신의 사역의 마지막 주를 보냈던 예수처럼, 사도들은 유대 종교 권력의 중심지였던 예루살렘에 있는 성전에서 구원을 선포했다(행 3:11~26; 5:12, 21~26, 42). 10년 정도 되는 기간에[43] 예수의 제자들은 오직 유대인들 가운데서만 새로운 메시아적 구원을 선포했다. 지도자들로 대표되는 국가로서의 이스라엘이 그 메시지를 거부했던 반면에, 예루살렘과 그 주변의 유대 지역에 살았던 수천 명의 유대

---

[43] Harold W. Hoehner, *Chronology of the Apostolic Age* (ThD diss., Dallas Theological Seminary, 1965), 381; and, F. F. Bruce, *The Acts of the Apostles*, 3rd ed. (Grand Rapids: Eerdmans, 1990), 92, 252에 나와 있는 날짜 계산을 보라.

인들이 이를 받아들였다. 그러므로 하나님의 백성의 새로운 종말론적인 공동체인 그리스도의 교회(ekklesia, 마 16:18)는 유대인들과 함께 시작했고 상당한 기간 동안 주로 유대인들로 구성되었다.

열 두 사도라는 기초에 근거하여 새로이 생겨난 유대인 신자 공동체는 구약의 하나님의 백성과의 연결을 대표했다. 그러나 그들이 약속된 국가로서 이스라엘의 종말론적인 회복이나 "새 이스라엘"을 구성한 것은 아니었다. 오히려, 이러한 새로운 메시아적 구원에 참여한 유대인들은 이스라엘의 신실한 남은 자들, 또는 바울이 사용했던 감람나무의 은유-지금 이스라엘의 대다수가 잘려나간 반면, 하나님의 구원에 있어서 "풍성한 뿌리"를 계속적으로 경험하고 있는 이스라엘-를 대표하는 것이었다(롬 11:5, 17을 보라). 그들은 새로운 메시아적 구원의 시대로 편입하여 들어온 이스라엘의 남은 자들이었다. 예수가 회복을 기대하면서 특별히 이스라엘에게 사역했던 것과 같이, 그의 권위 있는 대리자들 또한 특별히 이스라엘을 대상으로 사역했다. 예루살렘을 중심으로 하여, 그들은 새 언약의 구원의 새로운 공동체의 시작에 주도적인 역할을 했다. 적어도 사도행전의 역사적 기록에 따르면, 이방인들을 대상으로 한 사역이 자리를 잡자마자 열두 사도들은 무대에서 대부분 사라져 버린다.[44]

그러나 성경은 이제 이스라엘의 이러한 신실한 남은 자들-열두 사도를 포함하여-이 유일한 이스라엘이 아니라는 사실을 분명하게 밝힌다. 사도 바울은 "원 가지들"-현재 하나님의 냉혹한 심판을 경험하고 있는 이스라엘을 대표하는-이 언젠가 다시 **그들 자신의** 감람나무에 접붙임을 받을 날이 있을 것이라고 예언했다(롬 11:24, 필자 강조). 그러면 "모든 이스라엘" 또는 현재 남은 자들과

---

44 Andrew C. Clark, "The Role of the Apostles," in *Witness to the Gospel: The Theology of Acts*, ed. I. Howard Marshall and David Peterson (Grand Rapids: Eerdmans, 1998), 173~81; Ben Witherington III, *The Acts of the Apostles: A Socio-Rhetorical Commentary* (Grand Rapids: Eerdmans, 1998), 126~27을 보라.

는 구별되는 전체로서 이스라엘이 하나님의 구원과 이에 대한 결과로서 그들에게 주어진 역사적인 언약과 약속들의 성취에서 회복을 경험할 것이다(롬 11:25~31; 참고, 9:4~5).

구원이 이방인들에게로 확장됨. 로마 백부장 고넬료와 유대인 사도 베드로에게 나타난 신적 계시의 즉각적인 개입으로, 새로운 메시아적 구원이 초기의 유대인 공동체를 넘어서 확장되었다. 처음에 이것은 많은 유대인 성도들을 당황스럽게 만들었다. 당황을 야기했던 이유는 이방인들이 구원을 받을 수 있었던 것 때문이 아니라, 하나님께서 이방인을 이스라엘의 일부분으로 만드시지 않고, 있는 그대로 이방인에게 동일한 새 언약의 구원을 주셨기 때문이었다. 하나님 앞에서 지위 상 차등이 전혀 없었다. 마치 이것이 베드로에게도 새로운 깨달음이었던 것처럼, 그는 고넬료의 집에 모인 사람들에게 가장 먼저 "내가 참으로 하나님은 사람의 외모를 보지 아니하시고 각 나라 중 하나님을 경외하며 의를 행하는 사람은 다 받으시는 줄 깨달았도다"라고 말했다(행 10:34~35; 행 11:17~18을 보라).

이러한 구원의 확장과 이를 둘러싸고 벌어진 논쟁(예를 들어, 예루살렘 회의, 행 15장)에 대한 역사적 기록에서, 구원을 받았던 이방인들이 자신들을 이제 이스라엘의 일부로서 생각하거나, 또는 사도 바울이 자신을 그 일부로 보았던 신실한 남은 자들(롬 11:5)로 이해되었다는 가르침은 전혀 찾아볼 수 없다. 또한 그들은 영적 유대인들로 언급되지도 않았다.

지금의 구원의 시대는 구약 예언의 성취이다. 유대인의 남은 자들과 열방에서 온 이방인들의 구원이 일어나는 현재 시대는 예언된 메시아적 구원이 성취되기 시작하는 때이다. 우리는 이것을 다음 섹션에서 더욱 완전하게 고찰할 것이다. 다만, 여기서는 이 구원을 전하는 신약의 전도자들이 자신들을 구약 예언의 성취로 이해했다는 사실만 지적하기로 하자.

그들의 사명은 자신들의 기독론에 근거한다. 오순절 날에 베드로의 말에 따르면, 예수는 자신의 희생적 죽음, 부활, 승천으로 하나님 우편에 오르셨는데, 구약의 모든 예언에 따르면 이 자리는 메시아적 권세를 의미한다(시 110:1을 보라).[45] 비록 이 나라에 대한 그의 실제적인 통치는 그의 지상 재림의 때를 기다리지만(눅 19:11; 21:31; 22:30; 행 1:6~7), 이제 그는 "주와 그리스도"-메시아 왕으로서 즉위한-가 되었다(행 2:36).[46]

그러나 그의 새로운 메시아적 권세는 메시아적 시대의 약속된 새 언약의 구원-죄에 대한 종말론적인 용서와 성령을 선물로 주심-의 막을 열었다(행 2:33~39). 베드로는 시편 118:22의 메시아적 본문을 인용함으로 이 새로운 복음을 위한 초기의 사도적 사역을 지지했다. "이 예수는 너희 건축자들의 버린 돌로서 집 모퉁이의 머릿돌이 되었느니라"(행 4:11). 예수께서 거절당했어도 높여진 그는 하나님 집의 머릿돌이 되었는데, 이 집은 사도들의 사역으로 이제 지어지고 있다.

그러므로 초기의 성도들은 이스라엘과 이방 나라들에게 구원을 선포하는 자신들의 사역을 성경의 성취로 이해했다. 초창기의 구원 언약 약속들의 근본 원칙(창 12:3; 22:18)과 하나님의 구원이 이스라엘을 통하여 전달되었다는 예수의 가르침의 연장선상에서, 이 증인들은 처음에는 이스라엘로 향했다. 베드로가 "이스라엘 사람들"에게 "너희는 선지자들의 자손이요 또 하나님이 너희 조상과 더불어 세우신 언약의 자손이라 아브라함에게 이르시기를 땅 위의 모든 족속이 너의 씨로 말미암아 복을 받으리라 하셨으니 하나님이 그 종을 세워 복 주시려고 너희에게 **먼저** 보내사 너희로 하여금

---

[45] Bock, "The Use of the Old Testament in Luke-Acts: Christology and Mission," in *Society of Biblical Literature 1990 Seminar Papers Series* (Atlanta, GA: Scholars, 1990), 503~5를 보라.

[46] 사도행전 2:34~36과 하나님 나라의 때에 대한 보다 깊은 논의를 위해서는, Robert Saucy, *The Case for Progressive Dispensationalism* (Grand Rapids: Zondervan, 1993), 69~76, 94~110을 보라.

돌이켜 각각 그 악함을 버리게 하셨느니라"라고 말했던 것과 같다(행 3:25~26, 필자 강조). 세상을 향한 하나님의 구원 계시를 위한 의도된 통로로서, 그리고 원래 약속들을 소유하고 있었던 자들로서(롬 9:4), 논리적으로 이 메시지는 유대인들에게 우선적으로 향해야만 했다(행 13:46; 롬 1:16을 보라). 심지어 구원이 이방인들에게로 나아가게 된 후에도, 이러한 우선성은 사도 바울이 먼저 회당으로 갔던 관례에서 여전히 찾아볼 수 있다(예를 들어, 행 17:1~2).[47]

그러나 메시아적 구원은 또한 이방인들을 위한 것이었다. "먼저" 이스라엘에게 보내사―이것은 또한 다른 이들을 위한 것이기도 하다―라고 했던 베드로의 말에도 이것이 암시되어 있다. 나중에, 바울은 스스로를 변호하면서 자신이 말한 모든 것은 "선지자의 글과 모세의 글"에서 예언된 것이라고 주장했다. 즉, "그리스도가 고난을 받을 것과 죽은 자 가운데서 먼저 다시 살아나 이스라엘과 이방인들에게 빛을" 전한다는 것이다(행 26:23). 메시아적 종에 관한 이사야의 예언들의 성취로서, 그리스도는 자신의 죽음과 부활을 통하여 유대인들("우리 민족")과 이방인들(사 42:6; 49:6; 60:3을 보라) 모두에게 빛을 가져다주었다. 이 사도는 자신의 사명을 이러한 메시아적 사역에의 동참이라고 이해하고 있었다. 그래서 "주께서 이같이 우리에게 명하시되 내가 너를 이방의 빛으로 삼아 너로 땅 끝까지 구원하게 하리라 하셨느니라"(행 13:47)라고 선언한 것이다.

이 구절에서 이방인들을 위한 구원이 단지 유대인들의 거절 때문만은 아니었음을 지적하는 것은 중요하다. 사실상, 모든 유대인이 예수를 거절했던 것은 아니며, 사도들은 이방인들 뿐 아니라 유대인들을 대상으로도 계속 사역했다(행 20:21; 28:17). 오히려, 이방인들의 구원이라는 현실은 모든 나라를 포함하는 메시아적 구원에 대한 예언들의 성취로 이해되었다.

---

[47] 또한, 사도행전 13:5, 14; 14:1; 17:10, 17; 18:4, 19, 26; 19:8; 28:17; 고린도후서 11:24를 보라.

야고보와 함께 예루살렘 회의는 이방인들의 구원이 아모스의 예언과 일치한다고 결론 내렸다. 다윗의 무너진 장막-즉, 다윗 왕조 또는 그리스도 안에서 다시 지어진 "집"-의 재건은 이방인의 구원의 때를 알리는 신호이다(행 15:13~19; 암 9:11~12). 다른 많은 사람들처럼, 아모스의 예언은 신약성경과 메시아의 두 번의 오심에 동반될 성취가 가지고 있는 **이미와 아직-아니**의 국면을 나누어서 보지 않고, 메시아의 날에 일어날 일들을 그저 단일한 사건으로 바라볼 뿐이었다. 그러므로 아모스의 말씀이 놓여있던 본래의 문맥은 이스라엘과 다윗 왕국의 회복을 포함하고 있었다(암 9:13~15를 보라). 그러나 사도행전 15장에서 인용된 말씀에서 강조점은 다윗 왕권의 회복과 이것이 이방인들을 포괄할 것이라는 데에 있다("다윗의 무너진 장막을 다시 지으며 또 그 허물어진 것[다윗의 장막]을 다시 지어 일으키리니," 행 15:16).

그러므로 야고보는 이방인의 구원이라는 현상이 약속된 왕국이 회복될 것에 대한 신호라는 것을 주장하려고 아모스 9장의 예언을 사용하지 않았다. 이미 예수는 이것이 바로 일어날 일은 아니라고 지적했다(행 1:6~7). 그리고 베드로 또한 이 회복은 이스라엘의 회개와 그리스도의 재림을 기다리게 한다고 가르쳤다(행 3:19~21). 오히려, 예루살렘 회의에 있었던 야고보와 다른 이들은 단지 예언되었던 메시아적 시대가 그리스도와 함께 시작되었으며, 이것이 이방인들을 위한 구원을 포함하게 되었음을 인식했을 뿐이다.48

이와 유사한 방식으로, 바울은 그리스도 안에서 유대인과 이방인 모두에게 복음을 전하는 자신의 현재 사역을 변호하려고, 회복된 이스라엘과 이방인들이 함께 하나님의 구원을 누리는 메시아적 시대에 대한 몇몇 예언들을 사용한다(롬 15:7~12). 그에게 이 예언들

---

48 사도행전 15장에서 아모스서 9장을 사용한 것에 대해서는, Walter C. Kaiser Jr., *The Use of the Old Testament in the New* (Chicago: Moody, 1985), 177~94를 보라. 또한 Ernst Haenchen, *The Acts of the Apostles* (Philadelphia: Westminster, 1971), 448을 보라.

은 현재 교회 시대에 적용될 수 있었는데, 이것은 메시아가 오셔서 자신의 구원 사역을 개시하셨기 때문이었다. 그분의 사역은 유대인과 이방인 모두를 아우를 것으로 예언되었다. 그리스도는 "하나님의 진실하심을 위하여 할례의 추종자가 되셨으니 이는 조상들에게 주신 약속들을 견고하게 하시고 이방인들도 그 긍휼하심으로 말미암아 하나님께 영광을 돌리게 하려 하심이라"(롬 15:8~9). 결과적으로, 예언들에서 이미 예견되었었고 이제 실재가 된 현상들이 나타났다. 예를 들어, "열방들아 주의 백성과 함께 즐거워하라"(롬 15:10[신 32:43]); "모든 열방들아 주를 찬양하며 모든 백성들아 그를 찬송하라"(11절[시 117:1]).

그러나 바울이 현재적 구원과 연관된 메시아적 예언들을 사용했다고 해서, 이것들이 그리스도의 재림 전의 현 시대 동안에 완전하게 성취되었다고 말하려는 의도가 바울에게 있었음을 의미하는 것은 아니다. 우선적으로, 이 예언들의 사용은 앞서 9~11장에 나오는 바울의 가르침과 조화되어야 한다. 여기서 그는 이스라엘의 언약들과 약속들을 계속적으로 확증하면서(롬 9:4~5), "모든 이스라엘"을 위한 미래적 구원을 주장하고 있으며(11:25~27), 이스라엘의 구속의 결과로 이방인들에게 미칠 훨씬 더 큰 축복의 때를 예견하고 있다(11:12, 15).

게다가, 이 인용된 예언들은 현재적으로 완전하게 성취된 것이 아니다. 회복된 이스라엘의 메시아적 왕국이라는 원래적 문맥－현재에는 아직 이루어지지 않은－에 추가하여, 이사야 11:10－"이새의 뿌리 곧 열방을 다스리기 위하여 일어나시는 이가 있으리니 열방이 그에게 소망을 두리라"(롬 15:12)－를 인용함으로 현재 완전하게 성취된 것은 아니라는 사실을 명백하게 드러내었다. 이사야서 말씀의 문맥은 메시아의 통치아래 열방에 우주적인 평화가 도래한다는 것이다(사 11:6~10을 보라). 이러한 평화는 오늘날 현재적으로 나타나지 않으며, 신약성경 또한 메시아의 재림 전에 이것이 이루어질 것이라는 소망을 붙잡고 있지도 않다.

바울이 구약의 메시아적 예언들을 급진적으로 재해석했음을 보여주는 증거는 어디에도 존재하지 않으며, 그의 인용을 사도행전 15장에서 야고보가 아모스 9장을 인용한 것과 유사하다고 이해하는 것이 가장 좋을 것이다. 메시아의 오심과 연관되어 일어나게 될 것으로 구약에서 예언되었던 것은 이제 두 번째 오심으로 나누어진다. 구약은 메시아의 시대에 이방인들이 하나님의 구원에 포함될 것이라고 예언했다. 그러므로 이방인들은 유대인들과 함께 구원 받고 있다. 그러나 현재 진행되는 이방 나라들의 복음화가 구약이 가지진 소망의 완전한 성취는 아니다. 바울이 "내 골육을 아무쪼록 시기하게 하여 그들 중에서 얼마를 구원"하려고 - 이것은 궁극적으로 모든 이스라엘의 구원과 세상을 향한 훨씬 더 큰 축복을 가져오게 될 것이다(롬 11:11~15) - 자신의 사역을 보다 더 분명하게 "이방인을 위한 사도"로 묘사했던 것을 우리가 생각해 볼 때, 사도 자신이 인용한 메시아에 대한 말씀들이 현재 시대에는 오직 부분적으로만 성취된 것이라고 이해했다는 사실은 분명해 보인다.

요약하면, 메시아적 구원이 유대인 남은 자들과 이방인에게 가는 현재의 교회 시대는 구약의 예언의 성취라고 할 수 있지만, 그럼에도 불구하고 이것은 부분적이다. 이것은 메시아적 구원 약속들의 "이미와 아직-아니" 성취에서 "이미"의 국면이다.

교회와 이스라엘의 관계

독자는 구원 역사에 대한 하나님의 계획과 연관하여 이번 장에서 지금까지 서술한 것을 근거로, 성경적 계시에 대한 우리의 해석에서 이스라엘과 교회의 기본적인 관계가 무엇인지 아마도 추측하기 시작했을 것이다. 교회는 그리스도의 구원 사역으로 시작된 새 언약을 통하여, 새로운 인간의 창조-유대인과 이방인 모두 그분의 백성으로서 하나님과 새로운 관계를 나누게 된-와 연관되어 예언되었던 메시아적 구원의 초기적 단계이다. 교회는 구약이 예언한 이스라엘을 대체하는 새로운 이스라엘도 아니며, 그러므로 아직 성취되지 않은 구원의 역사적 계획에서 이스라엘의 역할을 교회가 성취하고 있는 것 또한 아니다. 이번 섹션에서 우리는 신약 저자들을 통하여 교회의 성격과 그것이 이스라엘 국가와 가지고 있는 관계성에 대하여 좀 더 깊은 이해와 고찰을 얻을 것이다.

이스라엘을 통해 전해진 교회의 구원. 교회와 이스라엘의 관계를 고려하는 것은 예수의 다음과 같은 말씀의 진리를 포함한다. "구원이 유대인에게서 남이라"(요 4:22). 우리가 이미 살펴보았던 것처럼, 그 시작부터 교회는 본질적으로 유대적이었으며, 예루살렘을 중심으로 했다. 더욱 중요한 것은, 교회는 사도들 위에 세워졌는데, 비록 그들이 회복된 이스라엘 국가를 대표하는 것은 아니었지만, 그럼에도 불구하고 이들은 오늘날 교회 시대에서 그 나라의 신실한 남은 자들의 일부로서 이스라엘과 연관되어 있었다. 이 열 두 명이 미래에 이스라엘 열 두 지파를 다스릴 것이라는 예수의 예언은 또한 그들을 이스라엘과 연결시켜 준다(마 19:28).

그리스도의 대리자들로서 열두 명 - 아마도 그리고 몇 다른 사람들, 승천하신 주님에 의해 사명을 받았던 바울과 같은 - 은 메시아적 구원의 메시지에 대한 자신들의 권위 있는 신적 계시를 통하여 교회의 기초가 되었다(엡 2:20; 모든 사도의 대표로서 베드로에 관해서는 마태복음 16:18을 보라). 이것이 한 단계 더 나아가서, 유대인들은 자신들과 이방인들 모두로 구성된 초기 속사도적 교회에서 교리 교사로서 중요한 역할을 감당했다. 스카서운(Oskar Skarsaune)은 사도적 교부들의 저작들에 대하여 "이 문서들은 혼합된 공동체라는 배경으로 가장 잘 이해될 수 있는데, 여기서는 소수의 유대인 성도들이 더 큰 이방인 다수를 위하여 교사와 신학적 전문가로서 활동했었다."라고 말했다.[49]

---

49 Oskar Skarsaune, *In the Shadow of the Temple: Jewish*

사도 바울은 로마에 있는 이방인들을 경고하면서 교회와 이스라엘의 이러한 관계를 지적했다. "그 가지들[즉, 유대인들]을 향하여 자랑하지 말라 자랑할지라도 네가 뿌리를 보전하는 것이 아니요 뿌리가 너를 보전하는 것이니라"(롬 11:18). 이 구절에서 "보전하는"이라고 번역된 헬라어 동사의 현재 시상은 교회가 유대적 유산과 맺는 이러한 관계가 깨지지 않은 채 계속됨을 가리킨다(또한 롬 15:27을 보라).[50]

교회는 하나님의 종말론적 백성으로서 유대인과 이방인들을 아우른다. 이방인들이 이스라엘 곁에서 하나님의 백성이 될 시대가, 메시아의 오심과 종말론적 새 언약에서 그의 구원의 시작과 함께 실재가 되었다. 이전에는 오직 이스라엘만을 가리키려고 사용되었고 여전히 그들에게 적용되는(롬 11:1~2를 보라), 하나님의 백성이라는 개념은 이제 또한 믿음을 가진 이방인들을 포함한다. 하나님께서는 "이방인 중에서 자기 이름을 위할 백성을" 취하셨다(행 15:14; 18:10도 보라). 하나님의 백성으로서 이스라엘에게 적용되었던 전문용어는 이제 교회에 적용되었는데, 이는 유대인과 이방인 모두를 포함한다(딛 2:14; 출 19:5; 또한 롬 9:25~26; 고후 6:16; 벧전 2:9~10을 보라). 우리가 아래에서 볼 수 있듯이, 이 용어의 새로운 사용은 교회가 구약의 이스라엘 자리에 앉게 되었음을 의미하지는 않는다. 오히려, 메시아적 시대에 일어날 것이라고 예언되었던 것과 같이, "하나님의 백성"이 이스라엘과 함께 이방인들을 포함하여 확장되었음을 분명하게 가르쳐준다.

하나님의 종말론적 백성으로서, 교회는 약속된 새 언약적 구원 — 모든 구속받은 인류가 하나님과 최종적이고 친밀한 관계 안으로

Influences on Early Christianity (Downers Grove: InterVarsity, 2002), 222.

[50] James D. G. Dunn, *Romans 9~16*, Word Biblical Commentary, vol. 38 (Dallas: Word, 1988), 662.

들어가게 될-의 열매이다. "그리스도 안에서" 한 몸으로 만들어져 함께 연합된 교회-유대인과 이방인 모두-의 성도들은 하나님의 단일한 가정의 아들과 딸이다(고후 6:16~18; 계 21:3, 7을 보라). 그들은 "한 새 사람"(엡 2:15)의 시작을 구성하는데, 그 머리는 "마지막 아담"인 그리스도이다(고전 15:45).

에베소서에 나타난, 그리스도 안에서 유대인과 이방인이 새롭게 하나가 되었다는 설명은, 이스라엘과 교회의 관계에 대한 우리의 이해에서 핵심적이다. 2:11~12에서 바울은 메시아의 오심이 이방인과 유대인 모두에게 미친 영향을 설명한다. 완전하게 부정적인 문장으로, 바울은 이방인들의 영적 지위를 이스라엘 백성의 그것과 비교하여 설명한다(12절). 이방인들은 그리스도와 아무런 관계도 없었다. 즉, 이스라엘의 경우(고전 10:4)와는 달리, 그들 가운데에는 어떠한 메시아적 소망도, 성육신하기 이전의 그리스도의 사역도 존재하지 않았다. 그들은 이스라엘의 일부가 아니었으며, 그러므로 자신의 것이 아무 것도 없는 것처럼 그 어떤 약속의 언약도 가지지 못했다. 이 모든 것으로 인하여 그들은 "세상에서 [참된] 소망이 없고 [참된] 하나님도 없는"(엡 2:12) 자들이었다. 이 모든 것에서 강조점은, 그리스도께서 오시기 전에는 이방인들이 하나님의 선택된 백성인 이스라엘의 영적 특권을 나누지 못했다는 사실이다.

그리스도의 구원 사역은 완전히 새로운 상황을 만들었다. 그의 죽으심으로, 멀리 떨어져 있었던 이방인들은 이제 그리스도 안에서 하나님께로 가까이 오게 되었다. 이방인과 유대인 사이에서 반목을 야기하는 장벽으로서 기능했던 율법은 폐지되었다. 이 모든 것은 그리스도 안에서 유대인과 이방인을 위한 평화의 성립이라는 결과를 가져왔다.

이 모든 것에서, 바울은 이방인들이 이스라엘의 일부가 되었다거나 이방인들과 유대인들이 함께 새로운 이스라엘이 되었다고 말하지 않는다. 오히려, 자신의 구원의 사역을 통하여서 그리스도가

"이 둘[즉, 유대인과 이방인]로 자기 안에서 **한 새 사람**을 지으셨다"(2:15, 필자). 유대인과 이방인 둘 모두 이제 "한 몸[즉, 교회, 참고, 4:4]"(16절)에서 하나님과 화해되었다. 그리스도와 함께 왔던 구원은 이스라엘과의 관계에 있어서 이방인들이 이전에 가졌던 지위를 반전시키는 것 그 이상이었다. 즉, 이전에는 그들이 "이스라엘 나라 밖"에 있었는데(엡 2:12), 이제는 이방인들이 이스라엘의 시민이 되었다. 그리스도의 구원의 사역은 **새로운 인류**(new humanity)의 창조를 야기했는데, 그 안에서 유대인과 이방인은 하나가 되어 함께 하나님과의 관계를 누리게 되었다.

결과적으로, 교회에서 믿음을 가진 이방인과 유대인들은 "동료 시민"인데, 이스라엘과 함께 할 뿐 아니라, "모든 성도와 함께" – 이스라엘의 존재 이전에 있었던 사람들을 포함하여 모든 시대의 모든 성도 – 한다. 그들의 시민권이 있는 나라가 어디인지에 대해서 여기서 언급되고 있지 않지만, 빌립보서 3:20에서 바울은 성도들이 천국의 시민이 되었다고 밝힌다(성도들이 천상의 예루살렘과 가지는 관계에 대해서는 또한 히브리서 12:22~23을 보라). 게다가, 유대인과 함께 이방인들은 이제 하나님의 가족 구성원 – "하나님의 권속" – 으로서 그와 친밀한 관계를 공유하며, 하나님께서 거하시는 새롭고 영적인 성전으로 함께 지어진다(20~22절).

이 새로운 실재의 모든 것은 "그리스도의 비밀"(4절)에 대한 계시로 에베소서 3장에 묘사되어 있는데, 그 비밀의 충분한 범위가 이미 1:9~10에서 "다 그리스도 안에서 통일"되는 것 – 즉, "중심점이신 그리스도 안에서 우주의 다양한 요소들이 함께 모여 통일되는 것"[51] – 으로 계시되었다. 그러므로 교회에 있는 유대인들과 이방인들의 통일성은 우주를 향한 하나님의 포괄적인 계획이 성취되는 것의 시작이다. 그리스도의 비밀의 현재 단계가 가지고 있는 내

---

[51] Andrew T. Lincoln, *Ephesians*, Word Biblical Commentary, vol. 42 (Dallas: Word, 1990), 33.

용은 3:6에 요약되어 있다. "이는 이방인들이 복음으로 말미암아 그리스도 예수 안에서 함께 상속자가 되고 함께 지체가 되고 함께 약속에 참여하는 자가 됨이라." 이 비밀에 대한 바울의 설명에서 핵심은 이방인들이 그리스도 안에서 온 종말론적 구원-즉, 아브라함과 그의 후손에게 약속된 모든 축복의 유산, 메시아와의 연합이라는 영적 축복, 그리고 종말론적 구원과 연관되어 예언적 약속들의 모든 축복을 아우르는 약속-을 유대인들과 함께 누리게 되었다는 사실이다.

그리스도 안에서 유대인과 이방인의 이 새로운 단일체는 메시아의 시대를 위해 약속된 종말론적 구원의 성취이다. 이것은 선지자들과 모세가 말한 것들의 성취로, "이스라엘과 이방인들에게 빛을" 선포했던 사도들의 사역의 결과였다(행 26:22~23; 또한 롬 16:25~26을 보라).

비록 구약의 예언들이 그리스도의 몸과 (이것과 연관하여) "그리스도 안에서" 그리고 그리스도에 의하여 존재하게 된 성도들에 대한 개념을 명백하게 가르치지는 않아도, 이러한 새로운 실재들을 가리키는 진리들이 구약성경에도 존재한다. 쉐드(Russell Shedd)는 이렇게 말했다. "그리스도의 몸이라는 교리는... 집합적 개인(/연대성, corporate personality)이라는 히브리적 개념에 대한 분명한 적용이다." 이는 종종 여호와의 종으로서의 이스라엘과 이사야서에서 메시아적 종, 다니엘 7장에서 인자와 성도들과 연관되어 언급된다. 그러므로 쉐드와 같이, 집합적 개인이 그리스도 안에서 발견되는 영적 연합을 수반하지는 않아도, 이것이 "교회의 통일성"에 대한 하나의 모형이라고 말하는 것은 지나치지 않다.[52]

---

52 Russell Phillip Shedd, *Man in Community* (Grand Rapids: Eerdmans, 1964), 165, 169; 또한 E. Earle Ellis, *The Old Testament in Early Christianity* (Tübingen: Mohr, 1991), 110~12를 보라. 베스트(Ernest Best)는 유사하게 "연대적인(corporate) 혹은 포괄적인(inclusive) 인물로서 그리스도에 대한 개념"은 그리스도의 몸이라는 은유 뒤에 놓여 있

게다가, 성령의 내주하심 - 그리스도의 내주하심(고전 12:13을 보라)과 그리스도의 몸의 형성이라는 결과를 낳은 - 은 예언된 새 언약에서 명백한 것이다(겔 36:27; 37:14를 보라). 그리스도의 몸에 대한 신약의 계시는 이러한 근간이 되는 예언들에 분명히 더해진다. 그러나 이러한 진리에 대하여 구약성경이 그 어떠한 것도 말하지 않는다고 말하는 것은 너무 지나친 생각이다.53

요약하면, 교회는 약속된 종말론적이고 메시아적인 구원 성취의 시작이다. 여기서 이방인들은 하나님의 구원을 이스라엘과 함께 나눌 것이다. 그들은 이스라엘에게 속한 구원의 언약적 약속들에 편입되어 그렇게 된다(롬 9:4~5를 보라).

교회는 종말론적 이스라엘이 아니다. 비록 교회 역사에서 많은 사람들이 유대인과 이방인으로 구성된 교회를 새 이스라엘이라고 규정했을 지라도, 신약성경은 이것을 지지하지 않는다. 가장 우선적인 예로, 그 누구도 신약성경 저자들이 교회를 가리키기 위하여 "이스라엘" - 혹은 일반적으로 사용되는 이와 유사한 언어인 "새 이스라엘"이나 "영적 이스라엘" - 이라는 용어를 사용한 사실을 발견

다고 결론 내렸다(Best, *One Body in Christ* [London: SPCK, 1955], 94; 또한 203~14를 보라).

53 그러므로 감춰짐 혹은 알려지지 않음이란, 비밀(mystery)이 이전 예언에 드러나지 않았음을 의미할 뿐 아니라, 예언에 존재했지만 실현되거나 경험된다는 의미에서 아직 알려지지 않은 것을 가리킬 수도 있다. 그리스도와 구원의 복음이 가지고 있는 비밀 중 어떤 것은 확실히 구약 예언의 일부분이었다(롬 16:25~26; 고전 2:1; 2:7; 엡 3:4; 6:19; 골 2:2; 4:3; 딤전 3:16을 보라). 교회가 구약 예언에 관하여 가진 관계 - 특별히 **비밀**이라는 개념과 연관하여 - 에 대한 더 깊은 논의를 위해, Saucy, "The Church as the Mystery of God," in *Dispensationalism, Israel and the Church: The Search for Definition*, ed. Craig A. Blaising and Darrell L. Bock (Grand Rapids: Zondervan, 1992), 127~55; D. A. Carson, "Mystery and Fulfillment: Toward a More Comprehensive Paradigm of Paul's Understanding of the Old and New Testament" in the same volume, 412~25를 보라.

하지 못했다. 두 번째로, 신약성경은 이스라엘의 구원 역사에 대한 예언된 사명을 성취하는 것으로서 교회를 계시하고 있지 않다.

"교회는 결코 '이스라엘'이라 불리지 않는다." "이스라엘"이라는 용어는 신약에서 68번 등장하는데, 몇몇의 논란이 되는 본문들을 제외한 나머지 모든 구절은 구약의 국가적이고 언약적인 백성을 지칭한다. 리차드슨(Peter Richardson)은 자신의 연구 『사도적 교회에서 이스라엘』에서, 교회에 대하여 명백하게 "이스라엘"이라는 용어를 사용한 최초의 예는 2세기 중엽의 순교자 유스티누스(Justin Martyr)였다고 주장한다.54

비록 현대의 주석가들이 덜 빈번하게 사용하긴 해도, 새로운 이스라엘로서 교회를 지지하려고 역사적으로 인용되었던 구절의 하나는 로마서 9:6이었다, "그러나 하나님의 말씀이 폐하여진 것 같지 않도다 이스라엘에게서 난 그들이 다 이스라엘이 아니요." 그 자체로는 이 구절이 역사적으로 유대인인 이스라엘 외부에 있는 이방인 성도들을 포함하면서 이스라엘의 의미를 확장하는 것처럼 보일 수 있다. 그러나 문맥을 고려해 보면, 바울이 이방인을 가리키는 것이 아니라 오히려 이스라엘 **내부에 존재하는** 분열을 언급함을 알 수 있다. "나의 형제 곧 골육의 친척... 이스라엘 사람"(롬 9:3~4)에 대한 염려를 표명함으로써 큰 단락을 시작하고 있는 사도 바울은 계속해서 아브라함의 육체적 후손 **안에** 존재하는 하나님의 선택하심의 목적을 상술한다(9:7~13을 보라). 전체 단락의 요점은, 압도적으로 믿지 않고 있는 이스라엘 전체를 보았을 때 이스라엘을 향한 하나님의 약속이 실패한 것처럼 보일지라도, 이스라엘 안에는 신실한 남은 자들이 존재한다는 것이다 ─ 이를 머레이(John Murray)는 민족적 이스라엘 안에 있는 '이스라엘'이라고 적절하게 불렀다.55

---

54 Peter Richardson, *Israel in the Apostolic Church* (Cambridge: Cambridge University Press, 1969), 9~14.

55 Murray, *The Epistle to the Romans*, vol. 2 (Grand Rapids:

"새 이스라엘"로서 교회를 주장하는데 가장 빈번하게 사용되는 구절은 갈 6:16이다. "무릇 이 규례를 행하는 자에게와 하나님의 이스라엘에게 평강과 긍휼이 있을지어다." "…와 하나님의 이스라엘에게"라는 표현에서 "~와"라고 번역된 헬라어 단어(kai)는 때로 설명적 의미(explanatory sense)로 이해되곤 하는데, 이는 "무릇 이 규례를 행하는 자에게, 즉(even) 하나님의 이스라엘에게 평강과 긍휼이 있을지어다"라는 번역을 통하여 "이 규례를 행하는 자들"ー모든 성도 또는 교회ー과 "하나님의 이스라엘"을 동일한 것으로 만든다. 대다수의 번역들이 이 구절에 있어서 "그리고"라는 의미를 유지하고 있다는 사실을 차치하고서라도,[56] 여기서 교회를 이스라엘과 동등하게 보기 힘들게 하는 몇 가지 요인들이 있다.

가장 중요한 것으로서, 만약 바울이 이 본문에서 교회에 "하나님의 이스라엘"이라는 용어를 사용했다면, 이것은 그에 대한 유일한 사례일 것이다.[57] 게다가, 갈라디아서는 아마도 현존하는 바울의 저술 중 가장 오래된 것일 텐데, 왜 우리는 그의 이후의 저작들에서ー특히, 그가 이스라엘을 광범위하게 다루고 있는 로마서 9~11장에서ー이러한 의미로 "이스라엘"이라는 용어를 사용한 증거를 발견할 수 없는 것일까?[58]

또한, 갈라디아서의 메시지는 교회를 "하나님의 이스라엘"로서 부를 수 없게 만든다. 이 편지에서, 바울은 이신칭의를 변호할 뿐 아니라, 이방인이 이방인으로서 구원 받게 하는ー즉, 유대인뿐 아니라 이방인들도 포함하는 새로운 메시아적 구원(3:8, 14를 보라)ー

Eerdmans, 1965), 9.

[56] 예를 들어, ASV, ESV, HCSB, KJV, JB, NASB, NEB, NKJV.

[57] Ernest DeWitt Burton, *A Critical and Exegetical Commentary on the Epistle to the Galatians* (Edinburgh: T&T Clark, 1921), 358.

[58] W. D. Davies, "Paul and the People of Israel," *New Testament Studies* 24 (1978): 10~11.

자신의 사역 또한 변호한다. 이러한 사실을 생각하면, 그가 이방인들을 "하나님의 이스라엘"이라고 부르면서 자신의 논증을 결론지을 것이라고 생각하는 것은 거의 불가능한 일이다. 모든 가능성을 고려해 볼 때, 바울은 자신이 전하는 메시지에 담겨 있는 진리를 이해하고 그에 따라 살아가고 있는 신실한 유대인들 – 참된 이스라엘 –을 격려하기 위하여, 또한 이방인들이 이스라엘과의 관계에 있어서 교만한 태도를 가지지 않게 하려고 6:16의 이 표현을 사용했다고 볼 수 있다(롬 11:17~18을 보라).[59]

또한, 바울이 로마서 2:28~29에서 참된 "유대인"을 "마음에 할례를 받은 자"로 묘사한 것 때문에, 많은 사람들은 그가 모든 성도를 "유대인"으로, 따라서 "하나님의 이스라엘"로 불렀다고 이해했다.[60] 그러나 이 문맥은 민족적 유대인과 연관된 것이지, 성도들 일반에 관한 것이 아니다(17절을 보라). 로마서 9:6에서와 같이, 바울의 관심은 단지 그 민족성으로 인하여 이름만을 가지고 있는 유대인들과 영적 실재로서의 이름도 가지고 있는 유대인들을 구분 짓는 데 있다. 이 두 구절을 함께 연결지어, 구트브로드(Walter Gutbrod)는 이렇게 결론 내린다.

> 로마서 9:6에서 구분은 요한복음 1:47[안드레, "참된 이스라엘 사람]에 예견된 것을 넘어서지 않는다. 그리고 이것은 로마서 2:28이하에서 이면적 유대인[Ioudaios en to krupto]과 표면적 유대인[Ioudaios en to phanero]을 구분한 것과도 상응한다. 이는 바울이 이방인들을 참된 유대인으로 불렀다는 것을 가리키지 않는다.[61]

---

[59] Richardson, *Israel in the Apostolic Church*, 84.

[60] Dunn, *Romans 9~16*, 125.

[61] Walter Gutbrod, "*Israēl*," in *Theological Dictionary of the New Testament*, ed. Gerhard Kittel (Grand Rapids: Eerdmans, 1964), 3:387.

"이스라엘"이나 "유대인"이라는 용어가 아브라함의 역사적이고 민족적인 후손들 외에 다른 누군가를 지칭하기 위하여 사용된 명백한 예는 신약성경에 – 그러므로 성경 전체에 – 존재하지 않는다. 또한 다른 용어를 사용해서, 이방인들이 이제 "영적 이스라엘"이거나 "영적 유대인"이라고, 또는 교회가 "새 이스라엘"이라고 가르치는 명백한 가르침도 존재하지 않는다.

확신하건대, 신약성경의 저자들은 구약의 이스라엘에 존재했던 하나님의 백성에 대한 많은 설명들을 교회에 적용했다. 성도들은 "아브라함의 자손"(갈 3:29)이며, "이삭과 같이, 약속의 자녀들"(갈 4:28)이고, "참된 할례파"(빌 3:3)이다. 교회 공동체는 "택하신 족속이요 왕 같은 제사장들이요 거룩한 나라요 그의 소유가 된 백성"(벧전 2:9)이다 – 이것들은 모두 이스라엘의 호칭들이다.

지면 한계가 있어 교회에 대한 이러한 진술들의 적용에 관한 몇 가지 고찰만 제시하겠다. 교회가 "아브라함의 자손"이며 "약속의 자녀들"이라고 하는 것은 아브라함 안에서 땅에 있는 모든 족속이 복을 얻을 것(창 12:3)이라는 구약과 신약 모두에서 나타나는 진리와 잘 조화된다. 이방인들에 대한 복음의 적용, 그리고 그들이 아브라함의 자손이라는 것과 관련하여 사도 바울이 아브라함 언약의 오직 이 측면 – "땅에 있는 모든 족속"을 향한 축복 – 만을 인용했다는 점은 중요하다(갈 3:14, 29). 마치 아브라함의 자손으로서 이방인들이 이제는 그 나라가 되었다거나 혹은 그 일부가 되기라도 한 것처럼, 그는 어느 곳에서도 "큰 민족/나라"에 대해 언급하지 않는다. 게다가, 근간이 되는 구원 약속의 수령자이자 믿음으로 얻은 구원의 전형으로서 아브라함이 유대인들과 이방인들 모두의 조상이 되었다(롬 4:12, 16)고 언급되는데, 이는 이방인들이 아브라함을 자신의 조상으로 삼기 위하여 영적 유대인으로서 여겨질 필요는 없음을 보여준다.

일반적으로 말해서, 하나님의 백성으로서 이스라엘에게 사용된 표현들이 하나님의 백성인 다른 이들에게 또한 적용되어야 한다고 해서 놀랄 필요는 없다. 선지자들은 이방인들이 이스라엘과 함께 하나님의 백성이 될 날에 대하여 예언해 왔다. 그러므로 하나님의 백성 - "믿음으로 된 의"에 대해서 말하고 있는 마음의 할례를 포함하여(롬 4:11을 보라) - 에 대한 적절한 용어 사용은 이스라엘과 이방인 모두에 이를 적용 가능한 것으로 보는 것이다. 단, 모든 성도가 이스라엘이 될 필요는 없다.62 리차드슨(Richardson)은 이 점과 연관된 성경의 증거를 잘 요약한다. 그는 "현재 [교회에] 적용되고 있는 [이스라엘의]... 많은 속성들과 특징들 그리고 특별한 은혜들과 특권들에도 불구하고, 교회는 신약에서 이스라엘이라고 불리지 않는다."라고 말한다.63

신약의 저자들이 하지 않았던 것 - 다시 말해서, 교회를 "이스라엘"과 동일시하는 것 - 을, 불행하게도 얼마 지나지 않아 속사도 시대의 교회는 역사적, 사회적, 신학적 요인들로 동일시했다.64

"교회는 이스라엘에게 예언되어 있는 사명을 성취하지 않는다." 교회가 종말론적 이스라엘이 아니라는 더 확실한 증거는 교회가 이스라엘에게 예언된 사명을 성취하지 않는다는 사실에서 나타난다. 분명하게, 이스라엘은 이방 나라들을 향하여 하나님의 구원의 빛이 되는 나라로서 부르심을 입었기 때문에, 교회는 이와 유사한

---

62 이전에는 이스라엘에 적용되었으며, 현재에는 또한 교회에 적용되는 용어에 대한 더 깊은 논의를 위해서는, Saucy, *The Case for Progressive Dispensationalism*, 202~6; 또한 W. Edward Glenny, "The Israelite Imagery of 1 Peter 2," in Blaising and Bock, *Dispensationalism, Israel and the Church*, 156~87을 보라.

63 Richardson, *Israel in the Apostolic Church*, 7.

64 이스라엘의 특권을 빼앗아 교회에게 주려했던 초기 경향에 연관되었던 요인들에 대한 더 깊은 논의를 위해서는, Richardson, *Israel in the Apostolic Church*; Jeffrey S. Siker, *Disinheriting the Jews: Abraham in Early Christian Controversy* (Louisville: WJK, 1991); Marvin R. Wilson, *Our Father Abraham* (Grand Rapids: Eerdmans, 1989)을 보라.

사명을 가지고 있다. 하나님의 "아름다운 덕을 선포"하는 것과 모든 나라를 향해 그분의 증인이 되는 것(벧전 2:9; 마 28:18~20; 행 1:8). 그러나 이스라엘과 교회가 세상을 향한 하나님의 증인으로서 자신들의 기능을 성취하는 방식과 그들의 사명의 결과는 매우 많은 차이를 가지고 있다.

교회는 이방 나라에 가서, 하나님 백성의 공동체로서 그 나라들**에서** 살면서 말씀과 삶으로 복음을 선포하여 하나님을 영화롭게 하도록 사명을 받았다. 그러나 우리가 이미 살펴보았듯이, 이스라엘의 경우에는 하나님께서 이스라엘을 국가로서 역사적으로 다루시는 것을 통하여 – 심판과 축복 모두로 – 세상에 자신의 영광을 드러내신다고 성경이 선언하고 있다. 이것은 세상의 모든 나라의 눈앞에서 가시적이고 공개적으로 이루어진다.65 선지자들에 의하면, 열방을 향한 하나님의 영광의 극적인 계시는 이스라엘을 구속하시고 회복하셔서 하나님께서 자신의 능력과 은혜를 모든 이가 보도록 나타내실 때 일어나게 될 것이다(겔 36:23; 39:27을 보라).66

교회와 이스라엘은 서로 다른 방식으로 자신들의 사명을 성취할 뿐 아니라, 그들의 사명의 결과에 있어서도 또한 차이가 난다. 교회는 이 시대에 모든 나라에게 복음의 빛을 전하기로 돼 있다(마 24:14). 그러나 신약성경은 교회의 증거로 나라들이 스스로 변화될 것이라는 증거를 전혀 제시하고 있지 않다. 그 대신, 이 시대는 불경건이라는 특징을 가질 것이며, 이것은 세상 통치자들의 권력 하에 하나님과 그의 백성을 대적할 때 절정에 이르게 될 것이다(마 24:3~14; 살후 2:3~10; 딤전 4:1; 딤후 3:1~5; 요일 2:18). 따라서 교회는 이 시대의 마지막에 열방에서 고난과 핍박을 견딜 것이며 그

---

65 "구약의 예언에 따른 이스라엘의 미래적 역할"은 섹션의 앞부분에 있는 논의를 살펴보라.

66 이스라엘을 통한 하나님의 계시에 대한 더 깊은 논의를 위해서는, Saucy, *The Case for Progressive Dispensationalism*, 311~16을 보라.

것 때문에 믿음의 변절이 있을 것이다(마 5:10~12; 24:9~10). 그러므로 교회의 증거가 많은 사람들에게 영적 축복을 가져다 줄 것이나, 열방의 변화를 가져올 것이라고 정해져 있지는 않다. 앞서 살펴보았듯이, 이와는 대조적으로 하나님께서 이스라엘을 다루시는 행위를 통하여 그의 영광이 드러나서 여러 나라들이 그를 알게 되도록 정해져 있다. 교회를 통한 하나님 나라 구원의 "이미"의 측면과 이스라엘의 예언된 사명과 연관된 구원의 "아직-아니"의 차원 사이에 존재하는 이 구분은 교회가 이스라엘의 예언자적 역할을 성취하고 있는 "새 이스라엘"이 아님을 입증한다.

이스라엘의 회복과 메시아적 구원의 완성. 메시아적 구원의 완성은 그가 다시 오셔서 왕국의 통치를 확정하고 교회의 기도를 성취하시는 때를 기다린다, "나라가 임하시오며 뜻이 하늘에서 이루어진 것 같이 땅에서도 이루어지이다"(마 6:10). 우리가 앞서 보았던 구약의 예언에 의하면, 이스라엘은 열방들 앞에서 하나님의 영광을 드러내어 그들이 구원 받게 하는 일에서 중추적인 역할을 감당할 것이다. 그래서 바벨론 포로 이전과 이후 시기 모두에서, 하나님께서 이스라엘을 구속하시고 그의 적들에게서 구원하시며 약속된 땅으로 회복시키심으로써 자신의 사랑과 능력을 보이실 것을 예견하는 수많은 예언들이 존재한다.[67]

신약의 저자들은 이 약속들을 같은 정도로 반복하지는 않는데, 이미 이것들이 자신들의 성경에 있었기 때문이다. 오히려 그들의 주요 초점은 그리스도 안에서 절정에 이른 하나님의 구원 행위에 대한 설명과 그것이 가지는 중요성, 그리고 새로운 공동체 안에서 그것의 적용에 있었다. 그러나 그들은 이스라엘에 대한 이러한 소망의 연속성에 대하여 분명한 가르침을 주었다.

---

[67] 또한, 이사야 11:11~16; 14:1; 27:12~13; 43:5~6; 49:8~12; 예레미야 16:14~15; 23:3~8; 31:8; 에스겔 11:17~21; 20:33~44; 36~37; 39:25~29; 요엘 3:17~21; 아모스 9:11~15; 미가 4:6~7; 스바냐 3:14~20; 스가랴 10:6~12; 12장을 보라.

예루살렘이 더는 "이방인들에게 밟히지" 않게 될 때(눅 21:24) 나라의 운이 역전될 것이라는 암시와 함께, 앞에서 언급된, 이스라엘이 언젠가 "찬송하리로다 주의 이름으로 오시는 이여"(마 23:39)라고 말할 것이라고 한 예수의 말은 모두 이 나라의 회복을 가리킨다.68 열 두 제자들이 그 나라의 이스라엘 열 두 지파를 심판하는 보좌에 앉을 것이라는 약속(마 19:28; 눅 22:30) 또한 "예수가 이스라엘의 회복을 고대하셨다는 주장을 확증한다."69

과거 선지자들을 통하여 약속된, 미래에 있을 "만물의 회복"에 대한 베드로의 언급도 마찬가지로 이스라엘의 회복을 가리키고 있다. "회복"이라는 용어가 그 당시의 유대인 청중들에게 구체적인 국가적인 암시를 가지고 있었으며, 이는 고향으로 돌아오는 육체적 회복(예를 들어, 렘 16:15; 24:6; 50:19)과 영적 회복(말 4:6; 마 17:11; 막 9:12을 보라)을 모두 포함하기 때문이다.70

이스라엘의 종말론적 소망에 대한 신약의 가장 완전한 논의는 바울이 로마서 9~11장에 말한다. 이 주제에 대한 그의 가르침에

---

68 John Koenig, *Jews and Christians in Dialogue: New Testament Foundations* (Philadelphia: Westminster, 1979), 11~12; G. R. Beasley-Murray, *Jesus and the Kingdom of God* (Grand Rapids: Eerdmans, 1986), 304~6; Eduard Lohse, "*Siōn*," in *Theological Dictionary of the New Testament*, 7:329; David L. Turner, *Matthew*, Baker Exegetical Commentary of the New Testament (Grand Rapids: Baker, 2008), 562.

69 E. P. Sanders, *Jesus and Judaism* (Philadelphia: Fortress, 1985), 103; 또한 Karl Ludwig Schmidt, "*basileia*," in *Theological Dictionary of the New Testament*, 1:586을 보라.

70 전체적인 회복 개념에 대한 논의를 위해서, Arthur Wainwright, "Luke and the Restoration of the Kingdom to Israel," *Expository Times* 89 (December 1977), 76~79를 보라. 또한 Albrecht Oepke, "*apokathistēmi*," in *Theological Dictionary of the New Testament*, 1:388~89를 보라.

대하여 충분한 논의는 본 글의 범위를 넘어서는 일이다.[71] 하지만 여러 것들이 이스라엘과 연관된 구약의 약속들의 성취에 대한 그의 계속적인 믿음을 가리킨다. 하나님께서 자신의 백성을 이미 버리셨다는 그 어떠한 종류의 생각에 대해서도 그는 직접적으로 반대한다. "그러므로 내가 말하노니 하나님이 자기 백성을 버리셨느냐 그럴 수 없느니라"(롬 11:1~2). 그는 어떤 이들의 믿음 없음이 "하나님의 미쁘심을 폐할" 수 없다고 주장한다(롬 3:3). 크랜필드(C. E. B. Cranfield)는 이것을 이스라엘을 향한 하나님의 목적이 여전히 유효하다는 것에 대한 확신으로 올바르게 이해했다.[72]

"언약들"과 "약속들"은 여전히 "이스라엘 민족"에게 속하며, 그들은 바울의 "골육의 친척"이다(롬 9:3~4). 이스라엘의 소망에 대한 사도의 이러한 확신은 하나님의 주권적이고 선택적인 목적에 신뢰를 둔다. 이스라엘은 그들의 불순종에도 불구하고 여전히 "조상들로 말미암아 사랑을 입은 자들"이며, 그러므로 "하나님의 은사와 부르심"-9:4에서 언급된 언약 약속들과 사역을 위하여 이스라엘이 받은 기능적인 부르심[73]-은 "후회하심이 없다"(롬 11:28~29). 여기서 바울의 핵심 주장은 비세대주의자인 머레이(John Murray)에 의하여 잘 표현되었다. "이스라엘에 적용된 선택(adoption), 언약들 그리고 약속들은 폐기되지 않았다."[74]

이스라엘의 메시아 거부로, 바울은 현재적으로는 단지 이스라엘의 남은 자들만이 구원을 얻을 것이라고 본다 — 나머지는 이 시대

---

[71] 이스라엘에 관한 바울 서신의 예언들에 관한 더 깊은 논의를 위해서, Saucy, *The Case for Progressive Dispensationalism*, 246~63을 보라.

[72] C. E. B. Cranfield, *The Epistle to the Romans*, vol. 1 (Edinburgh: T&T Clark, 1975), 181.

[73] Cranfield, *The Epistle to the Romans*, 181; Dunn, *Romans 9~16*, 694를 보라.

[74] Murray, *The Epistle to the Romans*, vol. 2 (Grand Rapids: Eerdmans, 1965), 101.

동안에 부분적으로 우둔하게 되는 심판 아래에 놓여 있다(롬 11:5, 25). 그러나 심판이 해제되고 이방인들에 대한 현재의 사역이 완성된 후에 그 날이 올 것인데, 이 때 "모든 이스라엘[즉, 현재의 남은 자들과는 구별되는 전체로서의 이스라엘]은 구원을 얻을 것이다"(롬 11:26). 감람나무의 비유에서, 본래의 가지들은 다시 "자기 감람나무에 접붙임을 받을" 것이다(11:24). 이는 일부 이스라엘이 현재 꺾여있지만, 그들의 조상들에게 주어졌던 구원 언약의 축복이라는 풍성한 뿌리로 접붙여 진다는 것을 의미한다(17절).

그들의 불경건함을 제하고 죄를 가져가는(11:26~27) 영적 축복에 관한 이 "구원"의 설명은, 그 이상의 요소, 즉 구약의 예언들과 일치되며, 약속된 땅으로 이들을 회복시키는 것을 부정하지 않는다. 구원은 "그들과 맺은 내[즉, 하나님의] 언약"의 성취이다. 이는 새 언약을 지칭하는 것으로서, 모든 약속 아래에 깔려있는 기초는 바로 죄 사함에 대한 영적 축복이다(렘 31:34를 보라). 그러나 새 언약의 영적 축복은 또한 예언서들에서 이스라엘의 땅에 대한 회복을 포함하는 물질적 축복과 연관되어 있다. 로버트슨(O. Palmer Robertson)은 이를 이렇게 설명한다. "이스라엘의 본토로의 회복, 황폐화된 도성의 재건, 그리고 국가의 재수립 – 심지어 죽은 자들의 부활 – 은 새 언약적 기대의 예언적 공식에서 필수불가결한 역할을 한다."[75]

이스라엘의 언약적 약속들의 연속성에 대한 사도 바울의 분명한 확신, 그 반대 경우에 대한 명백한 증거가 없음을 생각할 때, 이스라엘의 구원에 있어서 바울이 영적 변화를 핵심적인 측면으로 강조했다고 해서 새 언약의 다른 측면들, 즉 이스라엘의 땅으로의 회복에 대하여 예언된 요소들을 부정할 그 어떤 타당한 이유도 존재하지 않는다.

---

[75] O. Palmer Robertson, *The Christ of the Covenants* (Phillipsburg, NJ: P&R, 1980), 297; Walter C. Kaiser Jr., "The Old Covenant Promise and the New Covenant," *Journal of the Evangelical Theological Society* 15, no. 1 (Winter 1972): 15를 보라.

하나님께서 이스라엘에게 자신의 영광과 의를 드러내시는 결과로 모든 나라가 축복을 받게 될 것이라는 구약의 예언들과 일치하는 가운데, 바울은 현재 교회의 복음 사역으로 인하여 일어나는 것보다 훨씬 더 큰 복이 이스라엘의 미래적 구원을 통하여 세상에 전해질 것이라고 보고 있다. 그는 "그들의 넘어짐이 세상의 풍성함이 되며 그들의 실패가 이방인의 풍성함이 되거든 하물며 그들의 충만함[또는, "충만한 숫자," HCSB]이리요"라고 쓰고 있다(롬 11:12). 그리고 또 다시, "그들을 버리는 것이 세상의 화목이 되거든 그 받아들이는 것이 죽은 자 가운데서 살아나는 것이 아니면 무엇이리요?"(11:15)라고 묻는다.

비록 모두가 동의하는 것은 아니지만, 이 구절들에 대한 자연스러운 해석은 머레이의 것과 조화되는 것으로 보이는데, 그는 12절에서 "[이방인들에 대한] 복음의 축복이 이스라엘의 배도의 기간 동안 경험될 수 있는 가장 풍성한 것이며… 이스라엘의 이전의 불순종에 의한 것과 대등한 분량의 축복이 그들의 회심에 의하여 야기될 것"을 보며, 또한 15절에서 "세상을 향한 복음의 확산과 성공에 있어서 전무후무한 역동성"을 본다.76

그러므로 많은 해석자들과 대조적으로, 바울은 모든 이스라엘의 구원에 앞서 현재 일어나는 이방 나라들의 복음화와 "이방인들의 충만함"(11:25)에 대하여, 이스라엘이 회복됨을 통하여 이방 나라들이 축복 받을 것이라고 묘사했던 구약 예언들이 전도된 것이라고

---

76 Murray, *The Epistle to the Romans*, 2:79, 84; 또한 John Stott, *Romans: God's Good News for the World* (Downers Grove: InterVarsity, 1994), 299를 보라. 만약 "죽은 자들에서 생명"이 부활을 언급한다면, 그것은 "첫 번째 부활"일 것이며, 이는 그리스도 나라의 다스리심의 결과로서 천년왕국과 세상을 위한 생명의 복이 시작되는 것이다(계 20:4~5를 보라). 욒케(Oepke)에 따르면, 이중 부활에 대한 이러한 관점은 신약이 저술될 당시에 유대적 전통에서 우세했다(Albrecht Oepke, "*anistēmi*," in *Theological Dictionary of the New Testament*, 1:371).

이해하지 않는다. 오히려 구약의 예언들과 조화롭게, 어떤 의미로는 이스라엘의 구원이 일어나게 하려고 이 시대에 사용되는 이방인들의 구원이 현재 존재하며, 이는 다시 훨씬 더 풍성한 구원의 축복을 세상에게 줄 것이다. 이 더욱 풍성한 복은 더 풍성한 영적인 복뿐 아니라, 자연의 풍부한 결실, 모든 인간 공동체적 삶의 구조에서 정의, 의로움, 평화에 대하여 약속된 메시아적 복의 완성을 포함한다.

구원 역사에서 이스라엘과 교회 관계에 대한 점진적 세대주의적 이해가 가지는 몇 가지 신학적이고 실천적인 함의들

점진적 세대주의는 역사적 기독교 신앙의 핵심 교리들을 모든 보수적인 복음주의 진영과 공유하고 있지만, 이스라엘과 교회를 구분하는 것을 포함하여, 구원이 성경적 언약들에 기초하여 역사적 사건들에서 점진적으로 진행했다고 이해하는 것은 신학과 교회 실천에서 특정 함의들을 가진다. 이것들은 점진적 세대주의에만 국한되는 유일한 것은 아니지만, 아마도 이 해석에서 논리적인 결과가 다른 입장에서보다 더 분명할 것이다. 이것들 중 몇 가지를 간략하게 언급할 것이다.

신학적 함의들

구원의 활동과 경험에서 점진성(progression). 성경 언약들에 기초한 구원 역사의 전개 – 점진적 계시와 점진적 구원의 활동을 포함하여 – 는 구원의 경륜들(economies)을 구분한다. 모든 신학적 해석 체계가 구원의 세대들 혹은 경륜들 사이에 존재하는 어떠한 – 특히, 옛 언약과 새 언약 사이에 존재하는 – 구분들을 인식하고 있지만, 점진적 세대주의의 이스라엘과 교회 사이의 구분은 논리적으로 어떠한 구분들을 수반하는데, 이는 다른 신학적 체계들에서 항

상 분명하게 인식되는 것은 아니다.77

모든 세대주의와 함께, 점진적 세대주의는 옛 언약에서 새 언약으로 전환에서 일어나는 구원과 그 경험에 있어서 진정한 발전이 있었음을 더 많이 인지하는 경향이 있다. 죄의 궁극적인 용서를 가져다주었던 그리스도의 희생에 기초하여, 새 언약은 옛 언약의 희생제사의 시스템 아래에서는 누리지 못했던 하나님과의 직접적인 관계를 믿는 자에게 주었다. 또한, 옛 언약에서 아직 성령은 인간의 마음에 거주하도록 "주어지지" 않았다(참고, 요 7:39). 관계에 있어서 이러한 변화는 성소의 휘장이 찢어지는 것으로 상징화되었는데, 이전에는 이것이 믿는 자로 하여금 하나님과 직접적인 관계를 맺지 못하도록 했다(마 27:51을 보라).

"회심", "거듭남" 또는 "새로운 피조물"이 되는 경험-옛 언약 아래에서는 그 누구에게도 말해지지 않았던, 새 언약에서 약속된 성령의 내주하심과 함께 오는-은 옛 언약 아래에서 누렸던 것보다 더욱 강력하게 변화된 것으로 내면에 깊게 뿌리내린 삶의 원칙을 주었다. 간략히 말해서, 믿는 자는 옛 언약 아래에서 결코 "완전"해질 수 없었으며(히 7:19), 다만 새 언약을 통한 그리스도 안에서 완성을 기다렸다(히 11:40).

점진적 세대주의는 또한 믿는 자의 삶에 대한 하나님의 다스리심과 관련하여 옛 언약과 새 언약 사이에 계시의 점진성이 있다고 이해한다. 새 언약의 개시는 옛 언약을 쓸모없게 만들었다(히 8:13). 옛 모세 언약의 계명들과 법령들, 그리고 율법들은 더 이상 하나님의 백성-이제 새 언약 아래에서 함께 사는 유대인과 이방인 모두-을 위한 규율이 아니다. 옛 언약은 이스라엘과 맺어졌지 이방인

---

77 램(Bernard Ramm)은 세대 구분이 하나님의 계시와 역사적인 전개의 점진적인 성격을 더 뛰어나게 인식하는 데 기여했다고 인정한다(Ramm, *Protestant Biblical Interpretation*, 3rd ed. [Grand Rapids: Baker, 1970], 177).

들과 맺어진 것이 아니기 때문에, 그리고 교회는 그 어떤 종류의 회복된 혹은 참된 이스라엘도 아니기 때문에, 모세 율법의 어떠한 조항들이 교회 성도에게로 이전되었는지에 대해서는 질문할 필요가 없다. 새 언약의 성도는 인류 전체에게 주어진 가르침-이는 폐기되었다고 결코 계시되지 않았다(예를 들어, 사형, 창 9:6)-뿐만 아니라, 신약에서 새 언약의 성도들에게 주어진 계명과 가르침들을 따라서 살아간다.

이것은 옛 언약의 계시와 그 언약 아래에서 살았던 하나님의 백성들을 다루신 그분에 대한 역사적인 기록이 현재 시대의 성도들에게 아무런 적절성도 가지지 못한다는 의미는 아니다. 옛 언약의 조항들은 하나님의 **영원하신 의**에 대한 표현이었으며, 구원 역사에서 그 당시 하나님의 백성의 상황에 맞춘 것이었다. 그러므로 새 언약 아래에 있는 성도의 삶에 대하여 더 이상 분명한 명령으로 기능하지 않아도, 참으로 그것들은 모든 시대 자신의 백성을 향한 하나님의 의로우신 원칙들을 묘사하는 기능이 있다. 바울은 옛 언약을 "초등교사"(guardian, 갈 3:24~25)라고 부르는데, 이는 학교에 가거나 돌아온 아이를 지도하고 일반적으로 그의 행실을 관리하는 사람(보통은 노예)이며, 그가 다 자라고 나면 더는 필요하지 않은 자이다. 그리스도의 구속의 사역과 내주하시는 성령의 은사로 인하여, 새 언약의 성도들은 성년의 아들딸이 되었고, 이제 더는 율법이라는 "초등교사" 아래에 있지 않다(갈 3:25~4:11을 보라).

정치(politics)와, 교회에 '이미' 나타난 하나님 나라의 현존. 성경의 예언서들을 그 자연스러운 의미를 따라 해석하면, 이스라엘과 교회 사이의 구분을 포함하여, 논리적으로 전천년주의적(premillennial) 입장-즉, 그리스도가 재림하실 때 오직 지상에 세워질 그리스도의 나라(눅 19:11; 계 11:15를 보라)-을 가진다. 그러므로 앞서 언급했던 것처럼, 우리는 신약성경에서 교회의 현재적 선교가 사회적 변혁이라거나 그리스도의 다스리심 아래서 예언된 평화와 번영의 천년왕국

상태를 세상 나라들에게 가져다준다고 제안하는 그 어떤 구절도 찾을 수 없다. 이 시대 동안에 정치적인 영역은 하나님에 의하여 세속 정부에게 위임되었지, 교회에게 된 것이 아니다(롬 13:7). 그러므로 사도 바울은, 교회를 대표해서, 자신의 사역이 정치적인 영역에서 어떠한 직접적인 기능을 수행한다고 보지 않았다(고전 5:12).[78]

그리스도의 나라가 이곳에 아직 정치적 형태로 존재하지 않는 반면에, 그것은 복음의 말씀(마 13:19)과 성령(마 12:28)을 통해 영적 능력으로 이미 현존한다. 이 나라는 우선적으로는 교회를 통하여 역사하고 있기 때문에, 그 권세의 목적은 높아지신 메시아 왕으로서의 예수와 그가 시작한 그 나라의 구원을 모든 나라에게 전파하는 것에 집중한다.[79] 비록 현재 교회의 신분이 정치적인 사명을 포함하고 있지는 않지만, 그럼에도 불구하고 하나님 나라의 능력 안에서 이러한 복음에 대한 증언은 정치적 영향력을 가질 수 있다. 하나님 나라의 복음이 가지고 있는 변혁시키는 힘은, 정치적인 것을 포함하여, 삶을 변화시킨다. 심지어 비신자들조차도 일반적으로 인간 정부와 사회의 영역과 관계된 하나님의 진리에 대한 선포를 통하여 좋은 방식으로 영향을 받을 수 있다-예를 들어, 정의와 개인적인 도덕성.

가장 중요하게는, 사랑의 종말론적 공동체로서(행 2:44~47), 그리고 사회의 다양한 영역들에서 개인적으로, 교회에서 함께 살아가는 삶이 하나님 나라의 능력을 드러내며, 소금과 빛으로서 사회에 영향을 끼치게 만든다(마 5:16; 벧전 2:12). 다른 사람을 위한 사랑에 있어서, 말과 행동을 통하여 성도들은 가능한 모든 경로를 통하여

---

[78] E. Earle Ellis, *Pauline Theology: Ministry and Society* (Grand Rapids: Eerdmans, 1989), 17~25, 151~59를 보라.

[79] 사도행전 8:12; 19:8; 20:25; 28:23, 31에 있는 초대 교회의 선포에 대한 요약적 설명을 보라. 그리스도의 나라에 대한 선포는 또한 의로운 통치로 세상을 다스리실 심판자로서 그분이 오실 것을 포함했다(행 10:42; 17:31을 보라).

-개인적으로는 이웃과의 관계에서, 집단적으로는 정치적 과정에 연계되는 것을 포함하여 사회의 구조들을 통하여-의로움과 정의, 그리고 평화를 추구해야 한다.

이 모든 것 안에서, 교회는 결코 정치나 정치적 집행에 직접적으로 연관되라고 명령 받지는 않았다. 물론, 개인적으로 성도는 정치를 포함하여 이러한 삶의 다양한 영역들(예를 들어, 사업, 노동, 예술 등)에 참여한다. 이러한 영역들의 구성원으로서, 성도들은 특정 영역에 대한 그리스도인 참여자로서 증언하는 것이지, 교회의 대행자로서 그렇게 하는 것은 아니다.

요약하면, 그리스도의 나라의 현존에 대한 정치적 함의에 대하여, 아직까지 교회는 그 나라를 **강제적인 힘의 행사**로 드러내지 않는다. 이것은 그 법을 집행하는 군대와 경찰을 동반하여, 마침내 정치적인 영역에서 행사가 될 것이다(이러한 행사는 그리스도의 미래적인 의로운 통치와 함께 드러날 것이다). 오늘날의 교회를 통해 드러난 그리스도의 나라에 대한 **이미**의 측면이 행사하는 영적인 힘은 그리스도께서 이 땅에 계실 때 보여주셨던 것과 본질적으로 같은 힘이다-유일하고 참된 변화시키는 힘으로서 약함 중에 드러나는 **하나님의 설득적인 사랑의 힘**.

현 시대의 이스라엘에 대한 관점. 하나님께서 이스라엘을 구원하시는 활동으로 세상 나라들에게 자신의 영광을 드러낸다고 믿기 때문에, 점진적 세대주의자들은 이스라엘의 현재 상황을 이러한 성경적 가르침과 연관시켜서 이해하려고 노력한다. 이스라엘의 현재 상태는 아직 예언되었던 회복의 성취-이것은 영적 갱신의 결과가 되어야 하기 때문에(슥 12~14; 행 3:19~21)-는 아니다. 그러나 그 땅에서 이방 나라들의 손에 의하여 고통을 경험하고 있는 이스라엘-그들은 이를 통하여 하나님께 돌아갈 것이다-에 대한 성경의 그림은 회심에 앞서 국가적 집합체로서 이스라엘의 존재가 재수립될 것임을 제안한다.[80] 에스겔의 두 단계의 회복-먼저는 마른 뼈들이 모여 생명 없는 몸을 형성하고, 그 다음에 그것에 생명을 주입하는(겔 37:1~14) - 은 또한 이러한 시나리오를 지지해주는 것으로 이해될 수 있다(또한 36:24~31을 보라).[81]

혹여 그럴 수 있을지라도, 현재의 이스라엘이 이러한 예언의 성취를 대변하는 것인지에 대해서는 확신하지 못할지라도, 메시아의 다스리심 아래서 회복의 때가 그들에게 올 수 있게 하려고 점진적 세대주의를 믿는 성도는 이스라엘의 회심을 위하여 사역하며 기도한다. 세계의 정치적인 행위와 성경적 약속들에 기초해서 유대 민족에게 현재의 고향이 유효하다고 인식하기 때문에, 그 성도는 이스라엘의 현재적 상태를 지지하며 이를 파괴하려는 자들에 대하여 반대한다.

이것이 이스라엘의 모든 행위에 대한 무조건적인 지지를 의미하는 것은 아니다. 지금의 상태는 이스라엘의 도착점이 될 "거룩한 나라"가 아니며, 그래서 이스라엘 나라는 모든 나라와 마찬가지로 죄로 가득한 행동을 할 수도 있다. 하나님께서는 나라들 가운데서 편파적이지 않으시며 모든 나라의 민족에게 관심을 가지고 계시다고 선언하신 것과 같이, 그분의 백성 또한 이와 같이 행동해야만 한다(참고. 암 9:7; 행 10:34~35; 롬 2:11). 하나님의 선택 받은 나라로서 이스라엘을 분명하게 지지했던 구약의 이스라엘 선지자들처럼, 성도들은 세상에 하나님의 의로우심을 선포하고 이를 따라 살

---

80 성경의 예언들에 기초하여, 불신앙에서 이스라엘의 돌이킴은 현재의 이스라엘 국가가 수립되기 훨씬 이전부터 많은 전천년주의자들에 의하여 표현되었다(Hendrikus Berkhof, *Christ the Meaning of History* [rep. ed., Wipt & Stock, 2004], 152).

81 Ralph H. Alexander, "Ezekiel," *The Expositor's Bible Commentary*, vol. 6 (Grand Rapids: Zondervan, 1986), 925~26. 또한 호세아 3:5에 대하여 볼프(Hans Walter Wolff)는 "야웨에게로 돌아오는 것은 정치적이며 종교적인 절망상태에서 시작된다."라고 말한다(Wolff, *Hosea: A Commentary on the Book of the Prophet Hosea* [Philadelphia: Fortress, 1974], 62를 보라).

도록 부르심을 입었기 때문에, 세상에 있는 다른 나라들에 의하여 이루어지는 불의함에 대해서 뿐 아니라 오늘날 이스라엘에 의하여 자행되고 있는 불의함도 규탄해야만 한다.

교회 실천에서 함의들

이스라엘과 교회 구분-즉, 교회는 새로운 이스라엘이 아니다-은 옛 언약 아래 살았던, 하나님의 백성으로서 이스라엘과 교회 안에서 사는 새로운 백성이 가지고 있는 실천들 사이의 관계를 이해하는 데 도움을 준다. 대체 신학 혹은 폐지(supersession) 신학에 대한 초기의 믿음이, 교회로 하여금 새 언약 아래에 있는 교회의 새로운 실재들과 일치하지 않는, 이스라엘에게 주신 구약의 언약 아래서 실천을 그 자신에게로 전유-자신들의 신학과 함께-하도록 영향을 끼쳤음을 역사가 보여준다.[82] 이러한 것 중 가장 중요한 몇 가지는 교회의 사역과 성례전과 연관되어 있다. 던(Dunn)이 기독교가 "처음에는 구약 영성의 숭고한 목적과의 연속성을 드러내기 위한 수단으로서 영적이고 풍유적인 방식으로 **구약의 희생 제의와 제사장직 범주로** 회귀했으나, 나중에는 점차적으로 문자적인 방식으로 그렇게 했다."라고 언급한 것과 같다.[83]

초기 사도적 교회에서 사역자의 세 층위-주교(bishop), 사제(priest), 집사(deacon)-는 대제사장, 제사장들, 레위인들로 이루어진 레위적 패턴에서 발전했는데, 이 모든 것은 일반 성도(the laity)와는 구별되는 것이었다. 그들이 가졌던 특별한 권한과 함께 이러한 사

---

[82] Ronald E. Diprose, *Israel and the Church: The Origin and Effects of Replacement Theology* (Waynesboro, GA: Authentic Media, 2000)를 보라.

[83] James Dunn, *The Parting of the Ways* (London: SCM, 1991), 255(저자 강조). 또한 Jaroslav Pelikan, *The Christian Tradition*, vol. 1 (Chicago: University of Chicago Press, 1971), 25~26을 보라.

제직의 발전은 또한 주의 만찬을 이스라엘의 열등한 희생 제의를 대신하는 하나의 제사로서 이해하도록 만들었다. 교회론에서 이러한 초기 경향들 - 이것들은 대체 신학의 도움으로 발전되었다[84] - 은 오늘날까지 계속해서 교회 - 우선적으로는 로마 가톨릭과 정교회의 교회들이 그러하지만, 그러나 신학 이론에 있어서는 아닐지라도 적어도 실천(예를 들어, 사역자-성도[clergy-laity]라는 위계질서)에 있어서는 개신교도 또한 마찬가지로 - 의 모습을 만들어 왔다.

이스라엘과 교회의 관계 문제는 또한 교회에서 침례를 받는 대상에 대한 문제에도 함의를 가진다. 많은 유아 세례의 옹호자들에게 있어서, 이러한 실천을 지지하는 가장 중요한 근간은 성경 전반에 나타나는 하나님의 은혜의 언약에 대한 연속성이다. 머레이는 칼뱅의 입장 - 자신 또한 믿고 있는 - 을 요약하면서, "구약 아래에서 유대인들의 유아들이 그러했던 것처럼, 언약은 유아들의 것이기 때문에 그들이 세례를 받는다."라고 설명했다.[85]

확실하게, 할례와 세례는 많은 부분에서 유비적이다. 가장 중요하게는, 이들 모두 언약 관계로 들어가는 것을 상징하는 시작의 의식이다. 그러나 국가로서의 이스라엘과 교회 사이에 존재하는 구분은 언약 공동체로 들어가는 것에 있어서 분명한 차별을 만들어낸다. 이스라엘과 맺은 하나님의 언약은 국가와 맺은 것이기 때문에, **육체적으로 태어나면서** 그 언약 안으로 들어가며, 이를 유아 할례를 통하여 표시하는 것이다. 새 언약 아래에서도 태어나면서 언약 관계 안으로 들어가는 것은 맞지만, 그러나 대조적으로, 이것은 중생(regeneration)의 **새로운 태어남**이다. 새 언약 안에 있는 신실한 남은 자들을 옛 언약 안에 있는 것처럼 육체적으로 유전되는 것으로

---

[84] Diprose, *Israel and the Church*, 136.

[85] John Murray, *Christian Baptism* (Philadelphia: P&R, 1962), 48, 또한 57~58의 각주 30을 보라; John Calvin, *The Institutes of the Christian Religion*, ed. John T. McNeill (Philadelphia: Westminster, 1960), IV, xvi, 5~11, 24.

성경 그 어디에서도 언급하고 있지 않기 때문에, 옛 언약과 새 언약이 구분된다는 것은 분명한 사실이다. 새 언약 안에 있는 모든 이는 믿는 자들이다.[86]

그러므로 국가적 언약 약속들을 받은 국가적 집합체로서 이스라엘과 새 언약의 공동체로서의 교회-새로운 이스라엘이 아니라-가 구별된다는 사실을 인식하는 것은, 교회와 역사적 이스라엘 사이에 언약적 회원 자격(membership)을 구별하며, 따라서 그 언약적 표식을 받아야 할 사람들도 구별한다.

결론

점진적 세대주의는 창조, 인류, 하나님, 그리고 이들 사이의 관계에 관한 진리의 보고일 뿐 아니라 **또한 역사**에서 하나님의 구원 활동에 대한 하나님의 기록인 성경을 이해하기를 추구한다. 그것은 성경의 다양한 책들을 각각의 역사적 문맥에서 살펴보는 성경 신학에서 도출된 조직 신학이라고 설명할 수 있다. 성경에 나타나 있는 역사적인 구원의 언약들에서 구원의 진행은, 국가/민족으로서의 이스라엘에 대한 하나님의 선택, 그리고 현재의 교회와 구별되는 그 나라의 역할을 계시한다. 하나님께서 자신의 영광을 드러내실 특별한 나라로서의 이스라엘이 가지고 있는 역할의 성취는, 교회 안에서 나타난 하나님의 구원하시는 계획의 영적 통일성을 손상시키는 것이 아니라, 오히려 현재의 영적 구원을 확장시켜서 선지자

---

[86] 비록 참되지 않으면서도 고백을 하는 성도들이 존재할 수 있었음을 인지한다고 하더라도(예. 요일 2:18~19), 성경은 이러한 불신자들이 실제적으로 언약 안에 있는지에 대해 어떠한 지침도 주지 않는다. 또한, 민족적 이스라엘에 존재하는 이스라엘과 관련된 사도들의 주장과 비교할 수 있을 정도의 교회에 존재하는 교회가 있다는 사실을 제안하는 그 어떤 신학적 주장도 있지 않다. "이스라엘에게서 난 그들이 다 이스라엘이 아니요"(롬 9:6).

들에 의하여 약속된 개인과 사회의 전체적인 구원을 가져올 것이다. 그리고 그 안에서 모든 사람은 하나님의 단일한 백성으로서 자신들의 다양성 안에서 하나로 통일된다.

논평 /1/

로버트 L. 레이몬드

소시(Saucy)는 자신이 "점진적 세대주의"라고 부르는 것을 지지하는데, 그것은 그의 관점이 신약 교회가, 구약의 어떤 예언들이 기본적으로 가리키는 국가적 이스라엘을 대체하지 않으면서도, 그것들을 일부 성취하도록 한다는 – 더 주된 성취는 그리스도의 재림으로 될 미래 천년왕국에서 성취된다 – 의미에서 점진적이다. 그러므로 점진적 세대주의는 계속해서 세대주의적 전천년설인데, 필자의 견해로는, 이러한 관점은 그다지 "점진적"이지 않다. 그리고 그들의 전천년설은 그들의 근심거리이다. 필자는 이제 그것을 보여줄 것이다.

필자는 토머스(Thomas)의 글을 논평할 때, 그리스도가 교회의 "최고 예언 학자"(chief prophetic scholar)로 즉위해야 한다는 것과 따라서 그분의 "종말론적 이원론"(eschatological dualism)이 어떠한 해석학적 체계에서도 최고의 자리를 차지해야한다고 주장한 바 있다.

1. 예수는 인간 존재의 남은 부분을 구성하는 두 시대 – 지금의 (악한) 시대와 장차 올 시대 – 를 마음에 그렸다. 그는 세 번째의 중간기적인 시기 혹은 천년왕국 시대에 대해서는 아무 말도 하지 않았다. 필자는 예수의 종말론에서 천년왕국의 통치를 찾을 수 없다.

2. 그는 이러한 두 시대가 연속적인 것으로 보았는데, 다시 말하

면 그들은 겹치지 않으며 그 사이에 어떠한 간극이 존재한다는 가르침도 없다. 장차 올 시대는 현 시대 바로 뒤에 따라 올 것이다.

3. 이 시대를 끝내고 장차 올 시대로 안내하는 거대한 시대적 사건은 그리스도의 영광스러운 재림과 그와 동반되는 것들이다.

예수는 자신의 공생애 사역을 시작할 때 자신보다 앞서 왔던 침례자 요한과 맥을 같이 하면서도 더욱 날카로운 표현으로 "때가 **찼고** 하나님의 나라가 **가까이 왔으니** 회개하고 복음을 믿으라"(막 1:15; 또한 눅 4:21을 보라)고 선포했다. 나중에 그는 "침례 요한의 때부터 **지금까지** 천국은 **힘차게 전진하나니 폭력적인 자들**은 이를 전복시키려고 한다"라고 선언한다(마 11:12; 눅 16:16). 바리새인들 ㅡ 저 "폭력적인 사람들"의 일부ㅡ을 향하여, 그는 "...그러나 내가 하나님의 성령을 힘입어 귀신을 쫓아내는 것이면 하나님의 나라가 이미 너희에게 **임하였다**"(마 12:28, 필자 강조; 눅 11:20)라고 했다. 예수는 그를 반대했던 이스라엘 나라 대제사장들과 장로들에게 "그러므로 내가 너희에게 이르노니 하나님의 나라를 너희는 빼앗기고 [그것이 현재 일어나는 일임을 암시하시면서] 그 나라의 열매 맺는 백성이 받으리라"(마 21:43)라고 선언했다. 그리고 마침내, 마지막 유월절 만찬 때 예수는 그의 제자들에게 "내 아버지께서 나라를 내게 **맡기신** 것 같이 나도 너희에게 맡긴다[즉, '언약에 의해 준다']" (눅 22:29, 필자 강조)라고 선언했다. 명백하게, 이스라엘 나라로 예수가 오면서 그가 온 것을 통하여 하나님의 나라 혹은 "통치"가 역사 속으로, 그리고 예수 세대의 삶 속으로 뚫고 들어온 것이다.

그러나 예수는 또한 하나님 나라를 미래적인 어떤 것으로서 말했는데, 이는 그의 능력이 전 세계 가운데서 신적 통치를 실행하면서 완전하게 드러날 때가 될 그의 영광스러운 재림을 기다리는 것이다. 예를 들어, 그는 자신의 제자들에게 "나라가 임하시며"라고 기도하라고 가르쳤다(마 6:10). 그리고 그는 이렇게 선언한다.

"나더러 주여 주여 하는 자마다 다 [미래에 있을] 천국에 들어갈 것이 아니요 다만 하늘에 계신 내 아버지의 뜻대로 행하는 자라야 들어가리라. 그 **날**에 많은 사람이 나더러 이르되 주여 주여 우리가 주의 이름으로 선지자 노릇 하며 주의 이름으로 귀신을 쫓아내며 주의 이름으로 많은 권능을 행하지 아니하였나이까 하리니, 그 때에 내가 그들에게 밝히 말하되 내가 너희를 도무지 알지 못하니 불법을 행하는 자들아 내게서 떠나가라 하리라"(마 7:21~23, 필자 강조)[87]

마침내 그의 마지막 유월절 식사 때, 배신당한 그 밤에, 예수는 "내가 포도나무에서 난 것을 이제부터 내 아버지의 나라에서 새것으로 너희와 함께 마시는 날까지 마시지 아니하리라"라고 자신의 제자들에게 알리셨다(마 26:29). 분명히, 예수에게 있어서 하나님 나라의 최종적인 현시는 미래에 놓여 있었다.

"이미"와 "아직" 사이에 존재하는 이러한 긴장에서, 우리는 성경신학자들이 매우 적절하게 신약의 "종말론적 이원론" 패러다임 – 그 기원이 예수에게까지 거슬러 올라갈 수 있는 – 이라고 불렸던 것을 마주 대한다. 은혜의 의미에서 하나님의 나라는 **이미** 왔으며, 심판의 의미에서 하나님의 나라는 **아직** 오지 않았다.

바울의 종말론

신약의 모든 저자와 마찬가지로, 바울에게 세계 역사에 종지부를 찍게 할 미래의 복잡한 사건들의 시작점은 그리스도의 육체적이고, 가시적이며, 공개적인 재림이다(살전 4:13~18; 살후 1:5~10, 특별히 7절; 빌 3:20~21; 고전 15:23). 바울은 "우리의 크신 하나님 구주 예수 그리스도의 영광이 나타나심"을 그리스도인들의 "복스러운 소

---

[87] 유사하게, 감람산 담화에 대한 예수님의 언급들을 보라(마 25:31~34).

망"이라고 말했다(딛 2:13).

　천년왕국 자체 개념은 오직 요한계시록 20장에서만 발견되는데, 이 책에는 상징들이 아주 많다. 아마도 거의 분명하게, 이러한 요한적인 "천년왕국"은 **종말**에 대한 국면으로서 문자적으로 이해되기보다는, 그리스도와 함께 그리스도인들이 현재 **영적으로** 다스리는 것(20:4a; 요 5:24~25; 롬 5:17; 14:17; 엡 2:6; 골 1:13을 보라), 혹은 중간기 상태에서 순교 당한 성도들의 현재적 다스림(20:4b), 아니면 아마도 이 둘 다로 이해되어야 한다. **요한이 자신의 가르침에서 무엇을 의도했든지 상관없이, 바울의 종말론에서 분명하게 묘사된 천년왕국이 존재하지 않는다는 것은 논란의 여지가 없다.**

　만약 바울이 그리스도의 천년왕국 통치를 옹호했다면, 사실상 그가 이에 대하여 말할 수 있었을 가장 적절한 곳은 고린도전서 15:20~26의 단락이다. 그러나 그는 거기서 이것을 전혀 언급하지 않는다. 전천년주의자들은 바울이 고린도전서 15:24에서 "나라"를 언급함으로써, 그리고 15:25에서 "반드시 왕 노릇 하시리니"라는 구절을 언급함으로써 천년왕국을 넌지시 암시했다고 주장한다. 이 말은 곧, 그들이 천년이라는 시간차이가 23절과 24절 **사이에** 삽입되어야 한다고 주장한다는 것이다.

　보스(Geerhardus Vos)는 이러한 해석에 대하여 이렇게 응수했다.

> 24절의 시작에서 ["그 후에는"]이 파루시아[그리스도의 나타나심]와 "종말" 사이에 **상당한** (시간적) 간격이 있음을 증명하는 것이라는 주장이 많이 있어왔다. 그러나... 만약 바울이 **어떠한 지속되는 간격 없이 그저 연달아 일어나는 상황**을 의미했다면... ["그 후에는"]은 [무천년주의적] 관점에서도 부적절한 것이 [아니다.] ... ["그 후에는"]은... **사건들의 시간적인 연속**을 표현하기 위하여 사용될 수 있다. 물론, 논리적인 인지 차원에서 찰나의 간격은... 가정되어야 한다. 엄격한 연대순에 대하여 말한다면,

[그리스도 안에 있는 자들이] 일어나고, 그 후에 [종국이] 온다. 그렇지만, 이 사이에 완성된/회복된 천년이라는 시간을 삽입할 수 있는 여지는 것은 결코 없다.[88]

고린도전서 15:24에서 언급되는 "나라"가 24절과 25절 사이에 삽입된 "천년왕국"이라고 여전히 주장하는 전천년주의자들에게, 필자는 15:51~55에 따라 그리스도가 오실 **때** 부활을 완수하심으로써 자신의 **마지막** 대적인 죽음을 무찌른다는 사실에 주목하라고 말하고 싶다. 이는 15:25에서 다루어지고 있는 통치가 그의 재림 **전**에 일어남을 의미한다. 바울의 진술은 명백하다. "그가 모든 원수[그의 최종적인 대적인 죽음을 포함하여]를 그의 발아래에 둘 **때까지** 반드시 왕 노릇" 해야 하며(필자 강조), 그리고 역사는 – 바로 연달아 일어나는 – 그의 오심과 부활의 사건과 종말론적 심판과 **함께** 그 절정에 이른다. 그 다음에 그는 자신의 메시아적 통치를 아버지께 드리고, 삼위일체 하나님은 만유 안에서 모든 것이 되실 것이다. 신중하게 고찰해보면, 언급된 사건들이 가지고 있는 관계에 대한 이러한 표현은 정교한 이론의 설득력을 가질 수 있으며, 또한 가지게 될 것이다. 바울이 여기서 그리는 그리스도의 통치는, 그것이 하나님께 선택된 자들을 구원하고 복종시키고 마침내 그들을 죽은 자 가운데서 일으킬 때, 악의 힘에 대한 현재적인 영적 승리이자 미래에도 그렇게 될 것이라는 의미에서 정복의 통치이다.

천년왕국이 신약성경에서 계시록 20장 외에 다른 곳에서 발견되지 않는다는 사실을 아는 일부 전천년주의자들은 점진적 계시에

---

88 Geerhardus Vos, *The Pauline Eschatology* (Princeton, NJ: Princeton University Press, 1930), 243(필자 강조). BAGD 또한 "어떤 것을 열거하는 형식에서, [*eita*('그러면')는] 시간순서에 대한 언급 없이 어떤 것들을 배열할 때 사용되며," 따라서 "일반적으로 전환어"(예, '다음으로')가 된다고 진술한다. 따라서 이와 같은 "순서"어들은 전천년주의자들이 그것들에 강조하려는 만큼 중요성을 가질 수 없다.

대한 성경적/신학적 원칙을 이 상황에 적용하여, 이 중요한 계시의 일부가 최후까지 생존한 사도였던 요한에게만 드러났다고 제안한다. 그러나 종말론적 복잡성 가운데서 이러한 핵심적인 요소가 모든 사도에게서 간직되어 있었다가 마지막에 죽은 요한에게 남겨졌다는 것은 그럴듯해 보이지 않는다. 1세기의 대다수 그리스도인들에게로부터 이 **종말**(eschaton)의 특징을 숨긴 하나님의 목적은 무엇이었을까? 게다가, 이러한 접근은 신약의 나머지 부분의 종말론이 말하는 훨씬 더 큰 "무천년주의" 입장을 이 묵시의 매우 상징적인 비전의 더 좁고 회화적인 틀 안에-좀 더 구체적으로 말하면 그러한 묵시적 비전의 **하나의** 장(one chapter)에 있는 10개 절로 된 **하나의** 단락-강제로 집어넣을 것을 요구한다. 마지막으로, 종말론적 문제들에 대한 선포는 바울의 "복음"에서 핵심적이고 필수적인 견해였다. 종말 지향적인 그의 메시지는 다른 사도들에 의해서도 전해졌다(고전 15:11). 이러한 상호연관적인 사실들은 모든 사도가 본질적으로 동일한 종말론적 비전을 전했음을 암시한다. 영원한 "새 하늘과 새 땅"의 상태보다 앞서는 그리스도의 천년의 통치-전천년주의자들이 인지한 것처럼 다른 어떠한 사도들도 가르치지 않았던 시대-를 요한이 나중에 선포했다는 것은, 사람들의 부활과 "현재 있는 세상"의 파괴 후에, 사이에 끼어드는 어떠한 왕국 시대가 아니라, 즉시로 "새 하늘과 새 땅" 상태가 올 것이라고 가르쳤던 다른 사도들의 선포가 잘못된 것임을 의미한다고 생각할 수 있다.

베드로의 종말론

틀림없이, 베드로의 종말론은 주님이 가진 종말론적 이원론과 동일하다. 그의 종말론이 가진 "이미"의 측면은 그리스도가 "이 말세에" 나타났다는 사실(벧전 1:20), 그리고 가장 중요하게는 **그분의 메시아적 통치가 이미 시작되었다**는 사실(벧전 3:22)로 볼 때 분명하다. 베드로의 종말론적 비전이 가지는 "아직"의 측면은, "**만물을**

회복하실 때까지는 하늘이 마땅히 받아 두어야 하는... 그리스도를" (행 3:20~21) 보내신 하나님에 대하여 그가 말할 수 있었다는 사실로 볼 때 명확하다. 그러므로 베드로의 종말론에는 하나님 나라에 대한 "이미"와 "아직"의 두 측면이 모두 존재한다.

베드로는 자신의 책 다른 부분에서 천년 통치에 찬성하는가? 베드로는 미래 일들을 다루는 베드로후서 3장에서 우주 역사 전체를 세 시기로 나눈다: (1) 창조의 시작부터 창세기의 홍수까지 걸쳐져 있는 첫 번째 시기, "그 때에"(3:5~6); (2) 홍수로부터 **종말**의 때까지 펼쳐져 있는 두 번째 시기, "현재의 하늘과 땅"(3:7); (3) **종말**의 때로부터 영원까지 이어질 세 번째 시기, "의가 거하는 곳인 새 하늘과 새 땅"에 있는 "우리 주 곧 구주 예수 그리스도의 **영원한 나라**"(1:11; 3:13). 그러므로 그의 독자들은 자신들에 대한 부르심과 택하심을 확실하기 위하여 모든 노력을 다해야 하는데, 왜냐하면 그들은 아직 "우리 주 곧 구주 예수 그리스도의 영원한 나라"에 들어가지 못했기 때문이다(벧후 1:11, 필자 강조). "경건하지 아니한 사람들의 심판과 멸망의 날"이 불의한 자들을 기다리고 있다(벧후 3:7; 또한 2:9를 보라). "주의 날은 도둑 같이" 올 것인데(벧후 3:10a, 12), 그 때에 "하늘이 큰 소리로 떠나가고 물질이 뜨거운 불에 풀어지고 땅과 그 중에 있는 모든 일이 드러날 것이다"(벧후 3:10). 베드로는 심지어 자신이 가르치는 사역의 중심적인 책임은 "우리 주 예수 그리스도의 능력과 [두 번째의] 강림하심을"(벧후 1:16) 알게 하는 것이라고 선언했는데, 심지어 그가 강림하실 때조차도 그들 가운데 있는 거짓 선지자들은 이를 조롱하면서 "주께서 '강림'하신다는 약속이 어디 있느냐?"라고 말하며 그를 거부한다(벧후 3:4).

베드로보다 앞서서 말했던 바울(벧후 3:15~16a; 롬 2:4)과 같이, 그 또한 재림하실 그리스도의 "늦어짐"이 실제로는 죄인들이 회개하여 구원을 받을 수 있는 시간을 연장시켜주시는 하나님의 인내의 증거라고 설명한다(벧후 3:9, 15). 그러나 베드로는 이 시대와 장차 올 시대의 사이에 중간기적인 천년의 기간에 대한 어떠한 언급이나 암시도 하지 않고 있다. 만약 그가 이 시대 다음에 올 천년왕국을 믿었었다면, 그가 이에 대하여 언급할 수 있었을 완벽한 곳은 바로 베드로후서 3장이었을 것이다. 그러나 우리가 방금 보았던 것처럼, 그는 그것을 전혀 언급하지 않았다.

요한의 종말론

전천년주의자들은 요한이 자신의 복음서나 세 편의 일반 서신에서 천년왕국에 대하여 어떠한 언급도 하지 않았음을 인정한다. 그러나 그들은 요한이 요한계시록 20장에서 천년왕국을 언급한다고 말한다. 이 논쟁거리는 정면으로 대응할 가치가 있다.

요한계시록은 아시아의 로마 주(Roman province)에 있는 특정 일곱 교회에게 보내려고 저술되었다(1:4, 11; 2~3장). 물론 일곱 개 이상의 교회가 존재했지만, 일곱이라는 숫자는 완전성과 전체성에 대한 대표성을 띤 개념을 제안한다. 이 책은 신약의 다른 책들과 구별되는데, 이는 이 책을 본질상 묵시적으로 특징짓고 있는 모든 상징―신비화된 숫자들, 이상한 짐승들, 비밀스러운 묘사들―이 넘쳐나기 때문인데, 이러한 묵시적인 특징이 이 책을 해석하기 어렵게 했다. 그러나 요한의 계시록을 이해하는 열쇠는 정말 매우 간단하다. 이 책을 주의 깊게 읽다보면, 세대주의자들이 주장하는 것처럼 이 세상의 끝(그리스도의 재림이나 격변을 통한 우주적 변동, 또는 최후의 심판 혹은 이러한 것들의 결합으로 묘사되는)이 단 한 번―즉, 요한계시록 19~20장에서―에 일어나는 것이 아니라는 사실이 드러날 것이다. 이와는 반대로, 이 세상의 끝은 계시록의 일곱 가지 환상들 각각에서 분명하고 충격적으로 묘사되어 있다. 다시 말하면, 이 책은, 단 한 번이 아니라, 여러 충격적인 방식들로 우리를 이 세상의 끝으로 이끈다.

이제 제시할 성경 구절은 이 사실을 확증시켜준다. **첫 번째** 환상 —2장과 3장에 있는 일곱 교회들에게 보낸 편지들—은 예언적으로 말하면서 이 편지들에 의하여 일곱 차례나 독자들을 장차 올 최후의 심판과 영원한 상태에 대한 기대로 데려간다(계 2:7, 11, 17; 3:3~5; 10~12, 14, 21). **두 번째** 환상은 인들과 관련이 있다. 여기서 우리는 6:17에 있는 말씀, "그들의 진노의 큰 날이 **이르렀으니** 누가 능히 서리요?"를 읽는다(필자 강조). **세 번째** 환상은 나팔들과 관련이 있다. 여기서 우리는 10:7에 있는 말씀 "일곱째 천사가 소리내는 날 그의 나팔을 불려고 할 때에... 하나님의 그 비밀이 **이루어지리라**"를 읽는다(필자 강조, 11:15, 18~19절을 보라). **네 번째** 환상은 여자, 용(사탄) 그리고 그의 조력자들과 관련이 있다. 14:14~20에서, 특별히 15절에서 우리는 "... 땅의 곡식이 다 익어 거둘 때가 **이르렀음이니이다**"를, 그리고 14:16에서 "... 땅의 곡식이 **거두어지니라**"를, 그리고 14:19에서 "천사가 낫을 땅에 휘둘러 땅의 포도를 거두어 하나님의 진노의 큰 포도주 틀에 던지매"를 읽는다(필자 강조). **다섯 번째** 환상은 마지막 일곱 재앙과 관련이 있다. 우리는 15:1에서 그들이 "마지막 재앙이라 하나님의 진노가 이것으로 마치리로다"를, 16:15~21, 특히 17절에서 "일곱째 천사가 그 대접을 공중에 쏟으매 큰 음성이 성전에서 보좌로부터 나서 이르되 **되었다 하시니**"를 읽는다(필자 강조). **여섯 번째** 환상은 바벨론의 멸망과 관련이 있다. 우리는 19:11~21, 특히 15절에서 "그의 입에서 예리한 검이 나오니 그것으로 만국을 치겠고 친히 그들을 철장으로 다스리며 또 친히 하나님 곧 전능하신 이의 맹렬한 진노의 포도주 틀을 밟겠고"를 읽는다. 전천년주의자들은 나라들에 대한 그리스도의 "통치"에 관한 언급을 그리스도의 천년 통치에 대한 완곡한 암시로 해석한다. 그러나 이 동사는 "통치"에 대한 것이 아니라 오히려 "그리스도가 돌볼 것이다(shepherd)"라는 의미로서, 그리스도께서 적국들을 던져 "깨뜨려서" 다루시는 "목자처럼 행동"하실 것이라는 사상을 의도하고 있다(시 2:9; 계 2:27). **일곱 번째**이자 마지막 환상은 용의 파멸, 그리고 최종적 승리자인 그리스도와 그분의 교회와 관련이 있다(20:1~15).

지금까지 본 바와 같기 때문에, 이 묵시는 불경건한 자들을 기다리고 있는 끔찍한 심판을 묘사하고 있는 연속해서 일어나는 일련의 **병행적**이고 **반복적**인 환상들로서 읽혀야지, 연대기적으로(혹은 순차적으로) 각각의 것이 앞서 일어난 것을 따라서 일어나는 식의 환상들로 읽혀서는 안 된다. 계시록에서 오직 일곱 번째 환상에서만 천년왕국의 단락을 찾을 수 있는데, 이것은 주님이 여기 지상에서 사역하시는 동안 일어났었던 사탄의 결박과 함께 시작되며(마 12:29), 새 하늘과 새 땅에서 성도들과 함께 끝난다(21:1). 전천년주의자들은 사탄이 "오늘날" 결박되어 있음을 제시한다는 이유로 무천년주의자들을 비난한다. 그러나 우리는 사탄이 옛 세대에서 할 수 있었던 것처럼 이 시대에서는 "나라들을 속이는" 행동을 할 수 없다는 의미로 사탄의 결박을 해석한다. 다시 말해서, 오늘날 사탄의 결박은 실제인 반면에, **상대적**이며 언젠가 이루어지게 될 것과 같은 절대적인 결박은 **아닌** 것이다. 만약 이러한 해석이 해당 본문의 단어들에 대하여 이랬다저랬다 해서 믿을 수 없는 것처럼 보인다면, 이에 동의하지 않는 자들은, **가장 우선적으로** 이 해석이 예수에 의하여 이전에 이미 선언되었던 사탄의 결박(마 12:29)과 일치한다는 사실을 인지해야만 한다. 그런데 이것은 절대적인 의미가 아니라, 단지 사탄의 '소유물'이 이제 빼앗길지도 모른다는 의미에서 결박일 뿐이다. 두 **번째**로는, 자신의 십자가에 의해서 이 세상 임금이 "쫓겨날 것"(요 12:31)—즉시 그렇게 된다는 것이 아니라, 마침내 그렇게 될 것—이라는 예수의 확증은, 이방인들이 "그 분을 보기를" 바라고 있다는 사실에 의하여 입증된다. 세 **번째**로, 그리스도가 죽음의 세력을 잡은 자를 "멸했다"(히 2:14~15)—그러나 아직까지 절대적으로는 아니며, 그가 그리스도께서 구원하신 자들을 복종시켜 둘 수 없다는 의미에서—는 히브리서 저자의 선언이다.

이 일곱 번째 환상에서 사탄에게 일어난 일이 요한에게 보였다. 이 시대 전체에 걸쳐서, 교전 중인 교회(계 20:4a)와 승리를 거둔 순교 당한 교회(계 20:4b)는, 그리스도와 함께 연합되어, 그와 함께 다스린다. 이들은 그리스도에 의하여 중생함을 받았었는데, 이 중생은 20:5에 나오는 "첫째 부활"이다(요 5:24~25; 엡 2:4~6을 보라). 비록 사탄이 큰 배도와 불법의 사람을 통하여(살후 2장을 보라) 그리스도의 나라를 전복시키려고 최후의 노력을 다하여 애쓸지라도, 그는 실패하여 불과 유황 못에 던져질 것이다. 거기서 그는 세세토록 밤낮 괴로움을 받을 것이다(계 20:1~10).

이제 요한은 크고 흰 보좌를 본다. **그리스도**가 만왕의 왕이요 만주의 주로서 그 보좌에 앉으실 것이다. 그리고 요한은 크고 흰 보좌에 앉아 있는 그리스도, 영화롭게 된 어린양을 본다. 이 얼마나 경이로운 장면일 것인가! 그리고 요한은 하늘과 땅이 자신의 면전에서 사라지는 것을 본다. 그의 눈앞에서 하늘과 땅이 당황한 것처럼 뒤로 물러나버렸으니 그가 어떠했겠는가! 그의 힘과 위엄이 얼마나 대단할지! 그 다음에 요한은 자신의 앞으로 데려온 죽은 자들 -큰 자와 작은 자-을 본다. 그리고 그는 그들을 심판할 것이며 그들을 불 못에 던질 것이다(20:11~15). 이는 그가 계시록 1:7에서 자신의 예언을 시작했던 바로 그 주제이다.

요한은 이제 하나님에게서 내려와서, 자신의 신랑을 위하여 꾸민 신부로서 준비되는, 새 하늘과 새 땅 안에 있는 거룩한 도성, 새 예루살렘(완전히 승리한 교회)을 본다. 그리고 그 한가운데 왕좌에 앉으신 삼위일체 하나님께서 거하신다(21:1~27). 그리고 새 예루살렘에 살고 있는 모든 사람을 "치료"하기 위한 생명수의 강이 그 보좌에서 흘러나온다. 구속을 받은 자들은 "그분의 얼굴을 뵐 것이며... 그들은 영원토록 다스릴 것이다"(22:4~5).

우리 주님의 재림에 동반되는 최후의 것으로서 이 시대 이후에 오게 될 것은 천년왕국 시대가 아니라 새 하늘과 새 땅이다. 만약 세대주의자들이 자신들의 전천년주의를 포기할 것이라면, 그들은 자신들의 세대주의를 포기하게 될 것이다. 만약 그들이 자신들의 세대주의를 포기할 것이라면, 그들은 자신들의 전천년주의를 포기할 것이다.

논평 /2/

로버트 L. 토머스

소시(Saucy)는 점진적 세대주의를 위한 길을 밝히면서, 세대주의와 비세대주의적 체계 사이의 중간적 입장을 추구했다.[89] 불행하게도, 중간 지점을 찾으면서, 그는 세대주의가 아닌 다른 체계에서 자신의 해석학적 원칙들의 일부-이 관점에 관한 책에 포함된 그의 글 반영된 원칙들-를 끌어왔다. 그의 글에 대한 평가로서, 필자는 그것의 몇 가지와 그로 말미암은 함의를 지적할 것이다.

신약의 구약 사용

소시는 한 곳에 "그러므로 이스라엘과 교회의 관계에 대한 우리의 이해에 있어서 차이점은 우선적으로 해석학적 절차에 달려있는 것이 아니라, 이전에 있었던 구약 계시가 가지고 있는 의미에 대한 신약의 설명을 우리가 어떻게 해석하느냐에 달려있다"라고 썼다. 이 진술은 그가 신약을 구약에 거꾸로 집어넣어 읽는 체계를 비판한 직후에 쓴 것이다. 그는 전통적인 역사적-문법적 해석학들이 이를 허용하지 않고 있음을 인지하고 있었으나, 그는 하나님께서 의도하셨던 의미들과 인간들이 이해하는 의미들 사이를 구분함으로써 해석학적 원칙들을 제거하려고 시도한다. 같은 전반적인 문맥에서, 그

---

[89] Saucy, *The Case for Progressive Dispensationalism*, 29.

는 신약에서만 구약의 의미를 찾으려는 체계를 비판했다. 그러나 실제적으로, 이것이 바로 점진적 세대주의가 하고 있는 것이다.

신약의 말씀들이 구약 의미를 제공하도록 함으로써, 다른 비세대주의적 체계들과 같은 것을 한다. 해석학은 하나의 인문학이며, 어떠한 의미를 결정하려고 분리되어 있는 본문들을 결합시키는 것을 허용해서는 안 된다. 각각의 본문은 그 자신의 문법적-역사적 현상들 위에 서 있어야만 한다. 신약의 의미를 아브라함 언약 안으로 집어넣어 읽음으로써, 만약 그것이 구약에 대한 역사적-문법적 의미와 달라진다면, 이는 또 다른 해석학적 원칙-단일 의미에 대한 원칙-을 어긴 것이다. 이는 창세기 12:1~3, 7에서 문자적이며 영적인 의미를 찾는 것과 동일한 것이며, 세대주의적 의미를 멸시하는 체계에서 이뤄지는 동일한 오류이다.

"적절한 해석은 구약과 함께 시작한다."라는 소시의 진술은 "구약의 적절한 해석은 구약과 함께 시작하여, 신약으로 가기 전에 구약과 함께 끝이 난다."로 고쳐서 읽어야 한다. 그가 지적한 것처럼, 신약의 구약 사용이라는 이슈는 핵심적인 것이다. 자신의 관점에 대한 글에서, 분명하게 그는 신약을 "구약의 약속들과 소망에 대한 재해석을 수반하는 것"으로서 보지 않는다. 그러나 다른 곳에서 그는 "신약 본문은 때때로 구약의 의미에 대하여 오직 적용일 뿐이며, 해석은 아니다."라고 썼다.[90]

그는 해석학의 역사적-문법적 원칙들이 출발점이라고 확신했으나, 위에서 언급한 것처럼, 성경은 신적-인간적인 책이기 때문에 이를 해석할 때 이 원칙들이 작동하지 않을 것이라고 설명했다. 오히려, 그는 한 본문의 완전한 의미는 정경적이라는 주장을 지지하면서, 공인된 언약신학자인 포이쓰레스(Vern S. Poythress)와 같은 다른 사람들을 즐겨 인용하는데, 이는 동일한 생각을 가지고 있기 때문이다. 그 가정이란, 신약이 영감을 받은 말씀이기 때문에, 구약을

---

[90] Saucy, *The Case for Progressive Dispensationalism*, 56, 206.

인용함에 있어서 신약이 항상 옳다는 것이다. "그러므로 이스라엘과 교회의 관계에 대한 우리의 이해에 있어서 차이점은 우선적으로 해석학적 절차에 달려 있는 것이 아니라, 이전의 계시인 구약의 의미를 설명하는 신약에 대한 우리의 해석에 달려 있다." 이러한 관점을 가진 사람은 자신의 입장이 실망스럽다는 것을 발견하는데, 왜냐하면 해석학을 무시한 어떠한 체계도 반드시 결함이 있기 때문이다.

명백하게, 신약의 저자들은 자신들의 구약 사용에 항상 옳았다. 그러나 그들이 구약을 인용할 때 항상 역사적-문법적 원칙들을 따랐는가? 필자는 연구를 통하여 그들이 때로는 그러했지만 때로는 그렇지 않았다는 것을 가르쳤다. 소시의 이번 글은 후자의 예를 인용한다. 그것은 사도행전 13:47인데, 이 경우에 있어서 구약에 대한 신약의 사용이 인용되는 구약 본문을 해석학적으로 바르게 나타내지는 않는다. 신약이 영감을 받았기 때문에, 신약의 구약 사용 또한 올바르다고 가정해 보았을 때, 이 본문에서 바울은 이방들을 향한 자신의 사역에 있어서 이사야 42:6과 49:6에서 말하고 있는 사람과 자신을 동일시한다. 소시가 자신의 글의 또 다른 부분에서 말한 것과 같이, 그 구약의 문맥에서 그 사람은 이스라엘의 약속된 메시아이다. 신약이 영감을 받았다는 사실은 옳은 것이지만, 그러나 그렇다고 해서 이것이 역사적-문법적 원칙들의 적절한 사용을 보장해주는 것은 아니다. 사도행전의 그 본문은 구약의 올바른 해석이 아니다. 사도로서 바울이 구약 본문에 권위 있는 의미를 부여한 것은 맞는 것이나, 그 의미가 구약에서 발견되는 것은 아니다. 그 두 구약의 구절들은 바울을 결코 가리키고 있지 않다.

다른 곳에서 필자는 다양한 구약 본문들에 대한 "비문자적" 사용이라고 명명한 신약 본문들 몇 가지를 인용했다.[91] 분명하게, 그

---

91 Robert L. Thomas, "The Use of the Old Testament in the New Testament," in *Evangelical Hermeneutics: The New Versus the Old*

문맥에서 이사야 65:1은 그리스도의 재림에 동반되는 이스라엘의 회개를 지칭하는 표현들을 사용한다. 바울이 로마서 10:20에서 교회와 연관하여 그 이사야의 본문을 인용하는 것은 잘못되지 않았다. 영감 받은 성경의 한 저자로서, 그는 실수를 저지르지 않았다. 그러나 그가 이사야의 그것과는 다른 역사적 문맥에서 교회에 대하여 글을 썼을 때, 그것은 단지 적용이었다. 이사야는 그리스도의 재림 뒤에 있을 미래적 왕국을 고대했으나, 그 본문에 대한 바울의 사용은 그렇지 않았다.

이사야 8:14~15의 역사적인 문맥에서, 그 구절들은 이스라엘의 넘어짐과 이사야의 메시지에 대항하는 자들이 그 결과로 바벨론에 포로로 잡혀가는 것을 언급한다. 그러나 예수는 이를 인용하면서, 누가복음 20:17~18에서 자신의 초림 때 메시아로서 자신을 거부했던 동시대 사람들의 넘어짐에 적용했다. 바울과 베드로(롬 9:32~33; 벧전 2:8)는 이사야 8:14~15을 비슷하게 다룬다. 누가와 바울 그리고 베드로는 신약의 저자들로서 자신들이 글을 잘못 쓰지 않았다. 왜냐하면 그들은 매번 구약을 해석한 것이 아니라, 자신들의 동시대인에게 그것들을 적용했기 때문이다. 그들은 신적 계시로 구약에 대한 건전한 해석 원칙들로는 나타날 수 없었을 새로운 의미를 구약 본문에 부여했는데, 여기서 이러한 새로운 의미들에 대한 권위는 구약이 아니라 신약 본문들이다.

어떤 이는, 유대인들과 초기의 그리스도인들이 구약에 대한 이러한 비문자적인 인용을 할 수 있는 권위를 어떻게 깨달았겠는가. 질문하거나, 혹은 그리스도께서 구약에 대한 이러한 비문자적인 인용을 할 수 있는 권위를 가지고 계심을 초대 교회가 인지할 수 있었는가라고 질문할지도 모른다. 초기의 그리스도인들은 구약에 대하여 자신들이 배워왔던 것과 배치되는 것으로서 복음을 생각할 수도 있었을 것이다. 그러나 그들은 그렇게 생각하지 않았다. 초대

(Grand Rapids: Kregel, 2002), 247~51.

교회는 일단 오순절에 교회가 시작되자 이러한 새로운 상황에 적절한 새로운 계시를 받는데 있어서, 그리스도가 사도들에게 자신을 대신할 수 있는 권위를 주셨다는 사실을 알고 있었기 때문에, 신약의 권위가 인지되고 있었던 것이다.

사도적 권위의 확증으로서, 그리스도의 권세 있는 대표자들은 때로는 구약 본문들에 대하여 문자적 이해를 보여주었다. 물론, 이러한 예들은 많이 있다. 이에 대한 전형적인 예들은 마태복음 1:23에 이사야 7:14이 인용된 것을 포함한다. 후자의 본문은 이사야 8:3에 나오는 이사야 자신의 아들을 가리키는 것이 될 수는 없었을 것인데, 왜냐하면 그 선지자가 자신의 아들에게 "임마누엘"이라는 이름을 주었기 때문이다.

신약의 구약 사용에서, 또 다른 문자적 성취는 스가랴 9:9를 인용한 마태복음 21:5이다. "시온 딸에게 이르기를 네 왕이 네게 임하나니 그는 겸손하여 나귀, 곧 멍에 메는 짐승의 새끼를 탔도다 하라 하였느니라." 이러한 예는 풍성하다.

사도들과 선지자들의 권위

소시가 언급한 것과 같이, 사도들은 그리스도의 "권위 있는 위임자"이었다. 그러나 그가 말한 것과 같이, 특별히 이스라엘에게만 그러했던 것은 아니며 그리스도의 몸 전체에게 그러했다. 그리스도가 전체로서의 교회에게 은사를 주셨을 때, 그는 사도권과 예언의 은사도 포함시키셨다(고전 12:28; 롬 12:6; 엡 4:11을 보라). 해리스(Harris)가 주장한 것처럼, "초대 교회가 적용한 정경 기준은 사도 저작(apostolic authorship)이었다."[92] 사도성은 분명히 은사, 곧 이따금 그 은사를 가진 사람들이 "자신들의 내적 의식에 성령에게서

---

[92] R. Laird Harris, *Inspiration and Canonicity of the Scriptures* (Greenville, SC: A Press, 1995), 285.

내용을 받고 그것을 성령으로 다른 사람들이 이해할 수 있도록 변환시키게 하는" 것이었다.93 신약의 많은 문맥에서 사도성과 밀접하게 연관된 예언의 은사도 계시와 관련된 은사였음을 가리킨다.

두 가지 은사가 나타나는 또 다른 큰 문맥은 에베소서 2:19~3:10이다. 문맥적으로, 이 두 가지의 근간이 되는 역할은, 그리스도의 몸 안에서 유대인들과 다른 이들이 가지고 있는 공동 상속권과 회원으로서 함께하는 것에 대하여(엡 3:3, 5) 이전에 알려진 "계시"를 받아서 변환시키는 것을 포함한다(엡 3:6). 바울은 "다른 세대에서는 사람의 아들들에게 알려지지 않았던, 그러나 이제 그의 거룩한 **사도들과 선지자들**에게 성령으로 나타내신" 정보를 설명했다(엡 3:5, 필자 강조). 넓은 문맥에서, 신적 계시 활동과 연관된 전문적인 용어가 나타난다 – 3:3에서 *apokalypsin*("계시"), 3:3에서 *mysterion*("비밀") 그리고 3:4에서 mysterio("비밀"), 3:9에서 *apokalyphthe*("감춰진"). 이 단어들이 서로 함께 사용되었을 때, 이들은 하나님께서 자신의 특별한 종들에게 세상에서 실현되고 있는 자신의 계획에 대한 드러난 정보를 알리시는 행위를 묘사한다.94

위에서 언급한 에베소서 인용 구절들은 소시가 신약 전문어를 특별하게 정의한 것에 관한 설명을 요구한다. 그는 자신의 체계에 들어맞는 "비밀"과 "모형"에 대한 정의를 제안하려고 수고했다. 그 노력은 그의 글의 여러 곳에 반영되었다. 그러나 그의 정의는 바울이 방금 인용된 에베소서의 본문들에서 말하는 계시적 활동에 부여했던 의미를 왜곡한다. 바울은 구약에서 교회가 신적 계시의 주체가 아니었다고 분명하게 말하고 있다.

---

93 Robert L. Thomas, "Appendix D: Spiritual Gifts and New Testament Canonicity," in *Understanding Spiritual Gifts*, rev. ed. (Grand Rapids: Kregel, 1999), 157.

94 더 깊은 논의를 위해서는, Thomas, "Appendix D: Spiritual Gifts and New Testament Canonicity," 156~57을 보라.

> 곧 계시로 내게 비밀을 알게 하신 것은 내가 먼저 간단히 기록함과 같으니 그것을 읽으면 내가 그리스도의 비밀을 깨달은 것을 너희가 알 수 있으리라 이제 그의 거룩한 사도들과 선지자들에게 성령으로 나타내신 것 같이 다른 세대에서는 사람의 아들들에게 알리지 아니하셨으니 (엡 3:3~5)

저명한 사전 집필자들은 바울이 에베소서의 이 본문에서 논의하는 것이 "드러나지 않거나 비밀스러운 하나님의 경륜... (하나님의) **비밀... 인간의 지혜로 이해하기에는 너무나 심오한 비밀 혹은 신비**"라는 데 동의한다.[95]

베드로와 바울 그리고 요한의 저작들에서, 사도성과 예언의 계시적 성격과 신적 권위가 기독교 시대 초기에 인정되었다. 가장 초기의 교부들은 이와 동일한 모습을 보였는데, 예를 들어 무라토리 정경(Muratorian Canon)과 『헤르마스의 목자』(Shepherd of Hermas)가 있다. 브루스(Bruce)는 무라토리 편집자의 진술에 대한 설명에서 이렇게 썼다.

> 바울이 요한의 선례를 따랐다고 보는 것은 연대기적으로 터무니없다. 그러나 그것은 이 편집자에게 있어서 목록에 등록하게 하는 일차적인 기준은 예언적 영감이라는 사실을 가르쳐주는 것 같다. 만약 사도적 저작권이 아니라면, 전체적으로 초대 교회에서 우세한 기준은 사도적 권위였던 것 같다. 그러나 필자가 보기에 심지어 사도적 저작권도 예언적 영감보다는 이차적이었음이 분명하다.[96]

---

[95] BDAG, 662(저자 강조).

[96] F. F. Bruce, *The Canon of Scripture* (Downers Grove: InterVarsity, 1988), 164.

그렇다면, 두 가지 계시적 은사는 세상에서 새로운 일-구약 위에 부분적으로 세워진 그 자체의 계시를 가지고 있었던, 그러나 어떠한 예들에 있어서는 구약에 대한 다른 이해를 요구했던 교회-을 시작하시는 하나님의 방법이었다. 교회의 역사적이고 신학적인 상황은 이스라엘의 그것과는 매우 달랐으며 지금도 그러하다. 교회의 대표들이 때로 구약 본문에 새로운 의미들을 부여했던 것은 놀랄만한 일이 아니다.

선이해(Preunderstanding)의 위험성들

필자는 다른 곳에서 복음주의적 해석학의 최근 경향들이 일으킨 실패를 고찰한 적이 있다. 그것들의 하나는, 본문이 가르쳐야만 하는 것에 대하여 해석자가 미리 인지하고 있는 생각과 동일하게 본문을 해석하려는 경향성이다.[97] 이것이 점진적 세대주의의 전개에서 발생했던 것처럼 보인다. 소시는 자신이 전통적 세대주의와 비세대주의(어떤 곳에서 그의 세대주의적 뿌리와 가까운) 사이의 중간점을 발견했다는 가정 아래 자신의 해석 과정을 시작했다. 그 다음에 그는 이 선이해에 들어맞는 체계를 제안했다. 그러나 그가 신중하지 못했던 것은 중요한 해석학적 원칙들을 위반하는 것이 초래하는 위험에 대해서였다. 필자는 그것들의 일부를 그것들이 가지고 있는 함의와 함께 규명해 보았다.

미래에 대한 소시의 입장

소시가 다른 곳에 썼던 것처럼, 교회의 휴거에 대한 점진적 세대주의 입장은 다소 모호하다. 『점진적 세대주의 변호』(The Case for Progressive Dispensationalism)에서 그는 교회의 전(前)환란적

---

[97] Thomas, "The Hermeneutical Landscape," in *Evangelical Hermeneutics*, 13~37.

(pretribulational) 휴거에 대한 그 어떤 답변도 제공하지 않는데, 왜냐하면 세대주의는 "궁극적으로는 휴거의 시기에 따라서 서거나 넘어지지 않기 때문이다"(역주. 토마스는 소시가 휴거의 시기가 세대주의의 핵심은 아니라고 의미하는 것으로 생각함).[98] 이 불확정성은 그가 19세기에 있었던 국가적 이스라엘의 수립을 개연성 있는 성취된 예언으로서 이해하는 이유에 대하여 가능성 있는 설명을 제공해준다. 그에게 있어서, 교회가 이미 이방 나라들에 대한 구약의 예언을 성취하고 있음을 용인하는 것은 점진적 세대주의 체계에서 성취되지 않은 것은 거의 없게 만들었다. 그러나 전통적 세대주의는 교회가 휴거된 이후가 되기까지는 성경 예언에 대한 그 어떤 미래적 성취도 보지 않는다. 휴거는 임박했다.

최상의 관점

필자는 이스라엘과 교회 관계를 설명하는 가장 좋은 선택지를 고를 때 분명한 선택으로서 세대주의—점진적 세대주의가 아닌—에 확고하게 도달했다. 소시는 신약에서 교회를 언급하려고 "이스라엘"을 사용하지 않는다는 점과 같은 몇몇 유효한 지점들을 보여주었다. 그러나 그는, 예를 들어 신약을 구약에 거꾸로 넣어서 읽는 것을 옹호함으로써, 문법적—역사적 해석학적 원칙들을 위반했다. 이러한 위반 때문에 그는 이스라엘과 교회 관계에 대한 선명한 이해를 박탈당했다.

---

[98] Saucy, *The Case for Progressive Dispensationalism*, 8~9.

논평 /3/

채드 O. 브랜드 & 톰 프랫 2세

소시는 말했다.

점진적 세대주의는 창조, 인류, 하나님, 그리고 이들 사이의 관계에 관한 진리의 보고일 뿐 아니라 또한 **역사**에서 하나님의 구원 활동에 대한 하나님의 기록인 성경을 이해하기를 추구한다. 그것은 성경의 다양한 책들을 각각의 역사적 문맥에서 살펴보는 성경 신학에서 도출된 조직 신학이라고 설명할 수 있다. 성경에 나타나 있는 역사적인 구원의 언약들에서 구원의 진행은, 국가/민족으로서의 이스라엘에 대한 하나님의 선택, 그리고 현재의 교회와 구별되는 그 나라의 역할을 계시한다. 하나님께서 자신의 영광을 드러내실 특별한 나라로서의 이스라엘이 가지고 있는 역할의 성취는, 교회 안에서 나타난 하나님의 구원하시는 계획의 영적 통일성을 손상시키는 것이 아니라, 오히려 현재의 영적 구원을 확장시켜서 선지자들에 의하여 약속된 개인과 사회의 전체적인 구원을 가져올 것이다. 그리고 그 안에서 모든 사람은 하나님의 단일한 백성으로서 자신들의 다양성 안에서 하나로 통일된다(294-95쪽).

그의 뛰어난 글에서 이 간결한 결론은 그의 입장에 있는 명백한 부담과 방향을 공정하게 진술한다. 우리가 아래에서 논의할 어떤 가정들을 액면가 그대로 받아들인다면, 이 입장에는 칭찬 받을 많은 것이 있으며 석의적인 결론들과 신학적으로 파생되는 것들에 있어서 대부분 설득력이 있다.

점진적 세대주의는 진정한 성경적 구원 계획의 전체적인 성격과 그것이 역사에서 점차적으로 펼쳐져서 초(超)역사(suprahistory)로 진행한다는 점을 지적한 점은 칭찬 받을 만하다. 아브라함에게 하신 약속들 위에 세워지고 이스라엘의 역사를 통하여 자양분을 받아온 민족적인 소망들이 아직 그 충만한 결실을 보지 않았다고 소시가 주장하는 것은 매우 설득력이 있다. 구원에 대한 하나님의 전체적인 계획이, 하늘에서 이미 이루어진 것과 같이, 완전한 관점으로 보일 것이며 우주를, 특별히 이 "세상"(땅)을 다스릴 날을 우리에게 가리킨다는 점은 옳다. 그리고 이 소망과 기대를 이 지구에서 다스릴 다윗 왕의 회복된 나라와 결합시킨다는 점은 가장 확실하게 옳다. 마지막으로, 종말에 주님 자신의 선택하심과 높이심에 의해서 주권적인 왕에 의하여 위로부터 마침내 주어질 것들을 "교회"가 성취하도록 위임 받지 않았다는 점을 규명한 것에 있어서 그는 옳다.

그러나 소시가 위에서 말한 것처럼, "현재의 영적 구원을 **확장시켜서** 선지자들에 의하여 약속된 개인과 사회의 전체적인 구원을 가져"오며 "그 안에서 모든 사람은 하나님의 단일한 백성으로서 자신들의 다양성 안에서 하나로 통일"시키기 위해(필자 강조), "교회 안에서 나타난 하나님의 구원하시는 계획의 영적 통일성"과 "특별한 나라로서의 이스라엘이 가지고 있는 역할의 성취"를 어떻게든 동시에 보호하려는 가운데 전체적인 구원의 계획을 일시적으로 지연시키는 것과 매한가지인 생각에 동의함으로써, 그는 잘못된 길로 나아갔다. 우리의 견해에서, 이 결론을 받아들일 수 있는가 하는 것은 다음 세 가지 가정에 달려 있다: (1) "이스라엘"과 "교회"라는 표기들과 **마주보며 병행적인**(vis-a-vis) "하나님의 백성"에 대한 성경적인 이해를 구성하는 것을 정의할 수 있는 용어의 사용, (2) 그 목적, 즉 성경의 예언적인 기대 중에서 "아직 이루어지지 않은" 것에 도달하기 위하여 어떻게든 현재적인 "영적 구원"이 확장되어야 한다고 가정하는 신학적인 구조, (3) 이 시나리오에 대한 대안이 소위 "대체" 신학이라는 것. 우리는 글을 진행하면서 이것들을 개별적으로 다룰 것이다.

우리는 "하나님의 백성"을 "이스라엘"(소시가 "국가"라고 부른 정치적 집합체, 특별히 구약의 초점)이나 "교회"(현재의 "종말론적인 구원"의 시대에 민족적 유대인과 이방인들로 구성된 가시적인 집합체)와 동의어인 것으로 가정하는가? 만약 우리가 이 명제를 받아들인다면, 이 글에서 대부분의 석의와 신학적 고찰은 조사/검사를 견뎌낼 것이다. 그러나 만약 "하나님의 백성"이 이제, 그리고 지금까지 단 한 번도, 이러한 가시적인 명칭들과 동의어가 아니었다면, 우리는 성경이 우리에게 이 실재를 가리키는 다양한 방식들을 분류하는 것에 직면하게 될 것이다. 우리는 본서 가운데 우리가 맡은 부분에서 다음과 같이 주장했다. 그것이 이스라엘이든 교회든 이방 세상이든 상관없이, 민족적 유대인들(엘리야 시대의 "이스라엘 안에 있었던 칠천 명"을 생각해 보라)과 이방인들(아브라함이 자신의 가족들에게 할례를 베풀기 전의 모든 사람, 그리고 라합과 룻, 사르밧 과부 등을 생각해 보라) 모두를 포함해서, 언제나 하나님의 백성은 어떤 의미에서는 시야에서 "감추어져" 있으며(아벨을 생각해 보라), 그저 피상적인 종교 세계가 아닌, 하나님이 정의하시고 천거하시고 역설하시는, 하나님과 동행하는 삶으로 특징된다(에녹을 생각해 보라). 이 책의 중심적인 주제에 착수하는 것은 바로 "이스라엘"과 "교회"가 성경과 구원 역사의 맥락에서 정말로 의미하는 것을 발견하려고 노력하는 것이다. 우리는 하나님의 구원이 영적이며 육체적이고 정치적이며 사회/문화적이며, 지적이며 우주적이라는 사실에 동의할 것이다. 그러나 우리는 두 가지 가시적인 역사적 집합체에 대한 사명과 계획이라는 단순한 이분법으로 성경적인 메시지를 제한하지 않을 것이다. 왜냐하면

기껏해야 이 둘은 일반적으로 성경에서 비난을 받고 있거나 더 높은 (영적인?) 실재로 나아가라는 촉구를 받고 있기 때문이다. 바울이 말한 것처럼, 둘 모두 "위에 있는 것들을 찾아야" 한다(골 3:1). 참된 "하나님의 백성"이라는 이러한 개념이 계시록에서 요한의 예언적 메시지의 중심임을 우리는 알 수 있다. "이기는 자들"은 누구이며, 어떻게 그들은 자신들 주변에서 교회의 안과 밖에 몰아치는 폭풍우를 뚫고 나아갈 수 있을까?

두 번째 가정은 어떤 면에서 첫 번째 것보다 더 문제가 되는데, 왜냐하면 그것이 성경적 내러티브의 본질 그 자체를 건드리기 때문이다. 우리는 현재적인 "종말론적 구원"(소시의 용어)이, 이스라엘과 교회의 그리스도를 알고 경험하게 하려고 존재하는 문자적으로 모든 것에 대한 성경적 진리의 목적과 필수 조건이 아니라고 믿고 가르쳐야 하는가?[99] 교회에 현재 나타나는 하나님의 영광을 "확장"하기 위하여 구약의 실패한 패러다임으로 돌아가야 하는가? "점진적" 계시의 원칙과 우주에 대한 "세대주의적인" 통치가 시대의 끝에 반전되어서 전도되어야만 하는가? 우리는 (엘리야가 그랬던 것처럼) 시내산으로 – 더 문자적으로는 죽은 영웅(다윗과 사랑받는 이스라엘)과 중동에 있는 끝이 잘린 "땅"으로 – 돌아가야 하는가? 아니면, 우리는 우리가 결코 상상해보지 못했던 것들이 옛 조상들에게 하신 약속들의 실질적인 성취가 될 것이라고 기대해야 하는가? 우리의 견해에서 보면, 구약의 기록들 중에서 말라기 시대 즈음에 국가적 이스라엘에게 행해졌던 실험이 실패로 끝났다는 것보다 더 분명한 것은 없는데, 이는 하나님의 약속이 실패했기 때문이 아니라, 단지 이스라엘이 언약적 계약의 목적을 지킬 수 없었기 때문이

---

99 "교회의 머리"이신 그리스도가 만물 가운데서 과거에도 "으뜸"이셨으며, 현재에도 그러하시며, 항상 그러하실 것이라고 바울이 주장하는 것(골 1:9~23)은 과거와 현재와 미래, 그리고 천국과 지상에서도 이것들이 통일성을 가진다는 것을 암시하며 요구한다는 사실을 성공적으로 부정할 수 있을까?

다.100 약속과 예언, 그리고 실패와 거부, 포로 생활의 실타래들을 모두 잡아 당겨 구속의 위대한 순간으로 만드실 여호와의 종의 도래를 기다리면서, 족장들로부터 모세에까지 이르는 기간과 같은, 400년의 시간이 경과했다. 이스라엘의 믿음은 국가-정부의 지배를 향한 열망이 아니라, 하나님의 어린양에게 집중되어야 했다. 다윗 계통의 왕의 통치는 하늘에서 수립되었으며, 그것의 증거는 모든 믿는 자에게 성령이 부어진다는 것이다. 가시적이고 기대되던 "하나님의 백성"에 대한 현재적인 반복이 그 끝까지 갔을 때, 그 왕은 다시 오셔서, 바울이 말한 것처럼 그리스도 안에 감추어져 있던 참된 "하나님의 아들들"(롬 8:18~25)이 "나타나게" 하시며 그들이 "그분 안에서" 발견되도록 하실 것이다(빌 3:9). 이들의 많은 자들이 민족적 유대인들일 것이며 그 당시에 살고 있는 유대인들 중에서 거대한 부분을 구성하게 될 수도 있다. 그러나 그들은 자신들의 구원의 하나님께 영광을 돌리기 위하여 국가-정부의 존재를 필요로 하지는 않는다. 이는 마치 참된 가지들에 모두 함께 "접붙임"(롬 11:17~24)되는 이방인들이 자신들의 정체를 규정하기 위하여 가시적인 교회를 필요로 하지 않을 것과 같다. 둘 모두의 정체성은 "육신"(flesh)의 문제가 아니라, "영"(Spirit)의 문제이다. 우리는 성경의 점진적 계시가 그 스스로 되돌아가는 것이 아니라, 천상의 도착지를 향해 앞으로 나아가며 마침내 새 예루살렘에 도달하는 것이라고 강력하게 주장한다.

결국, "대체" 신학은 필요하지 않는데, 교회가 이스라엘을 대체하지 않기 때문이다. 오히려, 교회는 이스라엘의 범위를 확장하여 원 감람나무에 접붙임이 되는 모든 자를 포함한다. 예레미야는 자신이 여호와의 말씀을 전할 때 이를 분명하게 가르친다.

---

100 그들 이전의 아담과 하와처럼, 국가적 이스라엘은 그 시험에서 실패했으며 좋은 것들이 흐르는 땅인 주님의 "동산"에서 쫓겨났다.

내가 내 백성 이스라엘에게 기업으로 준 소유에 손을 대는 나의 모든 악한 이웃에 대하여 여호와께서 이와 같이 말씀하시니라 보라 내가 그들을 그 땅에서 뽑아 버리겠고 유다 집을 그들 가운데서 뽑아내리라 내가 그들을 뽑아 낸 후에 내가 돌이켜 그들을 불쌍히 여겨서 각 사람을 그들의 기업으로, 각 사람을 그 땅으로 다시 인도하리니 그들이 내 백성의 도를 부지런히 배우며 살아 있는 여호와라는 내 이름으로 맹세하기를 자기들이 내 백성을 가리켜 바알로 맹세하게 한 것 같이 하면 그들이 내 백성 가운데에 세움을 입으려니와 그들이 순종하지 아니하면 내가 반드시 그 나라를 뽑으리라 뽑아 멸하리라 여호와의 말씀이니라. (렘 12:14~17)

바울과 예레미야는 교회가 이스라엘을 대체할 것을 기대하지 않았으며, 그들은 이방인 개종자들과 유대의 "귀환자들"(우리는 신학적으로 배도에서 회개한 자들을 의미하기 위하여 이것을 사용한다)이 함께 하나의 "이름" 주변에, 다시 말해서 "살아 있는 여호와라는 이름으로" 완전한 평화와 교제 안에 참여할 것을 계속적으로 바라보고 있었다. 분명히, 이 예레미야서의 본문에서 "땅"에 대한 언급은 개종한 모든 나라가 어떠한 식으로든 우리가 이스라엘/팔레스타인이라고 알고 있는 좁고 긴 땅 안으로 억지로 집어넣어질 것을 암시하는 것이 될 수는 없다. 구원의 복음의 광범위함은 다음과 같은 결과를 가져온다. 시내 산 언약의 조항들을 수행하는데 비록 그들이 실패했을지라도, 이스라엘이 이제는 전 세계적인 구원과 구속의 전달자가 되어서, 지배와 통치를 위해서 오고 계시는 왕의 전 세계적인 영광스러움 안에 열방이 동참하도록 초청한다. 예레미야와 바울은 "내 백성 가운데서 세워지고 있는" 자들과 왕이 "완전히 잡아... 뽑아서 파멸시킬" 자들의 분리를 기대한다. 모든 시대에서 이러한 민족("세워질" 자들)은 "이 세상(땅)을," 나아가 "우주"를 유업으로 받을 것이다(롬 4:13). 이것은 바울이 말하는 변화 신학(transformational theology) 그리고 신약의 나머지(또한 겔 37장과 같은 본문들)와 조화된다. 이스라엘은 대체되지 않는다. 그것은 성령의 부으심을 통해 새 언약에 의해 변화된다(이 가르침에 있어서 중요한 구절은, 요 3:1~14와 롬 12:1, 2. 그리고 동일한 함의를 가지고 있는 다른 것으로 고후 5:16~21; 엡 4:23; 골 3:10 그리고 딛 3:3~7과 같은 것들이다).

독자들은 마침내 약속된 "씨"에 대한 우리의 논의까지 왔는데, 이는 성경을 전체에서 추적될 수 있다. 소시는 그리스도로서 "씨"와 "큰 나라"로서 "씨"가 구분된다고 확신한다. 우리는 여기에서 각각의 글이 보여준 논의를 다시 검토하지 않겠지만, 여러분이 기본이 되는 것들에 주의를 기울이게 할 것이다. 그러나 글을 맺으면서, 바울이 특별히 갈라디아서와 로마서에서 주장했던 요점을 밝히는 것은 적절할 것이다. 갈라디아서 3:16~29와 로마서 4:13~25에서 그는 중요한 신학적 의미를 "씨"가 사실상 그리스도라는 확신에 덧붙이는데, 왜냐하면 율법이 그것을 처음으로 받았던 자들을 사실상 정죄했고 그들에게 "저주"를 지웠기 때문이었다. 게다가, 아브라함에게 반복되었던 원래의 약속(들)-"나라"와 "많은 나라들"과 연관된 것들을 포함하는-은 그가 할례를 받지 않고 단지 믿음만을 발휘할 수 있었을 때 이뤄졌는데, 그는 이 믿음으로 의롭다고 "여겨지게" 되었다. 이와 동일한 믿음이 율법과 분리되어, 유대인과 이방인을 똑같이 구원하며, 그들을 이 약속(들)에 대한 "상속자"로서 참여하게 한다. 그러므로 우리는, 하나님의 백성을 "단지 **믿음을 가진 모든 자로서** 아브라함의 씨"(소시의 강조)로 규정하기 위해서, 이렇게 중대하며 모든 역사적 정통주의에서 핵심적인 신학을 어떠한 식으로든 육체적 혈통의 측면을 축소시키는 것으로 여기는 것은, 전적으로 부적절하다고 생각한다. "단지"라는 단어 사용은 특별히 부적절해 보이는데, 왜냐하면 그것은 바울이 두 서신(로마서와 갈라디아서)에서 그렇게 강조하는 요점-그리고 다른 곳에서 가정되는 그의 신학의 매우 많은 부분의 기초가 되는-을 축소시키기 때문이다. 게다가, 침례자 요한(마 3:7~10)과 예수(요 8:39~47)는 자신들에게 온 이스라엘의 지도자들과 군중들로 대표되는 국가적 이스라엘의 혈통을 의문시했다. 이 세 가지의 요점은 "이스라엘"이라는 용어가 그리스도를 믿으라는 초청에 의하여 재정의되고 변화된다는 사실이다. 교회에 직면한 논제들 중 이러한 구분보다 더 중요한 것은 없다. "그리스도에 대한 믿음을 가진" 자는 누구인가? 그리스도 안에서 "새 사람"으로 옷 입을 자는 누구인가? 그것은 **그저** 믿음을 가진 자들이 아니라, **오직** 그 분을 믿는 믿음을 가진 자들이다. 만약 우리가 "하나님의 이스라엘"과 "지옥의 문"조차도 견디는 교회의 정체/성격을 밝히는 것에 영향을 주는 그런 근본적인 것을 인지하는데 실패한다면, 우리는 우리 자신의 발아래의 신학적인 양탄자를 잡아 당겨 왔던 것처럼 보인다. 그러면 우리는 어떻게 설 수 있겠는가?

4장

점진적 언약신학 견해

The Progressive Covenantal View

채드 O. 브랜드 & 톰 프랫 2세

이 글에서는 하나님의 백성이 된다는 것이 어떤 의미인지를 다른 세 가지 견해들과 비교하면서 탐구할 것이다. 이 책의 두 장은 상당한 시간을 거쳐 정립된 길들인, 종말론과 교회론에 대한 언약주의적 접근과 세대주의적 접근을 다룬다. 논의의 여지가 있긴 하지만, 언약신학은 대륙에서 개혁주의(Reformed) 전통의 형성 기간에 (혹은 그 직후에) 나타났으며, 그 후 영국 국교회(Anglican) 신앙의 일부로 자리 잡았다. 그 주제들은 17세기에 개혁주의와 루터교(Lutheran) 그리스도인들 사이의 논쟁들로 발전됐다. 아우구스티누스에게서 어느 정도 차용한 교회론은 할례와 세례 사이에 유비(analogous) 관계를 상정하면서 구약과 신약의 밀접한 연속성을 주장했다. 종말론에서도 이와 유사한 해석학을 추구하면서 구약과 신약의 연속성을 고수했다. 고전적 세대주의 입장은 보다 더 최근에 생겨났고(기본적으로는 19세기), 구약과 신약 사이에는 상당한 불연속성이 존재한다고 주장하면서 확연히 구별되는 항로를 택했다.[1] "중

---

[1] 존 S. 파인버그 편집, 『연속성과 불연속성: 신구약성서의 관계』, 번역위원회 역 (이천: 성서침례대학원대학교출판부, 2016)에 있는 탁월한 논

간에 있는" 두 입장은 점진적 세대주의와 바로 우리의 견해이다. 우리가 보여주기 원하는 바와 같이, 이 둘에는 해석학적으로나 교회론적으로 많은 유사성이 있지만, 또한 차이점도 있다.

인간과 우주에 대한 이야기에서 최초의 전환점에서, 하나님께서 인간에게 숙명적인 말씀을 하셨다. "땅은 너로 말미암아 저주를 받고… 땅이 네게 가시덤불과 엉겅퀴를 낼 것이라. 네가 먹을 것은 밭의 채소인즉 네가 흙으로 돌아갈 때까지 얼굴에 땀을 흘려야 먹을 것을 먹으리니 네가 그것에서 취함을 입었음이라. 너는 흙이니 흙으로 돌아갈 것이니라"(창 3:17~19).[2] 물론 이 상황의 해결책은 성경 특유 방식으로 이미 언급되었는데, 하나님께서 "내가 너로 여자와 원수가 되게 하고 네 후손도 여자의 후손과 원수가 되게 하리니 여자의 후손은 네 머리를 상하게 할 것이요 너는 그의 발꿈치를 상하게 할 것이니라"라고 말씀하신 것이다(15절). 뱀의 머리를 여자의 "씨"로 "상하게" 할 것이라는 약속은 전 우주를 압도하는 구속이라는 포괄적인 계획에 대한 약속이다.[3] 이것은 하나의 "씨"가 "많은 사람들"의 죄를 위하여 희생됨으로써 모든 피조 세계에 참된 정의를 가져다준다는 약속이다(롬 5:18~19). 만물이 하나님과 가지는 질서 있고 "선한" 관계는 아담의 죄로 인해 심각하게 훼손되었으나, 언젠가 다시 그 올바른 질서의 상태로 돌아오게 될 것이며, "인간"(그 안에 여자도 포함되어 있다)[4]은 한 사람 그리스도 예수

문 모음을 보라.

[2] 다른 언급이 없다면, 인용되는 성경 구절들은 *English Standard Version*에서 온 것이다(원서는 그렇지만 이 한국어 번역판에서는 한국의 독자들을 위해 『개역개정』을 인용한다).

[3] See W. J. Beecher, *The Prophets and the Promise* (New York: Cornell University Press, 1905).

[4] 여기서 우리는 이것이 하나의 전조라고 제안하고 싶은데, 하나님의 선한 창조가 그 자체 안에 나중에 나타나는 문제를 해결할 수 있는 "씨"를 시간에 앞서 이미 포함하고 있다는 측면에서 그러하다—이 경우에는,

를 통하여 통치권을 얻을 것인데, 그 분은 그 영광스러운 혼인잔치 때 마침내 신부와 연합한다. 만물에 대한 이 "새 창조"가 가지는 포괄적인 성격은 성경에서 "의"(righteousness)라는 말이 뜻하는 것으로써, 창조의 주간에 세워진 모든 관계에서 정의(justice) 및 올바름(uprightness)과, 예수 그리스도에 대한 개인적인 믿음을 통하여 아담의 후손들이 개인적으로 의롭다고 칭함을 받는 것(the individual justification)까지도 포함한다. 사도 바울(롬 1:17)에 따르면, 복음을 통해 "믿음으로 믿음에 이르게" 함으로써 이제 "나타난 것"이 바로 이 "의로움"이다. 인간이 하나님과의 관계를 끊은 것으로 인하여 피조물이 "허무한 데 굴복하게" 되었기 때문에(롬 8:20), "하나님의 자녀들의 영광의 자유"가 완전한 결실을 맺기 전까지는 이 모든 것은 다시 "좋은" 상태가 될 수 없다(롬 8:21).

이번 장의 기본적인 순서는 다음과 같다. 우선, 우리는 성경적인 의의 성격을 탐구하고, 하나님의 백성이 주님과 올바른 관계에 있다는 것이 무엇을 의미하는지를 살펴볼 것이다. 그 다음에 하나님의 백성이라는 것이 무슨 의미인지 규명하려고, 이스라엘이 주님을 예배할 때 그 의로움에 대해 겪었던 성공과 실패를 살펴볼 것이다. 그 후에 우리는 이스라엘과 교회가 하나님의 계획이 펼쳐지는 가운데 어떻게 서로에게 관계되는지 이해하기 위해 미래의 종말론을 살펴볼 것이다. 우리는 예수님께서 구약의 모든 기대를 성취하러 오셨다는 입장을 확증하고자 노력할 것이다. 그분은 모든 시대에 지속될 성령의 공동체, 그분의 의로우심이 영원토록 드러날 공동체를 세우셨다.

그의 "홀로" 있음("alone"-ness)을 만족시키는, 그리고 창조주로부터 "생육하라"는 명령을 성취하는 특수화(differentiation)를 위한 인간의 필요. 특수화에 대한 이야기가 개시되기 이전에 하나님께서 "안식"에 들어가셨다는 사실은 최종적 그림을 완성하기 위하여 궁극적으로 필요해질 모든 것이 처음부터 안정적으로 공급됨을 암시한다.

의로움, 교회, 그리고 하나님의 계획

지난 수십 년간 지속된 바울의 소위 '새 관점'에 관한 논쟁은 많은 진영에서 다른 논쟁으로 옮겨갔는데, 그것은 특별히 로마서에서 (다른 곳에서는 적어도 암시적으로), 바울이 이스라엘 민족의 "절정(climax)"을 강조하되 그것이 예수의 삶과 죽음과 부활에서 언약의 약속(들)5의 성취를 통해 구원을 드러내는 것으로 강조하는 것으로 보는 입장에 과연 "복음"이 존재하느냐에 대한 논쟁이다. 이러한 강조는 종종 특별히 로마서의 처음 여덟 장을 통해 개인적 구원의 탐구를 읽어내는 "로마서의 길(Roman road)" 방식의 독법에 맞서는 방식으로 종종 이뤄졌다. 공정하게 말하면, 양측 모두 양방향에서 더 풍성한 독법의 여지를 남겨두지 않은 채, 다른 편의 통찰들을 불신하거나 가치를 깎아내리려고 무차별적인 발언들을 하는 경향이 있다.

---

5 우리는 "약속"이라는 단수 명사를, 갈라디아서 3:29에서 바울이 취했던 방식과 같이 아브라함의 후손들에게 하셨던 모든 약속을 포괄하여 지칭할 것이다. 이 문맥에서, 그는 이방인들 가운데서 선택된 모든 이가 "상속자들"이며, 그 결과 단일한 약속을 통하여 이들이 그 후에 이어지는 약속들에서 드러난 모든 은혜를 받을 수 있는 수령인들이 되었다고 주장하고 있다. 이 기초가 되는 단일성은 (약속을) 만드신 분과 그 수령자들 안에 암시되어 있는데, 이를 만드신 분은 한 분 하나님(갈 3:20)이시며, 그 수령자는 단일한 백성이다. 이 주제에 대한 충분한 석의적 논의를 위해서는, Bruce W. Longenecker, *The Triumph of Abraham's God* (Edinburgh: T&T Clark, 1998), 특히 55~58, 그리고 N. T. Wright, *The Climax of the Covenant: Christ and the Law in Pauline Theology* (Minneapolis: Fortress, 1992), 157~64를 보라.

오래된 전도 도구인 "구원에 이르는 로마서의 길"은 우리 눈에는 너무 단순하고, 사도 바울이 로마서에서(그리고 다른 곳에서도) 가르치려 한 모든 것을 제대로 다루지 못한 것으로 보인다.6 반면에, 유대인들(먼저)과 이방인들 양자 가운데의 더 큰 하나님의 영광을 위해 개인의 구원에 대한 바울의 분명한 관심과 헌신을 배제하거나 축소시키는 방식으로 바울을 읽는 것은 분명 무익한 것이다.7 그러므로 많은 "구령자들"(soul-winners)이 볼 때에는, 바울이 로마서와 다른 서신들을 쓸 때 품고 있던 더 큰 관심들을 탐구해도 별로 얻을 것이 없는데, 그것은 사람들의 개인적인 영원한 운명이 우주를 위한 원대한 "구원의 계획"보다 더 중요하기 때문이다. 반면에, 새 관점에 대한 여러 옹호자들은, 비록 그들이 의도한 바는 아니더라도, 성도 개인들이 구원을 실제적으로 경험하도록 도와주는 것이 아니라, 복잡한 바울의 사고를 탐색하면서 큰 지적 만족감과 신학적 위로를 얻는 것처럼 보인다.

분명, 이것은 "새 관점"8에 대한 논쟁들을 지나치게 단순화하여

---

6 특별히 N. T. 라이트가 계속 진행하는 연구와 로마서에 대한 그의 가장 분명한 주석을 보라. N. T. Wright, "Romans," in *The New Interpreter's Bible: Acts~1 Corinthians*, ed. Robert W. Hall (Minneapolis: Abingdon, 2002).

7 라이트에 대한 반대 입장을 보여줌에 있어서, 파이퍼(John Piper)는 로마서에 묘사되고 있는 개인적인 구원에 대한 어떠한 방식이 존재하지 않는다면 죄악된 인간들의 손에 의하여 성자께 일어났던 일과 인간들에게 임할 진노에 대한 나쁜 소식을 상쇄할만한 "좋은 소식" 또한 존재하지 않는다고 적절하게 언급했다(John Piper, *The Future of Justification: A Response to N. T. Wright* [Wheaton: Crossway, 2007], 20).

8 우리는 여기서 분명하게 진술될 수 있는 단일한 관점이 존재함을 암시하려고 하는 것이 아니다. 왜냐하면 그 관점은 미묘하게 다른 여러 관점들로 발전해 왔기 때문이다. 우리는 또한 새 관점 그 자체가 그 모든 주장에 있어서 항상 받아들여질 만한 것은 아니라는 사실을 인지하고 있으나, 이 논쟁이 이전에 다소 흐릿하게 남겨져 있던 일부 이슈들을 해석자들이 분명하게 이해하는데 도움을 주었다고 확신한다. 우리는 이어지는

말한 것이다(특히, 아담의 죄가 모두에게, 그리스도의 의가 신자들에게 "전가"[imputation] 되는가, 안 되는가의 여부, 불경건한 자들의 죄를 위한 그리스도의 대리적 속죄[substitutionary atonement], 성자에게 쏟아진 하나님의 진노, 그리고 칭의에 대한 엄격한 언약주의적 견해와 법정적 견해 사이의 차이와 같은 이슈들). 그러나 그것은 이 책과 이 에세이가 구체적으로 관심을 두는 영역을 강조한다. 만약, 믿는 자 가운데서 개인적으로 이루어지는 구원의 경험에 영향을 끼치지 못한다면, 이스라엘의 미래를 국가로 혹은 오늘날의 제도적인 교회를 분별하는 것이 거의 가치가 없기 때문이다.

그러므로 이 에세이와 관련되는 새 관점 논쟁들 중 특정 관심 분야는, 민족 그리고/혹은 개인들로서의 이스라엘의 "구원"(혹은, 바울이 특별히 갈라디아서에서 강조한 것처럼 "구속")이 이방인 성도들의 "구원"에 영향을 미치느냐에 대한 문제냐—구원받는 믿음을 위해 영원히 중요한 방식으로—하는 것이다. 거의 대부분의 경우 이 문제는 칭의에 대한 바울의 교리 전체를 공정하게 이해하려는 시도를 마주하게 된다.9 분명 가장 적절한 질문은, **정확하게 누가 하나님 앞에서 의롭게 된 자들의 "회중"(congregation)을 구성하는가, 그리고 현재와 장차 올 시대에 그들의 "위치"는 무엇인가이다.**10 더

장들에서 이에 대하여 부연 설명할 것이다.

9 다시 말해서, 칭의는 그것의 성경적 충만함에 있어서, (라이트가 종종 사용하는 표현처럼) **모든 것**을 "바로 잡는 것"을 수반하는 것인가? 아니면 우선적으로 혹은 **배타적으로** 그것이 개인적으로 하나님 앞에서 법정적인 "의로움"(right-ness)인 것인가?

10 제도적 교회(institutional church)에 관하여, 이 논쟁은 멀리 아우구스티누스까지 거슬러 올라가 가시적 대 비가시적 교회에 관계된다. 보다 더 최근에는, 종교개혁 이래로, 넓게 "청교도"로 불리는 다양한 그룹들이 참되거나 변절했거나 단순히 거짓된 것으로서의 교회의 정확한 본질에 대하여 계속되는 씨름을 했다. 개관을 위해서는 Edmund S. Morgan, *Visible Saints: The History of a Puritan Idea* (New York: Cornell University Press, 1963)를, 그리고 이 질문에 있어서 미국의 청교도들 중 가장 영향력 있는 사람들을 집중적으로 보기 위해서는 Richard F. Lovelace, *The*

적절하게는, 누가 혹은 무엇이 "하나님의 이스라엘"인가(갈 6:16; 롬 9~11장을 보라), 그리고 이 용어는 하나님의 나라에 대한 영원한 계획과의 적절한 관계에서, 현재와 미래의 구원의 도식(schema)에 어떻게 들어맞는가이다.11 마지막으로, 특별히 만약 하나님께서 아브라함의 민족적 후손의 보존과 구원을 다루심에 있어서 자신의 신실하심(의로우심)을 어떠한 방식으로 지켜 오셨는지 그리고 앞으로도 지키실 것인지에 대하여 어떠한 의구심이 존재한다면, 현재 진행 중인 구원에 있어서도 지금 그리스도와 연합된 사람들을 보존하는데 대해 아브라함과 이삭과 야곱의 하나님을 신뢰할 수 있는가?

이제 이 책에서 다루는 몇 가지 핵심적인 이슈들을 해결하기 위해 우리가 제안하는 체계를 여기서 제시한다. 우리의 제안은 종말론적 관점에서 이스라엘과 교회의 중요성에 대한 전체적인 논쟁이, 성경의 거대 서사에서 드러난 것과 같이, **구원의 역사**와 밀접하게 연관되어 있다는 것이다. 게다가, 그 "이야기"를 어떻게 읽느냐에 따라 개인적인 구원을 얻는 "방법"에 대한 관점에도 분명하게 영향을 미치는데, 그것은 "누가 혹은 무엇이 **진정한** 하나님의 백성인가?"라는 질문에 대한 답을 요구한다. 세대주의적 접근은 분명하게 이 구원에 이르는 다수의 방식(multiple pathways)을 제공하며,12 전

American Pietism of Cotton Mather: Origins of American Evangelicalism (Grand Rapids: Eerdmans, 1979)을 보라.

11 여기서의 우리의 목적을 위해서, 이 질문들에 대한 답변들은 언약 내에 존재하는 땅과 통치 그리고 번영과 연관된 이스라엘에 대한 약속들을 다루어야만 한다.

12 전통적 세대주의(더욱 분명하게)와, 그리고 어떠한 경우에 있어서는 점진적 세대주의(좀 더 암시적으로, 그리고 모호하게)의 관점 모두를 신중하게 고찰해 봄으로써 이 결론을 확증할 수 있다고 우리는 믿는다. 다만, 개인적인 구원이 언제나, 그리고 오직 믿음을 통하여 은혜로 이루어져 왔음을 분명하게 주장하지 못했을 경우에만 그러하다. 율법이 나중에 "더해" 졌으며, 그것의 오직 긍정적인 목표는 그것에 동반되었던 본래의 땅과 물

통적 언약주의 접근은 가시적인 하나님의 백성 내에 여전히 의롭다 하심을 받지 못한 사람들을 어느 정도 포함시킬 것을 요구한다. 결론적으로, 우리는 두 접근 모두 적합하지 않다고 생각한다.

이 논쟁에서 가장 주요한 이슈의 하나는, 어떻게 이 "백성" 안으로 들어갈 수 있는지에 대한 질문인데, 그것은 성경 어디에서도 개인들이 사랑과 섬김의 관계 가운데 다른 사람들과 무리지어 연합되는 것 없이 구원을 경험할 것이라고 예견하지 않기 때문이다. 다시 한 번, 이 질문은 이 집단/회중의 정체성에 따라 정해진다. 우리가 볼 때, 철저히 성경적인 방식으로 이 이슈를 다루는데 실패했기 때문에 몇몇 잘못된 결론에 도달한 것이다. 우리는 이어지는 논의에서 이러한 논쟁의 영역들을 부각시키며 해결책을 제안하려고 노력할 것이다.

이 책의 제목이 보여주는 것처럼, 이 논쟁은 "이스라엘"(자연적 세계의 가시적 "국가들" 중에서 국가적이고 정치적인 집합체로서 인식되는)

질적인 번영의 유지라는 것을 바울과 함께 우리는 주장한다. 율법은 그 본성과 인간의 본성상 "구원"의 길을 제공할 수 없었다. 율법이 구원에 관한 것으로서 이해될 수도 있다는 취지의 점진적 세대주의자의 언급에 관해서는, 다음을 고려해 보라. "바울이 [로마서] 5:14에서 설명하고 있는 것처럼 보이는 바, 만약 율법이 구원의 역사 안의 한 시대에서 의로움을 정의하는 어떤 것으로 이해되어야 한다면, 유사하게 그것은 또한 그리스도의 오심과 그분이 수행하셨던 사역의 관점에서 '구원론적으로 한물 간'(salvifically obsolete) 것이라고 말해질 수 있다." David K. Lowery, "Christ, the End of the Law in Romans 10:4," in *Dispensationalism, Israel and the Church: The Search for Definition*, ed. Craig A. Blaising and Darrell L. Bock (Grand Rapids: Zondervan, 1992), 236. 이 글에서 그 어떤 다른 것도 이 진술을 구원론적으로 분명히 하지 않는다. 반면에, 동일한 책에 있는 다른 글이 율법이 구원론적인 속성을 가졌음을 분명하게 부정하는 것처럼 보인다(Kenneth L. Barker, "The Scope and Center of Old and New Testament Theology and Hope," in Blaising and Bock, *Dispensationalism, Israel and the Church*, 293~328). 아마도 이 논의가 진행되면서 더욱 분명해질 것 같다.

과 "교회"(논쟁이 되는 특정한 구조와 관습들, 그리고 열방들에 "복음"을 퍼뜨리라는 사명을 위하여 계획된 종말론적 공동체[시대를 지칭하는 표현, 즉 "교회 시대"를 정당화하면서]로서 인식되는)라는 두 존재 사이의 분명한 이분법으로 변해 버렸다. "하나님의 백성"을 가리키기 위한 이러한 용어들이 성경에서 분명 미묘한 의미 차이가 있으며 구체화되고 있는 반면에, 우리에게는 이러한 이분법이 의도된 차별화/구별의 핵심처럼 보인다. 그러나 우리는 이러한 이분법이 인위적이며 결국 비성경적이라는 사실에 대하여 우려한다.

우리는 다음의 체계에서 다음 주장을 논할 것이다. (1) 성경에 드러난 하나님의 단일성[13]은 지상의 모든 "나라"(혹은 민족이나 백성)에서 "그의 것"이 된 오직 단일한 백성이 존재한다는 사실을 요구한다. (2) 죄 때문에, 이 백성은 어떠한 집합체(국가, 민족, 가계)에서 자연적으로 태어난다고 해서 그의 것이 되는 것이 아니라, "위로부터" 그의 백성으로 태어나야만 하는데, 이것이 유효하기 위해서 하나님의 자신의 행위를 암시적으로 그리고 명시적으로 필요로 한다. (3) 이 단일한 백성은 그 역동적인 특성에 있어서 변화하지 않는데, 왜냐하면 여호와께서 아브라함의 혈통을 통하여 그것을 만들기로 정해놓으셨기 때문이다. 그것은 하나의 줄기, 즉 유대적 줄기에서 자라난다.[14] (4) 이 백성의 표지는 어떠한 방식으로든 외적(예를 들어, 의식적, 예전적, 바울의 용어대로 하자면 "육신적인")이지 않으며, 이 백성의 개인과 "회중" 안에서 내적이며 역동적이다. 이 표지는 성령의 현존과 능력이며, 이는 여러 종류의 외적인 행위로 나타난

---

[13] 여기서 우리는 이스라엘의 쉐마(Shema)에서 힌트를 얻으며, 삼위일체의 본성에 대한 논의로 들어가려는 것은 아닌데, 우리는 이것을 통일성 내의 구별성(distinctiveness-in-unity)이라고 여긴다.

[14] 우리는 바울이 로마서 2:28~29에서 했던 방식으로 이 용어를 사용할 것이다. 비록 그가 때때로 이 용어를 사용할 것일지라도, 마음의 "참된 할례"(빌 3:3)를 가지고 있는 "참된 유대인"이 약속(들)을 유업으로 받을 목적으로 선택된 사람이라고 이해하고 있다는 사실은 명백하다.

다. 단지 외적인 것들은 더 큰 실재들의 상징이며 증거일 수 있다.
(5) 신자들의 회중을 묘사할 때 쓰는 "그리스도의 몸"이라는 명칭은 유대적 열망의 성취인 동시에 새 창조의 진정한 특성을 전체적으로 아우르는 요약이다.

1. 하나님의 단일성은 단일한 백성을 요구한다

성경 전체에서 하나님의 단일성이 단일한 백성의 기초가 되는 것으로 가정되며 주장된다(신 6:3; 롬 3:29~30; 갈 3:20; 그리고 슥 14:9; 막 12:29; 요 17:3; 고전 8:4~6을 보라). 간결하게 말하면, "하나님은 한 분이시요 또 하나님과 [모든]15 사람 사이에 중보자도 한 분이시니 곧 사람이신 그리스도 예수라"(딤전 2:5).16 그러므로 하나의 몸, 하나의 무리, 하나의 가족, 하나의 건물, 하나의 나무/포도나무, 하나의 유업(하나의 "땅"),17 하나의 약속, 하나의 도성,

---

15 이 진술의 문맥은, 권력을 가진 자이든지 구원을 위하여 그리스도께로 나아 올 필요가 있는 인간 대중이든지 상관없이, "모든 사람"을 위한 기도로의 부르심이다. 이 한 중보자는 갈라디아서에서 율법의 중보자와 대조된다(두 중보자들 혹은 두 가지 언약적 관계들을 암시하는). 그러나 바울이 "하나님은 한 분이시다"라고 결론내린 것처럼, 모세 또한 그 약속을 받은 최후의 중보자는 될 수 없었다.

16 여기서 간략하게 언급된 이 주제들에 대한 가장 광범위한 논의는 James D. G. Dunn, *The Partings of the Ways: Between Christianity and Judaism and Their Significance for the Character of Christianity*, 2nd ed. (London: SCM, 2006)에 있다.

17 성경이 말하는 하나님께서 자신을 지상의 성전에 맞추실 수 없는 것처럼, 그 분은 또한 중동의 한 작은 규모의 땅만 소유하신다고 말할 수 없다. 바울이 로마서 4장에서 아브라함의 유업에 대하여 말한 것과 같이, 땅은 모두 그분의 것이며, 실제적인 "약속의" 땅은 "전 우주"이다. 하늘은 그의 보좌이며 땅의 그의 발등상이다. 이 "땅"은 구속함을 받은 민족 즉, "그리스도 안에" 있는 모든 자의 소유가 될 것이며, 최후에 하나님의 양자들이 드러날 때까지(롬 8:19~25), 그리스도의 권세에 지금은 모두 종속되어 있는 과정 중에 있다(고전 15:25~28과 시 110:1에서 힌트를 얻은 다른 여러 구절들).

하나의 성전, 하나의 신부, 하나의 제사장직, 하나의 주/믿음/침례, 그리고 궁극적으로 우리 모두의 한 분 아버지를 기쁘게 하시는 하나의 "씨," 하나의 성자, 하나의 그리스도가 존재할 뿐이다. 바울은 유대주의자들을 반대하는 논증에서 이 점을 분명하게 했는데, 그들은 하나의 *sperma*(씨)가 여러 가지 의미를 가지게 했으며, 바울이 갈라디아인들에게 전했던 복음에서 벗어나게 만들었다.18 이 "아들"은 하나이고, 선택 받은 아들(에서와 대비되는, 본래 야곱이었던 이스라엘)이며, "자연적인" 아들(아담)인데, 누가는 하늘에서 예수의 아들됨을 선포하는 음성을 묘사한 후, 조심스럽게 자신의 족보 본문으로 그것을 증언한다. 예수님의 순종과 희생은 이 단 한 사람 안에서 모든 사람이 받아들여질 만하도록 만드는 데 충분했는데(행 7:52), 그 분은 사람의 아들이자 하나님의 아들이다. 그의 "추종자들"(바로 광야에서 이스라엘과 같이)은 "새로운"(진정으로 갱신되었거나 재구성되었으며 변화된) 이스라엘을 구성했는데, 이것은 원래의 민족적 유대 백성들로부터 선택 받은 것이다.19 결과적으로, 예수님께서 우물가에서 여인에게(요한복음 4장) 구원이 "유대인에게서 난다"라고 말씀하셨을 때, 그것은 오직 민족적 이스라엘만이 "구원을 얻는다"는 뜻이 아니라, 구원사의 틀에서 볼 때, 모든 민족이 **이스라엘의 하나님**과 예루살렘 영문 밖에서 희생되신 아들에게 와야 하되, 이

---

18 갈라디아서 3:15~18. 단수로 사용된 **스페르마**(sperma)에 대한 바울의 용례의 중요성에 대해서는, Longenecker, *The Triumph of Abraham's God*, 128~34를 보라. 하나의 "씨"는 그리스도이며, 단일한 백성이 "그의 안에서 발견"된다(빌 3:3).

19 공생애 사역을 하셨던 예수님 편에서 이러한 결정은, 인간의 몸을 입으신 성자의 생각 속에 성부의 뜻을 분명하게 하려고 밤을 새우시는 기도 이후에 나타났으며, 그 분은 상징적인 열두 명의 제자들과 함께 그 땅을 횡단하기 시작하셨다(눅 6:12~16). 그러나 마가의 이야기가 가지고 있는 문맥에서는, 자신을 따르는 자들이 참된 자신의 가족—믿지 않는 이스라엘 대중(이 지점에서는 그분의 실제 가족 중에서 믿지 않는 자들 또한 분명하게 포함하는, 요 7:3~8을 보라)과 적대적인 지도자들과 대조적으로—임이 분명하게 나타났다(막 3:31~35).

제는 그들이 "영과 진리로" 예배를 드리는 자들로서 와야 한다는 뜻이다.20 모든 우주가 그에게로 "이끌릴" 때(요 12:32; 3:18; 8:28을 보라), 그들은 그분이 죽임을 당하셨던 그 "땅"으로 들어와야 하며 (비유적으로, 그의 제자들로서) 그분의 죽음의 말뚝(death-stake)을 짊어지고서 "추종자들"로서 그 땅에서 여기저기를 그와 함께 동행해야 한다. 그러나 이 땅은 "거룩한" 땅은 아니며 더 이상 "거룩한" 장소(성전) 혹은 "거룩한" 도성이 존재하지 않는다. 왜냐하면 이 모든 것이 참된 예배자들이 향하는 그리스도 안에서 포섭될 것이기 때문이다.21 그분 자신이 바로 "유대인에게서 나는" 구원이시다. 다시 말해, 그분은 "참된 유대인"이시다(롬 2:28~29과 출 4:22~23을 보라).22

또한 이 하나의 백성이 "그 안으로 침례를 받는" 한 성령이 계시다. 그는 광야에서 이스라엘과 함께 하셨으며, 이스라엘의 배도에 "슬퍼하셨던" 그 한 성령이시다(사 63:10; 엡 4:30을 보라). 이는 요한과 예수님을 충만하게 했으며 구약의 선지자들에게 "강하게 임하셨던" 바로 그 동일한 성령이시다. 다윗은 사울에게서처럼 자신에게서도 이 분을 빼앗기게 될까봐 두려워했다(시 51:11~12). 그는

---

20 분명, 이것이 이스라엘이 열방들에서 왕적으로 통치한다는 것의 궁극적인 의미이다. 모든 사람이 예수님께 와서 이스라엘의 참된 왕이시며 주이신 분을 예배할 때, 이스라엘은 자신에게 맡겨진 목적을 성취할 것이다. 성령은 여기서 듣는 이들에게 믿음과 구원을 가져다주심으로써 참된 말씀의 선포를 확증해주시는 분으로서 나타난다.

21 이 점에 대하여는 Graeme Goldsworthy, *Prayer and the Knowledge of God: What the Whole Bible Teaches* (Downers Grove: InterVarsity, 2003), 132를 보라. 성경적 관점에서 "땅"의 목적은 인간과 하나님이 교제하도록 필요한 공간을 제공하는 것이다. 이 필요는 먼저 그리스도 자신 안에서, 그리고 새 창조—**샬롬**(Shalom)과 안식의 쉼이라는 공간—안에서 충족되어진다. 그 그림자(히브리서의 용어로 하면)는 가나안이며, 그 실재는 우주를 채우시는 그리스도이시다.

22 우리는 점차적으로 이 요점을 발전시켜 나갈 것이다. 아래에 있는 추가적인 설명을 보라.

창조 때에 혼돈 위에 떠 있었으며, 성막을 지었던 장인들을 지혜로 충만하게 했던 바로 그 성령이시다. 그리고 이분이 바로 하나님의 모든 백성, 곧 사도행전과 사도들의 글들에 기록된 대로, 먼저는 유대와 마침내는 지중해 주변에 있는 하나님의 백성에게 생기를 불어넣고 충만하게 임했던 오순절의 영이심이 분명하다.[23] 그들은 함께 "둘이 아닌 한 새 사람"(엡 2:15; 갈 3:28을 보라)을 구성한다. 여기서 우리의 관심사는 (적어도) 전통적 세대주의자들의 생각과 대조적으로, 이 하나됨이 성경 전체에 걸쳐 하나님과 그 분의 백성 사이의 관계에 있어서 근본적인 특징이라는 것이며, 아담 안에 있는 자연적인 "인간"의 대표자이며(고전 15:45~49; 롬 5:12~21; 히 2:5~18을 보라), 이스라엘에서 "선택된" 사람인(출 4:22; 시 2:7; 사 42:1; 마 17:5; 엡 1:6; 골 1:13; 벧후 1:17; 요일 5:9을 보라) 그리스도 안에서 이러한 명백한 분리가 확실하게 해결되었다는 것이다.[24] 게다가, 우리는 가시적 교회 안에서 드러난 택자들이라는 주제에 대한 대다수의 "언약주의적" 신학이 현재 회중, 곧 하나님의 참된 백성을 정의함에 있어서 실재적인 것과 가시적인 것 사이의 대조에 대한 성경적 강조점을 공정하게 다루고 있지 않다는 점을 우려한다. 하나님의 참된 백성은 "시온 산과 살아 계신 하나님의 도성인 하늘의 예루살렘과 천만 천사와 하늘에 기록된 장자들의 모임[문자적으로, ekklesia]"에 도착했던 사람들이다(히 12:22~23). 이 "교회"는 현재 모이고 있으며, 새로운 아담이자 이스라엘(인)이신 "그리스도 안에" 진실로 이미 도달했다(엡 1:3).

---

[23] 이 사건과 그 직후의 일은, 성전의 봉헌(대하 7:1~10)과 시내산 반역에서 죽임을 당한 자들의 대체로서의 삼천 명의 개종자들과 비교되기를 요구한다.

[24] 모압 평지에서 이 아들을 향한 여호와의 "사랑" 또한 주목하라(신 7:8). 이것은 분명 예수님의 침례 때 하늘에서 울린 선언과 "사랑 받는"과 연계된 이 용어에 대한 바울의 반복된 사용에 대한 기원이 되는 본문이다.

2. 하나님의 백성은 신적 선택과 영적 탄생에 의하여 그의 것이 된다

하나님의 백성은 세상으로부터 택정하심을 입어 선택되며, 예수님에 따르면, 그분이 자신의 "교회"로 받아들이고 있는 이들은 한 분 하나님, 주님이신 예수 메시아의 아버지에 의하여 "(그에게) 주어진" 자들이다. 그들은 "위로부터" 난 자들이며(요한복음 3장; 겔 36~38장; 시 87:4~6; 사 4:3; 빌 3:18~20; 골 3:1~4을 보라), 위에 있는 "성을 바라는" 삶을 경험하는데(히 11:10, 13~16; 12:22~24), 그것은 그들의 시민권이 위에 있는 그 성에 있기 때문이다. 거기서 그들의 이름은 생명책, 즉 진정한 시민들의 명부에 기록되어 있다.[25] 비록 지상에 있는 동일한 이름의 성과 구별되는 것으로 가정되었을 때는 장소적으로 시온(Zion)이라고 불리지만, 그 성은 다름 아닌 예루살렘이다. 그 성이 진정으로 "위대한 왕의 성"(시 48:2)으로서 그 명칭을 잃어버리고 배반 때문에 "소돔과 이집트"(계 11:8)로 불렸으며, 바울이 갈라디아서에서 논하는 바와 같이 자신의 땅에서 "종"이 되었다고 한다(느 9:36; 스 9:9; 갈 4:25).[26] 그것의 파멸은 예수님의 예언적 담화에서 예견되었으며(마 24:15~28) 어떤 "세대"의 마지막으로서 다뤄지는데, 여기서의 세대라는 것은 시간을 단위로 한 분류 이상의 의미를 가진다(마 23:29~39; 살전 2:19을 보라).[27]

---

[25] 출 32:32; 시 69:28; 사 4:3; 겔 13:9; 단 12:1; 눅 10:17~20; 빌 4:3; 히 12:23; 계 3:5; 13:8; 17:8; 21:27.

[26] 1세기 유대주의(들)에서 포로 귀환에 대한 약속들이 이미 성취된 것이라고 일반적으로 믿었는지에 관해서는 학자들 간에 다양한 이견이 존재한다. 일차적인 자료들은 다양한 분파들과 그룹들 사이에 의견 차이가 있었음을 가리키는 경향이 있다. 그러나 이스라엘에서 현재 상태가 예언자적 소망들의 기준을 충족시켰다는 사실을 기꺼이 인정하는 자들은 거의 없다. 사실상 많은 이들은 근거로서 다니엘의 칠십 주를 셈했다.

[27] 예루살렘의 운명에 관하여 신약이 가진 관점에 대한 간단하고 용이

침례자 요한은 자신에게 오는 자들에게 하나님께서 돌들로도 "아브라함의 자손"을 만들 수 있다고 주장하면서 자신의 침례가 "새로운" 민족을 세운다고 분명하게 밝혔다.28 이 "회복"(말 4:5~6; 눅 2:12)은, 적어도 암시적으로는, 홍해와 요단강을 건너는 것을 상기시키는 이스라엘의 재구성으로서, 또한 홍수를 통과한 노아에 대한 암시도 가진다(고전 10:1~4; 벧전 3:20~22). 예수님께서 "모든 의를 이루기 위하여" 요한에 의하여 자신 스스로 이와 동일한 물을 실제로 지나도록 함으로써, **새로운 출애굽 경험**과 함께 시작하는 새 창조 안에 있는 모든 것을 궁극적으로 "바로 잡는" 것을 가리킬 수 있는 진술(감수주. 즉 "모든 의를 이루는 것")을 분명하게 하신 것이라고 우리는 생각한다.29 게다가, 소작농들에 대한 비유(마 21:33~44와 병행 구절들)에 따르면 그 나라는 또 다른 "민족"(ethnos)30에게 주어질 것인데, 원래 그것을 받았던 자들이 빼앗기고 있기 때문이다. 로버트슨(A. T. Robertson)은 "이것은 정치적으로 그리고 종교적으로 세상을 이끌고자 하는 유대 나라의 소망에 대한 조종(弔鐘, death-knell)이었다."라고 언급한다.31 새 예루살렘은

한 개관은 David E. Holwerda, *Jesus and Israel: One Covenant or Two?* (Grand Rapids: Eerdmans, 1995), 106~12에서 찾아볼 수 있다.

28 마 3:9; 요 8:39 참조. 이 뒤바뀜에 대한 암시는, 요한이 이러한 반대자들을 이방인들이라고, 즉 하나님의 실제적인 백성의 바깥에 있는 사람들, 그 당시의 표현으로 하면 언약의 바깥에 있는 사람들이라고 암시적으로 비난했다는 점에서 분명하다.

29 이 관점에 대한 특별한 가치를 가지고 있는 것으로는, Rikki E. Watts, *Isaiah's New Exodus in Mark* (Grand Rapids: Baker Academic, 2001)의 연구가 있다. 파오(David Pao)의 누가 문서들에 대한 연구는 이 글의 나중에 인용된다.

30 우리의 논의가 가지는 목적에 있어서, 이 "민족"이 천년왕국 때 회심하여 믿음을 가지는 이스라엘인지는 중요하지 않다. 왜냐하면 하나님의 이스라엘이 이 뿌리에서 자랐으며 이것이 "그리스도 안에서" 참된 절정이라는 사실이 우리의 논지이기 때문이다.

31 A. T. Robertson, *Word Pictures in the New Testament*

"아래로 내려오는"(계 21:9~27) 것이며 주님이 "지으시는" 것이다 (시 127편; 사 62:6~8; 히 11:10; 13~16). 그리스도의 인격 안에서, 이것은 여호와께서 다윗에게 세우기로 약속하셨던 "그 집"이다(수수께끼 같은 미묘한 의미로 가득한 구절인 사무엘하 7장). 그것의 문들은 이스라엘의 지파들로 이름 붙여지지만, 그 기초는 어린 양의 사도들이므로, 분명하게 현재의 논의에서 나누인 사람들을 결합하는 의미로 받아들여야 한다. 이것은 요한복음 14장의 "예비된 처소"이다. "아래로 내려오는" 그 최종적인 형태에 있어서, 그것은 사탄의 모조품인 바벨론의 거대한 음녀와 대비되는 되는 "신부"이며, 한 사회적 단위로 융합된 도성이다.

3. 하나님의 백성은 역사적 이스라엘이라는 받침뿌리에서 나온다

하나님의 백성은 그 "땅"(흙, 바닥)에 "심겼고", 오직 하나의 포도나무인 그리스도가 있으며(사 5장; 참고. 시 52:8; 사 61장; 호 14:6; 요 15장), 예수 그리스도는 이사야 5:1~7의 이스라엘로 분명하게 언급되어 있다. 바울은 이 포도나무/식물에 대하여 "재배된" 나무로부터 "꺾였던" 자들이 동일한 식물에 **다시** 접붙임을 받고, 단지 "야생"(이방인들)에서 자랐던 자들도 그 식물, 즉 유다라는 식물에 접붙임 된다고 언급했다(롬 11장). 역사적인 이스라엘은 이를 지지해주는 뿌리이자 원래의 "덩어리"로 간주되며, 그 안에 이방인들이 있게 되며 또한 그 안으로 그 어떤 미래의 인종적 이스라엘인도 그리스도를 믿는 믿음을 통해 되돌아올 것이다.[32] 그 뿌리("이새의

(Nashville: Sunday School Board of the Southern Baptist Convention, 1930~32), 해당 부분. "그 돌"이 떨어지는 모든 것이 파괴될 것이라는 사실은 다니엘서 2장의 반향인데, 거기서 그 돌은 거대한 상을 부순다는 점 또한 지적할 필요가 있다. 이스라엘은 현재 다니엘서의 짐승과 같은 나라들과 동일시되고 있는 것처럼 보인다. 또한 요한복음 19:15을 보라. "가이사 외에는 우리에게 왕이 없나이다."

[32] 이스라엘의 최후의 "회심"은 **파루시아**(parousia)에 일어날 것이라는

뿌리," 사 11:1~10; 6:13³³을 보라)는 제거되거나 대체되는 것이 아니라, 다시 싹이 튼다. 그러므로 로마서 11장의 "모든 이스라엘"³⁴은 갈라디아서 6장의 "하나님의 이스라엘"과 일치하며, 명시적으로 드러나는 민족적 이스라엘의 반역과 완고해짐의 기간에 그 식물(즉, 그리스도)에 접붙임을 받았던 이방인들을 포함한다.³⁵ 그것은 모든

다소 이상한 생각은 거의 기분을 언짢게 만드는 개념이다. 왜냐하면 그것은 "하늘로부터의 표적"(마 12:38~41을 보라)으로 인해 "십자가의 거치는 것"을 우회할 수 있도록 허용되는 "신자들의" 세대가 존재할 것이라는 사실을 암시하기 때문이다. 이것은 바울 서신의 가르침에 어긋날 뿐 아니라 (고전 1:18~25; 롬 9:30~33을 보라), "하나님의 아들"에게 성전에서 뛰어내려보라고 한 사탄의 유혹, 또한 사단의 일시적 도구로서, 십자가의 절대성을 피하려고 한 베드로의 진술에서 반복되어 나타난 사상과 일맥상통한다 (마 16:22~23). 우리는 Wright, "Romans," in Hall, *The New Interpreter's Bible*, 620~99에서 로마서 9~11장을 신중하게 석의하고 강해한 것을 찾을 수 있었는데, 이는 우리가 이 글에서 바울 서신의 가르침과 연관하며 다른 이슈들에 있어서 매우 설득력이 있다.

33 여기서 "거룩한 씨"(바울의 표현으로, 그리스도)는 남은 자이다.

34 우리는 이것이 북왕국이 사실상 사라져 흩어진 후에, 이사야서에 예언되었으며 변화산에서 논의되었던 도래할 "새로운 출애굽"에서 유다와 베냐민 지파 뿐 아니라 이스라엘을 모으려는, "이스라엘의 하나님"에게서 온 선지자들의 일반적인 약속을 언급하는 것이라고 주장한다. 특별히 "이스라엘 집"에 파수꾼으로 부르심을 받은 에스겔을, 그리고 그의 예언에서 이 사명에 대한 계속되는 언급을 주목하라(겔 3:1~17, 여기서는 분명하게 바벨론에 포로로 잡혀간 집단을 지칭하는 것이다). 요시야 시대(왕국들을 예배에 함께 하도록 만들려는 시도가 있었던)의 스바냐는 이때를 고대했으며(습 3:9~20), 이는 분명하게 열방 중에서 "여호와의 이름을 부르며" "예물을 가지고 와서 나에게 바칠" "나의 예배자들"(9~10절)의 거대한 소집의 때에 나올 민족(들)을 포함한다. 미가서 4장과 5장은 "여러 나라 가운데와 많은 백성 가운데에 있는" "짐승들 중의 사자"(미 5:7~9; 창 49:9; 계 5:5을 보라)로 비유된 "야곱의 남은 자"를 특별히 논의함에 있어서 또한 이 특징을 공유한다. 오순절에 있었던 소집에 대한 우리의 더 깊은 논의를 보라.

35 이 입장에 대한 충분한 논의를 위하여 Wright, "Romans" 해당 부분을 보라. 만약 이것이 이 지점에서 바울의 가르침에 대한 적절한 해석

나라와 "육체적인 이스라엘"의 지파에서 하나님께 선택된 모든 사람이다. 바울의 은유와 포도나무와 가지에 대한 예수님의 담화 모두에서 암시되는 것은 제거되었던 가지들은 진짜가 아니며, 남겨진 (그리고 열매 맺기 위하여 깨끗해진) 가지들은 그리스도와의 연결로 살아있게 된다는 점이다. 바로 이 살아있음으로 인해 그들은 계속해서 시험당하고 "깨끗해지는" 고통스러운 경험을 할 후보가 된다.36

"열매 맺기 위한 가지치기"의 모티프는, 이스라엘의 역사에서(그리고 이보다 앞서는 노아와 그의 가족들에게서) 규칙적으로 명확하게 드러나는데, 성경 내러티브를 보면 남은 자들의 대표가 다른 이들을 구원하기 위한 길을 놓기 위해 반복적으로 심판의 경험들을 통과하는 데에서 볼 수 있다. 아브람과 롯은 "약속된 땅"에 도착하여 서로 헤어져야 했는데, 이는 하나님께서 아브람만을 계속적으로 다루시기 위함이었다. 롯은 소돔에 끌려들어 얽매어버렸으며, 분명히 자신이 사랑하는 가족을 이교적인 유혹에 잃고야 말았다.37 아브라함은 여호와께 그의 구출을 요청해야만 했다(주님 편에서 명백한 "설정"). 야곱은 에서에게서 떨어져 나와 유랑을 하다가 큰 부와 힘을 가지고 돌아오면서 분명 복수를 하려고 화가 잔뜩 나 있는 자신의 형을 만나야만 했다. 하나님께서 자신의 백성을 수천 년 동안 특징지을 새 이름으로 자신을 축복해주실 때까지, 그리고 자신

이 아니라면 "그가 [로마서에서] 앞서의 열한 장을 불 위에 던지는 것이 더 나았을 것인데," 왜냐하면 그가 말해왔던 모든 것이 이 결론으로 이어지기 때문이라고 한 라이트에 우리는 동의한다.

36 남은 자에 대한 주요한 자료들에 대한 철저한 논의를 위해서는, Mark Adam Elliot, *The Survivors of Israel: A Reconsideration of the Theology of Pre-Christian Israel* (Grand Rapids: Eerdmans, 2000), and Gerhard Hasel, *The Remnant: The History and Theology of the Remnant Idea from Genesis to Isaiah* (Berrien Springs, MI: Andrews University Press, 1980)을 보라.

37 그럼에도 불구하고, 자신과 가족을 위하여 선택했던 곳에서 롯은 "의로웠으며"(벧후 2:7), "고통을 당했다."

의 가족을 보호하는 구원자로서 에서 앞에 나설 용기를 주실 때까지 얍복강에서 씨름했던 자가 바로 야곱이었다.

요셉은, 점차 타락하고 방탕하여 자신이 죽기를 바라는 가족들로부터 홀로 내보내졌다. 그의 이야기는 "하나님께서 그것을 선하게 바꾸셔서" "많은 백성의 생명을 구하게 하시는" 의로운 남은 자가 되었다는 점에서 그리스도의 모형처럼 읽힌다(창 50:20). 이 주제는 전체 민족을 위하여 중보 요청하는(심지어 자신을 대가로 치르고서라도) 시내산의 모세에게서, 그리고 "여호와를 앙망하는" 이들을 위하여 지어진 "회막"에서도 계속된다(출 33:7~11). 이것은 선지자들에게서도 계속되었는데, 가장 주목할 만하게는, 여호와께서 엘리야에게 말씀하신 것처럼 장차 올 심판에서 살아남을 칠천 명과 함께 시작한다.38 기원전 8세기에서 5세기의 선지자들의 시대에 대한 양쪽 북엔드로서, 이사야서는 그분의 "제자들"(8:16)과 "증인들"(43:10~12)을, 말라기서는 "서로 말하는" 그분의 "보배들"을 가지고 있는데, 여호와께서는 "한 책"에 그들의 이름을 기록하심으로써 "기억하시며," 이것은 "다시 한 번 너희들이 의인과 악인을 분별하고 하나님을 섬기는 자와 섬기지 아니하는 자를 구별"하기 위해서이다(말 3:16~18).

예수님께서는 자신의 제자들이 스스로를 부인하면서 예수님께서 하셨던 것과 같이 그들 자신의 십자가를 져야 한다고 분명하게 가르치셨다(마 16:24; 눅 9:23). 그들은 "좁은 길"을 통과해야만 하며

---

38 히브리서의 저자가 예루살렘과 그리스도 그리고 그분의 제자들의 고난을 언급하는 핵심적인 사상을 새롭게 했을 때(히 13:12~13), 그에 의해서 시내 사건은 더 풍성하게 사용된다. 이 마지막 요점에 대해서는, P. W. L. Walker, *Jesus and the Holy City: New Testament Perspectives on Jerusalem* (Grand Rapids: Eerdmans, 1996), 216~21을 보라. 하젤은 호렙에서 엘리야의 경험에 대하여 이 논점을 주장한다(*Remnant*, 159~72). 엘리엇(Elliot)과 하젤(Hasel)은 여기서의 우리의 목적들에 대한 핵심이 이 무리의 크기가 작다는 것에 있는 것이 아니라, 그들이 심판의 때에 "살아남을" 것이라는 점이라는 것에 있어서 본질적으로 동의한다.

"힘든 길"(환란의[thlipsis] 길, 마 7:14)을 따라 걸어가야 했는데, 이 말은 바울이 더베와 루스드라 그리고 이고니온에 있는 성도들에게 한 말이었다(행 14:22).[39] 이렇게 깨끗해져서 열매를 맺는 나무, 즉 이스라엘의 참된 포도나무인 이중적 회중은 계시록 7장에서 "인 친"(sealed) 모습으로 나타나는데, 첫째로는 이스라엘의 지파들에서 선택된 자들이며, 다음으로는 이방인들 가운데서 선택된 군중들이다.[40] 어떻게 바울이 고린도에 있는 하나님의 백성들 외부에 있는 모든 이를 "이방인들"(감수 주. 과거의 그들의 신분)이라고 부르고 있는지(고전 12:2), 그리고 이제 고린도의 회중을 광야 체험에서 "우리 조상들"과 연관된 "형제들"이라고 부르고 있는지 주목하라(고전 10:1). (우리의 정경에서) 고린도인들에게 보낸 두 번째 편지에서, 바울은 더 나아가 민족적 이스라엘에게 하셨던 약속들의 성취를, 이방인이 압도적으로 많았던 회중에게 "살아계신 하나님의 전"으로서 거룩하게 살라는 권면에 연결시킨다(고후 6:16~7:1).[41] 이것은 이방인들(구원에 이르는 믿음을 가지기 이전에)이 "그리스도 밖에 있었고 이스라엘 나라 밖의 사람이라 약속의 언약들에 대하여는 외인"이었지만(엡 2:12), 이제는 그런 문제들이 명백하게 그리스도 안에서 해결되었음을 암시하는 바울의 설명과 평행을 이룬다. 교회의 징계의 실천에 관하여, 마태복음에서 예수님께서 "교회"라고 명명하신 회중에 대하여, 그분은 형제, 자매들과 화해하지 않으려는 자들이

---

[39] 이러한 "환란"의 방식은 신약 전체에 걸쳐서 일관되게 확증된다(막 10:30; 눅 22:28~29; 요 15:20; 16:33; 행 9:16; 롬 8:17; 빌 1:20; 살전 3:3; 살후 1:5; 딤후 2:12; 3:12; 벧전 5:10; 계 1:9).

[40] 몇몇 주석가는 이 본문에서 두 집합체를 가리킨다는 점에 동의하지만, 다른 이들은 그렇지 않다. 그럼에도 불구하고, 요한의 천상에 대한 환상에서 두 민족들이 존재하는 것이 아니라, "대환란"에서 보호된 모든 이를 포함하는 한 민족이 존재한다.

[41] 그의 인용들의 출처들(출 6:7; 레 26:12; 사 52:11; 렘 31:33; 겔 11:20)을 주목하라. "우리가 이 약속들을 가지고 있으니"(7:1)라는 구절과 함께, 그는 대상을 고린도 성도들로 바꾸고 있다.

"이방인들"처럼 여김을 받아야 한다고 가르치셨다(마태의 명백한 동의와 함께). 이는 가정된 확신으로서 주님의 "교회"는 그 본성상 "유대-적"(Jew-ish)이라는 생각을 가지고 있었음에 틀림없는 묘사이다. 그러므로 이것은 바울이 고린도인들과 갈라디아인들 그리고 에베소인들(그리고 그 이름으로 편지가 보내어진 다른 사람들), 로마인들에게 강하게 권면했던 더 큰 실재, 즉 천상적이고 종말론적인 실재를 가리키는 것임이 틀림없다. 베드로가 이스라엘을 선택하고 부르시는 구약의 언어를 이제는 자신들의 조상들의 "무익한 방식들"에서 떠나도록 부름을 입은 사람들—전에는 "백성이 아니었으며," "긍휼을 얻지 못했던"—을 가리키는데 사용했을 때, 그리고 그들에게 "이방인 중에서 행실을 선하게 가지라"고 강권했을 때, 그는 참된 이스라엘의 확장으로서의 교회를 보는 것에 동의했다.42 세 번째로, 요한은(7절) 또한 최소한 섞여 있었고, 아마도 민족적으로 유대인의 기원을 가지지 않은 자들이 우세했을 모임의 바깥에 있는 자들을 "이방인들"로 다루었다.

물론, 국가적 이스라엘은 아담과 동일한 저주 아래에 놓였으며, 궁극적으로는 "내 백성이 아닌" 것으로서 거절되었는데(호 1:10; 6:7; 롬 9:26~27; 살전 2:14~16을 보라), 이것은 이미 메시아 이전 시대에 그들을 이방인들과 하나로 보았던 것이다. 사실상, 그들은 그에 수반되는 모든 해로운 효과와 더불어, 무할례가 되었다(빌 3:3; 골 2:11). 이것은 또한 광야에서 죽었던 세대들의 상태이기도 했기 때문에, 약속의 땅에 들어가기 전에 할례라는 새로운 의식을 필요로 했다(수 5:2~9). 그럼에도 불구하고, 이것은 유대인이 된다는 것이 한 분 하나님의 자비에서 영원히 배제되는 것을 의미하는 것은 아니며, 오히려 구원에 있어서의 그 어떤 소망도 아브라함이

---

42 베드로전서 1:13~2:12. 명백하게, 베드로는 여기서 "이방인"에 대한 이중적인 이해를 암시하는 것처럼 보인다. 이스라엘을 향한 부르심의 언어들로 불리는 회중에 이제 참여하게 된 "이방인들"은 그들이 나왔던 세상에 있는 "이방인들"과는 구분된다.

나 시내산, 또는 토라의 언약에 매달리는 민족적이고 율법주의적인 것에는 존재하지 않음을 의미하는 것이다(롬 10:4; 4:13~25을 보라). 예수님이 "율법 아래에서" 죄를 지었던 이스라엘과 동일시되신(요단강에서 침례를 통하여) 자로서 죽으실 때, 자신의 십자가에서 그분은 혼자서 "저주"(언약에서 명시되어 있는)에서 이스라엘을 "구속"하셨다. 그가 죽으실 때, 이스라엘이 죽었으며, 혹은 바울이 말한 것처럼 "내가 죽었다."[43]

이방인들이 모여드는 것이 시작되기 전에 먼저 이스라엘을 정치적 속박에서 구원하실 메시아를 하나님께 계속 구하고 있던 이스라엘의 사람들은 충격을 받았으며, 다소의 사울처럼 실망했다. 그러나 이 이방인을 향한 사도는 이스라엘 민족 전체가 메시아를 거절한 뒤에야 비로소 이방인들에 대한 선교가 이루어지게 됨을, 그리고 이것이 이스라엘을 "질투나게" 만든다는 것을 알았다(롬 11:11).[44] 사실상, 그리스도를 통하여 이 나라는 죽었고 새로운 실

---

[43] 갈라디아서에서 이에 대한 바울의 논의를 보라. 그의 논의는 의심할 여지없이 신명기 28장에서 나타나며 이스라엘에게 내려진, 그리고 그리스도가 "율법 아래에서" 죽으셨을 때 최종적으로 파괴된 율법의 저주라는 역사적 실재에서 나온 것이다. 이것은 그로 하여금 여기와 다른 곳(갈 2:19; 롬 7:4)에서 "율법을 통하여 율법에 대하여 죽었음"을 단언하게 했으며 "율법 아래에" 있는 모든 사람에게 보편적으로 적용하도록 만들었다. 이것은 다른 이들, 특히 율법의 가르침대로 살아왔던 이들에게 오직 그리스도의 죽음의 전가를 통하여 성취될 수 있다.

[44] 이 생각의 맥락은 분명하게 호세아의 예언에서 왔으며, 호세아 3장, 특히 3~4절의 종말론적 본문에 의해 암시된 것으로 보인다. 바울은 분명하게 이스라엘 민족의 최후의 소집에 대한 자신의 소망으로서 이 예언에 대하여 묵상하고 있다. 또한 Longenecker, *The Triumph of Abraham's God*, 94~95을 보라. 이 역사적인 상황은, 이스라엘/야곱으로 또 다른 인물(사 49:1~7; 52:13~53:12)로 신비롭게 이해되는 "종"(the Servant)에 대한 이사야서의 잘 알려진 문제에서 분명하게 암시되며, 전자는 그 사명을 완수할 수 없으며 후자는 고난을 통해서 완수 하는데, 이 둘 모두는 때때로 하나로 합쳐지기도 한다.

체로 다시 일어났으며, 이제 새로운 임무를 위해 "보내어" 지고 있었다(요 20:21). 시대의 완성에 걸맞은 거대한 반전에서, "첫째로 유대인에게"(롬 1:16)는 불순종과 반역 가운데 있었던 자들을 구원하시는 하나님의 영광을 위하여 "또한 헬라인에게"가 되었다. 우리의 견해와 다른 많은 이들의 견해에 있어서, 바울은 최종적인 결과가 거대한 모임, 즉 하나님의 비교할 수 없는 은혜와 지혜로 말미암아, "육신을 따라 난" 이스라엘인들의 다시 모여들음, 즉 "충만함"이, 이방인들의 "충만함"에 필적할 것에 대한 확신을 붙잡고 있었다(롬 11:11~36).[45] 그러므로 바울은 궁극적으로 "그러나 하나님의 견고한 터는 섰으니 인침이 있어 일렀으되 '주께서 자기 백성을 아신다' 하며 또 '주의 이름을 부르는 자마다 불의에서 떠날지어다'"(딤후 2:19)라고 말할 수 있었다.[46] 이것은 명백하게 하나님의 단일한 백성이다.[47]

---

[45] 예를 들어, 언약신학자인 머레이(John Murray)의 로마서에서 이에 대한 논의를 보라. John Murray, *The Epistle to the Romans: Volume II, Chapters 9 to 16*, New International Commentary on the New Testament, ed. F. F. Bruce (Grand Rapids: Eerdmans, 1963), 75~103.

[46] 민 16:5; 나 1:7; 요 10:14, 27; 눅 13:27; 고전 8:3을 보라.

[47] 이 책의 출간 일에 거의 가깝게, 비일(G. K. Beale)이 대작 *A New Testament Biblical Theology: The Unfolding of the Old Testament in the New* (Grand Rapids: Baker Academic, 2011)을 출간했다. 여기서는 지면상 그것에 신중하게 응답할 수 없다. 그의 책 20~22장은 이 섹션의 주제 사안을 다룬다. 그리고 우리는 그의 분석에 본질적으로 동의한다. 우리의 글은 비일의 책을 보느라 시간을 할애할 때 이미 저술되어 있었다. 우리는 에베소서 3:3~6절에서의 **비밀**(mysterion)에 대한 바울의 논의에 대하여 숙고하는 그 자신의 결론을 인용하는 것이 적절하다고 생각한다. "어떤 주석가들은 비밀을 [이스라엘과 교회 사이의] 완벽한 동등을 구성하는 것으로서 이해하지만, 필자가 판단할 수 있는 한에서, 그 누구도 참된 이스라엘로서의 한 인물 '그리스도 예수' 안에 놓여있는 이러한 동등을 위한 기초를 강조하지 않았는데, 왜냐하면 그 분 안에는 그 어떤 구분할 수 있는 표지가 존재할 수 없으며 오직 통일성만이 존재하기 때문이다"(654). 우리는 이 글귀를 발견하기 전에 우리 스스로 이 결론에 이미

4. 이 백성의 표지는 성령의 내주하심이다

볼 수 있는 많은 것들에서, 이 시대에서 하나님의 참된 단일한 백성을 구분 짓는 한 가지 확실한 표지는 성령의 임재와 능력이다. 성령 하나님은, 광야에서 신음하고 슬퍼하시면서, 그리고 오셔서 우주적으로 "모든 육체에게" "부어지실" 것을 고대하시면서(욜 2:28~30; 사 32:15; 44:3을 보라), 스가랴에 따르면, 참으로 예루살렘 성과 성전을 지으시는 분이시다(슥 4:1~10; 6:12~15). 왜냐하면 이스라엘의 불순종이 가지되신 분의 지으시는 일의 불가피성을 야기했기 때문이다.48 성자에게로의 내려오심은 비둘기처럼(마 3:16; 눅 3:22), 그리고 이사야 64:1의 기도에 대한 응답으로 하늘의 "찢어짐"(막 1:10)으로 보였다. 여기에 믿음의 집의 첫 번째 "구성원" 즉, 집/몸의 머리(엡 1:22~23; 골 1:11)이고, 심지어 첫 열매—모두 왕국의 복음이 육신으로 거하시는 분에 대한 완전히 놀라운 은유들임—이신 분이 있는데 진실로, 그분은 "만물의 상속자"이시다(히 1:2; 시 2:8~9; 마 28:18을 보라).

하나님의 백성에게 속해있다는 가시적인 표지는 할례가 아니며 (모든 이가 동의할 것이다), 외부적인 상징이나 성례도 아니다.49 칼뱅

도달했다. 우리는 분명하게 비일에게 동의한다. 추가적으로는, Graeme Goldsworthy, *The Goldsworthy Trilogy: Gospel and Kingdom* (UK: Paternoster, 2000), 108–22을 보라. 이 책은 여기서 우리가 지지하는 것과 본질적으로 동일한 입장을 취하고 있다.

48 그리스도께서 주님의 집을 건축할 참되고 신실한 남은 자라는 암시를 여기서 다시 주목하라. 성령과 가지(branch)의 사역으로서 이 건축에 관하여, Beale, *The Temple and the Church's Mission: A Biblical Theology of the Dwelling Place of God* (Downers Grove: InterVarsity, 2004), 321~24를 보라. 이 해석은 스가랴 시대의 성령의 도우심에 대한 즉각적인 필요가 실제적이었으며 예견되었다는 사실을 부정하지 않는다. 그러나 특별히 선지서들 전체에서 그것이 사실이었던 것처럼, 현재적인 위기는 그 충만함 가운데서 미래적인 전망을 환기시킨다. 더 자세한 논의는 아래에 나올 것이다.

은 침(세)례가 "우리가 그리스도 안에 접붙임 되어 하나님의 자녀들 가운데 있는 것으로 여겨질 수 있기 위해서, 교회의 교제 안으로 받아들여지는 입문의 표"라고 주장했다.50 우리는 성경이 이것을 가르친다고 믿지 않는다. 그러므로 바울은 침(세)례의 영적인 것과 육체적인 것을 하나로 통합할 수 있었으며(롬 6장), 자신이 많은 고린도인들에게 침례를 주지 않은 것에 오히려 기뻐했다(고전 1장).51 요엘서의 약속에 따라 하나님 나라(와 "주님의 날") 도래의 능력과 증거로서 처음으로 부어진 것은 바로 성령의 실재이며, 이것이 신약의 성도들에 대한 표지이다.52 이것은 오랫동안 기다려 온 마음의 "할례"이며, 이는 모세와 선지자들에 의하여 이스라엘에게 약속되었으며 권고되었는데(신 10:16; 30:6; 렘 4:4; 31:33; 32:39~40; 겔 11:19; 36:26~27), 이제 "천하 각국으로부터 온" 이스라엘의 남은 자들에게 왔고(행 2:5),53 "성령으로 충만한" 스데반은

---

49 자유 교회 전통의 옹호자들로서, 우리의 입장은 엄밀히 따지자면 침(세)례나 주의 만찬이 교회의 가시적인 표지들이 아니라는 것이다. David L. Smith, *All God's People: A Theology of the Church* (Wheaton, IL: Victor, 1996), 130~33에 있는 논의를 보라.

50 John Calvin, *Institutes of the Christian Religion*, ed. John T. McNeil, trans. Ford Lewis Battles, The Library of Christian Classics (Louisville: WJK, 1960), 4.15.1.

51 바울은 "보냄을 받았다"는 것에 대한 자신의 입장이 침례를 주려는 것이 아니라 선포하려는 것임을 분명히 했다. 이것은 침례를 주라는 명령을 약화시키는 것이 아니라, 우리가 구원하거나 의롭게 하지 못하는 가시적인 상징들에 유혹되지 않게 하려고, 참된 사명을 분명히 하는 것이다.

52 "주님의 날"의 도래에 관한 유대적인 기대의 이러한 성취를 암시하는 것에 관한 논의를 위해서는, Goldsworthy, *The Goldsworthy Trilogy: The Gospel in Revelation*, 200~28을 보라.

53 이것은 "모든 이스라엘"을 그 포로에서 모아 약속된 새 언약의 축복을 불어 넣을 것에 대한 예언적 성취를 지칭하는 분명한 언급이다. 그러나 예레미야가 31:7의 기도, 곧 "여호와여 주의 백성 이스라엘의 남은 자를 구원하소서"를 말한 후에 자신의 예언적 통찰을 받았다는 사실을 주목

이스라엘의 군중들과 지도자들에게 그것이 없다는 이유로 비판했다(행 7:51). 이러한 영적인 의미에서, 할례는 여전히 하나님의 백성의 표이다(빌 3:3). 그것은 오직 설교를 통하여, 그리고 물에 잠기는 것에서 상징적으로 나타나는 죽음과 장사(burial)를 통하여, 그리고 주의 만찬에서 그가 오실 때까지 주님의 죽으심을 "선포함"(고전 11:26)을 통하여 묘사될("밝히 보일," 갈 3:1) 수 있다.

초대 교회에서 이러한 반복되는 성령의 경험은 어디서나 하나님의 백성에 대한 신분증이었으며, 이스라엘에 대한 하나님의 약속(들)에 대한 성취의 표지인데(행 2:30~31; 13:32~33), 특히 예루살렘 회의와 박해자 바울과 같은 경건한 유대인들에 의해 "깨끗하지 않은"(사마리아인들과 이방인들) 것으로 여겨졌던 사람들에게 복음이 전파될 때 그러했다. 이 "깨끗하지 않은" 자들은 "거룩하신" 영을 담는 적절한 그릇이 되기 위하여 믿음으로 자신들의 마음을 "깨끗하게" 했다(행 15:9).54 언약 관계에서 오는 약속된 "축복"은 "유산"으로 불렸으며(행 20:32),55 그것을 받기로 되어있는 자들은 "하나님의 상속자이며 그리스도의 공동 상속자들"이라고 불렸다(롬

하라. 새 언약의 축복은 이 기도에 대한 응답으로 나타난 것이다(롬 11:2~5를 보라).

54 고넬료 집의 회심에 대한 베드로의 전체 경험과 관련하여, 사도행전 11장과 15장에서의 회의에서 그의 증거를 보라. "내 이름으로 일컬음을 받는"(17절) 이방인들이 주체가 되게 하려고 다윗 왕국의 회복으로서 이방인들의 소집을 야고보가 지적했을 때(행 15:15~18), 그는 또한 이 주제에 대하여 말한 것이다.

55 누가 공동체의 교회들(Lukan churches)만의 소유로서 (이 구절에서 바울이 강조했던) "그의 은혜의 말씀"이 가지는 중요성에 대하여, David W. Pao, *Acts and the Isaianic New Exodus* (Grand Rapids: Baker Academic, 2000), 147~79를 보라. 우리는 메시아적 공동체에게 권위 있는 "말씀"(선포될 뿐 아니라 마음에 새겨지는)을 주시는 성령의 사역을 보는데, 이는 누가의 이야기에서 자라가며 사도행전 전체에 걸쳐서 승리한다. 계시록 19장의 흰 말을 탄 자는 성육하신 말씀의 왕적 승리를 그린다.

8:15~17). 히브리서의 저자는 믿음의 현재 세대가 나타나서 인내에 대한 그 보상을 받을 때까지 약속(들)은 "온전함"(또는, 완벽함)을 얻지 못한다고 우리에게 확신시키고 있다(히 11:39~40). 모든 것에 대한 이 궁극의 결말을 확신시키는 인(seal)과 보증(down payment)은 성령의 임재이다(엡 1:13~14; 4:30). 이 "확증" 없이는 그 누구도 "유업"이라는 최종적인 사안에 참여함에 대하여 확증할 권리를 가지지 못한다(롬 8:9~11).56

신자들에게, 성령의 임재는 점증하는 구원의 확신과 하나님과 이웃에 대한 사랑, 그리고 "성령의 열매"를 드러내는 분명한 신뢰와 믿음을 만든다(롬 5:5; 갈 4:6; 엡 1:15; 5:18~20; 히 11:1). 외부에 있는 관찰자에게, 이것은 다른 사람들과 하나님에 대한 보기 드문, 이 세상에 속하지 않는 종류의 사랑(요 15:13)과 신실한 증거(행 1:8; 계 12:1)로 드러날 것이다. 이것들은 그리스도께서 "만약 너희들이 서로 사랑하면" 하나님의 백성이 그리스도의 제자들이라는 사실을 모든 사람이 알게 될 것이라고 말씀하셨을 때 약속해주셨던 것들이다(요 13:35; 15:26~27). 바울은 이러한 성령의 나타나심을 성도들 안에, 그리고 그 가운데에 "부은 바" 된(롬 5:5; 딛 3:6을 보라), **가장 탁월한**(par excellence) 길이라고 불렀다(고전 12:31, 13장에 뒤이어 언급되고 있는 것들을 보라). 그것의57 나타남은 명백하여

---

56 우리는 여기서 "확신"을 특징짓는 심리적이고 감정적인 요인들만을 언급하고 있는 것이 아니다. 성경적 확신의 본질은 복음의 진리(하나님께서 부활을 통하여 그리스도 안에서 이미 행하셨다)와 예수 그리스도 안에서 자신이 약속하셨던 것을 수행하시는 하나님의 신실하심에 대한 굳은 확증—이것이 "믿음"의 본질이다(히 11:1)—이다. 그러나 시간에 걸쳐서, 살아있는 실재로서, 성도는 사랑과 기쁨과 찬양으로부터 참된 예배를 특징짓는 넘쳐흐름을 경험하리라고 분명하게 기대된다. 확실히, 회중은 예배와 봉사의 연합에서 실제적이고 살아있는 경험으로서 그것의 모델이 될 것으로 기대된다.

57 이 섹션을 통하여 "그것"은 성령에 의하여 개성이 부족해지는 것이 아니라, 성령의 사역의 실제적인 드러남을 암시하는 것이다. 이 주제에 대

논쟁을 잠재우고(행 15:8; 갈 3:2), 올바른 길로 안내해주며(행 13:1~4; 15:28; 16:6~10), 성도들 개개인에게 은사를 주고, 교회가 합심하여 섬길 수 있도록 초자연적인 능력과 지혜를 준다(롬 12장; 고전 12장; 엡 4장). 가장 뚜렷하게는, 사람들에게 설명을 요구하게 함으로써, 예수님께서 약속하셨던 것처럼 사람들로 하여금 죄를 깨닫고 확신을 갖게 하셔서(요 16:8~11) 복음을 전파하고 선교에 "성공"하게 하신다(행 2장). 또한 그분은 제자들에게 기도를 통해 이것을 구하라고 하셨으며, 이 기도는 오순절에 응답을 받았다.58 같은 방식으로, 이것의 부재는 한 사람이 참여하게 된 제자도/구원과 그가 믿었던 복음의 진정성/본질에 대하여 의문을 가지게 한다(행 19:1~7; 롬 8:9). 이것은 부활 이후에 가장 중요한 질문, "주께서 이스라엘 나라를 회복하심이 이 때니이까?"(행 1:6~8)에 대한 대답이었는데, 그 이유는 그들의 질문의 근저에는 이 세상에서 권세를 회복하는 것이 있었기 때문이다. 여기에서 더 설명할 수도 있겠지만,59 예수님께서 자신의 회중들에게 약속하시고 "나라의 열쇠들"

한 우리의 입장은 청교도적 경건에 관한 몰간(Morgan)의 설명들이 취하는 입장, 그리고 다양한 질문들과 실험에 의하여 구원받는 믿음의 내적인 사실을 조심스럽게 분리시키려는 그 시도, 즉 몰간이 "회심의 형태론"이라고 부른 것과 본질적으로 다르다(*Visible Saints*, 66~73, 90~92). 그럼에도 불구하고, 지역 교회들에서 회원으로서 받아들여지는 사람들 안에 있는 그리스도인의 성품과 믿음의 가시성에 대한 문제는 "교회"라는 성경적 개념에 대한 유효하고 실천적인 성취로 남아 있다.

58 주님의 기도가 이 문맥에서 명시하듯이, 그것은 그 나라의 "임하심"에 관련하여 이해될 것 같다. 그것은 분명 사도들이 오순절 전에 추구했던 것이다. 이 점에 대해서는, David Seccombe, "Luke's Vision for the Church," in *A Vision for the Church: Studies in Early Christian Ecclesiology*, ed. Markus Bockmuehl and Michael B. Thompson (Edinburgh: T&T Clark, 1997), 50을 보라.

59 특별히, 참된 성도들은 말씀을 듣고 그것이 선포될 때 이를 받아들여 실천한다는 사실을 가리키면서, "내 양은 내 음성을 듣는다"라는 것과 같은, 예수님에 의한 많은 진술들이 가지는 영역 안에 포함되어 있다.

로서 묘사하신(마 16:19; 참조. 요 20:23) 것과 같은 종류의 영적 권세를 우리가 발견하는 것은 바로 이 요소이다. 성령으로 능력을 받아 말씀을 선포하는(고전 2:4~5; 살전 1:5) 신실한 청지기가 이 열쇠들을 사용하는 곳에서 구원의 문은 열릴 수도 있고 닫힐 수도 있다. 바울은 이것이 한 방향으로는 생명의 "냄새"이며 다른 방향으로는 죽음의 냄새라고 이해했다(고후 2:14~16).

자유 교회(Free Church) 전통(침례교도와 다른 이들)은 이 모든 것이 그리스도와 교회에 자발적으로 헌신한 자들만이 교회 회원으로 적합하다는 결론을 가져온다는 사실을 오랫동안 주장해왔다. 왜냐하면 이상적으로, 교회의 회원은 그리스도 몸의 구성원과 일치하기 때문이다(고전 12:12:13; 엡 4:1~6). 재침례교도와 청교도, 분리주의자와 침례교도의 상황에서 오랫동안 발전된 이 확신은 '무엇이 한 사람으로 하여금 교회의 "회원"으로 간주될 수 있도록 하는가?'라는 질문에 대하여 씨름한다. 그것은 신학적인 고백, 도덕적 삶에 대한 평판, 의롭게 하시는 은혜에 대한 고백, 아니면 이 모든 것인가?60 일반적으로, 영국 청교도들(Anglican Puritans, "내부자들," the stay-inners)은 모든 사람이 교회 안으로 침(세)례를 받아 들어오고, 모든 이가 성례전에 참여하며 교회의 "회원들"이지만 이 회원들 가운데 오직 일부만이 선택을 받았다는 아우구스티누스의 관점을 받아들였다. 칼뱅과 개혁주의 전통 또한 일반적으로 이 접근 방식을 따른다. 분리주의(Separatist) 전통(나중에 일부 회중주의자들[Congregationalists]과 함께)은 모든 이에게 침례를 주었으나, 어떤 사람들이 완전한 회원(full membership)으로 받아들여지기 위해서 어떠한 종류의 실제적인 신앙 고백을 요구했다.61 그들의 이름이 암시

---

60 Morgan, *Visible Saints*, 1~12; Chad Owen Brand and David E. Hankins, *One Sacred Effort: The Cooperative Program of Southern Baptists* (Nashville: B&H, 2005), 5~27.

61 뉴잉글랜드에서 이것은 상당한 혼란을 초래했으며, 중도 협약(Half-way Covenant)과 같은 다양한 수정을 낳았다. 예를 들어, Francis J.

하듯이, 침례교도들(그리고 재침례교도들)은 오직 신뢰할만한 신앙의 고백을 한 사람들에게만 침례를 주었으며 이들만이 교회의 회원으로 인정되었다.62 그들만이 교회의 의식(성례전들)에 받아들여졌다. 성경의 가르침들과 일치한다고 우리가 결론내린 것은 바로 이 입장이다.63

5. 하나님의 백성은 그리스도의 몸이다

비록 많은 지역 회중들(localized congregations)이 있을지라도, 원래는 오직 한 "몸"만이 존재하는데, 이는 바로 메시아이다. 믿음으로(성례전이 아니라) 그분과 자신을 동일시한 모든 자는 성령 안에서 그분에 의하여 "침례를 받고"(고전 12:12~13)64 한 몸이 되어, 집합

Bremer, *The Puritan Experiment: New England Society from Bradford to Edwards*, rev. ed. (Lebanon, NH: University Press of New England, 1995), 161~65를 보라.

62 이것은 마태복음 28:18~20과 같은 수많은 성경 구절에 기초하며, 제자를 삼고 침례를 주고 그들을 가르치는 순서이다. 사도행전은 이 순서를 따르며, 유아세례 신학에서 권장하는 순서를 따르지 않는다.

63 마침내 뉴잉글랜드 청교도들과 그들의 동료 종교인들(coreligionists)에 의하여 직면하게 된 이 딜레마는 몰간의 *Visible Saints*, 125~29에서 충분하게 서술돼 있다. 거기서 그는 세대적인 중복들(generational overlaps)이 마침내 성도들의 아이들에게 세례를 주는 체계를 추월하게 되었다고 지적했다. 교회 당국에 의하여 제시된 서술기준에 의해 실제적인 "구원 받는 믿음"의 기준을 충족시키기 전에 성장하여 아이를 가지게 된 사람들에게 있어서, 자신의 자녀들에게 세례를 행해야 할 것인가에 대한 문제가 "신실한 자들의 모임"으로서의 교회의 이상에 주제넘게 끼어들게 되었다. 확고한 결단 없이, 교회는 "신실한 자들의 자손들로 구성된 계보적인 집단"이 되었던 것이다(128). 유아 세례라는 어려운 문제와 "가시적 성도들로 교회의 회원을 제한할 것"에 대한 갈망을 생각해 볼 때, 이 문제에 관한 계속되는 논쟁의 불일치와 불만족은 17세기와 18세기의 이러한 교회들의 역사의 상당 부분을 할애하게 되었다(Morgan, *Visible Saints*, 129).

64 여기는 "성령의/안에서의 침례"에 대한 논쟁으로 들어갈 만한 자리

체들과 개인들을 분리하는 그 어떤 "막힌 담"도 존재하지 않게 된다(이에 대한 바울의 가장 상세하고 긴 설명을 위해서는, 에베소서 2:11~3:20을 보라). 그리스도는 모든 것을 다스리는 "머리"(이는 분명, 이스라엘이 "꼬리가 아니라 머리"[신 28:13]가 될 것이라는 약속에 대한 성취를 의미할 것)이시며, 이것은 그의 몸인 "교회"에 대해서도 마찬가지이다(엡 1:22~23; 골 1:18). 그러므로 바울은 "누구든지 그리스도 안에 있으면 새로운 피조물이다"라고 말할 수 있었다(고후 5:17; 그 영[ruach]이 불 때, 동반되는 가능한 "공명"으로는 시편 104:30을 보라). 강조점은 "누구든지"에 두어야 하는데, 이는 "새로운 피조물"로서의 단순한 개인 그 이상을 가리키는 것이다. 골로새에 보낸 편지에서, 그는 새로운 피조물(creational entity)이 되는 것으로서 그리스도의 몸 안에 있는 모든 것에 대해 이러한 요약을 말하고 있으며(왜냐하면 그는 "모든 피조물의 첫 열매"이시기 때문이다), "교회"(단지 하나의 지역 회중이 아니라)가 "그리스도 안에서" 성숙에 도달할 날을 예견하고 있다(골 1:15~29). 그가 그들의 미성숙과 씨름하면서 심지어 그들이 그리스도의 형상을 이루게 하려고 "해산하는 수고"를 경험하고 있을 때, 그는 집합적으로 갈라디아 교회들에게 이와 같은 종류의 언어를 사용하여 말한다(갈 4:19; 참고. 사 54:1). 개인과 지역 회중들은 그 자체로 완전하지 않으며, 그리스도의 전체 몸과 직접적으로 일치하지 않는다.65 바울의 생각에 그의 고난들(그리

가 아니다. 이 맥락과 최근의 논의에서 분명한 것은 단일한 몸이 존재할 뿐이며, 둘이나 그 이상이 아니라는 사실이다. 그러나 더 깊은 설명을 위해서는, Walter C. Kaiser Jr., "The Baptism in the Holy Spirit as the Promise of the Father: A Reformed Perspective," in *Perspectives on Spirit Baptism: Five Views*, ed. Chad Owen Brand (Nashville: B&H, 2004), 15~46을 보라.

65 이것은 지역 회중들의 역할을 축소시키지 않는데, 왜냐하면 그들은 그 몸을 가시적이고 실제적인 형태로 가져오기 때문이다. 그러나 각각의 지역화된 모임은 전체가 아니다. 시내산에 있던 이스라엘과 같이, 전체의 교회(ekklesia)는 하나님의 보좌 앞에 모인 단일 집단이다. 이것이 우리의 확신이지만, 또한 Seccombe, "Luke's Vision for the Church," in

고 다른 것들은 암시적으로만)은 "그의 몸인… 교회"를 위하여 그리스도의 고난에 동참하는 것으로 경험되었다(골 1:24; 참조. 고후 4:11~12).66 바울은 에베소의 장로들에게 "하나님께서 자신의 피로 사신 그의 교회를 보살피는" 그들의 의무에 집중하도록 권면하기 위하여 이와 동일한 언어를 사용한다(행 20:28). 이러한 진술은 단지 에베소 교회에만 국한되지 않는다.

하나님의 교회에 대한 종말론적이고67 유기적인 이해를 생각해 볼 때, 그리고 위에 나온 각 영역에서의 성경적인 진술들을 고려해 볼 때, 요한의 묵시와 예언의 기저에 놓여있는 신학이 이 사안들과 연관된다고 보는 것은 전혀 과장이 아니다. 이 주제에 대한 골즈워디(Goldsworthy)의 통찰이 주의 날에 대한 그의 논의에 나와 있다.68 이스라엘 내의 신실한 자들은 선지자들을 통하여서 결산의 날(a day of reckoning)이 자신들과 자신의 적들에게 도래할 것을, 그러나 양자에게 서로 다른 결과를 가져올 것을 알고 있었다. 하나님께서 다윗의 왕국을 통하여 이방인들을 다루시게 하려고 이스라엘은 회개하고 자신들의 하나님과 올바른 관계를 이룰 필요에 직면할 것이다.69 이것이 바로 예수님 시대에 정치적인 관점에서 구

Bockmuehl and Thompson, *A Vision for the Church*, 56~57을 보라.

66 하나의 몸 안에 있는 성도들의 단일성에 대한 바울의 개념에 상응하는 용어는 신약의 저자들에 의하여 보편적으로 사용되는 주님 안에서 자매들과 형제들에 관한 가족적인 언급들과 단지 지역화된 가시성을 초월하는 모든 이의 교제(koinonia)에 대한 개념이다.

67 이 개념은 "비밀"이 모든 것을 메시아 안에서 하나로 모으는 때의 도래—특별히 에베소서 3장에서 바울이 생각했던 것처럼—를 감추고 있다고 설명한다.

68 Goldsworthy, "The Great Day of God Almighty," *Trilogy*, 210~28.

69 이방인들에 대한 이스라엘의 우위성에 대한 이사야의 예언과 그것이 가지는 함의에 관한 논의를 위해서는, Pao, *Acts and the Isaianic New Exodus*, 217~45를 보라. 이사야는 이스라엘을 실패가 아니라, 종(the Servant)을 통해 승리할 것으로 보고 있다. 우리의 분석에서, 이 승리는 복

원을 갈망하는 사람들을 고무시키던 기저의 주제였다. 그러나 그들은 적어도 하나님의 백성이 심판을 피하고 장차 올 시대의 축복을 받기 위해서 회개할 필요가 있다는 사실에 대해서 어느 정도는 이해하고 있었다.70 이 신실한 자들 중 많은 이들이 요한의 선포에 긍정적으로 반응했고 예수님께로 이끌림 받았던 남은 자들을 형성했다.71 그럼에도 불구하고, 그들은 처음에 제대로 자각하지 못했으며 심지어 부활 이후에도 그 나라가 오직 복음의 선포를 통하여 "올" 것이라는 것에 대하여 명료하게 이해하지 못했다.

그래서 그들이 부활 이후와 승천 이전에 높임을 받으신 구세주(the risen Savior)께 가르침을 받았을 때, 다윗의 나라의 "회복"에 대하여 질문을 했던 것이다. 예수님께서는 최종적 성취의 본질이나 때에 대해서 그들이 알지 못하고 있음을, 그러나 지상의 모든 나라 가운데 그 나라의 도래에 대한 증거를 하는 임무를 완성하는데 필요한 능력을 경험하게 될 것임을 분명하게 말씀하셨다. 이 능력주심은 며칠 후에 그들과 지중해 전역에서 온 망명자들(exiles)이 약속된 성령을 받은 오순절 사건 때 도래했다.72 베드로는 요엘서에서 예언되었던 "주의 날"이 도래했고 회개와 회복의 때가 지금임을 처음으로 선언했다(행 2:16~21). 우리가 위에서 언급했듯이, 바울 또한 비시디아에 있는 회당에서 이와 동일한 메시지를 전했다고 보고되

음을 통하여 이방인들이 다윗 왕국과 이스라엘의 하나님께 공헌하는 것을 야기하게 될 것들 중 하나이다.

70 어떤 형태의 회개를 통하여 메시아의 도래를 준비할 필요성에 대한 개념은 예수님과 맞섰던 그룹들에서, 그리고 쿰란의 분리된 자들에서 제2성전기 유대주의의 당파주의가 나타나게 했다.

71 다소의 사울과 같은 자들은 스스로 율법에 대한 열정적인 실천을 통하여서 메시아를 위하여 "준비"되었다고 생각했었다. 그러므로 누가복음 15장이 제시하는 유명한 비유들처럼, 그들은 "회개가 필요하지 않았다."

72 특별히 이사야 11:11에서 예언되었던 것처럼 포로로부터의 모음에 대한 누가의 강조를 보기 위해서는 사도행전 2:5~13을 보라.

었다(행 13:32~35). 그리고 우리가 예상할 수 있듯이, 이것은 분명 그가 갔던 모든 곳에서 선포되었을 설교의 표본이었을 것이다.

사도들의 설교에서 발췌한 것들은, 신약 시대의 "증인들"(행 1:8)[73]이 그 전에는 선지자들의 선포에 의하여 예견되었던 예수에 관한 성취 사건들을 사용한 것을 예증해준다. 회개에로 초청(처음에는 요한에게서, 그 다음에는 예수님에게서, 그리고 그 후에는 베드로에게서 나타나는)은, 예언적이고 묵시적인 요소들 모두를 속성상 가지고 있는 선지자적 설교를 통하여 묘사되었던 사건들의 빛 가운데서 선포되었다. 요한의 마지막 "계시"에서, "주님의 날"에 관한 절정을 이루는 사건들은 성령에 의하여 아시아에 있는 일곱 교회들에게 선포되었으며 이는 예수님께서 자신의 지상 사역 동안에 반복적으로 사용하셨던 것과 동일한 말씀들을 울려 퍼지게 했다. "들을 귀 있는 자는 들을지어다!"[74] 이것은 어떤 특정한 지역에 국한된 메시지가 아니라, 시공간에 무관하게 회중들과 그 안에 있는 개인들에게 해당되는 우주적인 메시지이다.[75] 두 교회(서머나와 빌라델비아)를 제외한 나머지 교회들은 회개에로 초청됐다. 모든 이는 다양한 방식으로 인내하며 우주적 전쟁에 참여해야 한다. 그들은 "이긴 자"(계 3:21)

---

[73] 예수님께서 사용하셨던 언어는 여기서 이사야 32:15; 43:10, 12; 44:8; 49:6의 성취를 제안한다. 이 성취의 중요성은 "열 둘"—유다의 변절 이후, 이제 완성될—을 채우기 위하여 구약의 제비뽑기로 맛디아를 선택했던 것에 대한 누가의 내러티브에 의하여 강화된다. 이 지점에서 예언의 성취로서 남은 자들로부터의 이스라엘의 "재구성"으로서의 열둘이 가지는 중요성에 대한 기록에 대해서는, Pao, *Acts and the Isaianic New Exodus*, 123~29을 보라.

[74] Bockmuehl & Thompson, *Vision for the Church*, 167~70에 있는 "The Hearing Formula in Revelation"에서 이 현상에 대한 비일의 분석을 보라. 그는 "들으라는 형식은 그리스도의 새 언약에 대한 성령의 증거로서 기능한다... 참된 이스라엘이 자신이 인지한 주님에 대하여 신실하도록 권면하기 위하여"(172)라고 결론 내린다.

[75] Bockmuehl & Thompson, *Vision for the Church*, 170.

를 따르기 때문에,76 만약 그들이 어린양의 피와 증거의 말씀을 지키는 자처럼 회개하고 인내한다면, 그리고 죽음에 직면해서도 자신의 생명을 사랑하지 않는다면, 그들은(그리고 이것은 3인칭 단수로 요구되는 개인들이다)77 인과 나팔들과 대접들의 표제 아래에 묘사되어 있는 것들과 짐승과 거짓 선지자의 간계와 호리는 도시의 유혹을 "이기게" 될 것이다(계 12:11; 참고. 13:9~10; 14:12~13). 이곳이 계시록에 있는 주제들을 완벽하게 연구하기에 적절한 장소는 아니지만, 아시아의 교회들과 지상에서 사는 세대들이 그들의 생각과 삶이 지상에 묶여서는 안 된다고 경고를 받고 있다는 것은 분명하다. 왜냐하면 심판이 "땅에 거하는" 모든 자 위에 임할 것이기 때문이다(계 6:10; 13:14; 14:6; 17:8; 참고. 왕상 8:27). 이 주제는 에베소서와 골로새서에서 "하늘의 것"과 "위의 것"에 대한 바울의 확언과도 일맥상통한다.78

가시적 교회에 대한 분명한 경고가 처음과 마지막에 있는 에베소와 라오디게아에서 의도되어 있다. 하나는 그 위치를 잃을 위험에 처해 있으며, 다른 하나는 그 구주의 불만족에 직면해 있다. 주님이 보시기에, 그리고 성령의 통찰력에 있어서 이 존재들은 모두 괜찮지 못한 상태이다. "**전체로서** 그리스도교 교회는 보잘 것 없는 상태에 있는 것으로 인식되고 있다."79 정말로, 교회들은

---

76 여기와 2:26에서의 다스림에 대한 보상은 메시아적 통치자와 함께 다스리는 것으로서, 민족적이거나 국가적인 이스라엘에 대한 것이 아니라, 다스리시는 분을 따르는 교회들 안의 모든 자에 대한 것이라는 사실을 주목하라.

77 지역화된 "교회들"은 요한의 환상들의 주요 부분에서 다시 나타나지 않지만, 개인들을 향하여 신실하라는 부르심과 찬송을 부르며 어린양을 "따르는" 성도들의 큰 군중들의 다양한 모임들 안에 포함되어 있다는 사실은 중요하다. 마지막으로, 다 같이 모인 "신부"로서 "오라"고 권면 받는 자들이 바로 "그 교회들"이다(계 16~17장).

78 이 땅에서 이루어질 하나님의 뜻을 구하는 우리의 기도의 목표로서, 예수님께서 우리에게 주신 본이 되는 기도가 바로 "하늘"(heavenlies)의 완전함을 전제하고 있다는 사실을 부정할 수 있는가?

선지서들과 예수님의 지상 사역에서의 이스라엘만큼이나 불신앙적이며 반역하는 것으로서 다뤄지고 있다. "들음"이라는 표현은 이사야와 예레미야, 에스겔 그리고 그들과 예수님께서 사용하셨던 비유를 통한 의사소통을 상기시킨다.[80] 비일(Beale)이 지적한 것처럼, "이 책 전체에 걸쳐 비유들은 불신앙적인 사람들에 대한 법정적인 효과만을 가질 뿐 아니라, 또한 신자들이 이제 막 관계를 맺으려고 하는 우상숭배적인 제도들이 가지고 있는 끔찍하고 짐승적인 본성을 드러냄으로써, 타협하려는 안일함에 사로잡혀 있는 그들로 하여금 충격을 받게 하려는 것이다."[81] 이것은 가시적 교회들 내에 존재하는 남아있는 "승리자들"을 불러내기 위한 수단이다.

물론, 그 누구도 교회들에게 말씀하시는 성령의 능력 주심과 "우리 하나님의 종들"의 "인치심"에 암시된 보호하심 없이는 승리할 수 없을 것이 분명하다(계 7:3). 이 인치심은 바울이 에베소서 1:13에서 말한 것과 동일한데, 왜냐하면 이와 동일한 단어군이 양쪽에서 사용되었기 때문이다. 이것은 하나님의 백성이 가지는 참된 표지인 성령의 임재와 능력인데, 그분은 짐승의 표를 받은 자들에게서 이들을 경계를 그어 따로 떼어 놓는다. 우리가 위에서 지적했던 것처럼, 민족적 유대인들[82]과 이방 나라들 가운데로부터 온 완벽한

---

[79] Beale, "Hearing," in Bockmeuhl & Thompson, *Vision for the Church*, 170(강조는 원본에).

[80] 사 6:9~11; 렘 5:21; 17:23; 겔 3:22~7; 12:2; 마 13:9~7.

[81] Beale, "Hearing," in Bockmuehl and Thompson, *Vision for the Church*, 175.

[82] 이 해석이 주석가들 가운데서 지지되기도 하며 거부되기도 하지만, 성경의 다른 어떤 곳도 이것과 조화되는 이스라엘에 대한 지파의 목록이 없다는 사실에 비추어 볼 때 우리는 특별히 이 해석을 받아들인다. 가장 유용한 해석은 여호와가 이방인들 가운데에서 뿐 아니라 야곱의 육체적인 후손들로부터 자신의 것이었던 자들을 항상 알고 계셨으며 구분하고 계셨다는 사실인 것처럼 보인다. 우리는 지상에서 보호되고 천상에서 누리게 될 것으로 보이는 선택받은 자들로서 이 둘을 하나의 개체로 만드는데 있

숫자는 장차 올 것을 위하여 무척 잘 구분되어 있으며 준비되어 있다. 이 표는 그리스도의 의로우심에 참여하는 것(계 14:1~5; 참고. 고후 11:2) 만큼이나, 그리고 새 창조의 "첫 열매"만큼이나 그들의 특성에 있어서 "순수한"(virginal) 것으로서 그들을 다시 한 번 구분 짓기 위하여 사용된다(약 1:18을 보라). 그들은 나중에 "준비되어" 어린양의 혼인 잔치에 흰 옷을 입고 나타날 것이며(계 19:7~8), 마침내 하나님으로부터 내려오는 새 예루살렘으로 나타날 것이다. 아이를 낳았던 여인(계 12:1~6)은 광야에 감추어져 있던 민족적 이스라엘 내에 신실한 남은 자로서 나타나기를 간절히 바라는데, 아마도 이들은 이제 회당 밖으로 쫓겨난 하나님 백성으로 변화될 가능성이 크며(요 9:22; 12:42; 16:2), 참된 이스라엘로서 만날 것이다.[83] 이러한 경험은 예수님 자신의 경험에서 이미 예시되어 있었다(눅 4:20~29).

앞선 논의를 염두에 두면서, 우리는 결과로서 오는 "교회 시대"와 함께 "교회"에 의한 이스라엘의 "대체"라는 사고는 잘못된 명칭일 뿐 아니라, 또한 구원사에 대한 잘못된 해석이기도 하다. 리차드 보컴(Richard Bauckham)은 계시록 7:4에 대한 주석을 달면서, 거기에 제시된 그림은 "그 국가적 한계에 대한 폐지만큼이나 국가

어서 그 어떤 반대도 하지 않을 것이다.

[83] 이 그룹과 서머나와 빌라델비아 교회의 "사탄의 회당"(요 8:43~44을 보라)—특별히 "자칭 유대인이라 하나 그렇지 아니하고 거짓말 하는"(계 3:9) 자들의 경우에 있어서의—사이의 대조에 대한 두 번의 언급에 주목하라. 분명하게, 그 뒤에 나오는 말씀은 이 교회를 하나님의 이스라엘로 만든다. "보라... 그들로 와서 네 발 앞에 절하게 하고 내가 너를 사랑하는 줄을 알게 하리라"(이는 분명 "사랑 받는 자"로서 광야에서 이스라엘과 침례를 받으실 때 예수님 모두를 가리키는 용어이다). 예수님께서 성육신 동안 십자가의 사명을 전복시키려는 사탄의 시도에 대하여 감추어 있던 것이 드러난 것인가? 이제 교회들에 있는 하나님 백성의 회원들은 그 수치를 짊어지는 신실함으로 "이긴다/정복한다." 이 주제에 대하여는 이후에 더 자세히 다룰 것이다.

적인 하나님의 백성에 대한 대체 또한 가르치고 있지 않다."라고 언급한다.84 골즈워디(Goldsworthy)의 특징 묘사에서, 그것은 민족적 이스라엘 사람들 가운데 구원 받은 남은 자들에 의하여 수행되는 이방인들에 대한 선교의 영광스러운 결과이다. 그러므로 현재 단계는 변화나 새 창조의 시대라고 보다 적절하게 명명될 수 있는데, 왜냐하면 "메시아 안에서"는 다른 것이 아닌 "새 창조"가 중요하며(갈 6:15), 비록 아직 완성되지는 않았지만, 바울과 다른 이들에게 이것은 이미 시작된 것이기 때문이다. 물론, 또 다른 가능한 명칭은 "성령의 시대"인데,85 왜냐하면 자신의 피로 선택 받은 자들을 깨끗하게 하며 모든 축복과 함께 하늘의 나라를 받으신 성자께서 자신의 성령을 부어주셨기 때문이다(오순절 때의 베드로의 설교를 보라). 이 성령은 창조적인 능력으로서, 원래의 창조(창 1:2) 때와 마리아의 태에 성자를 임신했을 때(마 1:16; 눅 1:35), 그리고 비어 있는 무덤에서 부활(롬 1:4) 때처럼, 새 창조에 대한 고통 위를 떠다닌다(계시록은 용과 성령 둘 모두의 이러한 몸부림을 기록하고 있다).

이것은 종종 약속들의 "영화/영적 해석"(spiritualization)라고 잘못 묘사되곤 하는데, 마치 그것들이 천상적이며 지성적으로 육체와 분리된 상태에 있기라도 한 듯 해석하는 것이다. 반대로, 이것들은

---

84 N. T. Wright, *The Climax of Prophecy: Studies of the Book of Revelation* (Edinburgh: T&T Clark, 1993), 224~35에서 인용함. 이스라엘의 지파들을 계수하는 것이, 이방인들의 셀 수 없는 무리들을 불러내는 자신들의 사명에서 성공한, 민족적 유대인들 가운데 신실한 남은 자들을 암시하는 것이라는 골즈워디의 생각이 가장 호소력 있다. Graeme Goldsworthy, *Christ-Centered Biblical Theology: Hermeneutical Foundations and Principles* (Downers Grove: IVP Academic, 2012), 164~65. 또한 우리는 이전에 가능성 있는 것으로서 "재구성"이라는 용어를 파오에게서 주목했다.

85 사실상 이 용어는 Seccombe, "Luke's Vision for the Church," in Bockmuehl and Thompson, 49에서 사용되었다. 우리는 그에 대한 우리 자신의 생각들을 가진 이후에 그의 이 용어 사용을 발견했다.

바울이 이들을 몇몇 군데(가장 선명하게는 "하늘에 속한 모든 신령한 복"[엡 1:3]이라는 그의 표현에서), 특히 고린도에 보낸 서신들에서 설명하고 있는 의미에서 영적인 것이다. 그것들은 영적이고, 육신적(carnal)이거나 "육신을 좇거나," "육신에 속하지" 않았으며(롬 8:5~11; 고후 5:16), 성령의 임재와 역사를 통해 마음과 생각이 새롭게 되지 않으면 이해할 수 없다(고전 2:10~16).[86] 메시아의 몸과 같이(바울이 고린도전서 15장에서 묘사한 부활과 복음서에 묘사한 부활하신 그리스도처럼), 그것들은 시간성 대신 영원성을, 썩음 대신 썩지 않음을 입었다. 이러한 약속들은 땅의 것으로 심겼고 이제 하늘의 것으로 거두어진다(엡 1:3, 20; 2:6; 3:10).[87] 그들은 만개(滿開)와 결실로 실현될 시대의 완성을 기다린다. 그것들은 한 때 중동에 있는 좁고 긴 땅에 대해서 말했으나, 이제는 우주를 둘러싼다(롬 4:13). 이것이 바로 데이비스(W. D. Davies)가 "원시 그리스도교의 우주적 자각"이라고 부른 것으로, 이는 새로운 창조와 새로운 종말론적 시대의 렌즈를 통하여 보는 그리스도와 교회, 구원에 대한 우주적인 관점을 포괄하는 것이다.[88]

하나님의 백성은 아담과 그의 후손들에게 약속된 모든 것을 "다스리는" 천년 통치와 새 창조에 있기로 작정되어 있다. 이 통치는 반역 때문에 다윗의 가계에 의해서는 결코 완전해질 수 없으나, 그리스도의 위격과 자신의 제자들과 칠십 명에게 주신 권세 안에서, 그리고 암시적으로는 종말론적 시대 전체에 걸쳐서 자신의 백성들

---

[86] 간단한 단어 용례 조사로, 고린도서에 있어서 "영적"(spiritual)이라는 말이 그저 "성령의"(of the Holy Spirit) 의미라고 주장할 수 있을 것이다.

[87] 요한의 "계시"는 바울이 여기서 말한 것을 드러내는 것처럼 보인다. 아래를 보라.

[88] W. D. Davies, *The Gospel and the Land: Early Christianity and Jewish Territorial Doctrine* (Berkeley: University of California Press, 1974), 370. 이 논의에 대하여 본서에 영향을 미친 바, 이 책은 땅이라는 전체 주제를 다룸에 있어서 권위가 있다.

에 대하여, 그 나라가 가까이 왔을 때 그리스도에 의하여 분명하게 행사된다(눅 10:8~18; 참고. 마 3:2).89 그러는 동안에, 전 창조 세계와 성도들은 성령과 함께 "신음하며"(롬 8:18~23), 성령을 거스르는 육체의 "욕심"과 그것을 되돌리는 성령의 압박을 경험한다(갈 5:16~18; 롬 7:15, 18~19; 약 4:5). 타락한 인류와 투쟁하며 갈등하느라 염증이 나신(실질적으로는 번민과 고통으로 가득하신) 성령님은 흠없는 주님의 형상을 지고 새 인류 안에서 "이길/정복할" 것이다. 여기에 약속(들)을 "성취하는" 하나님의 단일한 백성의 숙명이 있다. 분명, 이것은 선지자들과 사도들에 의하여 말씀된 하나님의 마음에 있을 모든 것을—비록 우리가 그들이 말해야 했던 모든 것을 "마음에 더디 믿는 자들"(눅 24:25)이지만—이해하고자 하는 우리의 시도를 만족시킬 만큼 충분히 "문자적"이다. 바울이 말한 것처럼, 이 모든 약속은 "그의 안에서 '네'"가 된다(고후 1:20). 아브라함과 함께 우리는 "너는 일어나 그 땅을 종과 횡으로 두루 다녀 보라 내가 그것을 네게 주리라"고 부르심을 받는다(창 13:17; 참고. 마 28:19~20).

이스라엘의 예배, 성전 그리고 회당

앞에서 진술한 내용을 볼 때, 민족적 이스라엘이 예루살렘에서 세워진 메시아적 공동체에서 돌이킬 수 없이 갈라섰다는 역사적 실재와, 이 공동체가 예루살렘에 있는 성전과 회당에서 예배를 드

---

89 또한 유대와 사마리아에서 복음의 성취—특별히, 이방 지역으로의 발전에 앞서서—에 있어서 팔레스타인 왕국의 재결합에 대한 누가의 강조에 대하여 파오가 논의한 것에 주목하라(*Acts and the Isaianic New Exodus*, 127~29). 또한 누가가, 사울의 회심 이후에, 분명한 구약의 관용적 표현으로, "온 유대와 갈릴리와 사마리아 교회가 평안하여 든든히 서 가고 주를 경외함과 성령의 위로로 진행하여 수가 더 많아지니라"(행 9:31, 강조는 추가)고 분명하게 말한 것에 주목하라. 이것은 다윗의 통치(삼하 7:1; 참고. 수 11:23)와 솔로몬 시대(왕상 8:54~61)와 유사하다.

렸다는 것, 그리고 거기서부터 이스라엘의 성취된 소망의 메시지가 지중해 세계까지 이르렀다는 것에 대하여 설명할 필요가 있다. 아나니아와 삽비라의 죽음을 둘러싸고 분명한 분리가 일어나려고 하기(행 5:11) 전까지, 누가가 믿는 자들의 초기 교제에 대한 표지로서 "교회"라는 용어를 사용하기를 조심스럽게 삼가고 있다는 사실은 주목할 만하다. 그 지점에서, 이 공동체는 "위에서" 오는 영적 징계라는 자신만의 표를 가지고 구분되어 졌으며, "그 나머지"(5:13)는 두려움으로, 그러나 분명하게 놀라워하는 경외함으로 주의하게 되었다.90 개념과 용어상의 이러한 분리는 다소의 사울에 의하여 선동되어 발생한 박해의 때에 스데반(독특하게, "교회"라는 용어를 광야에서의 이스라엘을 언급하기 위하여 사용했던[7:38])의 순교가 일어난 후에 더욱 강조되었다. 그리고 나서야, "교회"라는 용어에 대한 원시적인 뿌리가 세워졌으며, 누가는 이 집단을 가리키기 위해 이 전문적인 용어를 규칙적으로 사용했다. 이와는 대조적으로, 로마인들 앞에서 바울을 고소했던 사람들은 이 집단을 이단(hairesis)이라고 불렀는데("분파", "당", 행 24:5; 28:22), 이는 어느 정도의 연속성을 암시하는 것이었다.91 세콤베(Seccombe)가 진술한 것처럼, "비록 교회가 의심할 여지없이 그 형태에 있어서는 새로웠을지라도, 적절하게 이해했을 때 그것이 고대의 기초를 가진다고 누가는 주장했다. 만약 그렇지 않았다면, 1세기의 탐구자들에게 그것은 종교적인 집합체로서 진지하게 받아들여지지 않았을 것이다."92 이것은 옛 언약과 새 언약 사이에 존재하는 연속성에 대한 요점이다.

---

90 최고의 사본적 증거는 사도행전 2:47에서 *ekklesia*의 사용을 지지하지 않는다.

91 이것은 바리새인들과 사두개인들을 묘사할 때 사용되었던 것과 동일한 용어이다(행 5:17; 15:5).

92 Seccombe, "Luke's Vision for the Church," in Bockmuehl & Thompson, *A Vision for the Church*, 56.

유대에 있는 그리스도교 공동체가 꽤 긴 세월 동안 성전과 회당 지향적[93]인 채로 남아 있었을 때, 그리고 이방인들을 향한 바울의 선교가 "첫째는 유대인에게요, 또한 헬라인에게로"라는 원칙을 가정하고 있었을 때, 어떻게 그리고 왜 한 분파는 이후에 오는 역사를 통하여 분명하게 되었고 그렇게 남아있게 되었는가? 제임스 던(James Dunn)[94]은 초기 메시아적 공동체와 제2성전기 유대주의(들)에 열중해 있었던 민족적 유대인들 사이에 있었던 갈등을 조심스럽고 신중하게 정리했다. 예수님의 삶과 죽음 그리고 부활에서 드러난 복음의 진리는 유대주의의 네 가지 근본 원칙들에 가장 강력하게 영향을 주었다: (1) 일신론(monotheism)—"하나님은 한 분이시다"; (2) 선택—하나님의 백성; (3) 언약—토라에 의해 결정되는 관계; (4) 성전—그 땅에 남아있는 구체적인 표현.

우리는 던의 틀과 다른 학자들의 연구에서 분석된 역사에 대하여 그저 간략하게 요약하고 논평 할 수 있다. 초기에, 성전은 갈등의 핵심에 있었다. 예수님은 "만민이 기도하는 집"이 되는 것이 성전의 임무에 있어서 결여되어 있음을 스스로 알아차리셨다(마 21:12~13 그리고 병행 구절들을 보라). 성전이 원래 세워졌을 때, 그것은 다윗 왕권의 발전에 있어서 절정이었으며 이는 그의 아들 솔로몬의 통치로 확장되었고, 광야에서 성막 위에 내려오셨던 것과 같은 신적 임재로서, 구약의 주제들 중 가장 심오하고 멀리까지 이르는 기도와 응답의 주제였다(대하 6~7장; 참고. 왕상 8~9장).[95] 이것은 이스라엘에게 있어서 예루살렘을 매우 중요하게 만들었던 것이었다. "예루살렘은 구약의 신자들에게 소중했었는데, 왜냐하면 성

---

[93] 자신이 서신서를 저술했던 그룹들을 향해 이 용어를 사용했던 야고보를 특별히 주목하라(약 2:2).

[94] Dunn, *The Partings of the Ways*.

[95] James M. Hamilton Jr., *God's Indwelling Presence: The Holy Spirit in the Old and New Testaments*, NAC Studies in Bible & Theology (Nashville: B&H, 2006), 25~55.

전이 거기에 있었기 때문이었으며, 성전이 그들에게 소중했던 이유는 하나님께서 거기에 계셨기 때문이었다."96 이 정점으로부터 이스라엘의 역사는 내리막길로 치달아 포로(개혁과 갱신에 대한 짧은 시도에도 불구하고)로, 그리고 적은 무리(남은 자들)의 실망스러운 귀환으로 이어졌는데, 이들은 이전의 영광을 재건하려고 시도했다. 이따금씩, 더 작고 덜 꾸민 예배 시설이 고된 시절(에스라, 느헤미야, 학개 그리고 스가랴서를 보라)에 건설되었는데, 그것을 둘러싸고 있는 성벽과 도성에 의해 최소한으로 보호받고 있었다. 이스라엘은 여전히 자신의 땅에서 "노예 상태"로 남아있었고, 우리가 위에서 언급한 것처럼, 더욱 나쁘게는, 에스겔의 환상에서 떠났던 여호와의 영광이 두 번째 성전에 결코 돌아오지 않았다. 에스라와 느헤미야의 사역들은 이 상황을 고치는데 목표를 둔 것처럼 보였으나,97 거기서 드러지는 예배의 무가치성 때문에, 그리고 회개의 길을 예비하는 자가 먼저 오기는 하겠지만 "너희가 구하는 바 주"께서 성전에 임하실 것이라는 약속(말 3:1) 때문에, 구약 정경은 "문을 닫으라"는 여호와의 명령으로 끝을 맺는다(말 1:10).

그러나 모든 것이 절망적이지는 않은데, 왜냐하면 이전의 건축 기간에 스가랴의 예언에서 영광스러운 기대와 약속이 계시되었기 때문이다. 주님께서 자신의 선지자를 통하여 약속하시기를, "그러므로 여호와가 이처럼 말하노라 내가 불쌍히 여기므로 예루살렘에 돌아왔은즉 내 집이 그 가운데에 건축되리니 예루살렘 위에 먹줄이 쳐지리라 만군의 여호와의 말이니라. 그가 다시 외쳐 이르기를 만군의 여호와의 말씀에 나의 성읍들이 넘치도록 다시 풍부할 것이라. 여호와가 다시 시온을 위로하며 다시 예루살렘을 택하리라

---

96 Hamilton, *God's Indwelling Presence*, 38.

97 사람들과 제사장직을 정결하게 하고 성전 지역을 보호벽으로 둘러싸려는 그들의 반복된 노력들은 최초의 성막과 솔로몬 성전의 경우에서 그러했던 것처럼 불과 구름으로 나타난 여호와의 임재의 귀환을 이끌지는 못했다.

하라"(슥 1:16~17). 이 기대는 스가랴와 학개, 심지어는 에스라와 느헤미야의 시대에 육안으로 본 것보다 더 확실했다. 스가랴의 나중 환상은 훨씬 더 심오했다. "너는 달려가서 그 소년에게 말하여 이르기를 예루살렘은 그 가운데 사람과 가축이 많으므로 성곽 없는 성읍이 될 것이라 하라. 여호와의 말씀에 내가 불로 둘러싼 성곽이 되며 그 가운데에서 영광이 되리라"(슥 2:4~5). 연속되는 환상들은 우리가 위에서 반복했던 약속, 즉 성전이 궁극적으로 건설되는 것은 "여호와께서 말씀하시되, 오직 나의 영으로 되느니라"(슥 4:6)라는 약속으로 끝을 맺는다. 이제, 스룹바벨이 자신의 당면한 임무를 위해 용기를 내려고 했던 것이 분명한 반면에, 거기서 시작된 과정은 마침내 하나님의 영의 사역으로 결말이 날 것인데, 이는 단순한 물질적인 건설 프로젝트를 뛰어넘는 것이며 이스라엘의 역사에서 이전에 나타났었던 "불과 영광"을 예견하는 것이다.[98] 다니엘은 "인간의 손으로 자르지 아니한 돌"로 시작되는 바로 이러한 "건축"을 예견했는데(단 2:34), 이것은 사람들의 손으로 만들어진 우상들과 지상의 성전과는 극명하게 대조되는 것이었다.

계속되는 세기들은 헬라 통치의 부흥과 몰락, 그리고 로마 패권의 수립을 바라보았는데, "그 땅"에서 가장 두드러지는 자들은 꼭두각시 역할을 했던 헤롯의 에돔 족속들이었다. 이들은 로마의 행정관들과 군단들의 힘에 의하여 지원을 받았다. 하스모니안의 유대 민족은 이 기간과 이어지는 세대들의 정치적 지배에서 그저 짧은 기간 어느 정도의 독립성만을 이어갔을 뿐이다. 신적 구원의 필요성에 대한 강조가 이 시도에서 핵심적이었는데, 이는 정당한 제사장직에 의하여 중재되는 성전 예배가 수립되지 못하고서는 결코 기대될 수 없는 것이었다. 이 기간 동안에, 이스라엘의 하나님께 받아들여질 만

---

[98] 더 깊은 논의를 위해서는, Beale, *Temple and the Church's Mission*, 142~44를 보라. 그의 분석은 이전에 Meredith G. Kline, *Glory in Our Midst* (Overland Park, KS: Two Age, 2001), 71~94에서 제안되었다.

한 것으로 기대되는 제사장적 예배로 어떻게 돌아갈 수 있을지에 대한 논의에서 발전된 당파주의(factionalism)가, 바로 "주의 날"이 밝아올 때 신약에 이르는 이들이 마주하게 되는 실재이다.

라이트(Wright)는 선지자들이 예견한 새로운 시대가 밝아올 것이라는 소망 위에 세워진 형세들을 상세하게 서술하고 있다. 모든 것은 "마지막 때"로 안내할 다윗적인 그리고/혹은 제사장적인 인물에 의한 성전의 회복에 초점을 맞추고 있다. 그러나 이때가 아직 도래하지 않았음은 분명하다. "그렇지 않다면, 왜 로마인들은 여전히 이 땅을 다스리고 있으며, 메시아는 아직 오지 않는가?" 그 시대에 함께 있었던 성전이 종말론적인 성전이 될 수 없다는 것이 널리 가정되고 있었다. 라이트는 "그러므로 두 번째 성전에 대하여 여러 가지 형태로 설명할 수 없는 모호성이 존재했다. 많은 유대인들은 그것을 의심과 불신으로 바라보았다. 그럼에도 불구하고 그것은 사실상(de decto) 적어도 국가적이고 문화적이고 종교적인 삶의 핵심으로 남아 있었다."라고 설명한다.99 그러나 영광에 대한 예언들은 여전히 성취를 기다리고 있었다.

그 즈음에, 제사장들 가운데 사두개파의 지도자들 아래에 있었던 성전 예배와 야심있는 헤롯의 음모는 예루살렘과 유대 지역을 로마 제국 내에서 "성전 국가 혹은 성전 지역"(a Temple state or a Temple land)으로 만드는 데 성공했다.100 그 당시의 로마 정부에

---

99 N. T. Wright, *The New Testament and the People of God* (Minneapolis: Fortress, 1992), 226. 이 주제에 대한 그의 논의는 이 책 전반에 광범위하게 펼쳐져 있다.

100 이 단락에 대해서는, *The Partings of the Ways*, 42~47에 있는 던과 그의 다양한 자료들을 보라. 또한 Wright, *People of God*, 226~67을 보라. 라이트는 더 나아가서 토라 그 자체가 땅에 대한 약속을 경험하는 상징이자 수단이 되어 왔다는 생각을 발전시켰다, "수백만의 평범한 유대인들에게, 토라는 가지고 다닐 수 있는 땅이었으며, 움직일 수 있는 성전이 되었다"(228).

의하면, 성전은 지중해 세계 전역에 걸쳐 있는 민족적 유대주의의 문화 내의 다양한 기능과 제의적 의무들을 지탱할 수 있는 충분한 영토를 보장했다. 갈릴리 사람들에게 할례를 행함으로써, 하스모니안 가문 사람들은 그 영토 또한 성전 지역의 일부로서 주장할 수 있게 되었다. 이것이 "유대화"(judaizing)라는 용어의 분명한 기원으로, 제국 내에서 정치적인 목적을 위하여 사람들을 유대인들로 만드는 것을 말한다.101 말할 필요도 없이, 1세기 팔레스타인 지역의 긴박한 분위기에서, 이러한 정치적인 영향력은 경제적 능력과 신화적이라고 할 정도의 종교적으로 최상의 위세를 선사했다. 성전 그 자체는 더 이상 바벨론 포로에서의 초기 귀환 때 보이던 "작은 것들의 날"과 닮아 있지 않았다. 그것의 웅장함은 진실로 고대 세계의 건물과 건축술 그리고 부에 대한 경이로움들 가운데 하나로 보이고 또 느낄 수 있었다. 어떤 동시대인들은 건물의 앞면을 지나가면서 보았다. 그들에게,

> 회당 운동을 일으킴과 동시에 나타났던 바리새인들은, 특히 토라의 연구와 실천이 성전 예배의 지위를 차지할 수 있다는 이론을 개발시켰다. 세 명 중 둘이 모여서 토라를 연구하는 곳에, 그들 위에 신적 현존의 영광(the Shekinah)이 임한다. 언약 하나님의 존재는 예루살렘에 있는 성전에만 국한되지 않았는데, 이 성전은 일찌감치 끊겼으며 부패한 귀족들의 손에 넘어갔다. 그것은 민주화되어서(democratized), 토라를 연구하고 실천하는 모든 이의 손에 닿을 수 있는 것이 되었다.102

---

101 Dunn, *The Partings of the Ways*, 43.

102 Wright, *People of God*, 228. 라이트는 이 섹션 전체를 통하여 제2성전기의 다른 일차 자료들을 인용한다. 예수님의 예루살렘과의 관계에 대한 더 깊은 논의를 위해서는, Wright, *Jesus and the Victory of God* (Minneapolis: Fortress, 1996), 413~28, 490~93을 보라.

예수님께서는 이 둘 모두에 감명 받지 않으셨으며(마 24:1; 눅 19:44), 두 세 사람이 모였을 때 자신이 그들 "가운데" 직접적으로 계실 것이라고 약속하시면서(마 18:20), 그분은 유대인들의 이러한 확신을 반영하고 계신 것처럼 보인다.103 성전의 휘장이 최소한 이 중의 의미(a double entendre)로 찢어졌을 때—지성소를 분리하는 휘장 뒤에 신적 현존이 존재하는 않는다는 것과 이제 "가장 거룩한" 것으로 가는 길이 다른 누구도 아닌 사랑받으시는 아들에 의하여 관통되었다는 것, "휘장, 곧 그의 육체를 통하여"(히 10:19~20; 참고. 9:8)—하늘에 계신 아버지는 이 상황을 강조하셨다. 오직 그 분 안에서, 그 분의 몸 안에서 신적 임재(the Shekinah)는 성전을 변화시키기 위하여 돌아온 것이다.

자신들의 주님(Master)께서 스스로를 하나님의 위엄이 합당하게 거하실 수 있는 유일한 장소/성전이라고 말씀하신 것을 들었음에도 불구하고, 누가가 사도행전에 여러 번 지적한 것과 같이, 그리고 이후에 새로운 지역에서의 선교 전략이 계속적으로 유대인 회당과 함께 시작되었던 것과 같이, 사도들과 성령으로 충만한 성도들로 구성된 성장하는 공동체는 예루살렘과 유대 지역에 있는 성전과 지역 회당들에서 예배와 기도를 드리는 것을 포기하지 않았다. 그러나 그들의 초기 설교를 둘러싸고 일어난 갈등과 메시아의 죽음에 대한 지역 지도자들과 대중들에 대한 죄책을 선포하는 것에 내재해 있는 긴장은 그리스어를 사용했던 유대인 스데반의 체포에서 위기를 맞게 되었다. 자신의 "심문" 상황에서 행한 그의 설교는 불쾌해진 감정을 누그러뜨리거나 파란을 일으킨 물을 잠재우는 것으로 평가되지 않았는데, 왜냐하면 궁극적으로 그가 성전을 우상숭배적—우상들을 만들던 것에 대한 신호를 주는 표현인 "손으로 지

---

103 이 본문보다 영적 권위의 핵심들에 대한 선언이 앞서고 있으며, 다니엘의 칠십 번째 주에 대한 환상에서 성취되는 완전하고 모든 것에 우선하는 용서하심에 대한 언급이 뒤에 이어지고 있으므로, 이 본문은 중대한 중요성을 담고 있다.

은"104—이라고 선언했기 때문이다. 종교적 건축물과 성지를 향한 이 지극히 엄청난 고발은, 성전 그 자체가 무너졌고 유대주의가 얌니아(Jamnia)에서 어떤 의미로 집을 잃었을(homeless) 때까지—그러나 우리가 위에서 지적했던 것처럼 회당은 기도의 집과 토라를 읽는 장소로서의 역할을 떠맡고 있었다—결코 민족적 유대인들과 메시아적 공동체 사이의 관계에 있어서 사라질 수 없을 것이었다. 지중해 세계 전역에서 십자가에 못 박히시고 부활하신 메시아의 복음이 선포되어지는 어느 곳이라도 적개심이 편만했으며, 이것은 누가가 반복적으로 증언한 것처럼 일차적으로는 회당에서, 그리고 그 다음에는 그 주변과 외부에서 나타났다.

분리의 경로를 추적하는 것은 어렵지 않다: 우선, 과거에도 그랬던 것처럼, 무엇보다 장소/땅과 예배에 집중했던 성전; 그 다음으로, 토라와 그것이 가지고 있는 (주변의 이방 세계에 퍼져있음에도 불구하고 이스라엘에게 특유의 정체성을 부여해주었던 사회화시키는 문화로서의) 영향력; 그 다음에는, 아브라함에게 하신 약속들을 물려받을 하나님의 백성이 가지고 있는 실제적인 정체성에 대한 논쟁; 그리고 마지막으로, 메시아이며 하나님의 유일한 아들이며 성육하신 말씀이자 창조주이신 예수님의 위격. 신약 복음서의 기록은, 유대주의의 한 분파가 나사렛 예수를 둘러싼 독특한 사건(들)이 일어났었다고 하는 주장들을 유대 군중들과 지도자들에게 설득시키려는 다양한 방식의 시도들이다. 바울과 베드로의 사역이 완수된(적어도 잘 되고 있었던) 이후에 그들이 우선적으로 하게 된 것은, 예수님의 **교회**(ekklesia, 복음서 기자들 가운데는 마태만이 유일하게 언급했던) 안에서 이스라엘 민족의 참된 "회중" 혹은 "회당"을 보도록 이스라엘의 **회중**(qahal)을 부르는 것이었다. 그러나 던이 매우 잘 보여준 것처럼, 그들은 그 시대의, 특별히 AD 70년의 비극적인 사

---

104 이 주제에 대한 완전한 연구가 Beale, *We Become What We Worship: A Biblical Theology of Idolatry* (Downers Grove: IVP Academic, 2008)에서 가장 분명하게 드러나 있다.

건이 일어나기 전의 유대주의 내부에서부터 이것을 주장하고 있었다. 오직 요한만이 과거에 성전과 도성이 무너진 사실을 알고서 종말론적으로 완전한 시야를 가지고서 저술했을 뿐이다. 그 즈음에, 요한의 기독론은 그 당시에 용인되는 규범에 따라 이루어졌던 전통적 유대주의의 계속적인 논쟁들과 조화시킬 어떤 희망과도 동떨어진 믿음의 영역으로 완전하게 발전되었다.

신약의 다른 곳에서, 교회 내에 있는 "유대주의자들"과의 싸움으로 인해 바울은 아브라함과 그의 "씨"를 통한 단일한 믿음의 언약 노선을 따라 화해를 주장했다. 그는 자신이 확립한 회중을 '이스라엘의 확장'으로 이해하도록 분명하게 주장했으며(유대인들의 질투에서 기인하는 적대감에 의하여서만 구분되는), 성령과 연관된 구약의 범주들과 약속들의 용어로 유대적인 것을 재규정하려고 노력했고, 믿음과 사랑을 통하여 일하시는 성령에 의하여 그들 안에서 "성취되는" 것으로서 토라를 주장했다. 그는 반복적으로 이스라엘 민족의 신앙에 존재하는 **쉐마**(Shema)와 일치하는 하나님의 유일성을 확증했다. 야고보는 예수를 통한 메시아적 믿음을 붙들고 있는 사람이라면 누구든지, 곧 그들이 유대적인 틀 바깥 어디에 있는가의 여부와 상관없이, "흩어져 있는 열 두 지파"(약 1:1)라고 부르고 있는 것처럼 보인다. 그렇지만, "이스라엘 민족의 메시아적 갱신의 토대"로서 합당하기를 기대하는 특정한 유대 청중들을 강조하고 있는 것 같다.105 베드로는 "이방인 그리스도인들이 존재했다는 사실에 대한 신학적으로 유력한 해석"으로서 **디아스포라**(diaspora)를 사용하면서 분명히 대다수가 이방인이었을 그룹을 "택하심을 받은 흩어져 있는 나그네들"(벧전 1:1)이라고 불렀다.106 이 모든 것은 1세기를 통틀어 메시아적 공동체와 경건한 이스라엘 공동체 사이에 날카로운 구분

---

105 Richard Bauckham in Bockmuehl and Thompson, *Vision for the Church*, 154.

106 Richard Bauckham in Bockmuehl and Thompson, *Vision for the Church*, 160.

이 존재하지 않았다는 사실을 가리킨다. 다만, 신약의 여러 곳에서 "유대인들"로서 논쟁을 일으키려고 왔던 사람들에 의하여 조장되었던 경우를 제외해야 하는데, 던은 이것이 "외부적인" 관점을 가진 사람들에 의해 사용된 명칭이라고 지적했다. 바울이 복음 그 자체에 대한 위협을 감지했던 분명한 경우(갈 1:6~9; 2:11~14)를 제외하고는, 분리는 밖에서부터 밀쳐진 것이었지, 안에서부터 빠져나간 것이 아니었다.[107] 우리가 성경에서 기록했던 삶의 마지막에 이르기까지, 이 이방인의 사도는 로마 감옥에서 자신의 여정을 마치게 된 것이 "이스라엘의 소망 때문"(행 28:20; 참고. 24:15)이었다고 말했다. 슬프게도, 그는 자신의 "골육의 친척"(롬 9:1~5에서 3절)을 위한 사랑과 중보를 위하여 매우 고통을 당했으나, 민족적 이스라엘 집단의 큰 수가, "믿지 아니하는 데 머무르지 아니하면"(롬 11:23), 결국 그리스도께로 돌아올 것(롬 11:25~32)이라는 소망과 확신을 붙들고 있었다.

랍비적 유대주의는 AD 70년의 비극 이후로, 이스라엘의 실패한 정치적, 지정학적 국가로서의 책임을 떠안았으며, 팔레스타인의 랍비적 지도력이 얌니아로 이전한 이후에는 모세와 선지자들의 권위 있는 전통을 대변한다는 주장을 더욱 강화했다. 메시아적 회중들로부터 유대주의가, 그리고 회당으로부터 일반적인 "그리스도인들"이 완전히 분리되는 점진적인 과정은, 적어도 로마에 대항한 유대인의 최후 반란이 AD 135년에 진압되기까지 계속되었다. 던은 완전한 분리에 대한 공식적인 인가와 사회적, 정치적 그리고 신학적으로 명확한 "구분"은 콘스탄틴 황제 시절 때까지 일어나지 않았다고 주장한다. 그는 그리스도교와 유대교의 자료들은 지도자로부터 일반적인 종교 수행자들에 이르기까지 그들에게 서로를 피하

---

[107] 그러나 심지어 이런 상황에서도, 요점은, 둘 모두가 하나님의 백성에 대한 권위 있는 표현이 되는 주장을 한다는 것이다. 한편은 지금 토라 지향적이며, 다른 한 편은 "예수 그리스도를 믿는 믿음"을 향하고 있다(롬 3:22; 갈 2:16).

라―다시 말해서, 회당에 가지 말거나 "교회"에 출석하지 말라는―
고 명령하는 권고를 보여주고 있다.108 우리는 이 현상을 이 책의
전제와 대조시키기 위하여 인용한다. "이스라엘과 교회"의 관계는
1세기부터 21세기에 이르기까지 길고 다양한 역사를 가지고 있는
데, 한편으로는 회심과 소망의 성취로 이끄는 진정한 동정심과 대
화를 포함하며, 다른 한편으로는 홀로코스트(Holocaust)와 그로 인
한 증오와 범죄의 유산과 중동의 혼란으로 대조를 이룬다. "첫째는
유대인에게요"라는 바울의 권면이 이천년 동안 내내 규범이 되었더
라면 얼마나 좋았겠는가!

이스라엘의 현대 국가

앞선 논의들을 염두에 둔다면, 오늘날 중동에 있는 그 정치적인
집합체가 어떤 식으로든지 아브라함에게 하신 약속(들)의 수령자라
는 사실이 효과적으로 주장될 수 있을까? 우리는 우리의 연구에
있어서 이러한 논증을 생각할 수도 없으며 본 적도 없었다. 우리는
세계 도처에 있는 적개심 가득한 문화들로부터 방어하고 있는 유
대인들에게 안정된 고향을 주었던 밸푸어 선언(Balfour Declaration)
으로 되돌아가는 세계 조직체들의 시도를 호의적으로 바라보게 되
어 있다. 우리는 교회의 역사 가운데 유대인들을 모욕적으로 다루
는 모든 시도에 반대하는데, 그것이 2세기 교부들에 의한 과도한
언급이든지, 유대인들을 가혹하게 다루려는 콘스탄티누스 황제의
시도들이든지, 루터의 비방하는 말이든지, 혹은 유대인들에 대한
나치의 끔찍한 학대든지 마찬가지이다. 특별히, 홀로코스트와 무슬
림 세계(그곳이 발판을 두고 있는 곳이라면 어디든지)와 유럽, 그리고
다른 나라들에서 반(反)셈족적인 태도를 이끌었던 사건들을 고려할
때, 우리는 이스라엘의 자유와 자기 결정권을 보호하려고 노력하는

---

108 Dunn, *The Partings of the Ways*, xviii~xiv.

나라들의 전반적인 경향을 긍정적으로 본다. 우리는 어떠한 성경적인 확증에 의지하지 않으면서 무죄한 자들에 대한 정의와 보호에 대한 필요로 인하여 이를 지지하기 원한다.

그러나 미국이 다른 나라들 가운데 독자적으로 설 수 있는 능력 때문에 질투를 받으며 미움을 당하는 것과 같이,[109] 그 정책들이 얼마나 정당하고 호의적이든지 상관없이, 우리는 자신의 시민들을 그 주변의 압도적인 적대감에서 지키려는 현재 이스라엘 국가의 결심이 세계 조직체들과 미디어에서 그 정책들을 비난하는 것에 정당성을 부여하도록 이용되고 있음을 인지하고 있다. 미국 정부는 이 상황을 인지해야 하며, 이스라엘에게 국가적인 생존에 대한 위협이 닥치는 순간에, 미국이 힘을 실어줄 것이라는 믿을 만한 신뢰를 이스라엘과 세계에 유지해야 한다. 온 세상에 극심한 반향을 일으키는 비극적인 충돌을 피할 길은 오직 우리 나라가 생존을 보장하는 원조와 번영의 기회를 기꺼이 제공하려는 확신뿐이라고 우리는 믿는다. 이러한 보장 없이는, 이스라엘의 이웃들은 이 나라의 유대인들을 바다에 집어 던지고 이 땅에서 제거하려는 꿈과 약속을 이루기 위하여 분명 노력할 것이다. 만약 미국의 억제가 이 지역에서 안정성을 보장하지 않는다면, 핵을 통한 종말(a nuclear denouement)이 최소한 육백만 명의 유대인들과 셀 수 없이 많은 다른 사람들에게 개연성이 있는 것처럼 보일 것이다. 유일한 대안은 그 지역에서의 생존을 확실시하기 위하여 이스라엘이 선제 공격을 하는 것이다.

이스라엘은 그 국민들의 국가적이고 윤리적인 생존에 대하여 합법적인 권리를 가진다. 우리는 그들 가운데 매우 많은 수의 사람들이 구원을 위하여 언젠가 그리스도께로 돌아오기를 바란다. 참된

---

[109] 9/11 테러 직후에, 압도적인 동정과 넘쳐나는 지지를 뒤로 하고서, 얼마나 빠르게 세계의 평가가 미국에게 적대적이 되었는지 주목하라. 우리가 피해자가 되기를 멈추고 우리의 국가적 안전에 대한 적극적인 옹호자가 되자마자, 우리는 다시 한 번 경멸과 논쟁의 대상이 되었다.

평화와 약속들에 대한 유업이 오게 될 것은 오직 그것 안에서만 가능하기 때문이다. 우리는 이제 역사의 종말(denouement), 즉 그리스도의 재림과 연관된 사건들에 대한 평가로 돌아갈 것이다.

재림, 이스라엘 그리고 교회

우리는 이렇게 짧은 지면에서 미래적 종말론[110]을 자세하게 모두 다룰 수는 없다. 그러나 우리는 간단하게나마 성격적 가르침들을 요약할 것이며, 이 책의 다른 관점들과의 관계성 가운데서 우리의 입장을 적절한 위치에 두기 위하여, 주로 이스라엘과 교회, 그리고 그들의 관계와 연관이 있는 사안들을 논의할 것이다. 우리는 독자들이 세부적인 사항들을 채우기 위하여 미래적 종말론에 대한 표준이 되는 입장들을 참고하기를 추천하고 싶은데, 그 중에 몇은 우리가 인용할 것이다.

성도에게 있어 미래적 종말론은 죽음에서 시작된다. "한 번 죽는 것은 사람에게 정하신 것이요, 그 후에는 심판이 있으리니"(히 9:27). 죽음을 따르는 것이 무엇인지에 대해서는 성경을 연구하는 학자들 간에 논란이 있다. 아우구스티누스 이래로, 많은 그리스도교 교사들은 어떤 중간기적인 상태의 형태로 성도의 의식이 계속해서 존재한다고 확신해왔다.[111] 일반적으로, 성경의 해석자들은 이것을 비육체적인(nonembodied, 또는 비연장적인[nonextended]) 의식의

---

[110] "종말론" 또는 "최후의 것들"은 그리스도의 초림과 함께 시작된 것으로 올바르게 이해될 필요가 있으며, 우리는 그분의 침례—거기서 종말론적 성령께서 그 분 위에 내려 오셨다—와 함께 시작된 것으로 이해하는 것을 편하게 여긴다. Graham A. Cole, *He Who Gives Life: The Doctrine of the Holy Spirit*, Foundations of Evangelical Theology, ed. John S. Feinberg (Wheaton, IL: Crossway, 2007), 174.

[111] Anthony A. Hoekema, *The Bible and the Future* (Grand Rapids: Eerdmans, 1979), 92.

존재라고 생각해 왔다.112 마틴 루터와 같은 어떤 이들은 이러한 죽음 이후의 상태에서의 의식에 대하여 의구심을 품어왔고, 다른 이들은 이 점에 있어서 그를 따랐는데, 특별히 안식교도(Adventists)가 그러했으며, 또한 최근에 일부 복음주의자들이 그러하다.113 중세 후기에, 연옥에 대한 교리는 로마 카톨릭 진영에서 표준적인 가르침이 되었으나, 이 교리는 프로테스탄트 개혁자들에 의하여 버림을 받았는데, 그들은 그것이 성경적 기초를 가지고 있지 못하다고 주장했다. 일반적으로 말하자면, 복음주의적 해석자들의 대다수는 죽음 이후에 성도들의 영적이고 의식적인 존재가 지속된다는 생각을 고수해 왔는데, 이는 고린도후서 5:1~10과 빌립보서 1:21~23에서 바울이 보여준 가르침이며, 십자가 상에서 도둑에게 "내가 진실로 네게 이르노니 오늘 네가 나와 함께 낙원에 있으리라"(눅 23:43)고 하신 예수님의 말씀에 의해서도 지지를 받는다.114

우리의 관점에서, 종말론적 달력에 있을 다음 사건은 예수님께서 마 24:21(과 병행 구절들)에서 언급하신 대환란이 될 것이다. 이 사안에 대하여 해석자들이 둘로 나뉘는 두 개의 커다란 질문은, 첫째 이에 대한 교회의(그리고 심지어 이스라엘의) 관계에 관한 것이며, 둘째 그것이 우리에게 상대적으로 미래인지 아니면 과거인지에 대한

---

112 See John Calvin, *Tracts and Treatises of the Reformed Faith*, trans. Henry Beveridge (Grand Rapids: Eerdmans, 1958), 3.413~90.

113 Hoekema, *Bible and the Future*, 92; 복음주의자들 가운데서 이 입장을 취하고 있는 자들로는, Philip Edgecumbe Hughes, *Paul's Second Epistle to the Corinthians*, New International Commentary on the New Testament, ed. F. F. Bruce (Grand Rapids: Eerdmans, 1962), in loc. (2 Cor 5:1~10), and Murray Harris, "Paul's View of Death in 2 Corinthians 5:1~10," in *New Dimensions in New Testament Study*, ed. R. N. Longenecker and Merrill C. Tenney (Grand Rapids: Zondervan, 1974), 317~28을 보라.

114 Wayne Grudem, *Systematic Theology: An Introduction to Biblical Doctrine* (Grand Rapids: Zondervan, 1994), 593.

것이다. 두 번째 질문을 먼저 다루자면, 수세기에 걸쳐 대부분의 복음주의자들은 대환란을 문자적이고 역사적 기간(칠년이나 아마도 더 적은)으로 보아왔는데, 이는 미래에 있으며 재림의 전조가 될 것이다.115 그러나 때때로, 어떤 인기 있는 교사들과 저자들은, 비록 예수님께서 감람산 담화를 주셨을 때는 여전히 미래에 있을 일이었으나, 그것이 AD 70년에 있었던 예루살렘의 멸망에서 성취되었으므로, 이 사건이 우리에 관하여 이미 일어났다는 견해를 옹호해왔다.116 우리는 지면 부족으로 이러한 주장들을 논의다운 논의로서 다룰 수는 없으나, 다른 기고자들은 이미 만족스러울 정도로 이것을 해냈다. 환란과 연관된 다른 사안은 보수적인 복음주의자들 가운데 더욱 분열을 일으키는 것이었는데, 그것은 지금 현재 시대의 성도들이 불신자들을 따라 환란으로 들어갈 것인지, 그리고 그들이 재림의 때까지 이러한 상태에 머물러 있을 것인지에 관한 것이다.117 이것은 이스라엘과 교회에 대한 우리의 연구에도 어느 정도 관련성을 가지며, 그래서 우리는 이 문제에 대하여 조금 더 많은 시간을 할애할 필요가 있다.

교회의 환란 전 휴거에 대한 교리는 복음주의자들 가운데서 19

---

115 George Eldon Ladd, *The Blessed Hope: A Biblical Study of the Second Advent and the Rapture* (Grand Rapids: Eerdmans, 1956), 19-34.

116 James Stuart Russell, *The Parousia: The New Testament Doctrine of Christ's Second Coming* (1887; repr., Bradford, PA: International Preterist Association, 2003), 66~114; R. C. Sproul, *The Last Days according to Jesus* (Grand Rapids: Baker, 2000), 111~28. 러셀과 스프루울 사이에는 중대한 차이점이 존재하는데, 스프루울이 죽은 자들의 부활과 새 하늘과 새 땅 모두가 여전히 미래적이라고 믿는 반면에, 러셀은 미래적 종말론적의 모든 사건이 AD 70년에 성취되었다고 믿는다.

117 Alan Hultberg, ed., *The Rapture: Pretribulation, Prewrath, or Posttribulation*, 2nd ed., Counterpoints (Grand Rapids: Zondervan, 2010).

세기 초에 형성되었다.118 비록 영국과 미국의 신학계에서 영향력을 얻기까지는 약간의 시간이 더 소요되었지만, 20세기 초 경에 그것은 보수적인 성경 독자들 사이에서 가장 "인기 있는" 관점이 되었는데, 왜냐하면 그것이 주로 1909년에 출간되어 널리 읽히고 있었던 『스코필드 관주 성경(Scofield Reference Bible)』에서 사용된 틀이었기 때문이다.119 "고전적" 그리고 "개정" 세대주의에서,120

---

118 Dave MacPherson, *The Rapture Plot* (Simpsonville, SC: Millennium III, 1995), 1~120. 비록 이 책이 때로 선정적일지라도, 그것은 대부분 연구에서 찾아 볼 수 없는 훌륭한 역사적 자료들을 제공해 준다. 휴거의 시기에 관한 논쟁의 역사에 대하여 간략하지만 설득력 있는 글에 대해서는, Richard R. Reiter, "A History of the Development of the Rapture positions," in *Three Views on the Rapture: Pre-, Mid-, or Post-Tribulational*, ed. Gleason Archer (Grand Rapids: Zondervan, 1984), 1~44를 보라. 비록 더 최신의 책이 (대부분) 새로운 저자들에 의하여 재편되었을지라도, 실제적으로 이것이 이전의 각주에서 인용된 훌트버그(Hultberg)에 의한 연구의 제1판이다. 역사적 자료에 대한 더욱 광범위한 연구를 Timothy P. Weber, *Living in the Shadow of the Second Coming: American Premillennialism, 1875~1982*, enlarged ed. (Chicago: University of Chicago Press, 1987), 특히 13~104에서 발견할 수 있다.

119 Craig A. Blaising, "Dispensationalism: The Search for a Definition," in Blaising and Bock, *Dispensationalism, Israel and the Church*, 21.

120 이러한 입장들을 구분하기 위한 용어 체계는 오늘날 다소 복잡한 것이 되었다. 스코필드 성경보다 앞섰던 운동의 오래된 형태(혹은 형태들)가 있었으며, 그 뒤에 "스코필드주의"(Scofieldism)가 일련의 고전적인 관점들을 결정화시키게 되었다. 1950년대에 월부어드(John Walvoord)에 의한 다양한 연구들의 출간과, 그 다음에는 라이리(Charles Ryrie)에 의한 *Dispensationalism Today* (Chicago: Moody, 1965)의 출간, 그리고 1967년에 *New Scofield Reference Bible*의 출간은, 이 운동의 새로운 학문의 빛 가운데서, 고전적 입장들에서부터 "개정 세대주의"라고 불리게 될 것에 이르기까지 다양한 변화들을 목격했다. 점진적 세대주의는 로버트 소시(Robert Saucy)와 크레이그 블래이징(Craig Blaising) 그리고 다른 이들의 연구와 함께 1980년대에 나타났다. 이 용어들과 그 적용점들을 위해서는, 크레이그 블래이징과 대럴 박, 공저, 『점진적 세대주의: 하나님 나라와 언약』 곽철호 역 (서울: CLC, 2005), 17~79를 보라.

환란의 기간은 이스라엘과 맺은 언약의 재개로 이해되며, 계시록 7장의 144,000명은 환란의 기간 동안에 행위의 언약 아래에서 구원받게 될 유대인들이 될 것이라고 문자적으로 이해된다.121 이 체계에서 이것은 필수적인데, 왜냐하면 스코필드와 다른 이들은 하나님께서 이스라엘과 맺으신 장구한 언약—이것은 환란의 때에 재개되어서 천년왕국에서 계속될 것이다—에 대한 전체적인 계획에 있어서 "교회 시대"가 하나의 삽입(a parenthesis)이었다고 주장했기 때문이다. 게다가, 일부 전통적 세대주의자들(점진적 세대주의에 반대되는 것으로서)은 더 나아가서 "대환란은 교회가 아닌, 이스라엘을 위한 하나님의 계획의 일부"이며, 이 대환란을 통하여 "... 이스라엘의 국가적 구원"이 일어날 것이라고 말한다.122 1980년대 이전의 세대주의에 있어서 가장 중요한 공식적 견해는 아마도 라이리(Ryrie)의 진술일 것이다. "그렇다면 세대주의의 필수 조건(sine qua non)은 무엇인가?... 세대주의자는 이스라엘과 교회의 구분을 유지한다."123 만약 여러분이 여기서 우리 논의의 이전 부분을 읽어본다면, 여러분은 우리가 이 견해를 타당하지 않다고 여긴다는 사실을 이미 분별하게 될 것이다. 보다 받아들일 수 있는 해석이 점진적 세대주의자들에 의하여 제공되어 왔는데, 적어도 그들 가운데 한 사람은 계시록 7장의 열 두 지파가 "이스라엘의 열 두 지파와 '새로운 이스라엘', 즉 교회의 열두 사도"로 이해될 수 있다고 주장

---

121 이에 대한 *Scofield Reference Bible*의 주석을 보라.

122 Arnold Fruchtenbaum, "The Role of Israel in Dispensational Theology," in *Dispensationalism Tomorrow and Beyond: A Theological Collection in Honor of Charles C. Ryrie*, ed. Christopher Cone (Ft. Worth: Tyndale Seminary Press, 2008), 140.

123 Ryrie, *Dispensationalism Today*, 44~45. 점진적 세대주의자들에 의한, 이 공식 선언에 대하여 수정을 하기 위한 최근의 시도가 세대주의 진영 내에서 논쟁의 폭풍을 야기했다. 전통적 세대주의자의 응답을 보여주는 하나의 책은 Wesley R. Willis and John R. Master, eds., *Issues in Dispensationalism* (Chicago: Moody, 1994).

한다.124 단지 이 말만을 가지고서는 이 해석이 우리의 해석학적 체계에서 용인될 수 있는지 없는지는 완전하게 분명하지 않다. 다른 점진적 세대주의자들은 라이리의 유명한 공식적 견해는 여전히 피하면서도, 저 특정한 구절에 대해서는 보다 고전적인 견해와 가까운 입장을 견지한다.125

환란전(pretribulational) 견해의 옹호자들(폴 파인버그[Paul Feinberg]와 같은)은 신적 진노가 다니엘의 칠십 번째 주(Daniel's seventieth week) 동안에 쏟아질 것이며 이 진노가 전체 주에 걸쳐서 미치기 때문에 성도들은 보호되어야 한다고 주장한다. 그들은 계시록 3:10이 이 진노로부터의 면제를 약속하고 있으며, 이 면제는 또한 그 "주"가 시작되기 전에 이 땅에서 사라지는 것을 포함한다고 논증한다. 그들은 또한 "영화롭게 되지 못한(nonglorified) 성도들"이 환란의 끝에 천년왕국에 들어간다는 성경적인 요구가 이러한 사람들이 구원을 받을 수 있는 시간적인 여유를 필요로 하므로, 칠 년의 격차가 이에 적절하다고 주장하는데, 환란후(posttribulational) 견해는 그렇게 주장하지 않는다. 그 다음으로, 이러한 학자들의 견해에 있어서 휴거를 예언하는 본문들과 재림을 예언하는 본문들 사이에 구분이 존재하는 것처럼 보이며, 그 결과 데살로니가전서 4:13~18은 휴거를, 5:1~11은 재림을 묘사하는 것이 된다.126 일반적으로, 이러한 학자들은 또한 주님의 임박한 재림을 예언하는 구절들이 환란전적 해석을 요구한다고 주장하는데, 추측해 보건대, 우리가

---

124 Daniel L. Turner, "The New Jerusalem in Revelation 21:1~2:5," in Blaising and Bock, *Dispensationalism, Israel and the Church*, 288이다.

125 블레이징은 144,000명이 "환란 기간 동안의 유대인 성도들의 남은 자"라는 주장을 지지했다. Hultberg, *The Rapture*, 281. 그러나 그는 이스라엘과 교회 사이의 견고한 구분선을 수정하는 데 있어서 핵심적인 인물들 중 한 명이다.

126 이것은 1984년판의 *The Rapture*, 45~86에 있는 파인버그의 입장에 대한 요약이다.

지금 환란 중에 있지 않기 때문이다.127 그러나 우리의 목적을 위한 주요 논점은 전통적 환란전 휴거주의(점진적 세대주의적 해석이 아니라)가 환란을 이스라엘과 맺은 언약의 회복으로 이해한다는 사실이다.

환란중(midtribulational) 휴거의 견해는 단 한 번도 다수의 지지자들을 가졌던 적이 없었다. 글리슨 아처(Gleason Acher)는 파인버그가 같은 책(Alan Hultberg, ed., Three Views on the Rapture: Pre-, Mid-, or Post-Tribulation)에서 했던 동일한 논점들의 일부를 주장함으로써 이 입장을 옹호했으나, 신적 진노가 다니엘의 칠십 번째 주 전 기간 동안 시행되지는 않으며 오직 그 주의 뒷부분에서만 이루어진다고 주장함으로써 자신을 환란전 견해와 구분했다.128 그는 또한 자신이 다른 두 입장들에 존재하는 약점이라고 여기는 것들을 규명했으며, 자신의 입장이 그 문제들을 "고쳤다"고 강력히 주장하려고 노력했다. 위의 책이 출간된 이래로, 환란중 휴거주의는 일반적으로 진노전(prewrath) 휴거 견해로 대체되어 왔다. 처음으로 이 견해를 지지하는 중요한 책은 1990년에 나왔으며,129 이 입장은 향후 몇 년간 지지자들과 비판자들을 끌어 모았다.130 진노전 입장의 지지자들은 하나님의 진노가 다니엘의 칠십 번째 주 후반부의 어느 때에 쏟아 부어질 것이며 이것이 계시록 16장의 대접 심판에서 묘사되고 있다고 믿는다. 그들은 더 나아가서 창세기 6장

---

127 John Walvoord, *The Rapture Question* (Findlay, OH: Dunham, 1957), 75~82.

128 Gleason Archer, "Mid-Tribulationism," in Hultberg, *The Rapture* (1984), 113~46.

129 Marvin J. Rosenthal, *The Pre-Wrath Rapture of the Church: A New Understanding of the Rapture, the Tribulation, and the Second Coming* (Nashville: Nelson, 1990).

130 Hultberg, "A Case for the Prewrath Rapture," in Hultberg, *The Rapture* (2010), 109~54.

과 그 뒤의 본문에서 하나님의 심판이 그 "날"(the day)에 일어났을 때 노아가 구원 받았던 것처럼, 교회도 진노의 대접이 부어지는 환난 중의 그 "날"에 휴거될 것이라고 주장한다. 훌트버그(Hultberg)의 진노 전 입장은 "교회 시대"를 삽입으로 만들지 않으며, 예수님을 이스라엘을 위한 구약 기대들의 성취라고 이해하고, 대환란을 이스라엘과 맺은 언약의 회복이라고 보지 않는다. 그러나 계시록 7장의 144,000명이 예수님께로 회심한 유대인들이라고 결론 맺는다.131 아처의 옛 입장이 전통적 세대주의(환란을 통과하는 중간에 이르기까지 지연되는 휴거에 대한 견해를 가지고 있는)와 가까웠던 반면, 훌트버그의 입장은 그렇지 않다.

더글라스 무(Douglas Moo)는 2010년에 출간된 휴거에 관한 책의 개정판을 위하여 자신의 1984년 글을 재작업 했으나, 이 새로운 글은 이전의 것과 본질적으로 유사하다. 단지 그의 입장에 대한 간략한 요약이 여기에서 시도될 것인데, 왜냐하면 우리의 주요한 목적이 다양한 입장들을 받아 넘기는데 있지 않고 그것들이 이스라엘/교회 문제에 어떻게 연관되는지 알아보는데 있기 때문이다. 대체적으로 래드의 『복된 소망』(Blessed Hope)이라는 책에 나오는 제시를 따르면서, 무는 재림의 단어인 *epiphaneia, apocalypsis*, 그리고 *parousia*로 시작하여, 이 세 용어들이 신약에서 매번 사용될 때마다 모두 그리스도의 환란 후 재림을 언급한다는 사실을 보여준다.132 그 다음으로 그는 몇 가지 핵심 본문들(요 14:3; 고전 15:21, 52; 살전 4:13~18)—그런데 이것들은 환란전 입장을 가진 학자들이 그리스도의 두 단계 재림 이론(two-stage coming of Christ)을 세우려고 예증으로 드는 것이다—을 조사하면서, 이 구절들 가운데 재림 전에 일어나는 "휴거"와 주님의 재림에 있어서 단계들의 구분을 가

---

131 Hultberg, "A Case for the Prewrath Rapture," 110~13, 118~20, 281.

132 Douglas Moo, "A Case for the Posttribulational Rapture," in Hultberg, *The Rapture* (2010), 194.

리키는 것이 존재하는지를 묻는다. 그는 "**우리는 이제 휴거에 대한 세 가지 중요한 구절들 중 어떠한 것에서도 이러한 구분에 대한 증거를 찾지 못했다고 결론 내릴 수 있다**"고 말한다.133 그 다음에 그는 재림에 대한 신약의 다른 관련 있는 구절들을 조사하고서, 그것들 안에 교회가 실제적으로 대환란을 견딜 것이라는 증거를 찾는다. 계시록의 144,000명에 대한 그의 결론은 "필자는 계시록 7:2~8의 144,000명이 교회와 동일할 가능성이 매우 크다고 생각하는데, 그러나 이 동일시가 여기에서 필자가 중요한 것으로서 강조할 정도로 충분히 확실한 것은 아니다."라고 설명된다.134 그러나 래드, 후크마 그리고 다른 이들처럼, 그가 확실하다고 생각하는 것은 바로 대환란이 이스라엘과 맺으신 하나님의 언약에 대한 회복을 구성하는 것이라고 결론 내릴만한 증거는 전혀 없다는 사실이다.135 이 결론은 이번 장에서 이전에 먼저 나왔던 우리의 해석학적 고찰과 일치한다. 대체적으로 우리는 우리의 연구에 있어서, 그의 해석이 어떠한 신약성경의 언어나 문맥에 대한 가장 정확한 해석을 대표한다고 확신하며, 그래서 우리는 스스로를 환란후 입장으로 분류하고자 한다.

다양한 다른 사건들—적그리스도의 나타남(마 24:15~25; 살후 2:1~10; 요이 7절, 계 13장)을 포함하여—이 최후의 종말론의 시간표에서 나타난다. 그러나 환란에 대한 우리의 논의를 생각해 볼 때, 이것들과 연관하여 이스라엘/교회의 문제로 돌아갈 이유는 거의 없어 보인다. 다음 논제는 실제적인 재림이 될 것인데, 그러나 우리는 이미, 만약 누군가가 교회 시대가 삽입(그리고 그렇게 할 이유는 전혀 없다)이라는 해석학적 입장을 받아들이지 않는다면, 또한 전혀

---

133 Moo, "A Case for the Posttribulational Rapture," 201.

134 Moo, "A Case for the Posttribulational Rapture," 231.

135 래드에게서 이 사실을 보라. "성경은 교회 시대의 끝과 유대 시대의 회복에 대하여 아무 것도 말하지 않는다"(*Blessed Hope*, 136). 이와 유사하게, Hoekema, *Bible and the Future*, 190.

논란이 일어나지 않게 된다는 사실을 보여주었다. 남아 있는 것은 천년왕국의 견해에 대한 간략한 논의와 그것이 이스라엘과 교회의 관계에 대한 이해에서 가지는 함의들이다.

환란에 대한 논의에서처럼, 계시록 20:1~6에 대한 해석은 해석의 큰 세 갈래의 학파들, 곧 전천년주의, 후천년주의, 그리고 무천년주의를 만들어냈다. 여기서 우리는 이 논제에 대한 간략한 석의적 연구를 제시할 것이다. 우리의 주요한 목적이 천년왕국을 논쟁하는 것이 아니라, 그것을 이스라엘/교회 논쟁에 대하여 위치시키는 것이기 때문에, 우리는 불일치하는 노선들을 끌어낼 것이고, 그 다음에는 우리 자신의 논제와 비교하여 신학적이고 해석학적인 논제들을 검토할 것이다.

이 본문의 해석을 둘러싸고 있는 석의적이고 해석학적인 논제들은 거대하며 우리의 범위를 넘어선다.136 우리는 계시록 4~22장이 대략적으로 연대기적 순서로 받아들여져야 한다는 래드의 견해에 동의하지만, 또한 이 접근이 우리가 도출해내는 결론에 도달하기 위하여 반드시 필요한 것은 아니라고 주장한다. 그러나 만약 천년 동안의 통치에 관한 논의를 특징짓는 계시록 20장이 연대기적 순서로 받아들여진다면, 그것은 재림과 "짐승"의 패배를 묘사하는 19장의 뒤를 잇는 것이다. 계시록 20:1~3에서, 천사는 사탄을 무저갱 속으로 집어 던지고 거기에 그를 천년 동안 가둔다. 이것은 에덴동산 이래로 계속해서 인간에게 유혹과 고통의 근원이 되어왔던

---

136 석의적인 이슈들에 대한 공정하고 완벽한 논의를 위해서는, G. K. Beale, *The Book of Revelation*, New International Greek Testament Commentary, ed. I. Howard Marshall and Donald A. Hagner (Grand Rapids: Eerdmans, 1999), 972~1021를 참조하라. (감수자 주. 그러나 또한 곽철호, 「전천년설과 무천년설에 대한 성서적 근거 고찰(천년왕국론): 계시록 20:1~6을 중심으로」, 『성침논단』 11집 (2016): 5~71에 있는 Beale의 계시록 20장 주석에 대한 강력한 비판을 참고하라.)

바로 그 피조물이며, 그의 망령은 성경 전체에 걸쳐 계속해서 다시 일어난다. 만약 전 세계적인 평화와 의에 대한 어떠한 희망이 존재해야 한다면, 그는 반드시 속박되어야 한다. 그는 무저갱으로 보내져서 "천 년이 차도록 다시는 만국을 미혹하지 못하게" 되었다(계 20:3). 이 속박은 "부활한 순교자들의 천년 동안의 통치에 동반되며 불가분의 관계이다. 이 지상에서의 천년 동안, 역사에서 하나님과 그분의 백성에 대항하는 거짓 경배와 실제적인 반역으로 인류를 이끌었던 사탄의 활동이 그리스도의 왕국에서 그 분의 권세 아래에 완전하게 제어될 것이다."137 만약 그리스도의 통치가 미래라면, 이 구속 또한 미래인데, 이는 다시 한 번 계시록의 연대기적 해석과 보조를 맞춘다.

천년 기간에 그리스도와 함께 다스리는 자들은 누구인가? 4절은 두 그룹이 있다고 가르치는 것처럼 보인다, 곧, 순교 당한 자들, "예수를 증언함과 하나님의 말씀 때문에 목 베임을 당한 자들의 영혼들," 그리고 또한 짐승과 그의 우상에게 경배하지 아니한 "자들"(헬라어로 kai hotines)이다. 이것은 천년왕국에서 그리스도와 함께 다스리는 자들이 오직 성도에 대한 짐승의 전쟁에서 그에게 죽임을 당한 성도들뿐인가에 대한 질문을 불러일으킨다. 그리고 만약 그렇다면, 다른 성도들은 어떻게 되는 것인가? 데살로니가전서 4:13~18, 그리고 고린도전서 15:42~44의 경우에 그런 것처럼, 그들 또한 부활하게 되는가? 아마도 이러한 석의적 어려움을 해결하는 최선의 방법은 "그들이 실제로 죽음을 당하는 것의 여부에 상관없이 예수님께 신실한 전체 교회"를 대표하는 것으로서 이 순교자들을 이해하는 것이다. 그들은 "죽기까지 자기들의 생명을 아끼지 아니한" 자들로 묘사될 수 있는 무리를 구성하며(계 12:11), 그래서 그들은 계시록 2장과 3장에 있는 "이기는 자들"로 묘사된 자들 가운데 있다.138

---

137 Alan Johnson, "Revelation," *The Expositor's Bible Commentary*, vol. 12, ed. Frank E. Gaebelein (Grand Rapids: Zondervan, 1981), 582.

계시록 20:1~6을 해석하는 열쇠는 4절과 5절에 있는 "살아서"(헬, ezesan)라는 표현에 들어있다. 이 동사(헬라어 동사 zao에서 파생한)는 4절에서 순교자들을, 그리고 5절에서 죽은 자들 가운데 나머지들—천년이 차기까지 살아나지 못했던 자들—을 가리키기 위해 사용된다. 크게 두 가지 해석(변이들을 가지고 있는)이 제시되어 왔다. 하나는, 아우구스티누스에게서 나온 것으로서, 5절의 "살지"(come to life)를 죽은 자들의 부활로 해석하는 반면, 4절의 "살아서"(came to life)는 거듭남(regeneration)으로 해석하는 것이다.139 일반적으로 말해서, 무천년주의적 해석자들(그리고 종종 후천년주의적 해석자들도)은 이 논리의 흐름을 따라왔다. 순교자 유스티누스와 같은 초기 교부들은, 첫째 부활이 그리스도의 천년 통치 전에 있을 파루시아(Parousia) 때의 성도들의 부활을 가리키며, 5절의 "둘째 부활"은 천년왕국 이후에 있을 모든 자의 부활이며, 계시록 20장의 나머지 구절들에서 모든 자에 대한 최후의 심판을 예언하고 있다는 견해를 취했다.140 우리는 후자의 해석이 4절과 5절의 "살아서... 살지"라는 표현에 합당한 유일한 견해라고 확신한다. 헨리 알포드(Henry Alford)는 만약 언어가 어떤 것을 의미한다면, 어떤 문맥적인 표지가 다르게 조건지우지 않는 한, 인접한 문장들에서 두 번 사용된 동일한 동사는 동일한 것을 의미하는 것으로서 이해되어야 한다고 훌륭하게 말했다.141 그러므로 둘째 부활이 천년왕국의 끝에 있을 다른 모든 사람의 부활인 반면, 첫째 부활(헬,

---

138 Johnson, "Revelation," 583.

139 Millard Erickson, *Contemporary Options in Eschatology: A Study of the Millennium* (Grand Rapids: Baker, 1977), 73~76.

140 Brian E. Daley, *The Hope of the Early Church: A Handbook of Patristic Eschatology* (Cambridge: Cambridge University Press, 1991), 21.

141 Henry Alford, *The Revelation* (London: Cambridge University Press, 1884), in loc.

anastasis, 신약에서 "부활"에 대한 일반적인 용어)은 재림 때에 있을 성도들의 부활이다. 이 점에서 우리는 전천년주의자들과 일치한다.

왜 파루시아 이후에 천년왕국적 통치가 있게 되는가? 왜 곧바로 새 하늘과 새 땅으로 간단하게 직행하지 않는가? 그럴 듯한 몇 가지 대답들이 제안되어 왔다. 첫 번째로, 성경, 특히 구약성경은 지상에 정의와 평화의 때가 올 것이라는 기대를 불어 넣었다(예를 들어, 사 9:1~7을 보라). 다시 말해서, 천년왕국적 통치는 다른 것들 가운데서 정치적인 차원을 포괄할 것이다. 두 번째로, 창조 내에서 조화의 때가 올 것이다(사 11:8~9). 창조는 유혹하는 뱀에 의하여 야기되고 선동되었던 아담의 범죄 이전에, 참으로 조화로웠다. 바울은 모든 창조 세계가 신음하며, 자신들의 고통의 끝을 알리는 것으로서 영광스럽고 소생한 변화 안에서 "하나님의 아들들의 나타남"을 기다리고 있다고 썼다(롬 8:18~22). 예수님께서는 갈릴리 바다를 잠잠하게 하실 때 이러한 것에 영향을 미치는 자신의 능력에 대하여 약간의 힌트를 주셨다(마 8:26). 그러나 사탄이 결박되고 그리스도가 나라들을, 심지어 우주를 다스리실 때 이런 일들이 얼마나 더 많이 나타나겠는가? 세 번째로, 천년왕국의 끝은 죄와 반역의 진정한 본질이 사탄일 뿐 아니라, 인간들의 마음에 있는 악임을 분명하게 해줄 것인데, 왜냐하면 사탄이 천년 통치의 끝에 풀려났을 때(계 20:7), 그들 가운데 많은 자들이 그의 최후 반란에 동참할 것이기 때문이다.142 톨킨의 『반지의 제왕』(Tolkien, The Lord of Rings)에서 모르도르의 검은 문 앞에서의 전투에서 아라곤과 간달프에 대항하는 오크와 인간들의 연합군과 같이 이 둘 모두는 허물이 있으며, 사탄의 속임수 뿐 아니라 인간의 악 또한 성경에서 묘사되는 것이라는 사실이 드러나게 될 것이다. 마지막으로, 사탄의 풀려남과 그 다음에 있을 그의 종말은 하나님의 도성과 그리스도의 나라가 영원히 든든할 것임을 보여주는데, 왜냐하면 마지막으로

---

142 Johnson, "Revelation," 581.

시도된 공격이 일어났을 때, 하나님의 전반적인 계획으로 인하여, 그 대적이 즉시로 진멸되었기 때문이다.143

후크마와 같은 무천년주의자들은 이 모든 것이 "역사적인" 의미로 새 하늘과 새 땅에서 일어날 것이라고 믿는다. 아마도 그의 해석은 우리가 지금까지 보아왔던 것들 중에서 구약의 예언들에 대한 최고의 무천년주의적 해석일 것인데, 왜냐하면 그가 사자와 양, 뱀과 아이들을 "영해"하지 않고 최종 상태에서의 문자적 성취로 보기 때문이다.144 그러나 우리는 이러한 전개들이 **이 시대**에 일어날 필요가 있다고 확신한다. 불평들이 이 시대에 들어왔다. 사탄은 이 시대에 자신의 간계를 사용했다. 인간들은 이 시대에 하나님을 반역했다. 어떠한 교정이 이 시대에 나타날 필요가 있다. 그러나 우리가 결론을 맺기 전에, 최종적인 이스라엘/교회 문제가 다루어질 필요가 있다.

전천년주의자들은 "천년왕국이 그리스도의 재림 이후에 일어날 것"이라고 믿는다.145 그러나 그들은 누가 그리스도와 함께 다스리면서 천년 왕국의 거주자가 될 것인지에 대해서 모두 일치하지는 않는다. 고전적 세대주의(예. 스코필드)에서 천년왕국에서 그리스도와 함께 다스리는 성도들은 이스라엘 국가, 구속함을 받은 유대인들이 될 것이다. 이 틀에서, 이스라엘은 지상적인, 다윗적인 왕국의 백성인 반면, 교회는 천상적인 백성이다. 다음으로, 이것은 하늘에 있는 하나님의 나라(the kingdom of God in heaven, 교회)와 하늘 나라(the kingdom of heaven, 지상의) 사이의 구분을 만들어낸다.146 이 것은 영원한 구분이 될 것이다. 개정 세대주의(월부드와 라이리)에서 "영원한" 구분은 포기되었다. 그러나 그들 중 많은 이들은 여전히

---

143 Johnson, "Revelation," 581.

144 Hoekema, *Bible and the Future*, 274~87.

145 Beale, *Revelation*, 973.

146 블레이징과 박, 『점진적 세대주의: 하나님 나라와 언약』, 45~47.

천년왕국이 오직 민족적 이스라엘만을 위한 것이며, 구원 받은 이스라엘과 구원 받은 이방인들의 최종적인 화해는 새 하늘과 새 땅을 기다리고 있다고 주장한다.147 이러한 관점에서, "교회 시대"가 그저 "청동의 시대"인 반면, 이스라엘적인 천년왕국은 지상에서 "은의 시대"로 여겨질 것인데,148 우리는 이 입장을 기독론적으로 상상할 수 없다. 점진적 세대주의자들은 광범위하게 이러한 이원론을 거부해왔으며,149 "교회는 **바로 이 동일한 구속 계획**에서 핵심적인 부분"이라고, 그리고 이는 창세기 3:15에서 시작되었던 구속의 계획이라고 확언한다.150 그들에게 있어서, 교회는 이스라엘, 이방인 등등과 같은 개념들과 동일한 수준의 인류학적 범주가 아니다. 대신에, "교회는 그리스도의 재림에 앞서 **이 세대에** 존재하는 것으로서, 정확하게 구속함을 받은 인간들 그 자체(유대인과 이방인들 모두)이다."151 그리스도의 천년왕국은 교회를 증거할 것이며, 구속함

---

147 블레이징과 박, 『점진적 세대주의: 하나님 나라와 언약』, 32~33. 그들 사이에서도 최종적인 종착지가 새 하늘과 새 땅인지 아닌지에 대하여 서로 의견이 다르다.

148 William VanGemeren, "A Response," in Blaising and Bock, *Dispensationalism, Israel and the Church*, 346.

149 그러나 그들 모두가 그렇지는 않다. 바커(Barker)는 풀러(Daniel Fuller)가 그의 책 *Gospel and Law: Contrast or Continum?* (Grand Rapids: Eerdmans, 1971)에서 한 언급들에 동의한다. 바커는 "마지막으로, 이스라엘과 교회를 숙고함에 있어서, 무엇이 이스라엘의 땅에 대한 약속들이 되는가? '민족적 이스라엘이 언젠가 하나님께서 아브라함의 후손들을 위하여 구분지어 놓으신 땅에 거주하게 될 것이다.'라고 풀러는 올바르게 주장했다."라고 썼다(Barker, "Scope and Center," in Blaising and Bock, *Dispensationalism, Israel and the Church*, 304). 그는 이스라엘과 교회가 천년왕국에서 서로에 대하여 어떠한 관계가 있는지에 관하여서 더 명료하게 말하지는 않았다.

150 블레이징과 박, 『점진적 세대주의: 하나님 나라와 언약』, 67~69(강조는 원본에).

151 블레이징과 박, 『점진적 세대주의: 하나님 나라와 언약』, 49(강조는

을 받은 전(前) 유대인들과 구속함을 받은 전(前) 이방인들로 구성되어, 그리스도와 함께 다스릴 것이다. 비록 우리가 점진적 세대주의자들의 대다수가 가지고 있는 교리들 중 어떤 것(예. 환란전 휴거)에 반대할지라도, 확실히 우리는 하나님의 단일한 백성에 대한 이러한 사상들에는 동의한다.

결론

분명히, 성경에서 가장 유명한 구절은, 이스라엘의 하나님과 예수님께서 "세상을 사랑하셨는데," 그 사랑의 방법이 바로 자신의 **독생자**(monogenes)를 "주셔서" "누구든지 그를 믿는 자들"이 "영원한 생명" 안으로 들어갈 수 있도록 하는 것이었다고 말한다. 이 말씀들을 표면적으로 처음 들었을 그 남성은 이러한 주장으로 인하여 충격을 받았을(심지어는 격앙되었을) 것임에 틀림없다. 오직 이스라엘만이 히브리 성경의 언약적 하나님께 "사랑을 받는" 것 아니었던가? 이스라엘이 그 분의 "장자"가 아니었나? 어떻게 유일하신 한 분 하나님의 **또 다른** 아들을 단지 믿음으로써 "영원한 생명을 가질" 수 있게 된단 말인가? 예수님께서 일찍이 그를 부르셨던 것처럼, "이스라엘의 선생"에게 이것은 전혀 당치 않은 것이었다.

물론, 이 대화에서 조금 전에, 니고데모는 "사람이 위로부터 나지 아니하면, 하나님 나라를 볼 수 없다"라는 주장에 혼란스러웠다. 토라와 선지서들과 성문서들에 깊이 잠겨 있던 이 바리새인이자 랍비에게 이 대화는 점점 더 이해하기 어려운 것이 되어갔다. 어떻게 영과 물로 태어나는 것과 같은 공허한 것 때문에 아브라함의 계보로부터의 탄생과 할례를 무시할 수 있단 말인가? 성숙한 사람은 이러한 것을 상상조차 할 수 없다. 터무니없군! 어쨌든 이러한 것들은 그에게 결코 일어나지 않았으나, 예수께서는 분명하

원본에).

게 그의 명백한 무지에 대한 책임을 그에게 지우셨다. 니고데모에게는, 이 순간이 그가 나중에 들었던 약속(어쩌면 그것을 들은 첫 사람이었을지도 모르는)의 놀라움으로 가는 여정의 시작이었다는 것은, 그가 산헤드린에서 원칙을 수호하면서 처음으로 자신의 명성을 걸게 될 것처럼, 그리고 나중에 로마의 십자가로부터 자신의 대화 상대였던 이의 몸을 받아냄에 있어서는 자신의 생명을 걸게 될 것처럼, 정확히 그렇게 놀랍고도 은혜롭게 일어났다. "깊도다 하나님의 지혜와 지식의 풍성함이여, 그의 판단은 헤아리지 못할 것이며 그의 길은 찾지 못할 것이로다"(롬 11:33).

이 글은 유대인 랍비(마침내 또 다른 유대인 랍비에게 충성을 인정한)의 믿음으로 가는 이 여정이 가진 묘미의 일부분을 드러내려고 노력했다. 그는 자신이 사랑하는 책을 메시아 예수님의 빛 가운데 다시 읽을 필요가 있음을 발견했다. 우리는 그가 둔감하고 "마음이 느린" 것에 대해서는 용서할 수 있는데, 이 시대의 우리도 마찬가지이다. 왜냐하면 우리 교회 선배들이 심사숙고한 수천 년의 세월에도 불구하고 우리도 동일한 용서가 필요하기 때문이다. 이 세대를 사는 우리는, 그 세대를 살았던 그처럼, 구원과 새 창조의 우주적인 의미를 이해하는 데 힘들어한다. 우리 또한 죄악된 인간의 생각과 마음으로 인하여 흐려지는 시야를 통해 희미하게 보이는 역사의 사소한 것들과 알 수 없는 신비로운 것들에 사로잡혀 있다. 결국에 우리 모두는 "예수 그리스도를 믿는 믿음을 가진 자들" 가운데 있으며, 동일한 나무 조각으로부터 잘려 나왔는데, 처음에는 아담으로부터 나와서, 이제는 그리스도께로 들어간다. 모든 것이 문자 그대로 그분 안에서 합하여 계수될 날을 우리는 앞당기고자 애쓰면서 "유리를 통하여 어렴풋하게 본다." 바울이 오래 전 말했던 것처럼,

> 그는 보이지 아니하는 하나님의 형상이시요 모든 피조물보다 먼저 나신 이시니 만물이 그에게서 창조되되 하늘과 땅에서 보

이는 것들과 보이지 않는 것들과 혹은 왕권들이나 주권들이나 통치자들이나 권세들이나 만물이 다 그로 말미암고 그를 위하여 창조되었고 또한 그가 만물보다 먼저 계시고 만물이 그 안에 함께 섰느니라. 그는 몸인 교회의 머리시라 그가 근본이시요 죽은 자들 가운데서 먼저 나신 이시니 이는 친히 만물의 으뜸이 되려 하심이요. (골 1:15~18)

진실로 그러하시다, 오시옵소서!

논평 /1/

로버트 L. 레이몬드

브랜드(Brand)와 프랫(Pratt)은 한 장을 공동 집필했는데, 그들은 그것이 언약주의가 내세우는 구약과 신약의 연속성과 전통적 세대주의가 내세우는 구약과 신약의 광범위한 불연속성 사이의 "중간 입장"(점진적 세대주의가 취한다고 하는 종류의)을 취한다고 말한다. 첫째로, 그들은 하나님과 올바른 관계에 있다는 것이 무엇을 의미하는지를 분별하기 위하여 의(righteousness)의 본질을 검토하기를 제안한다. 둘째로, 하나님에 대한 예배에 있어서 이러한 의의 경험과 관련하여 이스라엘의 성공과 실패를 검토한다. 셋째로, 하나님의 계획이 전개되는 가운데 이스라엘과 교회가 어떻게 서로 연관되는지를 발견하기 위하여 미래적 종말론을 검토한다. 종말론적 관점에서 이스라엘과 교회를 다루는 이 책에서 그들은 왜 의로움에 대한 논의로 시작하는가? 그러한 문제가 성경의 거대서사(metanarrative)에서 드러나는 가운데 이 논쟁 전체가 구원 역사에 사로잡혀있다고 그들이 주장하기 때문이다. 필자는 첫 번째 섹션 전체에 걸쳐 그들이 말하는 것 대부분에 동의하지만, 그들이, 전통적 세대주의가 실질적으로 구원에 이르는 다수의 길을 요구하는 반면, 전통적 언약주의는 "하나님의 가시적인 백성 안에 여전히 의롭다 하심을 받지 못한 자들을 부분적으로 포함시키는 어떤 형태를 요구하며", 그리하여 그것이 부적당하며 결과적으로 비성경적이라고 결론을 내릴 때에, 정중하게 이의를 제기할 필요를 느낀다. 그들이 이러한 주장을 내세우는 것은 그들이, 유아 세례와 교회 내에 유아 신자들을 포함시키는 것을 거부하는 자유 교회(Free Church) 전통에 서 있는 침례교도들이기 때문이다. 그러나 여기서 우리의 공동 집필자들은 잘못된 길로 가고 있다. 구약과 신약 사이의 **성례전적** 연속성은 너무도 강한 것이어서, 하나님께서 팔 일 된 남자 아이에게 할례를 베풀 것을 이스라엘에게 명령하셨던 것처럼, 교회 시대에 유아 신자들에게 세례를 베풀지 않게 하려면 그것이 폐지되었다고 구체적으로 말해주어야 한다. 여기서 자신들의 결론을 통하여, 우리의 공동 집필자들은 언약주의적이기를 그치고, 모든 언약주의 침례교도들이 그러하듯이, 그들 스스로 세대주의자들이 되고 있다.

자신들의 두 번째 섹션에서, 브랜드와 프랫은 "민족적 이스라엘이 메시아적 공동체로부터 돌이킬 수 없는 분리를 경험했다는 역사적인 실재"를 설명한다. 이를 위해 그들은, 던(James Dunn)이 자신의 책(The Partings of the Ways Between Christianity and Judaism and Their Significance for the Character of Christianity)에서 이 주제를 다룬 것을 주로 따르고 있다. 초기의 갈등의 핵심은 바로 예루살렘에 있는 성전이었는데, 제2성전기 유대주의는 하나님께서 거기에 계신다고 생각했지만 예수와 사도들은 그렇게 믿지 않았기 때문이다. 사실상, 사도들은 하나님의 독생자이며 성육신한 말씀인 창조주 예수가 하나님의 위엄이 머무실 수 있는 유일하게 적절한 장소라고 믿었다. 스데반은 사도행전 7장에 있는 자신의 설교에서, 성전이 우상숭배적이라고 선언했다 – "손으로 만든"(48절)이라는 표현은 우상숭배를 가리키는 암호. 우리의 공동 집필자들은 이렇게 썼다. "종교적 건축물과 성지를 향한 이 지극히 엄청난 고발은, 성전 자체가 무너졌고 유대주의가 얌니아(Jamnia)에서 어떤 의미에서 집을 잃었을 때까지 결코 민족적 유대인들과 메시아적 공동체 사이의 관계에서 사라질 수 없었을 것이다." 예루살렘의 파괴와 유대인들의 흩어짐과 함께(그 후 그들은 로마 제국 전역에 있는 회당에서 모였

다) 랍비 유대주의는 "실패한 정치적 지정학적 이스라엘 나라를 이끄는 책임을 맡았다." 유대인과 그리스도인 모두 자신들이 하나님의 진정한 백성이라는 주장을 펼쳤는데, 한편은 이제 토라 지향적이었으며, 다른 한편은 "예수 그리스도에 대한 믿음"을 향하고 있었다. 필자는 두 번째 섹션에 대해 예외 없이 동의한다. 사실상, 필자는 이것이 그리스도 시대 이전과 그리스도 이후의 첫 몇 세기 동안의 제2성전기 유대주의에서 일어났었던 것에 대한 훌륭한 요약이라고 주장할 수 있다.

"이스라엘의 현대 국가"라는 제목의 짧은 섹션에서, 공동 집필자들은 두 번째 섹션에서 주어졌던 사실들을 가지고, "오늘날 중동에 있는 그 정치적인 집합체가 어쨌든 아브라함에게 주신 약속(들)의 수령자"라고 주장할 수 없다고 말한다. 이 결론에 대해 필자는 완벽하게 동의한다.

"재림, 이스라엘, 그리고 교회"라는 제목의 마지막 섹션에서, 공동 집필자들은 "역사의 종말(denouement), 즉 그리스도의 재림과 연관된 사건들에 대한 평가"로 관심을 돌린다. 미래적(필자는 "개인적"이라고 말하고 싶다) 종말론의 일부라고 그들이 주장하는, 성도들의 죽음에 대하여 간략하게 논의한 후, 그들은 종말론 달력에 있는 다음 사건이 마태복음 24:21에서 예수에 의해 언급된 "대환란"(그리스도의 재림 직전에 일어나는)이라고 주장한다. 마가복음 13장과 누가복음 21장에 있는, 감람산 강화와 평행되는 이야기들에서 이 사건에 대해 암시하는 것들을 무시하면서, 예수는 감람산 강화에 대한 마태의 이야기에서만 한 번 나타나는 이 표현을 사용한다. 전통적 전환란주의적 세대주의가 환란을 이스라엘에 대한 언약의 회복으로 이해하기 때문에, 마태가 말하는 이러한 예수의 가르침을 논의하는데 약간의 시간을 할애하는 것은 노력할 만한 가치 있는 일이 될 것이다.

여기서, 예수는 이 현 시대를 끝내고 장차 올 시대로 안내할 자신의 재림의 어떤 측면들에 대한 제자들의 생각을 바로잡아 주고자 했다. 문학으로서 그것의 장르는 묵시이다. 예수는 성전 지역에서 가르치고 있었으며, 거기서 토라의 선생들과 바리새인들을 대항하여 그들의 겉치레적인 종교성, 위선, 불신앙에 대해 "일곱 화"를 선언함으로써 그 곳에서의 시간을 종결짓고 있다(마 23:13~32). 자신의 마지막 언급에서, 그는 메시아에 대한 거절과 십자가로 정점에 이르는 과정에 있었던 이 국가의 죄에 대한 하나님의 심판이 유대인들의 이 세대 위에 부어질 것이라고 선언했다(마 23:32, 35~36). 예수는 그 후 성전 지역을 떠났으나, 그 때에 그의 제자들이 그로 하여금 성전의 아름다움과 웅장함에 주의를 기울이게 했다. 우리 주님의 대답은 간결했다. 그는 "너희가 이 모든 것을 보지 못하느냐?"고 물었다. "내가 진실로 너희에게 이르노니 돌 하나도 돌 위에 남지 않고 다 무너뜨려지리라"(마 24:2). 여기서 우리 주님은 주후 70년에 있을 예루살렘과 성전의 파괴를 예언하고 있었다.

예수가 감람산 위에 앉아 있을 때, 베드로와 야고보와 요한과 안드레(막 13:3)는 개인적으로 그에게 와서 물었다, "어느 때에 이런 일이 있으며, 이 모든 일이 이루어지려 할 때에 무슨 징조가 있을 예정입니까?" 명백하게, 그들은 성전의 파괴와 예수의 미래적 재림, 그리고 이 시대의 끝이 모두 동시에 일어날 것이라고 생각했다. 예수는 감람산 강화에서 그들의 질문에 대답하는데, 이것은 마태복음 24장과 25장에 나온다. 그러나 그의 대답은 또한 이 세 가지 사건들이 동시에 일어날 것이라는 그들의 잘못된 생각을 **교정했다**. 다시 말하면, 그는 곧 일어날 예루살렘의 파괴와 자신의 재림, 그리고 먼 미래에 있을 시대의 끝 사이를 시간적으로 구분했다.

그 후에 예수는 예루살렘의 파괴에 대한 잘못된 징조들에 대하여 경고했으며(마 24:4~8), 그들에게 고난을 대비하고 "끝"까지 신실하라고 권면했다(마 24:9~14). 어떤 끝을 말하는가? 만약 그가 의도했던 "끝"이 예루살렘의 파괴와 국가로서의 이스라엘의 끝이 아니라 최후의 **종말**과 이 시대의 끝과 연관된 것이라면, 적어도 마태의 이야기에서, 예수는 예루살렘의 파괴의 때와 연관된 제자들의 질문에 대답하지 않았다고 말해야 한다. 그리고 복음이 이즈음에 당시에 알려져 있던 전 세계에 걸쳐서 선포되었다는 사실이 사도행전 1:5, 11; 로마서 1:8; 10:17~18; 골로새서 1:6, 23에 의하여 입증된다. 제자들은 언제 성전의 파괴가 일어날 것인지 질문했으며, 마태복음 24:15~24에서 예수는 그들이 "멸망의 가증한 것"이 거룩한 곳에 선 것을 보는 때라고 답했고, 그들은 성전의 파괴가 곧 일어날 것이라고 확신할 수 있었다. 누가복음은 우리를 위하여 이것을 해석해 준다. 그는 "너희가 예루살렘이 [로마의] 군대들에게 에워싸이는 것을 보거든 멸망이 가까운 줄을 알라"라고 말했다(눅 21:20). 마태복음 24장에서의 유대 지역의 상황("유대 지역", "자신의 집 지붕", "안식일")이 여기서 설명되어야 하는데, 그것이 우리 주님의 말이 이해되는 "영역"(universe)을 정하는 데 도움이 되기 때문이다. "큰 환란"(눅 21:23)은 팔레스타인 지역으로 제한되어야 한다. 예수가 언급한 환란을 보편화하고 그것을 전 세상에 적용할만한 성경적으로 정당한 이유는 없다. 이 지점까지 이 담화에 나오는 모든 것은 예수가 한 말의 영역을 유대 지역과 주후 70년에 일어났던 예루살렘의 파괴로 제한시킨다. 이어서 그는 그들에게 거짓 메시아의 출현에 대하여 경고했다(마 24:23~27). 마태복음 24:29~31에서, 예수는 예루살렘의 파괴 직후에, 그리고 그에 동반되어, 국가로서 이스라엘이 끝나게 될 것이라고 말했다. 그리하여 당시에 알려져 있던 전 세계에 퍼져있는 이스라엘의 모든 지파는 자신의 나라에 대한 하나님의 심판으로 인하여 애통하게 될 것이다. 덧붙여, 예수는 이 지파들이 "인자가 구름을 타고 능력과 큰 영광으로 오는 것을 볼" 것이라고 묵시적으로 말한다(마 24:30). 문자적으로가 아니라, 예수가 대제사장과 산헤드린 사람들이 인자가 권능의 우편에 앉아 있는 것과 하늘 구름을 타고 오는 것을 볼 것이라고 말했던 것(마 26:64)과 같은 의미로 그렇게 된다는 것이다. 즉, 그들은 이스라엘의 불신앙으로 인해 진노 가운데 예수가 임하는 것을 이 시대 전체에 걸쳐 "경험"하게 될 것이다. 그 다음으로, 예수는 누가복음 21:31에서 "너희가 이런 일이 일어나는 것을 보거든 [예루살렘에 대한 심판 가운데 하나님의 왕국의 도래]가 가까이 온 줄을 알라"라고 말했다. 이어서 마태복음 24:34에서 그는 "이 세대가 지나가기 전에 이 일이 다 일어나리라"라고 말했는데, 이것이 시간을 말하는 중대한 본문인 것은, 의심할 여지없이, 앞의 마태복음 24:4~33에 대한 해석에 정당성을 부여하기 때문이다.

마태복음 24:36에서, 예수의 담화는 새로운 방향으로 전환하여 마태복음 25:46에 이른다. 분명히 새로운 주제 — 그의 **파루시아** — 가 지금 그의 앞에 있다. 브로더스(Broadus)는 이렇게 말한다. "우리가 이제 도달한 이 지점으로부터, 예루살렘의 멸망은 급속하게 우리의 시야에서 사라진다... 이 [새로운] 섹션 전체에 걸쳐 모든 것이 자연스럽게 그리스도가 최종적으로 심판하러 온다는 것을 제시하는데, 이것은 이 위대한 담화의 마지막 문단들에서 홀로 눈에 띈다."[152] 그리하여 예수는 그들의 생전에 일어날 것(예루살렘의 파괴)과 언제 일어나는지 "아버지 외에는 아무도 알지 못한다"고 말씀하신 나머지 것(재림, 종말) 사이를 구분함으로써, 이런 일들이 동시에 일어날 것이라고 생각하는 제자들의 오해를 교정했다. 따라서 필자는 "대환란"이 먼 과거에 일어났으며 그것이 유대 지역의 상황에 국한되어야 한다고 주장하고 싶다.

소시에 대한 필자의 평가에서 천년왕국에 대한 사안을 이미 다루었다. 그래서 남은 일은 필자의 종말론을 간략하게 훑어보는 것

---

[152] John A. Broadus, *Commentary on the Gospel of Matthew*, The American Commentary (Valley Forge: American Baptist Publication Society, 1886), 494.

뿐이라고 생각한다. 필자는 예수의 종말론적 이중성(dualism)을 지지하는 가운데, 그의 재림 때 교회가 휴거되어 "공중에서 주님을 만나게 되는 것"(살전 4:13~18)과 함께 이 시대가 끝나게 될 것이며, 이 부활되어 영화롭게 된 교회는 그리스도와 함께 즉시 이 땅으로 다시 돌아와 사탄과 악한 자들을 심판하고 의가 거하는 "새 하늘과 새 땅"이라고 알려져 있는 영원한 상태로 인도할 것이라고 주장한다. 우리의 미래에 환란 전 기간이나 문자적 천년왕국으로 알려진 중간기 시대는 존재하지 않는다.

이스라엘과 관계된 일은 정확하게 이방인들과도 관계된 일이다. 그 누구도 그리스도를 믿는 믿음에서 분리되어 구원 받지 않을 것이며, 선택 받은 자들이 그리스도를 믿게 될 때, 그 누구도 유대인이나 이방인이 되는 것이 아니라, 아브라함의 자손과 약속을 따라 되는 상속자들이 된다(갈 3:29). "그래서 모든 이스라엘이 구원을 얻을 것"이며(롬 11:26), 아브라함은 "세상의 상속자"가 된다(롬 4:13).

논평 /2/

로버트 L. 토머스

브랜드·프랫 팀이 "점진적 언약주의"를 설명해준 것에 감사드린다. 사실, 필자는 이 책에서 그들의 글을 읽기 전까지 이 명칭이 생소했다. "점진적 언약주의"는 부분적으로 점진적 세대주의와 전통적 언약주의에서 나온 것처럼 보인다. 이 체계는 복음에 대한 "로마서의 길"(Roman Road)의 접근을 신약에 대한 새로운 관점의 접근과 결합시키는 것처럼 보인다. 필자는 이 글을 평가해 나가면서, 개선이 필요한 부분을 제안해 보려고 한다.

세대주의에 대한 유감스러운 이해

"세대주의가 실질적으로 구원에 이르는 다수의 길을 요구한다."라는 말과, 그 체계는 "하나님의 가시적인 백성 안에 여전히 의롭다 하심을 받지 못한 자들을 부분적으로 포함시키는 어떤 형태를 요구한다."와 같은 진술은, 잘못된 것이다. 브랜드·프랫의 의견은 세대주의자들이 생각보다 "예수 그리스도에 대한 믿음"이라는 어투를 자주 사용하지 않는다는 사실에서 기인한다. 이 책에서의 세대주의적 관점에 대한 그들의 고찰과 평가가 그러한 실수를 해결해 주기를 희망한다.

유사한 맥락에서, 필자는 그들의 글에서 하나님께서 자신의 구약 약속들, 특별히 아브라함과 그의 후손들에게 주셨던 것들을 지키시는 방법에 있어서 중요한 용어인 "신실하심"이 매우 드물다는 것을 인식했다. 하나님과 그리스도 안에 있는 참된 성도들의 신실함에 대한 강조는 세대주의적 관점의 중요한 부분이다.

연속성에 대한 진정한 관점

창세기에서 요한계시록까지, 세대주의는 이스라엘에 대한 하나님의 무조건적인 언약들의 연속성을 강력하게 강조한다. 언약주의의 어떠한 형태도 구약과 신약 사이에서 갑작스러운 불연속성을 만들어 낸다. 그것은 구약에서 하나님께서 이스라엘을 다루시는 것을 이야기하며 그리스도의 초림 때의 그리스도에 대한 이스라엘의 거절과 오순절 날과 함께 갑작스럽게 끝난다. 이와는 대조적으로, 하나님의 언약들은 구약과 신약 전반에 걸쳐 부드럽게 흘러간다.

해석의 문법적-역사적 원칙 무시

브랜드·프랫은 해석학에 대하여 거의 아무 것도 말하지 않는다. 실제로 필자는 문법적-역사적 원칙들에 대한 단 하나의 진술도 찾아볼 수 없었다. 진실로 그들은 "우리들의 해석학적 체계"와 "우리가 제안하는 틀"에 대해서는 언급하지만, 자신들의 개인적인 견해를 언급할 때를 제외한다면, 그 어떤 곳에서도 자신들의 체계에 대한 근거를 제시하지 않는다. 분명히 그들은 문법적-역사적 원칙에 대한 전통적인 원칙들을 피하고 있다.

그것이 언약주의적 체계이기 때문에, 그들의 체계가 전통적 언약신학과 공통점들을 가질 것이라고 가정해볼 수 있다. 이러한 유사성은 분명한데, 왜냐하면 전통적 언약주의처럼 그들도 신약에서 거꾸로 구약을 읽어 들어가기 때문이다. 이것은 그들로 하여금 구약 본문들에 대하여 다수의 유감스러운 이해를 하도록 이끈다. 예를 들어, 그들의 체계가 가지고 있는 핵심 사안들 가운데 하나는 하나님의 백성이 그리스도의 몸이라는 사실인데, 그리스도의 몸이라는 개념은 구약에서 존재하지 않았다.

이러한 잘못된 가정의 한 실례가 특별히 필자에게 강한 충격을 주었는데, 그것은 그들이 바울이 그리스도의 몸인 교회의 머리로서 그를 언급한 것(엡 1:22~23; 골 1:18)을 신명기 28:13의 "진정한" 의미와 동일시한 것이다. 구약의 구절은 "여호와께서 너를 머리가 되고 꼬리가 되지 않게 하시며 위에만 있고 아래에 있지 않게 하시리니 오직 너는 내가 오늘 네게 명령하는 네 하나님 여호와의 명령을 듣고 지켜 행하라"라고 말한다. 구약의 문맥에서, 이 구절은 명백하게 아브라함의 민족적 후손에 대하여 말하고 있으며, 그리스도나 교회에 대하여 말하고 있지 않다. 에베소서와 골로새서에서, 바울은 역사에서 훨씬 뒤에 나타난 교회들에게 말하고 있다. 구약과 신약에서 "머리"라는 단어를 사용하는 것에 대한 역사적 문맥은 모세와 바울이 자신들의 영감된 구약과 신약의 저술에서 의도했던 진정한 의미를 찾는 가운데 고려되어야 한다. 서로 다른 두 곳에서 "같은 종류의 표현"을 사용하는 것은 아무런 의미가 없다.

영해(spiritualizing)와 해석에서 성령의 역할

이스라엘과 교회 사이의 이분법이 왜 인위적이고 비성경적인지를 보여주는 그들의 다섯 부분으로 이루어진 구성의 한 부분은 "백성의 표지는 성령의 내재"라는 것이다. 그들은 오순절 이후 하나님의 백성에 대한 성령의 내주하시는 사역의 불연속성을 가리키고 있는 신약의 특정 본문들을 무시하는 것처럼 보인다. 요한복음 7:39에서는 "이는 그를 믿는 자들이 받을 성령을 가리켜 말씀하신 것이라 (예수께서 아직 영광을 받지 않으셨으므로 성령이 아직 그들에게 계시지 아니하시더라)"라고 말한다. 요한은 나중에 이와 동일한 것을 가리키는 예수의 말을 보고한다, "그러나 내가 너희에게

실상을 말하노니 내가 떠나가는 것이 너희에게 유익이라 내가 떠나가지 아니하면 보혜사가 너희에게로 오시지 아니할 것이요 가면 내가 그를 너희에게로 보내리니"(요 16:7). 예수가 약속했던 것과 같이, 그의 제자들은 오순절에 새로운 방식으로 성령을 받게 될 것이었다.

그들의 구성에서 "그리스도의 몸" 부분에 대한 이후의 논의에서, 요한계시록에 있는 고립된 구절들을 논하면서, 그들은 "약속들에 대한 영해"를 부정한다. 비록 그들이 그것을 부정할지라도, "새로운 창조와 새로운 종말론적 시대의 렌즈"를 통하여 본문을 보는 가운데 그들은 정확히 바로 그러한 일을 하고 있다. 예를 들어, 요한계시록 7장에 있는 요한의 두 환상에 대해 논의하면서, 그들은 그 장의 첫 번째 부분에 있는 144,000명을 마지막 부분에 있는 아무도 능히 셀 수 없는 큰 무리와 동일시한다. 거기서 그들은 144,000명의 이스라엘 민족에 대한 자신들의 의심스러운 정의를 모든 민족에서 온 사람들로 구성된 교회와 동일시한다. 그들은 의심할 여지없이, 이 장을 비문자적인 방식으로 다루고 있다. 문법의 원칙들과 역사적 사실들은 다양한 민족적 배경들로부터 온, 아무도 능히 셀 수 없는 큰 무리가 이 장의 첫 번째 부분에 있는 환상과 구분될 것을 요구한다. 먼저 나온 환상에 등장하는 사람들은 분명히 이스라엘의 혈통이며, 나중의 환상이 보여주는 사람들과 다르다. 두 번째 환상이 시작되는 7:9에서 "이 일 후에"라는 헬라어 표현은 요한의 묵시에서 항상 새로운 환상을 가리킨다. 7:9와 뒤에 나오는 환상을 둘러싸고 있는 석의적 논제들은 매우 복잡하다.153 최선의 설명은 두 환상을 서로 구분되는 것으로 보고 아무도 능히 셀 수 없는 큰 무리에 대한 환상의 시기를, 브랜드·프랫이 말하는 현재의 "성령의 시대"가 아닌, 미래의 칠십 주 동안에 위치시키는 것이다.

---

153 Robert L. Thomas, *Revelation 1–7: An Exegetical Commentary* (Chicago: Moody, 1992), 483~87을 보라.

브랜드·프랫의 이론에 또한 실망스러운 점은 계시록의 어떤 부분에서, 비문자적 해석에서 매우 문자적인 어떤 원칙들로 변환되는 것인데, 미래적 천년왕국에 대한 글에서 그러하다. 그들은 문법적-역사적 원칙들에 부합하여 요한계시록 20장의 부분들을 해석함에 있어서 전천년주의자들과 일치한다. 그들은 이 책 전체를 해석함에 있어서 이러한 원칙들을 일관되게 따랐어야만 했다. 하지만 그들은 절충주의적 해석학을 따르기로 선택했는데, 이는 비일(G. K. Beale)의 접근과 유사하다. 이러한 종류의 해석학은 그들로 하여금 어떤 것이 자신들의 체계에 들어맞으면 문자적으로 해석하고, 그렇지 않은 다른 곳에서는 풍유적으로 해석하도록 한다.

전통적인 문법적-역사적 원칙들에 대하여 어떤 권위자는 이렇게 말한다, "성경은 우리가 마음대로 튀길 수 있는 테니스공이 아니라고 칼뱅은 말했다. 오히려 그것은 그 가르침들이 본문에 대한 가장 공평하고 객관적인 연구에 의하여 이해되어야만 하는 하나님의 말씀이다."[154]

요한계시록 20장에 대한 브랜드·프랫의 문자적인 해석은, 그리스도의 왕국 통치를 다룸에서 자신들의 관점이 가지고 있는 또 다른 불연속성을 보여준다. 어떤 곳에서 그들은 현재의 "하늘나라"를 그리스도의 현재적 통치와 함께 이해한다. 그리고 다른 곳에서는 천년왕국 동안에 있을 그의 미래적인 통치로 보기도 한다. 그들은 언제 현재적 왕국이 시작되었는지(침례 요한의 선포 혹은 오순절)에 대하여 완벽하게 명료하지 않지만, 미래적 천년왕국이 그리스도의 파루시아(재림)에 동반하여 시작될 것이라는 사실은 분명히 한다. 어떻게 두 나라가 서로 다른 것인지(하나는 그리스도와 함께이지만 직접적으로 현재는 아니며, 다른 하나는 그와 함께이면서 직접적으로 현재인)에 대한 그들의 설명은 빠져 있다. 그리스도인의 현재적 시대는 거

---

[154] Bernard Ramm, *Protestant Biblical Interpretation: A Textbook of Hermeneutics*, 3rd rev. ed. (Grand Rapids: Baker, 1970), 115~16.

스르는 세계 구조와 분투하며, 천년왕국의 지복이 있을 미래적 시대는 달라야만 한다. 그리스도는 두 종류의 나라를 가지고 계신가?

아브라함에 주신 땅 약속에 대한 왜곡

브랜드 · 프랫은 아브라함에게 주신, 땅에 대한 특별한 약속들을 해명하기 위하여 자신들의 관점에서 다른 자료들로 눈을 돌린다. 이 자료들은 바울에 대한 새 관점의 주요 지지자들 몇 사람의 것이다. 땅에 관한 약속들이 폐지되었음을 설명하기 위해 제2성전기 유대주의 기간 동안에 있었던 성전과 그것의 파괴와 관련된 혼란을 제안하는 것은, 이스라엘에 대하여 자신의 약속들을 성취하심에 있어서 하나님의 신실하심 – 성경은 매우 여러 번 이를 반복한다 – 을 무효화하기에 매우 부적절하다. 새 관점의 설명에 대한 브랜드 · 프랫의 승인은 또한 공관복음의 기원에 대한 그들의 연대 결정이, 특별히 그들이 이것들을 근본적으로 바울과 베드로의 사역 이후에 위치시킨다는 점에서 의문을 자아낸다.[155] 이러한 연대 계산법은 마태, 마가, 누가복음을 그것들의 전통적인 연대 이후에 위치시킨다. 초기 교부들은 마태복음을 주후 50년대로, 누가와 마가복음을 60년대로 위치시켰다. 새 관점의 저자들은 이 세 복음서를 1세기 후반으로 연대를 추정하며, 그 저작권을 전통적인 저자들이 아니라 마태, 마가, 누가가 죽고서 한참 후에 살았던 편집자들(redactors)에게 둔다.

교회가 하나님의 계획에서 이스라엘을 대체했음을 입증하려는 그들의 시도에서, 브랜드 · 프랫은 갈라디아서 6:16을 인용한다. 이 책에서 필자의 글에 있는 진술은, 교회를 이 구절에 있는 "하나님의 이스라엘"과 동일시하려는 그들에 대한 응답으로서 확장시켜 설

---

[155] 새 관점의 대변자들이 저지르는 해석학적인 오류와 그 밖의 것들에 대한 논의를 위해서는, Robert L. Thomas, "Hermeneutics of the New Perspective on Paul," *MSJ* 16, no. 2 (Fall 2005): 293~316을 보라.

명할만한 가치가 있다. "하나님의 이스라엘"이 교회를 가리키기를 원하는 사람들은 이 구절에 있는 두 번째 *kai*("곧," "즉")에 대하여 가능성이 희박하며 거의 불가능한 의미를 채택해야만 한다. 문법적으로, 이 접속사는 강조의 "더욱"의 의미로 사용될 수 있으나, 또한 설명의 용법으로 "즉"을 의미할 수 있다. 해당 구절에서 단어의 순서는 설명적 용법을 사실상 불가능하게 한다.156 하나님의 이스라엘을 6:16의 헬라어 단어 순서에서 한참 먼저 나오는 "이 규례를 행하는 자"와 동일시하는 것이 브랜드-프랫의 입장이다. 이것은 사실상 불가능한 설명적 용법을 필요로 한다. 그들은 훨씬 더 입증 가능한 강조의 의미로서의 가능성은 언급하지 않는다. 다시 말해서, 바울은 갈라디아 교회에 있는 민족적 이스라엘의 성도들을 향하여 특별한 평화와 자비를, 그리고 어쩌면 로마서 11:26에 있는 그들의 영광스러운 미래에 대한 하나님의 약속을 미리 바라고 있는 것이다. 그는 교회를 이스라엘과 동일시하지 않았다.

갈라디아서 6:16에 대한 자신들의 오용을 통하여, 브랜드·프랫은 로마서 11:26을 인용할 때 또 다른 잘못을 범하는데, 이 구절의 "모든 이스라엘"이 유대인과 이방인들 모두를 가리킨다고 한 것이다. 로마서 9~11장 전체에 걸쳐서 민족적 이스라엘에 대한 바울의 강조에도 불구하고, 그들은 바울이 민족적 이스라엘의 미래에 대하여 가르쳤던 것 안에 비 이스라엘 그리스도인들을 포함시키기를 원했다. 11:26과 인접한 문맥에서, 그는 "복음으로 하면 그들이 너희로 말미암아 원수 된 자요 택하심으로 하면 조상들로 말미암아 사랑을 입은 자라"(롬 11:28)고 말했다. 28절의 원수는 초기 그리스도인들을 박해했던 이스라엘 사람들이고, "조상들"은 족장들(아

---

156 이 연결에 있어서 *kai*의 의미에 대한 훌륭한 논의를 위해서는, S. Lewis Johnson Jr., "Paul and 'The Israel of God': An Exegetical and Eschatological Case-Study," in *Essays in Honor of J. Dwight Pentecost*, ed. Stanley D. Toussaint and Charles H. Dyer (Chicago: Moody, 1986), 187~88을 보라.

브라함, 이삭, 야곱)이다. 11:26의 "모든 이스라엘"은 민족적 유대인 성도들이어야 하며, 이방인들은 배제되어야 한다. 이스라엘 민족은 족장들 때문에 사랑을 받는다.

신약은 결코 교회를 "이스라엘"이라고 부르지 않으며, 이는 주후 160년까지의 교회 저작들에서도 마찬가지이다.[157] 왜 이렇게 브랜드·프랫이 교회를 새로운 하나님의 백성이라고 규정하는 것을 주저하는지 궁금할 수도 있다. 그들은 "새로운 백성"과 "새로운 창조적 정체성"에 대하여 썼는데, 이것을 예수가 자신의 부활과 승천 이후에 세우기로 계획하셨던 "교회"라고 부르는 것에 주저한다. 그들은 이스라엘에 대한 교회의 관계를 묘사하는 용어와 씨름하는데, "대체", "변화", "새 창조", "성령의 시대"와 같은 명칭들을 제안하고 그 다음에 거부한다. 그들은 "새 창조"라는 용어를 선호하는 것처럼 보이지만, 이것은 미래에 있을 "새 창조"에 대한 자신들의 입장에 반하게 만든다. 분명히, 바울 시대의 새 창조와 미래의 새 창조 사이에는 차이가 존재한다. 오순절에 시작되었던 하나님의 새로운 계획을 이스라엘의 어떤 형태나 다른 것으로 부르기 보다는 "교회"라고 부르는 것이 더욱 정확한 것처럼 보인다.

최근 고찰들

이 책의 제목, 『이스라엘과 교회에 관한 관점』은 두 집합체인 이스라엘과 교회의 차이를 승인하는 것처럼 보인다. 세대주의 관점은 둘 사이의 차이를 받아들이지만, 물론 모든 민족적 이스라엘 사람들에게 구원을 허락하는 구원론을 받아들이지는 않는다. 오늘날 오직 구원을 가진 자들은 그리스도의 영적 몸인 교회의 부분이 됨에 있어서, 그리스도를 구세주로 받아들인 자들이다. 이러한 변화에서, 그들은 교회에 대한 그리스도의 약속의 상속자들이 되며 아브라함

---

[157] Peter Richardson, *Israel in the Apostolic Church* (Cambridge: Cambridge University Press, 1969), 74~84, 206.

의 후손들로서 그들의 상속권을 뒤에 남겨둔다.

이것을 염두에 두면서, 세대주의 관점은 하나님의 주권이 어떻게 1948년에 이스라엘 국가를 다시 되돌려 놓으셨는지에 대하여 놀라워 한다. 대부분 민족적 이스라엘은 여전히 하나님께 대항하고 있으며, 그래서 이것은 성경적 예언의 성취가 될 수는 없다. 예언에 대한 어떠한 미래적 성취도 교회의 휴거와 주의 날의 시작 - 후자에 대하여 구약과 신약에서 언급되었다 - 이전에 오지 않을 것이다. 이스라엘 국가의 현재 지도자들은 아마도 그리스도인들이 아닐 것이며, 하나님께서 이 백성을 양육하셨던 기적적인 방법이, 그가 미래의 칠십 번째 주에 이 나라를 높이 올리실 것에 대한 전조일지도 모른다.

주는 자신의 진노를 죄악된 창조 세계에 부으시기 때문에, 그 주간은 이스라엘에게 있어서 박해와 정화의 때가, 그리고 전 세계에게 있어서 고통의 때가 될 것이다. 하나님께서 그리스도 안에 있는 성도들이 자신의 미래의 분노를 견디도록 정해놓으시지 않았기 때문에(살전 5:9), 그리고 미래에 있을 칠십 번째 주의 공포에서 그들을 보호하시기로 약속하셨기 때문에(계 3:10), 세대주의자들은 성도들을 공중에서 만나시기 위해 언제라도 오실 그리스도의 재림을 미리 바라본다(살전 4:13~18).[158] 그들이 구세주의 재림을 예상할 때, 그들은 불신자들 - 그들이 민족적 이스라엘 사람들이든지 다른 민족적 배경의 사람들이든지 상관없이 - 을 위해 기도하며 그들에게 복음을 나누어 줄 것이다.

---

[158] 세대주의자들은 계시록 2~3장의 일곱 가지 메시지들이 특별한 개인들이나 지역적인 교회들에 국한되는 것이 아니라, 오순절 이후의 어떤 지역이나 어떤 시대에 상관없이 교회에 보편적으로 적용되는 것이라는 브랜드·프랫의 견해에 동의한다. 그래서 1세기의 빌라델비아 성도들에게 하신 약속은 여전히 유효하다.

논평 /3/

로버트 L. 소시

브랜드와 프랫은 이스라엘과 교회의 관계에 대한 흥미롭고 도발적인 관점을 보여준다. 필자는 많은 동의 점들과 동시에 깊은 차이를 보이는 점들을 발견한다.

그들의 입장을 뒷받침하는 다섯 가지 요점들에 대답하기에 앞서, "종말론적 관점에서 이스라엘과 교회의 중요성에 대한 전체 논쟁이 성경의 거대 서사 안에 드러나는 **구원의 역사**와 밀접한 관련이 있다."라는 그들의 생각과 관련하여 해명의 말이 필요하다. 필자는 이와 같은 진술에 동의하지만, 그것에 첨부되어 있는 의미, 다시 말해서 불일치가 구원의 방식, 그리하여 하나님의 백성의 정체성을 다룬다고 하는 것에는 동의하지 않는다.

구체적으로, 세대주의가 "실질적으로 구원에 이르는 여러 가지 길을 요구한다."라는 주장은 유감스럽게도 오해이다. 세대주의자들은 비 세대주의자들과 마찬가지로, 구원이 적용되어 왔던 다른 경륜들(economies)을 인지해 왔다. 그러나 이 다른 경륜들은 구원 언약에 있어서 인간의 행위와 연관이 있는데, 다르게 표현하자면, 사람들이 하나님과 관계를 맺고, 그리하여 구원을 받도록 해주는 언약들의 집행(administration)과 연관이 있다. 예를 들어, 모세 언약 아래에서 살고 있는 유대인들에게 이 믿음의 한 가지 표현은, 가능할 때마다 희생 제사의 율법에 순종하는 것이었다.159 새 언약 아래에 있는 성도들은 자신들의 믿음의 표현으로서 이러한 특정의 진술을 가지지 않는다(333쪽의 각주 12번에서 인용된 세대주의적 진술은 이러한 방식으로 이해되어야만 한다). 그러나 믿음의 다른 표현들은 세대주의자들이 다른 복음주의자들과 함께 믿고 있는 궁극적인 구원의 유일한 방식-오직 은혜로 오직 믿음을 통하여 얻는 구원-을 변화시키지 않는다.

따라서 구원 역사와 관련하여 필자가 이해하는 차이는 구원의 방식이 아니라, 하나님께서 세상에 구원을 가져다주기로 정하셨던 과정을 다루는 데 있다. 요약하면, 중요한 차이는 이러한 질문과 관련이 있다. 하나님이 이스라엘 나라를 회복하시고 깨끗케 하시는 것을 통하여 열방을 구원으로 축복하신다고 묘사하는 구약의 예언들이 여전히 유효하며 이제 성취될 예정인가? 아니면, 신약이 그리스도와 새로운 이스라엘로서의 교회를 언급하는 가운데 이 예언들을 재해석했는가?

그들의 입장을 설명하는 구성에서 첫 번째 요점과 관련하여, 필자는 하나님의 백성이 단일 백성, 즉 하나님께서 공통의 언약 관계를 통하여 표현되는 구원 관계를 수립하신 백성이라는 주장에 동의한다. 그러나 삼위일체 하나님이 "통일성에 있는 구별성"으로 묘사될지도 모르는 것처럼(각주 12), 이스라엘과 교회도 하나이지만 구별된다. 만약 교회가 이방인들과 유대인들을 수반하는 최종적이고 종말론적인 공동체로 이해된다면(비록 이것이 최선의 정의는 아닐지라도, 필자는 이에 대하여 문제가 없다160), 이러한 개념은 현재의 역사와 영

---

159 이스라엘의 백성들이 예루살렘과 성전을 떠나 포로로 살고 있었을 때, 분명히 이것은 가능하지 않았다. 그러나 분명하게 그들은 하나님과 아브라함 안에 내재하는 약속의 언약을 믿는 믿음을 통하여 구원을 받았다. 모세 언약은 그리스도에 앞서 이스라엘 국가를 위한 일시적인 집행이었다(갈 3:16~25).

160 "교회"가 하늘이나 영원 상태 안에 있는 성도들에 대하여 사용된 적이 결코 없기 때문에(히브리서 12:22는 아마도 하늘에 존재하는 것으로서

원의 상태 모두에서 국가적 집합체들의 실재를 배제하지 않는다.

구약에서 이스라엘이라는 개념은 아브라함에서 야곱으로 이어지는, 국가적 집합체를 형성했던 유전적으로 연결되어 있는 민족을 포함하는데, 이것은 또한 그 존재가 하나님과의 언약 관계에 의하여 결정된다는 측면에서 영적 차원도 가졌다. 이스라엘에 대한 이러한 의미는 구약 전체에 걸쳐서 유지되었으며, 이집트와 앗시리아가 이스라엘과 함께 하나님의 백성이 될 것이라는 메시아의 날에 대한 예언들에서도 확증된다(사 19:23~25; 또한 슥 2:10~11을 보라). 신약이 이스라엘에 대한 이러한 의미를 바꾸었다는 증거는 어디에도 없다. 브랜드와 프랫이 주장하는 것처럼, 신약이 그리스도의 모든 "추종자"가 "'새로운' 이스라엘"을 구성한다고 이해하는 곳은 아무 데도 없음을 많은 비세대주의자들은 동의한다.161

게다가, 만약 교회가 재구성된 이스라엘이라면, 바울이 로마서 9~11장에서 이스라엘에 관해 논의하는 내용이 존재해야 할 아무런 이유가 없을 것이다. 이 사도는 여기서 그리스도에 대한 이스라엘의 거절과 그의 구원의 빛에서, 구약에서 이스라엘에게 주신 약속들을 지키시는 하나님의 신실하심의 문제에 관심을 가지고 있다.

가 아니라, 하늘에 등록이 되어 있는 교회에 대하여 말하고 있는 것 같다), 아마도 "교회"는, 그것이 다른 인간 집단들과 구분되는 현재의 역사 기간 동안에 있는 하나님의 회중을 위한 용어인 것 같다. 그리고 지상의 모든 사람이 영원 가운데 하나님의 백성이 될 때는 다른 용어가 사용된다.

161 예를 들어, 바르트(Markus Barth)는 에베소서 1:3~10, 14에서 이전에 이스라엘에게 예정되어 있던 구원의 용어를 바울이 교회에 적용한 것에 대하여 논의한 후에, 계속해서 "그러나 '새로운' 혹은 '참된' 이스라엘과 같은 표현들('새' 언약, '새로운' 사람, '새로운' 약속에 대응되는 것처럼 보이는)은 이 문맥이나 신약의 다른 어떤 곳에서도 발견되지 않는다."라고 말한다 (*Ephesians 1-3*, Anchor Bible [Garden City, NY; Doubleday, 1974], 97). 더 많은 근거를 위해서는, 이 책에서의 필자의 장과 필자의 책 *The Case for Progressive Dispensationalism* (Grand Rapids: Zondervan, 1993), 194~207에 있는 신약에서의 이스라엘의 의미에 대한 논의를 보라.

하나님의 말씀은 실패했는가(롬 9:6)?

그러나 만약 신약의 저자들이 교회가 새롭거나 재구성된 이스라엘이라고 가르쳤다면, 모든 사람은 하나님의 말씀이 실패하지 않았음을 알 수 있었을지도 모른다. 교회가 이제 새로운 이스라엘이고 이스라엘에 대한 구원의 약속들이 이제 교회라는 이스라엘에서 성취되고 있었기 때문이다. 그러나 이것은 분명히 이 장들에서 나타나는 바울의 대답이 아니다.

이스라엘과 교회를 구분하는 것에 대한 실패는, 구원 역사에 있어서 이스라엘의 역할에 대한 언급이 이 글에서 이루어지지 않고 있다는 사실과 연관이 있는 것처럼 보인다. 브랜드와 프랫에 의하면, 이스라엘은 하나님의 백성의 정당한, 시작의 부분인 것처럼 보이며, 이는 이방인들의 합병으로 확장된다. 그러나 이것은 이스라엘이 하나님의 구원 계획에서 감당하기 위하여 부르심을 받았던 역할을 간과하는 것이다. 우리의 장에서 설명되었듯이, 하나님은 자신의 백성이 되기 위할 뿐 아니라, 또한 모든 사람을 위한 구원의 통로로서 자신을 섬기게 하려고 – 그것을 통하여 세상의 나라들 앞에서 자신의 영광을 드러내기 위한 민족이 되도록 – 이스라엘을 지으셨다.

이것은 예수가 모든 나라가 아니라, 원래 이스라엘에게 왔던 이유를 설명해 준다. 왜냐하면 오직 회심한 이스라엘만이 이 소명을 성취할 수 있기 때문이다. 이것은 또한 하나님께서 수세기를 거치는 동안 포로 된 이스라엘을 독특하게 보호하시고 그들의 회복과 구원에 대하여 수많은 약속들을 주신 이유 – 그런데 이것은 필자의 글에서 이미 보여주었듯이, 신약 저자들에 의해서도 정당함을 인정받았다 – 를 설명해 준다.

마지막으로, 땅 약속이 그리스도의 위격 안에서 성취되었다는 주장은 인간 존재의 육체적이고 물리적인 본성을 무시하는 것처럼 보인다. 분명 모든 참다운 예배는 그리스도 안에 있으며, 그 분 안에서 우리가 살며, 어떠한 장소에서라도 우리는 그에게 예배드릴 수 있다. 만약 각주 20에서 인정했듯이, 새로운 창조 세계가 우리가 하나님께 예배드릴 실제적인 장소라면, 예언들이 묘사한 것과 같이 이스라엘이 그 땅-사람들이 예배를 드리러 오는, 성전을 가진 실제적인 예루살렘-으로 회복된다고 이해하는 것은 분명히 가능한 일이다.

두 번째 요점과 관련하여, 하나님의 백성이 신적 선택과 영적 탄생으로 그의 것이 된다는 사실과 모든 이가 영원한 도성을 추구한다는 것에 필자는 동의한다. 그러나 필자는 어떻게 이러한 영원한 소망이, 천상의 예루살렘이 하늘에서 내려오기에 앞서, 선지자들과 일치하게 구원 역사의 마지막 단계로서 메시아의 약속된 통치 기간에 예루살렘의 미래적이고 지상적인 회복을 부정할 수 있는지 이해할 수 없다(계 21:10; 또한 20:4를 보라). 예루살렘의 회복에 대한 예레미야의 예언은 계속해서 반복된다. "너희가 이 땅에서 번성하여 많아질 때에는... 그 때에 예루살렘이 그들에게 여호와의 보좌라 일컬음이 되며 모든 백성이 그리로 모이리니 곧 여호와의 이름으로 말미암아 예루살렘에 모이고"(렘 3:16~17; 또한 사 2:1~4[분명히 영원한 상태에서가 아닌]; 60:14; 62:1~2; 습 3:14~20).

이와 같이, 예수의 농부들 비유(마 21:33~34)가 "세계를 향한 정치적이고 종교적인 지도력에 대한 소망을 가지고 있는 유대 국가에 대한 최후의 조종(death-knell)"이라는 주장(341쪽, 로버트슨의 말을 인용)은 성경적 가르침과 매우 모순적인 것처럼 보인다. 우선, 그 나라를 빼앗기는 농부들은 국가적 이스라엘이라기보다는 당시의 유대 지도자들을 가리키는 것일 가능성이 크다.[162] 두 번째로, 예수는 예루살렘에 대한 심판을 선언하면서도(마 23:37~38), 또한 이 거절하는 상황이 반전될 것이라고 가르치신다. "이제부터 너희는 찬송

---

[162] D. A. Carson, "Matthew,"in *The Expositor's Bible Commentary*, ed. Frank E. Gaebelein (Grand Rapids: Zondervan, 1984), 454; David L. Turner, *Matthew*, Baker Exegetical Commentary on the New Testament (Grand Rapids: Baker, 2008), 517~18.

하리로다 주의 이름으로 오시는 이여 할 때까지 나를 보지 못하리라"(39절). 성경이 **모든 사람이** 재림 때 그를 볼 것이라고 가르치기 때문에, 그들이 그를 "찬송하리로다"라고 한 말은 분명 미래의, 회개하는 이스라엘을 가르치는 것처럼 보인다. 자신들의 메시아에 대한 이스라엘의 거절은 국가로서의 그들의 최종적인 거절을 알리는 것이었다고 주장하는 것은 또한, 비록 이스라엘이 자신들의 메시아를 거절했을지라도(사 53장; 슥 12:10) 하나님의 은혜로 그들은 또한 회개하여 회복될 것이라는 예언의 분명한 가르침을 무시하는 것이다(53장 이후에 나오는 메시아의 날에 이스라엘에 관한 이사야의 모든 예언을 특별히 살펴보라).

세 번째 요점은 이 사안의 핵심, 즉 하나님께서 국가적 집합체로서 이스라엘에 대한 구약의 의미를 거절하시고 하나님의 백성의 후임으로서 교회 안에 새 이스라엘을 창조하셨는지에 관한 것으로 향한다. 필자의 글에 제시되어 있는 증거들에 덧붙여, 이러한 이해를 위하여 설정된 특정한 논점들 중 몇 가지에 대해서 그저 간략하게만 응답할 수 있을 것이다.[163] 로마서 11장의 감람나무와 관련하여, 이방인들이 접붙여졌던 그 뿌리는 이스라엘과 동일한 것은 아니다. 이스라엘은 자연적으로 자라난 가지들이다. 오히려, 그 뿌리는 아브라함과 그에게 맺어지고 족장들인 이삭과 야곱에게서 반복되어진 언약이다. 이 언약은 "큰 민족"과 "땅에 있는 모든 족속"에 대하여 말한 것이다. 이것들은 성경 어느 곳에서도 동일시되지 않았다. 게다가, 아브라함은 유대인들과 이방인들 모두의 조상으로 분명하게 규정된다(롬 4:10~12, 16). 그러므로 아브라함의 씨는 믿음을 가진 이방인들 – "유대인"이 되지 않고서도 – 을 포함한다.

게다가 에베소서 2장은 "이스라엘 국가에서 배제된" 이방인들이 이제 "이스라엘의 나라에 포함"된다고 우리에게 말하지 않는다. 오

---

[163] 또한 필자의 책 *The Case for Progressive Dispensationalism*, 6~8장을 보라.

히려, 유대인들(이스라엘)과 이방인들 모두 "한 새 사람", "한 몸", 그리고 "성도들과 동일한 시민"(엡 2:19, 이것은 모든 성도, 심지어 이스라엘보다 앞서는 자들을 포함하는 것이다), 즉 하나님 나라의 시민들이 되었다. "모든 이스라엘"을 이방인들을 포함하는 "하나님의 이스라엘"이라고 이해하는 것은 로마서 9~11장-현대 주석가들의 대다수가 민족적 이스라엘을 언급하는 것으로 인지한다(특별히 11:1, 7, 25를 보라)-에서 이스라엘에 대한 다른 모든 사용과 모순되는 것처럼 보인다. 마지막으로, 성경은 교회 바깥에 있는 모든 사람을 "이방인들"이라고 생각하는 것처럼-그리하여 주장되는 것처럼, 교회가 "유대인"이라고 제안하는 것처럼-보이지 않는다. 바울은 "유대인에게나 헬라인에게나 하나님의 교회에나 거치는 자가 되지 말라"라고 말한다(고전 10:32; 또한 9:20~21을 보라).

필자는 하나님의 백성이 성령의 현존-새 언약의 약속-으로 특징지어지며, 모든 이는 "그리스도 안에" 있으며, 그러므로 하나님의 백성만이 거듭났다는 네 번째 요점에 동의한다. 그러나 필자는 이것이 어떻게 성령의 현재적인 능력을 이스라엘 나라의 회복에 관한 제자들의 질문에 대한 답으로 만드는지 보지 못했다(행 1:6~8). 분명히, 성령의 현재적인 능력은 예루살렘에서부터 모든 나라에 대하여 능력 가운데 나타나는 그리스도의 미래적이고 지상적인 통치를 부인하지 않는다.

다섯 번째 요점의 제목-"하나님의 백성은 그리스도의 몸이다"-은 완전히 동의할 수 있다. 그러나 이 복잡한 사안에는 다수의 생각이 문제가 있는 것처럼 보인다(적어도 필자에게는). 만약 필자가 언급된 내용의 핵심을 이해했다면, 저자들이 교회를 "재구성된 이스라엘"-선지자들이 계속적으로 회개로 초청했던, 이스라엘에 대한 구약의 그림을 성취하는-로 보았다고 필자는 이해한다. 이것은, 베드로가 예루살렘에 있는 유대인들에게 그리스도께서 돌아오셔서 "만물을 회복하실 때"를 말했던 것처럼(행 3:21), 교회가 여전히 "포로 상태"에 있으며 회개가 필요하다고 이해하는 것처럼 보일지도 모른다. 동시에, 저자들은 교회가 새 이스라엘이며, 모든 나라에게 그리스도의 재림을 강력하게 증거하고 있다고 본다.

그 나라에 앞서 회개로 초청 받은 이스라엘에 대한 선지자적 그림을 성취하는 교회에 대한 이러한 그림은 예언들과 중대한 불일치를 보인다. 구약의 예언들은, 여전히 포로 상태에 있으며 회개가 필요한 이스라엘의 "재구성" 혹은 회복을 하나님의 백성으로 보지 않는다. 우리가 사도행전 3장에서 보았던 것처럼(또한 마 23:39를 보라), 구약에 있는 이스라엘의 회복은 선행하는 회개와 이스라엘의 영적 구원(그리스도의 십자가를 통하여)을 수반한다. 예언들에 따르면, 회복된 이스라엘은 더 이상 회개로 초청하는 대상이 아니다. 게다가, 지금 현 시대 동안에 열방에 증언하는 교회의 사역은 예언들에 묘사된 것처럼 열방들의 구원과 그들의 예루살렘으로의 순례의 때를 완수하고 있지 않으며, 또한 미래에도 않을 것이다(예. 사 2:1~4). 그러므로 교회를 이 예언들을 성취하는 재구성된 이스라엘로 보기는 쉽지 않다.

요약하면, 다른 것들 – 이스라엘 국가에 관한 예언들이 그리스도와 교회 안에서 성취되었으며, 따라서 예언된 것과 같이 문자적으로 성취되지 않는다고 보는 경향과 같은 – 과 함께 필자가 언급했던 논제들은 모두, 단일한 구원을 통한 하나님의 단일한 백성에 대한 저자들의 궁극적인 관심이 사실상 예언들이 가르치는 내용이라는 사실을 인식하지 못하는 데에서 기인한다. 이스라엘의 실패가 예언되어 있었으나, 새 언약의 구원을 통한 그 미래적 회복에 대한 약속 또한 그러했다. 그러므로 실패는 그 국가에 대한 최종적인 거부나 다른 이스라엘 – 그것의 새롭고 영적인 본질을 제외한 – 로 이끌지 않았다. 새 언약의 동일한 구원은 열방들로 향하기로 되어 있었으며, 그 결과 이스라엘과 함께 모든 나라에서 온, 믿음을 가진 모든 사람이 동일한 새 언약과 이 언약의 동일한 중보자이신 메시아, 예수 그리스도를 통하여 하나님과 관계를 맺게 될 것이다. 이것이 신약의 유대인 저자들이 가지고 있었던 구약적인 소망이었으며, 필자는 이 소망의 성취를 부정하는 그 어떠한 것도 그들의 글에서 찾아볼 수 없었다.

인명 색인

ㄱ

개릿, 제임스 레오 Jr.(Garrett, James Leo, Jr.) 128

건드리, 로버트 H.(Gundry, Robert H.) 113

고펠트, 레온하르트(Goppelt, Leonhard) 233

골딩, 피터(Golding, Peter) 25

골즈워디, 그레이엄(Goldsworthy, Graeme) 338, 350, 351, 58, 364

구트브로드, 월터(Gutbrod, Walter) 277

그로건, 제프리 W.(Grogan, Geoffrey W.) 255

그루뎀, 웨인(Grudem, Wayne) 380

글레니, W. 에드워드(Glenny, W. Edward) 279

긴그리취, F. W.(Gingrich, F. W.) 80

깁스, 제프리 A.(Gibbs, Jeffery A.) 149

ㄴ

노쓰, 마틴(Noth, Martin) 241

노쓰, 크리스토퍼 R.(North, Christopher R.) 247

놀란드, 존(Nolland, John) 145

니겔스바흐, 칼(Nägelsbach, Carl) 255

ㄷ

다이슨, R. W.(Dyson, R. W.) 23

댕커, F. W.(Danker, F. W.) 80

더럼, 존 I.(Durham, John I.) 242

던, 제임스 D. G.(Dunn, James D. G.) 270, 277, 283, 292, 336, 368, 372, 377, 398

덤브렐, 윌리엄 J.(Dumbrell, William J.) 121, 239, 242

데이비스, W. D.(Davies, W. D.) 160, 276, 365

데일리, 브라이언 E.(Daley, Brian E.) 22, 390

델리아, 존 A.(D'Elia, John A.) 32

도날드슨, 제임스(Donaldson, James) 20

듀인, 줄리아(Duin, Julia) 62

드 뷔트, 존 리차드(De Witt, John Richard) 223

디프로스, 로널드 E.(Diprose, Ronald E.) 292, 293

ㄹ

라이리, 찰스(Ryrie, Charles) 28, 30, 31, 382, 383, 384, 392

라이징거, 존 G.(Reisinger, John G.) 33, 139

라이터, 리차드 R.(Reiter, Richard R.) 28, 382

라이트, N. T.(Wright, N. T.) 330, 331, 332, 343, 344, 364, 371, 372

래드, G. 엘돈(Ladd, G. Eldon) 16, 32, 33, 38, 56, 381, 386, 387, 388

램, 버나드(Ramm, Bernard) 109, 110, 174, 287, 409

러브레이스, 리차드 F.(Lovelace, Richard F.) 332

러셀, 제임스 S.(Russell, James S.) 381

레이몬드, 로버트 L.(Reymond, Robert L.) 11, 13, 25, 26, 36, 107, 144, 297

로세, 이드워드(Lohse, Eduard) 282

로버츠, 알렉산더(Roberts, Alexander) 20, 130

로버트슨, 팻(Robertson, Pat) 62

로버트슨, A. T.(Robertson, A. T.) 203, 341, 419

로버트슨, O. 팔머(Robertson, O. Palmer) 36, 63, 64, 69, 70, 77, 81, 87, 94, 97, 105, 203, 284

로울리, H. H.(Rowley, H. H.) 246

로워리, 데이비드 K.(Lowery, David K.) 334

로젠탈, 마빈 J.(Rosenthal, Marvin J.) 385

론지네커, 리차드 N.(Longenecker, Richard N.) 220, 291, 380

론지네커, 브루스 W.(Longenecker, Bruce W.) 330, 337, 348

루이스, 스티븐 R.(Lewis, Stephen R.) 134

루터, 마틴(Luther, Martin) 24, 7, 42, 254, 327, 377, 380

리더보스, 허만 N.(Ridderbos, Herman N.) 171, 222

리차드슨, 피터(Richardson, Peter) 171, 172, 178, 275, 277, 279

린츠, 리차드(Lints, Richard) 35, 222

링그렌, 헬머(Ringgren, Helmer) 240

링컨, 앤드루 T.(Lincoln, Andrew T.) 272

■

마이어, 제이슨 C.(Meyer, Jason C.) 33

마틴-아차드, 로버트(Martin-Achard, Robert) 249

매킨토시, H. R.(Mackintosh, H. R.) 128

맥그래이, 알란 A.(Macrae, Allan A.) 90

맥나이트, 스캇(McKnight, Scot) 171

맥레인, T. 반(McLain, T. Van) 29

맥코이, 찰스 S.(McCoy, Charles S.) *42*
맥퍼슨, 데이브(MacPherson, Dave) *382*
머레이, 존(Murray, John) *27, 52, 53, 68, 170, 275, 283, 285, 293, 349*
메릴, 유진 H.(Merrill, Eugene H.) *253*
모터, J. 알렉(Motyer, J. Alec) *221*
몰간, 에드먼드 S.(Morgan, Edmund S.) *332, 354, 355, 356*
무, 더글라스(Moo, Douglas) *123, 168, 230, 386, 387*

ㅂ

바르셀로스, 리차드(Barcellos, Richard) *139*
바르트, 마르쿠스(Barth, Markus) *417*
바우어, W.(Bauer, W.) *80*
바커, 케네스 L.(Barker, Kenneth L.) *139*
박, 대럴 L.(Bock, Darrell L.) *25, 28, 29, 60, 143, 145, 199, 209, 226, 230, 264, 274, 279, 334, 382, 384, 393*
반게머렌, 윌리엄(VanGemeren, William) *393*
버튼, 어네스트(Burton, Ernest D.) *276*
베르카우어, G. C.(Berkouwer, G. C.) *52*

베르호프, 피터 A.(Verhoef, Peter A.) *256*
베이커, 데이비드(Baker, David L.) *231, 232*
베이커, J. 웨인(Baker, J. Wayne) *42*
벡커, 휴고(Bekker, Hugo) *52*
벨럼, 스티븐 J.(Wellum, Stephen J.) *26, 27, 29, 31, 33, 34, 35, 37, 127, 130, 131, 222*
보스, 게르하르두(Vos, Geerhardu) *40, 41, 54, 78, 85, 00, 301*
보우링, 존(Bowring, John) *49*
보컴, 리차드(Bauckham, Richard) *363, 375*
보터벡, 요하네스(Botterweck, G. Johannes) *240*
볼프, 한스 W.(Wolff, Hans W.) *291*
브라운, 레이몬드 E.(Brown, Raymond E.) *145*
브라이트, 존(Bright, John) *246*
브레머, 프란시스 J.(Bremer, Francis J.) *356*
브로더스, 존 A.(Broadus, John A.) *402*
브루스, F. F.(Bruce, F. F.) *261, 315, 349, 380*
블레이징, 크레이그(Blaising, Craig A.) *25, 28, 29, 143, 173, 199, 209, 274, 279, 334, 382, 384, 393*

비갈크, 론 J.(Bigalke, Ron J.) *134, 135, 139*

비일, G. K.(Beale, G. K.) *175, 176, 179, 181, 185, 88, 190, 192, 195, 197, 230, 349, 350, 362, 370, 374, 388, 392, 409*

비즐리-머레이, G. R.(Beasley-Murray, G. R.) *128, 260, 282*

비처, W. J.(Beecher, W. J.) *328*

ㅅ

사이저, 스티븐(Sizer, Stephen) *162, 164, 165*

사이커, 제프리 S.(Siker, Jeffrey S.) *279*

샤프, 필립(Schaff, Philip) *20*

샌더스, E. P.(Sanders, E. P.) *282*

세이프리드, 마크 A.(Seifrid, Mark A.) *230*

세콤베, 데이비드(Seccombe, David) *282*

소시, 로버트 L.(Saucy, Robert L.) *15, 16, 28, 29, 37, 38, 60, 61, 117, 131, 139, 155, 209, 225, 264, 274, 279, 280, 283, 297, 309, 310, 311, 313, 314, 316, 317, 319, 320 ,325, 331 ,357, 382 402, 415*

쉐드, 러셀 P.(Shedd, Russell P.) *273*

슈미트, 칼 L.(Schmidt, Karl L.) *282*

슐라이어마허, 프리드리히(Schleiermacher, Friedrich) *128*

스미스, 데이비드 L.(Smith, David L.) *351*

스카서운, 오스카(Skarsaune, Oskar) *269*

스토트, 존(Stott, John) *285*

스튜어트, J. S.(Stewart, J. S.) *128*

스프라울, R. C.(Sproul, R. C.) *381*

ㅇ

아른트, W. F.(Arndt, W. F.) *80*

아브라함스, I.(Abrahams, I.) *248*

아우네, 데이비드 E.(Aune, David E.) *175, 177, 179, 180, 181, 84, 185, 189, 190, 193, 195, 197*

아이히로트, 발터(Eichrodt, Walther) *257*

아처, 글리슨(Archer, Gleason L.) *90, 382, 385, 386*

알란드, 컬트(Aland, Kurt) *128*

알렉산더, 랄프 H.(Alexander, Ralph H.) *291*

알렉산더, 조셉 A.(Alexander, Joseph A.) *255*

알포드, 헨리(Alford, Henry) *390*

애덤스, 마이클 W.(Adams, Michael W.) *139*

에릭슨, 밀라드(Erickson, Millard) *390*

엘리스, E. 얼(Ellis, E. Earle) *222, 273, 289*

엘리엇, 마크(Elliot, Mark) *23*

엘월, 월터 A.(Elwell, Walter A.) *56*

영, 에드워드 J.(Young, Edward J.) *255*

오스왈트, 존 N.(Oswalt, John N.) *246, 247*

오즈번, 그랜트 R.(Osborne, Grant R.) *175, 177, 178, 180, 181, 184, 186, 189, 190, 191, 193, 194, 195, 197, 198, 199*

오토슨, 매그너스(Ottosson, Magnus) *244*

와이즈맨, D. J.(Wiseman, D. J.) *221*

와츠, 리키 E.(Watts, Rikki E.) *341*

욊케, 알브레히트(Oepke, Albrecht) *282, 285*

워커, P. W. L.(Walker, P. W. L.) *345*

월부드, 존(Walvoord, John) *30, 115, 176, 178, 382, 385, 392*

월키, 브루스 K.(Waltke, Bruce K.) *90, 72, 173, 229*

웨버, 티모시 P.(Weber, Timothy P.) *28, 382*

웨어, 브루스 A.(Ware, Bruce A.) *25, 29*

웨이마이어, 매트(Waymeyer, Matt) *170*

웨이스, 헨리(Wace, Henry) *20*

웨인라이트, 아더(Wainwright, Arthur) *282*

웰스, 톰(Wells, Tom) *33*

위더링턴, 벤 III(Witherington, Ben III) *92, 262*

윌슨, 마빈(Wilson, Marvin R.) *279*

유스티누스, 순교자(Martyr, Justin) *21, 22, 24, 130, 275, 390*

ㅈ

재스펠, 프레드(Zaspel, Fred) *33, 38*

젠트리, 피터 J.(Gentry, Peter J.) *26, 27, 29, 31, 33, 34, 35, 37, 127, 130, 131, 222*

조벨, H. J.(Zobel, H. J.) *243*

족즈, 야콥(Jocz, Jakob) *243*

존스, 데이비드 C.(Jones, David C.) *53*

존슨, 알란(Johnson, Alan) *389, 390, 391, 392*

존슨, S. 루이스(Johnson, S. Lewis) *171, 172, 411*

ㅊ

차일즈, 브레발드(Childs, Brevard) *241*

채드, 브랜드(Brand, Chad) *15, 19, 127, 217, 319, 327, 355, 357*

체이퍼, 루이스 스페리(Chafer, Lewis Sperry) 29

침멀리, 발터(Zimmerli, Walther) 243

ㅋ

카슨, D. A.(Carson, D. A.) 77, 230, 274, 419

카우치, 말(Couch, Mal) 135

카이저, 월터 C. Jr.(Kaiser, Walter C., Jr.) 251, 266, 284, 357

칼뱅, 존(Calvin, John) 40, 41, 42, 43, 84, 109, 165, 254, 293, 351, 355, 380, 409

칼버그, 마크 W.(Karlberg, Mark W.) 233

커닝햄, 윌리엄(Cunningham, William) 42

케일, 칼 F.(Keil, Carl F.) 256

코니그, 존(Koenig, John) 282

코플랜드, 케네스(Copeland, Kenneth) 62

코헨, A.(Cohen, A.) 248

콜, 그레이엄 A.(Cole, Graham A.) 248

쿨만, 오스카(Cullmann, Oscar) 32

큄멜, 베르너(Kummel, Werner) 32

크라우스, H.-J.(Kraus, H.-J.) 282

크라우치, 매트(Crouch, Matt) 62

크라우치, 폴(Crouch, Paul) 62

크랜필드, C. E. B.(Cranfield, C. E. B.) 168, 169, 283

크레이고, 토마스 H.(Cragoe, Thomas H.) 134

클라인, 메러디스 G.(Kline, Meredith G.) 370

클라크, 앤드루 C.(Clark, Andrew C.) 262

클래슨, 브래들리 D.(Klassen, Bradley D.) 167

클레멘트, 로널드 E.(Clements, Ronald E.) 240

클렌덴, E. 레이(Clendenen, E. Ray) 33, 256

키드너, 데릭(Kidner, Derek) 254

킨먼, 브렌트(Kinman, Brent) 91

킬패트릭, 로널드(Kilpatrick, Ronald) 88

ㅌ

타운젠드, 제프리 L.(Townsend, Jeffrey L.) 115

터너, 데이비드 L.(Turner, David L.) 30, 282, 384, 419

테리, 밀턴 S.(Terry, Milton S.) 285

토머스, 로버트 L.(Thomas, Robert L.) 36, 133, 134, 175, 178, 180,

181, 185, 186, 190, 191, 192, 194, 297, 311, 314, 316, 402, 410

ㅍ

파오, 데이비드 W.(Pao, David W.) 341, 352, 358, 360, 364, 366

파이퍼, 존(Piper, John) 331

파인버그 존 S.(Feinberg, John S.) 229, 379

파인버그 폴 D.(Feinberg, Paul D.) 229, 384

퍼거슨, 에버렛(Ferguson, Everett) 22

퍼슬리, 로드(Parsley, Rod) 62

펄쿠스, 프란시스(Foulkes, Francis) 230

펠리컨, 야로슬라브(Pelikan, Jaroslav) 292

포이쓰레스, 베른 S.(Poythress, Vern S.) 138, 210, 228, 230, 233, 310

폰 라트, 게르하르트(von Rad, Gerhard) 230

풀러, 다니엘 P.(Fuller, Daniel P.) 31, 393

프란츠만, 마틴 H.(Franzmann, Martin H.) 93

프루크텐바움, 아놀드 G.(Fruchtenbaum, Arnold G.) 134, 139, 383

피터, 조지 N. H.(Peters, George N. H.) 251

필슨, F.(Filson, F.) 32

ㅎ

하젤, 게르하르트(Hasel, Gerhard) 344, 345

한킨스, 데이비드 E.(Hankins, David E.) 355

해리스, 머레이(Harris, Murray) 380

해리스, R. 래어드(Harris, R. Laird) 90, 313

해밀턴, 제임스 M., Jr.(Hamilton, James M., Jr.) 368

핸첸, 어른스트(Haenchen, Ernst) 277

헤이포드, 잭(Hayford, Jack) 62

헨드릭슨, 윌리엄(Hendriksen, William) 80

헨리, 칼 F. H.(Henry, Carl F. H.) 43

헬름, 폴(Helm, Paul) 43

호너, 해롤드 W.(Hoehner, Harold W.) 115

호로비츠, 데이비드(Horovitz, David) 63

후크마, 안소니(Hoekema, Anthony) 219, 379, 380, 387, 392

홀버다, 데이비드 E.(Holwerda, David E.) 115

홀트버그, 알란(Hultberg, Alan) *381, 382, 384, 385, 386*

휴즈, 필립 E.(Hughes, Philip E.) *380*

히치콕, 마크(Hitchcock, Mark) *115*

힌, 베니(Hinn, Benny) *62*

주제 색인

개시된 종말론 (inaugurated eschatology) *38*

개혁주의 *22, 24, 27, 40, 41, 43, 327, 355*

거짓 선지자 *78, 108, 186, 303, 361*

계보적 원칙 (genealogical principle) *26-38, 127-131*

과거주의 (preterism) *177*

괄호(parenthesis)로서의 교회 *29, 37, 221*

교황 *100-01*

나치(Nazi) *12, 98, 100, 377*

다니엘(서) *55, 114, 159, 183, 196, 273, 340, 342, 370, 373, 384, 385*

대체주의(대체신학) *7, 63*

대환란 *16, 30, 37, 159, 182, 346, 380, 381, 383, 386, 387, 399, 402*

땅 원칙 (Land Principle) *29-37*

랍비 *376, 394, 395, 399*

모세 언약 *29, 120, 241-2, 287, 415-6*

모형론 (typology) *137-8, 178, 227, 230, 233*

무라토리 정경 *315*

무오성 *110*

무천년주의 *22, 23, 219, 300, 302, 306, 388, 390, 392*

문자적 해석 (literal interpretation) *15, 36, 176, 184-8*

바나바 서신 *20-24*

바리새인(바리새파) *112, 113, 146, 148, 152, 153, 157, 298, 367, 372, 394, 400*

바벨론 *75, 95, 96, 184, 229, 281, 305, 312, 342, 343, 372*

부활 *23, 24, 30, 51, 54, 73, 76, 91, 93, 94, 103, 150, 154, 161, 164, 183, 184, 191, 204, 208, 211, 218, 260, 264, 265, 284, 285, 301, 302, 307, 330, 353, 354, 359, 364, 365, 368, 374, 381, 389, 390, 391, 403, 412*

사해 *72*

새 관점 *330, 331, 332, 410*

새 예루살렘 *37, 185, 190, 191, 196, 198, 223, 258, 307, 323, 341, 363*

새 하늘과 새 땅 *29, 95, 192, 193, 197, 207, 208, 232, 302, 303, 306, 307, 381, 391, 392, 393, 403*

선교 *12, 16, 19, 164, 288, 348, 354, 364, 368, 373*

스코필드 관주 성경 *31, 48, 382*

시온주의 *12, 95, 100, 101*

아마겟돈 *184, 185, 186*

언약주의 *8, 9, 19, 24, 25, 33, 34, 36, 38, 44, 49, 51, 63, 65, 127, 176, 327, 332, 334, 339, 397, 398, 405, 406*

영해 *22, 74, 137, 142, 164, 165, 190, 209, 392, 407, 408*

웨스트민스터 신앙고백 *26, 44-46, 50, 59-60, 84, 127*

유대주의 *100, 153, 337, 340, 359, 368, 372, 374-76, 398-99, 410*

율법주의 *69, 348*

장로교 *27, 46*

재림 *12, 23, 24, 76, 94, 114, 122, 125, 153, 158, 159, 160, 172, 179, 182, 183, 189, 193, 204, 207, 208, 216, 225, 226, 250, 264, 266, 267, 288, 297, 298, 299, 301, 303, 304, 307, 312, 379, 381, 384, 386, 387, 391, 392, 393, 399, 400, 402, 403, 409, 413, 420, 422*

적그리스도 *24, 387*

전천년주의 *16, 22, 27, 32, 33, 59, 60, 61, 288, 291, 300, 301, 302, 304, 305, 306, 308,* *388, 391, 392, 409*

점진적 계시 *34, 222, 286, 301, 323*

제2성전기 *75, 96, 97, 359, 368, 372, 398, 410*

종교개혁 *24, 25, 40, 41, 42, 43, 46, 52, 133, 332*

70인역(LXX) *168*

침례교 *13, 27, 41, 62, 355, 356, 398*

할례 *21, 26, 27, 33, 35, 36, 38, 40, 45, 53, 59, 67, 69, 90, 94, 97, 100, 104, 127, 130, 171, 220, 267, 277, 278, 279, 293, 321, 325, 327, 335, 347, 350*

해석학 *11, 21, 22, 28, 29, 30, 33, 34, 36, 40, 54, 63, 111, 133, 136, 175, 176, 177, 179, 180, 181, 184, 188, 198, 199, 210, 222, 226, 227, 228, 231, 233, 237, 297, 309, 310, 311, 316, 327, 328, 384, 387, 388, 406, 409, 410*

헤르마스의 목자 (Shepherd of Hermas) *315*

헤롯 *19, 153, 370, 371*

황제 *376, 377*

휴거 *16, 29, 30, 32, 33, 37, 59, 112, 114, 115, 184, 207, 316, 317, 381, 382, 384, 385, 386, 387, 394, 403, 413*

성구 색인

창세기
1:2	*364*
1~11	*65*
2	*70*
2:8	*70*
2:16~17	*136*
3:3	*136*
3:4~5	*136*
3:15	*39 50, 65, 69, 70, 71, 79, 107, 119, 228, 393*
3:17~19	*328*
3:21	*51*
4:3~5	*51*
4:4	*58*
6	*385*
9:6	*288*
12	*65, 108, 109*
12:1	*31, 134*
12:1~3	*65, 71, 121, 137, 239, 310*
12:2	*134, 239, 252*
12:2~3	*121, 238*
12:3	*65, 67, 74, 89, 99, 120, 134, 204, 240, 251, 264, 278*
12:7	*71, 110, 137, 238, 243, 310*
13:10	*70*
13:14~15	*134*
13:14~16	*65*
13:14~17	*238*
13:15	*71, 110*
13:15~16	*239*
13:16	*134*
13:17	*71, 110, 134, 366*
15:3~4	*240*
15:5	*134, 238*
15:5~6	*119*
15:6	*51*
15:12~21	*238*
15:17~21	*29, 134*
15:18	*71, 72, 110, 137*
15:18~21	*65, 137, 243*
17:1	*41*
17:1~2	*134*
17:1~8	*238*
17:1~16	*65*
17:2	*238*
17:5	*252*
17:5~10	*238*
17:7	*65, 134*
17:7~8	*68*
17:8	*71, 110, 134*
17:9~14	*26*
17:13	*239*
17:16	*239*
17:19	*65*
17:19~20	*239*
18:18	*239, 252*
21:9	*82*
21:12	*239*
22:15~18	*238*
22:16~18	*65*
22:17	*134*
22:17~18	*239*
22:18	*134, 241, 251, 264*
23	*73*
26:3~4	*65, 239*
26:3~5	*134, 238*
26:4	*241*
26:24	*134, 239*
28:3~4	*134*
28:13~14	*238, 239*

28:13~15 65, 134
28:14   241
30:22~24 180
32:12   239
32:28   135, 243
35:10   135
35:11~12 239
35:12   65
36:10~12 134
37:1~9   180
37:9   179
37:9~10   180
37:9~11   179
46:3   239
48:3~4   134
48:4   239
48:16   239
49:9   343
49:18   245
50:20   345

출애굽기
2:24   66
3:1~6   61
3:19~20   51
4:5   66
4:22   339
4:22~23   338
6:6   159
6:7   346
12:12~13 51
12:17   90
12:21~27 51
15:1~18   51
19:1   243
19:3   243
19:5   270
19:5~6   87
19:6   121, 220, 241, 252

32:12~14 66
32:32   340
33:1   66
33:7~11   345

레위기
19:9   118
19:19   118
20:26   240
26:12   346
26:40~42 97
26:42   66
28:2   221

민수기
14:12   240
16:5   349
23:9   240

신명기
1:8   66
4:5~8   242
4:25~31   90
4:31   66
4:34   240, 252
6:3   336
7:6~8   51
7:7   170
7:8   66, 339
9:27   66
10:15   240, 252
10:16   351
26:5   252
26:19   252
28   348
28:12~13 252
28:13   357, 407
28:15~68 79, 90, 203
29:1~30:20 134, 139

29:12~13   66
30:6   351
31:24~29   79, 203
32:1~43   253
32:43   267

여호수아
5:2~9   347
11:23   366
21:43~45   72, 139
21:44   66
23:14   72
24:3~4   66

사무엘하
7   189, 190, 342
7:1   366
7:8~16   144, 145
7:12   187
7:12~13   187
7:12~16   134
7:16   187, 259
23:5   134

열왕기상
4:24   72
8~9   368
8:27   361
8:43   251
8:54~61   366

열왕기하
13:23   66

역대상
16:13~18   139
16:15~17   66

역대하
6~7   368
7:1~10   339

에스라
7:1~10   96
9:9   340

느헤미야
9:7~8   66
9:36   340
11:1~2   96

시편
2   54, 59
2:2   191
2:7   339
2:8~9   350
2:9   305
7:2   215
16   54
16:9~11   51
22   54
22:16   51
32:1~2   51
33:12   252
37:9~11   140
37:22   140
37:29   140
48:2   340
51:11~12   338
52:8   342
67:1~2   248
67:2   251
67:7   248
69:28   340
72:17   251
78:54   61
83:5~6   82

85:9	*140*	5:1~7	*342*
85:12	*140*	5:7	*77, 202*
86:9	*215, 251*	6:9~11	*362*
87:4~6	*340*	6:13	*343*
89	*187~88*	7:14	*51, 313*
89:3~4	*134, 145*	8:3	*313*
89:27	*187~88*	8:14~15	*312*
89:28	*134*	9:1	*76*
89:34	*134*	9:1~7	*391*
89:37	*187~89*	9:6	*51*
89:39	*134*	11	*96*
98:1~3	*248*	11:1	*188, 189*
101:6~8	*140*	11:1~10	*343*
102:13	*248*	11:6~9	*75*
102:13~16	*248*	11:6~10	*267*
102:15	*215, 248, 251*	11:8~9	*391*
102:22	*215, 251*	11:10	*188, 215, 251, 267*
104:30	*357*	11:11	*96, 359*
105:8~10	*66*	11:11~16	*281*
105:8~11	*140*	14:1	*252, 281*
105:42~43	*66*	19:23~25	*417*
110	*166*	19:24	*252*
110:1	*166, 167, 211, 264, 336*	19:25	*251*
		25:9	*245*
117	*251*	27:12~13	*141, 281*
117:1	*267*	32:15	*350, 360*
118:22	*264*	40:5	*260*
127	*342*	41:8	*245*
137:22	*1245*	42:1	*339*
145:7	*251*	42:1~9	*245*
145:11~13	*251*	42:6	*245, 265, 311*
147:19~20	*248*	42:19	*245*
		43:5~6	*281*

이사야

		43:7	*121, 247*
2:1~4	*112, 419, 422*	43:10	*245, 360*
2:2~3	*215*	43:12	*360*
2:2~4	*125, 251*	44:1~2	*245*
4:3	*340*	44:3	*350*
5	*342*	44:8	*360*

44:23	*121*	65:3~7	*252*
45:4	*245*	65:5	*241*
45:18~25	*251*		
48:20	*245*	**예레미야**	
49:1~7	*348*	3:16~17	*419*
49:1~9	*245*	3:17	*215, 251*
49:3	*245*	4:4	*351*
49:6	*215, 245, 265, 311, 360*	5:21	*362*
		12:14~17	*324*
49:8	*245*	16:14~15	*281*
49:8~12	*281*	16:15	*282*
50:4~11	*245*	16:19	*251*
51:1~3	*246*	17:23	*362*
51:3	*70*	18:7~10	*90*
52:1~2	*220*	23:3~8	*281*
52:10	*247*	24:4~7	*229*
52:11	*346*	24:6	*282*
52:13~53:12	*145, 195, 245, 348*	29	*95*
		29:10~14	*229*
52:13~53:13	*51*	29:14	*95*
53	*54, 59, 145, 118, 420*	30:7	*159*
54:1	*357*	30:10	*245*
55:3	*213*	31	*221*
55:4~5	*247*	31:5	*141*
55:4~7	*251*	31:7	*252*
56:7	*215, 251*	31:8	*281*
60:1~3	*247*	31:12	*141*
60:2	*265*	31:31	*215, 221, 251*
60:3	*265*	31:31~33	*250*
60:7	*121*	31:31~34	*134, 194, 195*
60:13	*121*	31:33	*197, 213, 252, 346, 351*
60:21	*121*		
61	*342*	31:33~34	*195, 213*
61:1~2	*234*	31:34	*284*
61:2	*234, 245*	31:36	*252*
62:6~8	*342*	32:38	*197*
63:10	*338*	32:39~40	*351*
64:1	*350*	34:26~27	*142*
65:1	*254, 312*	50:19	*282*

에스겔

3:1~17	343
3:22~27	362
9:3	75
10:1~22	75
11:17~21	134, 281
11:19	351
11:20	346
12:2	362
13:9	340
16:60~63	134
20:33~44	281
20:36~37	281
20:41	248
20:42	141
28:13	70
28:25	141, 248
31:	70
34:30	248
35:5	83
36:8~15	229
36:22~23	248
36:23	215, 251, 280
36:24~26	96
36:24~31	291
36:25~29	250
36:26~27	351
36:26~38	134
36:27	274
63:36	248
36~38	340
36:38	248
37	325
37:1~14	291
37:12~14	250
37:14	248, 274
37:20~27	250
37:22	252
37:26	250
37:27	197
37:28	248
39:13	121
39:21~23	248
39:22	248
39:25~29	281
39:27	280
39:27~28	248
39:28~29	248
40~48	59
43~44	59
44:9	59

다니엘

2	55
2:34	370
7	273
7:2~14	205
9	114
9:24~27	114
9:27	159
11:31	159
12:1	340
12:3	150
12:11	159

호세아

1:6	87
1:9	75
1:9~10	87
1:10	347
3	348
3:5	291
6:7	347
11:1	231
14:6	342

요엘

2	92

2:28	*162*	2:8	*64*
2:28~30	*350*	2:10	*251*
2:28~32	*235*	2:10~11	*247, 417*
3:1~21	*235*	2:12	*61*
3:17~21	*281*	4:1~10	*350*
3:18	*142*	4:6	*370*
		6:12~15	*350*

아모스
5:24	*249*
9	*210, 266, 268*
9:7	*291*
9:11~12	*97, 164, 165, 266*
9:11~15	*281*
9:13~15	*266*
9:14~15	*97, 164*

8:7	*96*
9:9	*155, 251, 313*
10:6~12	*281*
12	*281*
12:10	*281*
12~14	*290*
14:9	*336*
14:9~19	*125*

미가
4	*343*
4:1~3	*251*
4:6~7	*281*
5	*343*
5:7~9	*343*
7:20	*66*

말라기
1:2~3	*83*
1:10	*369*
1:11	*256*
3:1	*369*
3:6	*142*
3:16~18	*345*
4:5~6	*341*
4:6	*282*

나훔
1:7	*349*

스바냐
2:9	*251*
3:9	*251*
3:9~20	*343*
3:14~20	*281, 419*
3:20	*252*

스가랴
1:16	*370*
1:17	*370*
2:4~5	*370*
2:5	*121, 247*

마태복음
1:1	*67*
1:16	*364*
1:23	*313*
2:15	*231*
2:16	*61*
3:2	*145, 259, 366*
3:7~10	*146, 325*
3:8	*157*
3:9	*88, 104, 341*
3:11	*235*
3:16	*350*
4:12~16	*76*

4:17	48, 146, 259	13:9~17	362
5~7	146	13:11	48, 149
5:10~12	281	13:11~12	149
5:16	289	13:17	48
5:17~18	131	13:19	289
5:20	147	13:24~30	55
6:10	147, 281, 298	13:31~32	55
6:33	147	13:33	56
7:14	346	13:36	150
7:21~23	299	13:36~43	55
8:10~12	147	13:43	150
8:11	68	13:44~46	56
8:11~12	261	13:47~50	56
8:26	391	14~28	160
9:27	73	15:24	260
9:34	150	16:13~14	150
10:5~7	260	16:16	150
11:2	145	16:18	114, 150, 153, 262, 269
11:2~30:34	149	16:18~19	190
11:3	145	16:19	355
11:11~15	131	16:21	150
11:12	298	16:21~22	119
11:25~28	218	16:22	150
12	149	16:22~23	150
12:1~8	146	16:24	345
12:6	78	16:27~17:3	151
12:9~14	146	17:5	339
12:18	260	17:11	282
12:21	260	18:20	373
12:23	148	19:16	154
12:28	148, 289 298	19:23	154
12:29	306	19:25	154
12:32	149	19:28	154, 260, 269, 282
12:38~41	343	20:17~19	154
12:39	113	20:28	160
13	54, 211	21	81, 112
13:1	149	21:1~11	155
13:1~3	149	51:5	313
13:3~8	55		

21:9	*73, 156*	24:3~14	*280*
21:12~13	*156, 368*	24:4~8	*400*
21:18~19	*156*	24:4~33	*402*
21:28~22:14	*157*	24:7	*111, 144*
21:33~34	*419*	24:8	*115, 159*
22:33~43	*261*	24:9~10	*281*
21:33~44	*341*	24:9~14	*401*
21:33~45	*77, 111, 112, 144,*	24:14	*280*
	201, 260, 261	24:15	*114, 159*
21:37	*78, 202*	24:15~24	*401*
21:37~38	*218*	24:15~25	*387*
21:43	*72, 79, 111, 112,*	24:15~28	*80, 340*
	139, 144, 157, 203,	24:21	*380, 399*
	298	24:23~27	*401*
21:45	*77*	24~25	*114*
22:1~14	*261*	24:29	*235*
22:41~46	*73*	24:30	*401*
23	*112*	24:29~31	*159, 401*
23:1~36	*157*	24:34	*114, 158, 402*
23:13~32	*400*	24:36	*166, 402*
23~24	*81*	25:31	*159*
23:29~30	*157*	25:31~34	*299*
23:29~39	*340*	25:46	*402*
23:31~33	*157*	26:6~13	*156*
23:31~36	*113*	26:12	*156*
23:32	*400*	26:28	*159, 160, 195*
23:34~35	*158*	26:29	*160, 299*
23:5~36	*400*	26:64	*402*
23:36	*113*	27:20	*80*
23:37	*77, 202*	27:25	*80*
23:37~38	*419*	27:51	*287*
23:37~39	*260*	28:7	*76*
23:38	*80*	28:10	*76*
23:39	*113, 122, 282, 422*	28:16	*76*
24	*400, 401*	28:18	*350*
24:1	*373*	28:18~20	*164, 280, 356*
24:1~3	*159*	28:19~20	*366*
24:1~35	*79, 203*		
24:2	*261, 400*		

마가복음
1:10   350
1:15   298
1:40~44   217
1:45   149
2:1~12   217
2:23~28 146
3:1~6   146
3:22   148
3:23~28 217
3:29   149
3:31~35 337
4   211
4:1~2   149
4:11   149
8:22~25 218
8:27~28 150
8:29   150
8:31   150
8:31~32 119
8:32   151
8:38~9:4 151
9:12   282
10:17   154
10:23   154
10:24   154
10:27   154
10:30   346
10:32~34 154
10:46~52 218
11:1~11   155
11:9~10   156
11:12~14 156
11:15~18 156
12:1~12   77, 144, 157, 201
12:6   78, 202
12:9   79, 203
12:28   206
12:29   336

12:38~40 157
13   399
13:1~4   159
13:3   400
13:8   111, 115, 144, 159
13:14   115, 159
13:24~25 235
13:24~27 159
13:32   166
14:3~9   156
14:24   159, 195
14:25   160
15:10   253

누가복음
1:1~9:50 145
1~9:20   145
1:32~33 144, 259
1:35   364
1:46~55 259
1:54   259
1:54~55 66, 259
1:68   66
1:68~70 259
1:68~77 245
1:69   145, 213
1:71~79 259
1:72   213
1:72~73 66
1:73   145
1:77   145
2:12   341
2:30   245
2:30~32 259
3:6   259
3:8   157
3:22   350
4:14~30 217
4:17~19 234

4:20~29	*363*	19:45~48	*156*
4:21	*298*	20:9~19	*77, 144, 157, 201*
4:26~27	*119*	20:176	*79, 203*
6:1~5	*146*	20:17~18	*312*
6:6~11	*146*	20:45~47	*157*
6:12~1	*337*	21	*399*
7:5	*111, 144*	21:5~7	*159*
8	*221*	21:10	*111*
8:4	*149*	21:12	*159*
8:10	*149*	21:20	*401*
8:26~9:31	*151*	21:23	*401*
9:18~19	*150*	21:24	*261, 280*
9:20	*150*	21:25~26	*235*
9:22	*150*	21:25~27	*159*
9:23	*345*	21:31	*264, 402*
9:44~45	*119*	22:18	*160*
10:8~18	*366*	22:20	*159, 160, 214, 221*
10:17~20	*340*	22:28~29	*346*
11:14~15	*152*	22:29	*298*
11:20	*298*	22:30	*260, 264, 282*
13:27	*349*	22:37	*51*
13:28~29	*261*	23:2	*111, 144*
13:31	*153*	23:19~21	*119*
13:34~35	*153*	23:43	*380*
14:16~24	*261*	24:25	*366*
15	*359*	24:25~27	*51*
16:16	*298*	24:27	*103*
18:15~17	*53*	24:44	*103*
18:18	*154*		
18:24	*154*	**요한복음**	
18:26	*154*	1:1	*218*
18:31~33	*154*	1:11	*144*
18:31~34	*119*	1:13	*104*
19:11	*151, 212, 264, 288*	1:18	*218*
19:11~27	*212*	1:29	*47, 51, 145*
19:29~44	*155*	1:47	*277*
19:38	*156*	2:13~16	*146*
19:41	*156*	3:1~14	*325*
19:44	*373*	3:13	*215*

3:18	*338*	10:14	*153, 349*
4	*337*	10:16	*153*
4:22	*97, 215, 269*	10:27	*349*
5:1~18	*146*	10:30	*218*
5:17~29	*218*	10:30~31	*153*
5:24~25	*300, 307*	11:1~44	*218*
5:39	*51*	11:25	*218*
5:46	*51*	11:45~57	*218*
5:46~47	*103*	11:48	*111, 144*
6:35	*218*	11:50~52	*111, 144*
6:38	*218*	12:2~8	*156*
6:46	*218*	12:12~19	*155*
6:62	*218*	12:13	*156*
7:3~8	*337*	12:15	*156*
7:39	*287, 407*	12:31	*196, 306*
8:12	*218*	12:32	*338*
8:28	*338*	12:42	*363*
8:38	*218*	13:18	*51, 103*
8:39	*341*	13:33	*161*
8:39~44	*88*	13:35	*353*
8:39~47	*325*	13:36	*161*
8:43~44	*363*	14	*342*
8:56	*51, 54, 59, 67, 88*	14:3	*386*
8:58	*218*	14:6	*218*
8:59	*152*	14:16	*161*
9	*218*	1417	*161*
9:22	*363*	14:26	*161*
9:39	*152*	15	*342*
9:40~41	*153*	15:1	*218*
10:1	*153*	15:13	*353*
10:1~18	*153*	15:20	*346*
10:3	*153*	15:26	*161*
10:4	*153*	15:26~27	*353*
10:5	*153*	16:2	*363*
10:7	*153, 218*	16:5~7	*161*
10:8	*153*	16:7	*161*
10:9	*153*	16:18~11	*354*
10:11	*153, 218*	16:13	*161*
10:12~13	*153*	16:28	*218*

16:33	*346*		2:44~47	*289*
17:3	*336*		2:47	*367*
17:20	*161*		3	*162, 163, 422*
18:36	*88*		3:11~26	*261*
19:15	*342*		3:17~18	*51*
19:24	*51, 103*		3:19~21	*163, 266, 290*
19:28	*51, 103*		3:20~21	*303*
19:36~37	*51, 103*		3:21	*94, 204, 421*
20:9	*51, 103*		3:23	*162, 163, 218*
20:21	*349*		3:25	*163*
20:23	*355*		3:25~26	*67, 265*
20:28	*218*		4:11	*264*
			4:27	*260*
사도행전			5:11	*367*
1:3	*91*		5:12	*261*
1:4	*92*		5:17	*253, 367*
1:5	*401*		5:21~26	*261*
1:6	*91, 164, 165, 218*		5:42	*261*
1:6~7	*264, 266*		7	*398*
1:6~8	*354, 421*		7:5	*71*
1:7	*91*		7:51	*352*
1:8	*93, 164, 280, 353, 360*		7:52	*377*
			8	*19*
1:10~11	*166*		8:12	*289*
1:11	*401*		9:16	*346*
2	*166, 210, 212, 354*		9:31	*366*
2:5	*351*		10	*19*
2:5~13	*359*		10:34~35	*163, 218, 263, 291*
2:16~21	*359*		10:36	*93*
2:17~18	*235*		10:42	*289*
2:17~21	*235*		10:43	*51*
2:30~31	*352*		11	*352*
2:30~36	*211, 261*		11:17~18	*263*
2:33~36	*167*		13:1~4	*354*
2:33~39	*264*		13:5	*265*
2:34~35	*218*		13:14	*265*
2:34~36	*264*		13:23~24	*2 13*
2:36	*264*		13:27~30	*51*
2:39	*53*		13:32~33	*352*

13:32~35	*360*	20:28	*218, 358*
13:34	*211*	20:32	*352*
13:45	*253*	24:2	*112, 144*
13:46	*265*	24:5	*367*
13:47	*265, 311*	26:22~23	*51, 273*
14:1	*265*	26:23	*265*
14:22	*346*	28:17	*265*
15	*210, 266, 268, 219,*	28:20	*376*
	263, 352	28:22	*367*
15:5	*367*	28:22~23	*51*
15:8	*354*	28:23	*289*
15:9	*352*	28:31	*289*
15:13~19	*266*		
15:14	*270*	로마서	
15:15~18	*352*	1:4	*364*
15:16	*210, 266*	1:8	*401*
15:16~17	*51*	1:16	*167, 218, 265, 349*
15:16~18	*164, 165, 218*	1:17	*329*
15:17	*253*	2:4	*303*
15:28	*354*	2:10	*167*
16:6~10	*354*	2:11	*291*
16:15	*53*	2:17~24	*104*
16:31~34	*53*	2:17~29	*99*
17:1~2	*265*	2:25~29	*90, 104, 130*
17:2~3	*51*	2:28	*277*
17:5	*253*	2:28~29	*100, 277, 335, 338*
17:10	*265*	3:1~2	*168, 218*
17:11	*64*	3:2	*248*
17:17	*265*	3:3	*283*
17:26	*111*	3:3~4	*277*
17:31	*289*	3~8	*81*
18:4	*265*	3:9	*104*
18:10	*270*	3:21	*131*
18:19	*265*	3:21~26	*130*
18:26	*265*	3:22	*376*
19:1~7	*354*	3:29~30	*336*
19:8	*265, 289*	3:31	*131*
20:21	*265*	4	*336*
20:25	*289*	4:3	*119*

4:9~25	*215*	9:4~5	*102, 168, 218, 263, 265, 267, 274*
4:10~12	*420*	9:5	*97*
4:11	*279*	9:6	*81, 123, 257, 277, 294, 418*
4:12	*278*	9:6~8	*85, 88*
4:13	*74, 76, 89, 91, 204, 324, 365*	9:6~13	*64*
4:13~25	*325, 348*	9:7~8	*88*
4:16	*278, 420*	9:7~9	*81*
4:18~22	*119*	9~11	*122, 123, 276, 282, 343, 411, 417, 421*
5:5	*353*	9:11	*84*
5:12~21	*339*	9:11~3	*82, 84*
5:14	*334*	9:13	*83*
5:15	*160*	9~16	*270*
5:17	*300*	9:24	*75*
5:18	*328*	9:25~26	*75, 270*
5:19	*160, 328*	9:26~27	*347*
6	*351*	9:27	*123*
7:4	*348*	9:30~33	*343*
7:15	*366*	9:31	*86, 120*
7:18~19	*366*	9:32~33	*312*
8:5~11	*365*	10:4	*348*
8:9	*354*	10:17~18	*401*
8:9~11	*353*	10:19	*123*
8:15~17	*353*	10:19~21	*256*
8:17	*346*	10:20	*312*
8:18~22	*391*	10:20~21	*255*
8:18~23	*366*	10:21	*123*
8:18~25	*323*	11	*80, 86, 343, 420*
8:19~23	*71*	11:1~2	*169, 218, 270, 283*
8:19~25	*336*	11:1~5	*204*
8:20	*329*	11:2	*123*
8:21	*329*	11:2~5	*352*
8:22~23	*94, 204*	11:5	*85, 6, 262, 263, 284*
9	*83*	11:7	*123*
9:1~5	*376*	11:7~10	*85, 204*
9:3	*250*	11:11	*86, 204, 254, 256, 262, 348*
9:3~4	*275, 283*		
9:3~5	*125*		
9:4	*265*		

11:11~12	123, 161	1:16	53
11:11~15	268	1:18~25	343
11:11~36	349	2:1	274
11:12	285	2:4~5	355
11:14	86, 204, 254, 256	2:7	274
11:15	123	2:10~16	365
11:16~24	51	4:20	212
11:17	262	5:7	50, 90
11:17~18	277	5:12	289
11:17~24	87, 323	6:2	208
11:18	270	7:14	53, 128
11:23	376	8:3	349
11:23~24	86, 204	8:4~6	336
11:24	262	9:20~21	421
11:24~31	123	10:1	346
11:25	123, 284	10:1~4	341
11:25~32	376	10:4	271
11:26	86, 115, 169, 170, 204, 284, 403, 411, 412	10:6	72
		10:11	234
		10:31~32	167, 218
11:28~29	115, 125, 283	10:32	421
11:29	170	11:25	159, 160, 214
11:33	395	11:26	352
12	354	12	354
12:1	325	12:2	346
12:2	325	12:12~13	356
12;6	313	12:13	274
13:7	289	12:28	313
14:17	56, 212, 300	13:31	353
15:7~12	266	13	353
15:8~9	67, 267	15	192, 193, 365
15:10	267	15:3~4	51
15:12	187, 267	15:11	302
15:27	270	15:20~26	300
16:20	228	15:21	386
16:25~26	119, 273, 274	15:23	208, 299
		15:24	192, 226, 300, 301
고린도전서		15:25~28	192
1	351	15:28	226

15:42~43	*208*
15:42~44	*389*
15:45	*44, 271*
15:45~49	*339*
15:47	*44*
15:52	*386*

고린도후서

1:20	*366*
2:14~16	*355*
3:6	*214*
3:7	*74*
3:7~16	*103*
3:9	*74*
3:11	*74*
4:11~12	*358*
5:1~10	*380*
5:16	*365*
5:16~21	*325*
5:17	*357*
6:2	*245*
6:16	*216, 270*
6:16~7:1	*346*
6:16~18	*271*
11:2	*363*
11:24	*265*

갈라디아서

1:6~9	*376*
2:3	*90*
2:11~14	*376*
2:16	*99, 376*
2:19	*348*
3:1	*352*
3:2	*354*
3:6	*119*
3:7	*171*
3:8	*67, 74*
3:8~14	*215*

3:9	*67*
3:10	*104*
3:14	*67, 278*
3:15~18	*337*
3:16	*67, 74*
3:16~25	*416*
3:16~29	*325*
3:17	*68*
3:20	*330, 336*
3:23~25	*118*
3:24~25	*288*
3:24~4:11	*288*
3:28	*339*
3:29	*68, 78, 330, 403*
4:1~6	*118*
4:6	*353*
4:16	*64*
4:21~5:1	*104*
4:21~31	*82*
4:24~25	*88, 204*
4:25	*100, 340*
4:26	*73*
4:28	*278*
4:29	*82*
5:2~4	*104*
5:2~6	*90*
5:3~4	*99*
5:6	*130*
5:16~18	*366*
6	*343*
6:12~16	*69*
6:15	*104, 171, 364*
6:16	*51, 69, 123, 171, 172, 178, 218, 276, 333, 410, 411*

에베소서

1~3	*417*
1:3	*339, 365*

1:3~10	*417*
1:6	*339*
1:13	*326*
1:13~14	*353*
1:14	*417*
1:15	*353*
1:20	*365*
1:22~23	*350, 357, 407*
2	*38, 420*
2:2	*196*
2:4~6	*307*
2:6	*300, 365*
2:11~13	*51, 69, 108, 213*
2:12	*80, 214, 250, 271, 346*
2:14~15	*223*
2:15	*12, 271, 339*
2:19	*421*
2:19~3:10	*314*
2:20	*269*
3	*272, 358*
3:2~12	*56, 57*
3:3	*314*
3:3~5	*315*
3:3~6	*49*
3:3~12	*54*
3:4	*274*
3:5	*314*
3:6	*214*
3:10	*365*
4	*354*
4:1~6	*355*
4:11	*313*
4:23	*325*
4:30	*338, 353*
5:18~20	*353*
6:19	*274*

빌립보서
1:20	*346*
1:21~23	*380*
2:8~11	*261*
3:3	*51, 69, 278, 335, 337, 347, 352*
3:9	*323*
3:18~20	*340*
3:20	*272*
3:20~21	*208, 299*
4:3	*340*

골로새서
1	*57*
1:6	*401*
1:9~23	*322*
1:11	*350*
1:13	*212, 300, 339*
1:15~18	*396*
1:15~29	*357*
1:18	*357, 407*
1:23	*401*
1:24	*358*
1:25~27	*56*
2:2	*274*
2:11	*347*
2:11~12	*90*
2:15	*228*
2:17	*72*
3:1	*332*
3:1~4	*340*
3:10	*325*
4:3	*274*

데살로니가전서
1:5	*355*
2:14~16	*347*
2:15~16	*79, 97, 203*
2:19	*340*

3:3	*346*
4:13~18	*208, 299, 384, 386,*
	389, 403, 413
5:1~11	*384*
5:2	*112, 114*
5:9	*413*

데살로니가후서
1:5	*208*
1:5~10	*208, 299*
2	*307*
2:1~0	*387*
2:3~10	*280*

디모데전서
2:5	*336*
2:6	*160*
3:16	*274*
4:1	*280*

디모데후서
2:12	*346*
2:19	*349*
3:1~5	*280*
3:12	*346*
3:15	*51*

디도서
2:13	*218, 300*
2:14	*270*
3:3~7	*325*
3:6	*353*

히브리서
1:2	*350*
1:8	*218*
2:5~18	*339*
2:14	*228*
2:14~15	*306*

4:11	*139*
7:11	*59*
7:19	*287*
7:27	*59*
8	*214*
8:6~7	*59*
8:7~12	*221*
8:13	*287*
9:8	*373*
9:9	*59*
9:12	*59*
9:13~14	*59*
9:22	*50*
9:25~26	*59*
9:27	*379*
9:28	*59*
10	*214*
10:1	*72*
10:1~2	*59*
10:10~14	*59*
10:12~14	*59*
10:19~20	*373*
11	*58*
11:1	*353*
11:1~40	*48*
11:8~9	*72*
11:8~16	*73*
11:10	*340, 342*
11:11	*72*
11:13~16	*340, 342*
11:26~27	*51*
11:39	*74*
1:39~40	*353*
11:40	*287*
12:22	*73, 100, 258, 416*
12:22~23	*272, 339*
12:22~24	*340*
12:23	*340*
13:12~13	*345*

야고보서
1:1   375
1:18   363
2:2   368
4:5   366

베드로전서
1:1   375
1:10~11   227
1:10~12   57
1:13~2:12   347
1:20   302
2   279
2:8   312
2:9   87, 123, 220, 278, 280
2:9~10   270
2:10   87
2:12   289
3:20~22   341
3:22   302
5:10   346

베드로후서
1:1   218
1:11   303
1:16   303
1:16~19   152
1:17   339
1:21   227
2:7   344
2:9   303
3   94, 95, 303, 304
3:4   303
3:5~6   95, 303
3:7   95, 303
3:9   303
3:10   95, 303
3:12   303

3:13   95, 303
3:13~14   124
3:15   303
3:15~16   303

요한일서
2:18   280
2:18~19   294
2:27   214
3:2~3   208
3:8   228
5:9   339
5:20   218

요한이서
7   387

요한계시록
1   218
1:4   304
1:5   187, 195
1:7   307
1:9   346
1:11   304
1:18   190
2~3   30, 195, 304, 305, 413
2:7   70, 305
2:9   181, 199
2:10   100
2:11   305
2:17   305
2:27   305
3:3~5   305
3:5   340
3:7   190
3:9   181, 199
3:10   112, 114, 384, 413
3:10~12   305
3:14   305

3:21	*305, 630*	14:6	*361*
4~22	*388*	14:14~20	*305*
5:5	*188, 189, 343*	14:15	*305*
5:6	*195*	14:16	*305*
6:10	*361*	14:19	*305*
7	*177, 303, 346, 386, 408*	14:20	*186*
		14:20	*186*
7:2~8	*387*	15:1	*305*
7:3	*362*	16	*385*
7:4	*363*	16:12	*185*
7:4~8	*178*	16:15~21	*305*
7:1~8	*181*	16:15~21	*305*
7:9	*195*	16:16	*184*
7:9~17	*178*	16:17	*305*
7:14	*195*	16~17	*361*
7:17	*195*	17:8	*340, 361*
10:7	*305*	19	*177, 388*
11:1~3	*181*	19:6	*192*
11:1~12	*182*	19:7~8	*363*
11:1~13	*181*	19:11~20	*191*
11:8	*340*	19:11~21	*305*
11:15	*189, 191, 192, 193, 194, 288, 305*	19:16	*196*
		19~20	*304*
11:18~19	*305*	20	*23, 172, 300, 301, 304, 388, 390, 409*
12	*178~81*		
12:1~6	*353*	20:1~3	*108, 306*
12:6	*180*	20:1~6	*388*
12ㅣ7~9	*228*	20:1~10	*175, 199, 306, 307*
12:10	*192*	20:1~15	*307*
12:11	*194, 361, 389*	20:3	*388*
12:17	*180*	20:4	*23, 196, 306, 307, 419*
13	*387*		
13:8	*155, 195, 340*	20:4~5	*285*
13:9~10	*361*	20:4~21:1	*125*
13:14	*361*	20:5	*23*
14	*177, 197*	20:7	*391*
14:1	*195*	20:9	*184*
14:1~5	*363*	20:10	*108*
14:3	*195*	20:11~15	*307*

21:1　　　*306*
21:1~22:5　*30, 384*
21:1~27　*307*
21:2　　　*258*
21:3　　　*196, 197, 198, 216,*
　　　　　271
21:7　　　*271*
21:9~26　*73, 100*
21:9~27　*342*
21:10　　*258, 419*
21:12　　*37, 198, 223*
21:14　　*37, 198, 223*
21:27　　*340*
22:4~5　*304*
22:16　　*187, 188, 189*